“十二五”职业教育国家规划教材
经全国职业教育教材审定委员会审定

微课版

“十四五”职业教育江苏省规划教材

会计信息化

（第四版）

总主编 赵丽生 高翠莲
主 编 丁佟倩
副主编 王 莹 杜志行 黄志艳
主 审 张卫平

大连理工大学出版社

图书在版编目(CIP)数据

会计信息化 / 丁佟倩主编. -- 4 版. -- 大连 : 大连理工大学出版社, 2024.7(2025.8 重印)
高等职业教育财务会计专业课程体系系列规划教材
ISBN 978-7-5685-4990-5

Ⅰ. ①会… Ⅱ. ①丁… Ⅲ. ①会计信息－财务管理系统－高等职业教育－教材 Ⅳ. ①F232

中国国家版本馆 CIP 数据核字(2024)第 109338 号

大连理工大学出版社出版
地址:大连市软件园路 80 号　邮政编码:116023
营销中心:0411-84707410　84708842　邮购及零售:0411-84706041
E-mail:dutp@dutp.cn　URL:https://www.dutp.cn
辽宁一诺广告印务有限公司印刷　　大连理工大学出版社发行

幅面尺寸:185mm×260mm　　印张:16　　字数:368 千字
2014 年 1 月第 1 版　　2024 年 7 月第 4 版
2025 年 8 月第 2 次印刷

责任编辑:刘丹丹　　责任校对:初　蕾
封面设计:对岸书影

ISBN 978-7-5685-4990-5　　定　价:49.80 元

前言 Preface

《会计信息化》(第四版)是"十二五"职业教育国家规划教材、"十四五"职业教育江苏省规划教材,也是高等职业教育财务会计专业课程体系系列规划教材之一。财务会计专业课程体系旨在从整体上确立高等职业教育财务会计专业人才的科学培养架构,是高职教育改革以来具有重大创新意义的成果。

"会计信息化"是高等职业院校财经专业的核心课程之一,融合了会计、管理、信息技术等多门学科的知识。信息化是当今世界发展的必然趋势,是推动我国现代化建设和经济社会变革的技术手段和基础性工程。高职会计教育中的项目导向、任务驱动、基于工作过程系统化的课程开发理念和校企合作模式,已得到高职教育界的认可。随着财政部发布的《会计改革与发展"十四五"规划纲要》的实施,持续强化会计法治化和数字化"两个支撑",对财务会计专业教材建设提出更高的要求。鉴于此,本教材力求体现三大理念:一是校企合作开发,充分体现职业性、实践性和开放性;二是教、学、做一体化,突出对学生学习能力、实践能力、创新能力和就业能力的培养;三是践行课程思政,落实立德树人根本任务。

本教材的特色与创新点如下:

1. 设计思路的创新性

教材设计以会计信息化岗位核心能力培养为重点,模拟企业真实情境,以工作任务为中心,以职业实践为立足点,以会计理论为背景,将知识的传授贯穿于任务驱动教学中。课程设计的思路是:

- 课堂主题学生化——启发学生会学,引导学生活学,倡导学生乐学。
- 内容选择职业化——以素质发展为主旨,以技能训练为主线。
- 组织安排项目化——项目导向,任务驱动。
- 教学实施情境化——基于工作,模拟实践。
- 配套资源立体化——融合多媒体教学资源。

2. 搭建校企合作的编写团队

主编丁佟倩是江苏财经职业技术学院会计信息管理专业带头人、教授、注册税务师,具有丰富的教学经验与扎实的专业实践功底,副主编王莹带队参加全国会计技能大赛获一等奖,副主编杜志行来自浙江省文联传媒中心,财务、审计理论功底扎实,深谙实务之道。另外还有来自新道科技股份有限公司江苏分公司的信息化高级顾问工程师提供技术支持,共同打造职教特色鲜明的会计信息化教材。

3. 体系架构的立体化,构建融媒体教材

教材体系打破了传统的章节模式,设置了七个模块、十八个项目、六十二个任务,每个任务案例反映企业核算的不同方面,在为学生构建学习情境的同时提出了要完成的工作任务。学生在完成任务的过程中掌握了相关的知识和技能，实现了教、学、做一体化。在编写教材的同时，编者团队在中国大学MOOC开发完成了“十四五”江苏省职业教育首批在线精品课程“会计信息化”(https://www.icourse163.org/course/JSCJXY-1450194238?%20appId=null&outVendor=zw_mooc_pcsslx_)，涵盖课程标准、教学实施方案、电子课件、教学视频、典型案例、随堂练、单元测验、考试等在内的丰富的教学资源。学生还可通过扫描教材中的二维码，观看微课资源。

4. 内容安排的实践性，实现岗赛证融通

在内容选取上，本教材以用友ERP-U8V10.1为蓝本，介绍了构成会计信息系统财务链中的总账管理系统、固定资产管理系统、应收应付款管理系统及UFO报表管理系统，人力资源中的薪资管理系统，供应链中的采购管理系统、销售管理系统、存货核算管理系统、库存管理系统等的基本功能和操作方法，最后拓展资料中的财务链、供应链综合实训以及全国会计大赛信息化部分的赛题，强化了学生对会计信息系统的应用。

5. 立德树人，推进课程思政

本教材全面贯彻党的教育方针，坚持立德树人，推进课程思政建设，通过深度挖掘思政元素，遵循税法和会计准则变化，与企业实际业务紧密结合，从而将学生培养成思想政治坚定、德技并修、全面发展，适应社会主义市场经济和地方经济发展需要，具有创新精神、实践能力的高素质技术技能人才。

本教材由江苏财经职业技术学院丁佟倩担任主编，江苏财经职业技术学院王莹、浙江省文联传媒中心杜志行、江苏财经职业技术学院黄志艳担任副主编。淮安开元税务师事务所高级会计师、注册税务师许静对本教材的实践训练提出了建设性意见。全书共分为七个模块，具体编写分工如下：模块一、模块二、模块三及模块六的项目一由丁佟倩编写，模块四、模块五、模块七及附录由杜志行编写，模块六的项目二、项目三、项目四由王莹编写，模块六的项目五由黄志艳编写。丁佟倩负责拟定编写提纲，并对教材进行总纂、修改和定稿。本教材由江苏财经职业技术学院张卫平担任主审。

在编写本教材的过程中，我们得到了学校领导、新道科技股份有限公司的热情帮助，在此一并表示诚挚的谢意！

在编写本教材的过程中，我们参考、引用和改编了国内外出版物中的相关资料及网络资源，在此对相关资料的作者表示深深的谢意！请相关著作权人看到本教材后与出版社联系，出版社将按照相关法律的规定支付稿酬。

本教材是各相关单位倾力合作与集体智慧的结晶，尽管我们在教材的特色建设方面做出了许多努力，但由于编者的经验和水平有限，加之编写时间仓促，书中仍可能存在疏漏之处。恳请各相关教学单位和读者在使用过程中给予关注并提出改进意见，以便我们进一步修订和完善。

编　者

2024年7月

所有意见和建议请发往：dutpgz@163.com
欢迎访问职教数字化服务平台：https://www.dutp.cn/sve/
联系电话：0411-84707492　84706671

目录 Contents

模块一

认知会计信息化

学习目标

1. 了解会计信息化的发展历程。

2. 明确会计信息化及会计信息系统的概念、特点。

3. 掌握会计信息系统、用友 ERP-U8V10.1 系统的总体结构及用友 ERP-U8V10.1 各子系统的相互关系。

4. 提高数字时代对会计信息化的认知、兴趣，探索会计信息系统应用。

会计信息化是会计与信息技术的结合，是信息社会对企业财务信息管理提出的一个新要求，是企业会计顺应信息化浪潮所做出的必要举措。它是网络环境下企业领导者获取信息的主要渠道，有助于增强企业的竞争力，解决会计信息化存在的“孤岛”现象，提高会计管理人员的决策能力和企业管理水平。

项目一　会计信息化的发展

任务一　明确会计信息化的概念、特点

1. 会计信息化的概念

随着社会经济、科学技术的发展，会计本身产生了巨大变化，但是在会计的发展过程中，以收集、处理和提供会计信息为主的核心始终没有改变，变化的主要内容是会计信息的处理与提供的技术和方式，以及分析与利用会计信息的能力和程度。会计信息化，就是会计工作与电子计算机、网络技术的有机融合，即充分利用电子计算机和网络技术，更好地发挥会计的职能作用，极大地提高会计的效能和水平。

2. 会计信息化的特点

会计信息化应用现代信息技术对传统手工会计体系进行变革，其目的是建立以信息技术为技术特征的新的信息会计体系。会计信息化具有以下特点：

(1)全面性

会计信息化要求对会计进行全方位的变革。它涉及会计的基本理论与方法、会计职能与

实务工作、会计教育以及政府对会计的管理等所有会计领域，是对传统会计的系统、全面发展。

(2)渐进性

会计信息化的目标是建立一个打破传统会计模式的、全面使用现代信息技术、处理高度自动化、会计信息资源高度共享的、开放的新系统。这个过程是一个分步骤、分阶段、伴随信息技术发展的、长期渐进的过程。

(3)兼容性和多元性

由于我国各地区、各行业信息化水平严重不平衡，因此在相当长的一段时期内，传统会计组织方式与信息化管理组织方式必将并存，但从社会发展的要求来看，会计信息化是必然趋势。

任务二　了解会计信息化的发展

我国会计信息化工作经历了模拟手工记账的探索起步阶段，与企业其他业务相结合的推广发展阶段，为适应会计准则和制度的发展要求引入会计专业判断的渗透融合阶段，以及与内部控制相结合建立 ERP 系统的集成管理阶段。其中，会计电算化是会计信息化的初级阶段，是会计信息化的基础工作。

1. 模拟手工记账的探索起步

我国会计电算化是从 20 世纪 80 年代起步的。当时主要处于实验试点和理论研究阶段。1981 年 8 月，中国人民大学和第一汽车制造厂联合召开了“财务、会计、成本应用电子计算机专题讨论会”，正式提出了会计电算化的概念，将计算机在会计中的应用简称为会计电算化。

1983 年以后，微型计算机在国内市场上大量出现。这一时期，多数企业和会计人员对“电算化”的理解是：设计一个专门的账务处理程序，模拟替代手工记账算账，利用电子计算机来处理会计账务。

模拟手工记账阶段的基本特征：采用相应的数据库管理系统，并开发企业自身的“账务处理系统”。这一时期开发的会计核算软件，实质上是将电子计算机作为一个高级的计算工具用于会计领域；系统开发的目标是使会计人员摆脱手工账务处理过程中繁杂易错的重复劳动。但在其应用过程中还不能实现最大限度的数据共享，容易造成电算化会计数据资源的浪费，也无法实现会计电算化与企业其他信息系统的有效融合。

为使会计电算化工作走上科学化、规范化的发展轨道，财政部于 1989 年年底和 1990 年 7 月先后颁布了《会计核算软件管理的几项规定(试行)》和《关于会计核算软件评审问题的补充规定(试行)》两个文件，确定了商品化会计核算软件的评审制度和标准。

2. 与其他业务结合的推广发展

进入 20 世纪 90 年代后，企业开始将单项会计核算业务电算化统合、扩展为全面电算化。这一阶段的主要特征是在企业组织内部实现会计信息和业务信息的一体化，并在两者之间实现无缝连接，使会计信息和业务信息能够做到“你中有我，我中有你”。信息集成的结果是信息的有效共享和利用，既减少了数据输入的工作量，又实现了数据的一致性，还保证了数据的共享性。

同期，商品化会计电算化软件开始蓬勃发展。财政部先后印发了《关于发展我国会计电算化事业的意见》《会计电算化管理办法》《会计电算化工作规范》等一系列规章制度，并启动了商品化会计核算软件的审批工作，有力地推进了我国会计核算软件行业产业化、规范化发展的进程。这一时期的会计电算化工作顺利地完成了由单项会计核算业务电算化到全面电算化的升级发展，并由部分企业推广到全面普及。

按照会计电算化的服务层次和提供信息的深度，一般可将其分为三个不同的发展阶段，即会计核算电算化、会计管理电算化和会计决策电算化。

3. 引入会计专业判断的渗透融合

我国对企业会计标准进行了重大改革，建立了与国际准则趋同的企业会计准则体系。会计准则体系引入了会计专业判断的要求。企业以会计准则为指引，以《会计基础工作规范》等文件为准绳，将各种确认、计量、记录、报告要求融入企业的会计电算化系统和管理信息系统。在这一时期，企业纷纷建立了以会计电算化为核心的管理信息系统和企业资源计划（ERP）系统。

企业和会计核算软件开发商在这一时期充分掌握了会计电算化紧密围绕会计准则和制度不断调整、渗透和融合的方法，同时，会计电算化也逐步完成了由单机应用向局域网应用的转变。尽管这一时期已经出现了会计信息系统和 ERP 的概念，但其实质仍停留在会计电算化的阶段，即构建会计信息系统的初中级阶段。

4. 与内部控制相结合建立 ERP 系统的集成管理

随着现代企业制度的建立和内部管理的现代化，单纯依赖会计控制已难以应对企业面对的内外部风险，会计控制必须向全面控制发展。传统的会计核算软件已不能完全满足单位会计信息化的需要，逐步向与流程管理相结合的企业资源计划（ERP）方向发展。企业开始全面、系统地依托其既有的会计电算化系统，构建与内部控制紧密结合的 ERP 系统，将企业的管理工作全面集成，从而实现会计管理和会计工作的信息化。目前，这一阶段尚在进行中，但已取得了令人瞩目的成果。

财政部、国资委、证监会、审计署、银监会、保监会等六部委于 2008 年 6 月联合发布了《企业内部控制基本规范》。这标志着我国企业内部控制规范建设取得了重大突破和阶段性成果，是我国企业内部控制建设的一个重要里程碑。

进入 21 世纪后，可扩展商业报告语言（XBRL）从根本上实现了数据的集成与最大化利用，会计信息“数出一门、资料共享”将成为现实。2006 年，财政部在中国会计准则委员会下成立了 XBRL 组织。2008 年 11 月 12 日，中国会计信息化委员会暨 XBRL 中国地区组织正式成立，这是深化会计改革、全面推进我国信息化建设的重大举措，标志着中国会计信息化建设迈上了一个新台阶。

项目二 会计信息系统

任务一 明确会计信息系统的概念、特点

1. 会计信息系统的概念

会计信息系统是一个对会计数据进行采集、存储、加工、传输并输出大量会计信息的

系统。它通过输入原始凭证和记账凭证，运用特有的一套计算方法，从价值方面对本单位的生产经营活动以及经营成果进行全面、连续和系统的定量描述，并将账簿、报表、计划分析等输出反馈给各有关部门，为企业的经营和决策活动提供帮助，为投资人、债权人及政府部门提供会计信息，以便更加有效地组织和运用现有资金。

2. 会计信息系统的特点

会计信息系统有手工会计信息系统和基于计算机的会计信息系统之别，下面分别就这两个系统说明会计信息系统的特点，以此来比较不同处理手段给会计信息系统带来的区别。

(1)手工会计信息系统的特点

①数据量大

会计信息系统以货币作为主要计量单位，对生产经营活动进行系统、连续、全面与综合的核算和监督。一个企业的生产经营活动涉及具体的货币资金、债权债务的收支增减变动，具体品种规格的材料物资、机器设备和工具器具的增减变动，这些都要归入会计信息系统，经过加工处理，最后得出反映单位财务状况和经营成果的综合性数据。会计数据核算详细，存储时间长，数据量大，占整个企业管理信息量的70%左右。

②数据结构复杂

会计信息必须反映企业整体的经济活动，主要从资产、负债、所有者权益、费用和损益五个方面进行，因此核算时表现为五大分支体系。这些数据不仅结构层次较多，而且数据处理流程也比较复杂，一项经济业务的发生，可能引起各方面的变化，数据处理也比其他信息处理系统都要错综复杂。

③数据加工处理方法要求严格

在会计信息系统中，各项经济业务的处理都必须遵守一套严格的准则和方法，如存货计价、成本计算等从内容到范围、方法，都在会计法规和财经制度中做了明确的规定，因此必须严格按规定执行，不得随意更改。

④数据的及时性、真实性、准确性、完整性和全面性等要求严格

会计信息的及时性是对经济活动有效核算和监督的基础，会计信息系统应该及时地向有关部门及个人提供数据，并且将有关资金运动、成本消耗的信息反馈给管理部门，以便管理者能够及时做出正确的决策。

为全面反映经济活动情况，会计信息系统收集的数据必须齐全，不允许有疏漏，保证资料的连续、完整；数据加工的过程也要有高度的准确性，不能有任何差错。只有全面、完整、真实和准确地处理会计数据，才能正确反映单位的经营成果和财务状况，并能准确处理国家、企业及个人之间的财务关系。

⑤安全可靠性要求高

会计信息系统的有关资料包含了企业单位的财务状况和经营成果等全部信息，是重要的历史档案材料，不能随意泄露、破坏和丢失，应采取有效措施加强管理，保证系统数据的安全可靠。

(2)基于计算机的会计信息系统的特点

基于计算机的会计信息系统，不仅具有电子数据处理系统的共性，而且具有以下几个

特点：

①及时性与准确性

基于计算机的会计信息系统，其数据处理更及时、准确。计算机对会计数据的分类、汇总、计算、传递及报告等处理几乎是在瞬间完成的，并且计算机运用正确的处理程序可以避免手工处理出现的错误。计算机可以采用手工条件下不易采用或无法采用的复杂、精确的计算方法，如材料收发的移动加权平均法等，从而使会计核算工作更精细，能更好地发挥其参与管理的职能。

②集中化与自动化

基于计算机的会计信息系统，其各种核算工作都由计算机集中处理。在网络环境中信息可以被不同的用户分享，数据处理更具有集中化的特点。对于大的系统，如大型集团或企业，规模越大，则数据越复杂，数据处理要求就越集中。由于网络中每台计算机只能作为一个用户来完成特定的任务，这使数据处理又具有相对分散的特点。在计算机方式下的会计信息处理过程中，人工干预较少，由程序按照指令进行管理，具有自动化的特点。通过集中化与自动化将会取得更好的效益。

③人机结合的系统

会计工作人员是会计信息系统的组成部分，不仅要进行日常的业务处理，还要进行计算机软硬件故障的排除。会计数据的输入、处理及输出是手工处理和计算机处理两方面的结合。有关原始资料的收集是计算机化的关键性环节，而原始数据必须经过手工收集、处理后才能输入计算机，由计算机按照一定的指令进行数据的加工和处理，将处理后的信息通过一定的方式存入磁盘，打印在纸张上或通过显示器显示出来。

④内部控制更加严格

计算机方式下的会计信息系统，其内部控制制度有了明显的变化，新的内部控制制度更强调手工与计算机结合的控制形式，控制要求更严，内容也更广泛。

任务二　掌握会计信息系统的总体结构

会计信息系统的总体结构是指一个完整的会计软件由哪几个子系统组成，每个子系统又完成哪些功能，以及各子系统之间的相互关系等。

会计信息系统是随着信息技术革命和会计学科的发展逐步进步和完善的。早期的会计信息系统所包含的子系统非常少，主要有工资核算、总账及报表等子系统，每个子系统功能相对比较简单，主要是帮助财会人员完成记账、算账和报账等基本核算业务。随着信息技术的革命和会计学科的发展，越来越多新的信息技术（如网络技术）被应用于会计信息系统中，与此同时，随着会计改革的不断深入，有很多先进的会计管理理论和管理方法不断加入会计信息系统，使得系统功能不断丰富和完善。到目前为止，会计信息系统已经从核算型发展为管理型，它涵盖了供、产、销、人、财、物以及决策分析等企业经济活动的各个领域，功能不断完善，子系统不断扩展，基本满足了各行各业会计核算和管理的需要。因此，会计信息系统也称为财务及企业管理信息系统。

由于企业性质、行业特点以及会计核算和管理的需求各不相同，会计信息系统所包含的内容也不尽相同，因此其子系统的划分也有所不同。一般认为，会计信息系统由三大系统组成，即财务系统、购销存系统和管理分析系统，每个系统又进一步分解为若干子系统。

1. 财务系统

财务系统主要包括总账管理子系统、薪资管理子系统、固定资产管理子系统、应收款管理子系统、应付款管理子系统、报表管理子系统和资金管理子系统。

(1)总账管理子系统

总账管理子系统是以凭证为原始数据，通过凭证的输入和处理，完成记账和结账、银行对账、账簿查询和打印输出，以及系统服务和数据管理等工作。近年来，随着用户对会计信息系统的需求不断提高及软件开发公司对总账管理子系统的不断完善，许多商品化总账管理子系统还增加了个人往来款核算和管理、部门核算和管理、项目核算和管理及现金银行管理等功能。

(2)薪资管理子系统

薪资管理子系统是以职工个人的原始工资数据为基础，完成职工工资的计算，工资费用的汇总和分配，计算个人所得税，查询、统计和打印各种工资表，自动编制工资费用分配转账凭证并传递给账务处理系统等功能。该系统可以实现对企业人力资源的部分管理。

(3)固定资产管理子系统

固定资产管理子系统主要是对设备进行管理，即存储和管理固定资产卡片，灵活地进行增加、删除、修改、查询、打印、统计与汇总。该系统可对固定资产的变动进行核算，输入固定资产增减变动或项目内容变化的原始凭证后，自动登记固定资产明细账，更新固定资产卡片；并能完成计提折旧和分配，产生“折旧计提及分配明细表”和“固定资产综合指标统计表”等，费用分配转账凭证将自动转入账务处理系统，可灵活地查询、统计和打印各种账表。

(4)应收款管理子系统

应收款管理子系统完成对各种应收账款的登记、核销工作；动态反映各客户的信息及应收账款信息；进行账龄分析和坏账估计；提供详细的客户和产品统计分析，帮助财会人员有效地管理应收款。

(5)应付款管理子系统

应付款管理子系统完成对各种应付账款的登记、核销以及分析预测工作；及时分析各种流动负债的数额及偿还流动负债所需的资金；提供详细的客户和产品统计分析，帮助财会人员有效地管理应付款。

(6)报表管理子系统

报表管理子系统主要是根据会计核算数据(如账务处理系统产生的总账及明细账等数据)完成各种会计报表的编制与汇总工作；生成各种内部报表、外部报表及汇总报表；根据报表数据生成各种分析表和分析图等。

随着网络技术的发展，报表子系统能够利用现代网络通信技术，为行业型、集团型用户解决远程报表的汇总、数据传输、检索查询和分析处理等功能，它既可用于主管单位，又可用于基层单位，支持多级单位逐级上报、汇总的应用。

(7)资金管理子系统

随着市场经济的不断发展，资金管理越来越受到企业采购管理者的重视，为了满足资金管理的需求，许多商品化软件提供了资金管理子系统。该系统可实现工业企业、商业企业或事业单位等对资金管理的需求：以银行提供的单据、企业内部单据和凭证等为依据，记录资金及其他涉及资金管理方面的业务；处理对内、对外的收款、付款、转账等业务；提供逐笔计息管理功能；实现每笔资金的管理；提供积数计息管理功能，实现往来存贷资金的管理；提供各单据的动态查询情况以及各类统计分析报表。

2. 购销存系统

购销存系统主要包括存货核算子系统、库存管理子系统、采购管理子系统和销售管理子系统。

(1)存货核算子系统

存货核算子系统主要针对企业存货的收、发、存业务进行核算，掌握存货的耗用情况，及时、准确地把各类存货成本归集到各成本项目和成本对象上，为企业的成本核算提供基础数据。此外，能动态反映存货资金的增减变动，提供存货资金周转和占用的分析，为降低库存、减少资金积压和加速资金周转提供决策依据。

(2)库存管理子系统

库存管理子系统包括库存业务处理(入库、出库、调拨、盘点、货位管理、其他特殊业务)、库存状态控制和库存分析三个方面，能够有效地跟踪库存的出入库情况，分析库存的异常状态，针对库存的短缺、超储和安全库存提供查询预警机制，并提供动态库存信息，为企业各个部门的决策提供依据。

(3)采购管理子系统

采购管理子系统是根据企业采购业务管理和采购成本核算的实际需要，制订采购计划，对采购订单、采购到货以及入库状况进行全程管理，为采购部门和财务部门提供准确、及时的信息并辅助管理决策。

有很多商品化会计软件将采购管理子系统和应付款管理子系统合并为一个系统——采购与应付款管理子系统，以便更好地实现采购与应付款业务的无缝连接。

(4)销售管理子系统

销售管理子系统以销售业务为主线，兼顾辅助业务管理，从而实现销售业务管理与核算一体化。销售管理子系统一般和存货中的产成品核算相联系，实现对销售收入、销售成本、销售费用、销售税金及销售利润的核算，生成产成品收发结存汇总表等表格和产品销售明细账等账簿，并且自动编制机制凭证供总账管理子系统使用。

有很多商品化会计软件将销售管理子系统和应收款管理子系统合并为一个系统——销售与应收款管理子系统，以便更好地实现销售与应收款业务的无缝连接。

3. 管理分析系统

随着会计管理理论的不断发展和在企业会计实务中的不断应用，人们越来越意识到会计管理的重要性，对会计信息系统也提出了更高的要求：它不仅能够满足会计核算的需要，还应该满足会计管理的需要，即在经济活动的全过程中进行事前预测、事中控制和事后分析，为企业管理和决策提供支持。目前，管理分析系统一般包括财务分析、流动资金管理、投资决策、筹资决策、利润分析和销售预测、财务计划、领导查询及决策支持等子系统。

目前，我国商品化管理分析系统并不完善，内部很多子系统还未开发完成，有些正处于开发阶段。下面简单介绍几个已被使用的基本子系统的功能。

（1）财务分析子系统

财务分析子系统的功能是从会计数据库中提取数据，运用各种专门的分析方法对财务数据做进一步的加工，生成各种分析和评价企业财务状况及经营成果的信息，并编制预算和计划，考核预算、计划的执行情况。

（2）领导查询子系统

领导查询子系统是企业管理人员科学、实用、有效地进行企业管理和决策的一个重要帮手。它可以从各子系统中提取数据，并将数据进一步加工、整理、分析和研究，按照领导的要求提取有用信息（如资金快报、现金流量表、费用分析表、计划执行情况报告、信息统计表和部门收支分析表等），并以最直观的表格和图形进行显示。在网络计算机会计信息系统中，领导还可以在自己的计算机中及时、全面地了解企业的财务状况和经营成果。

（3）决策支持子系统

决策支持子系统是利用现代计算机、通信技术和决策分析方法，通过建立数据库和决策模型，再利用模型向企业的决策者提供及时、可靠的财务、业务等信息，帮助决策者对未来的经营方向和目标进行量化分析和论证，从而对企业生产经营活动做出科学的决策。

以上讨论了会计信息系统的总体结构，即会计信息系统包括哪些子系统，各子系统的基本功能以及它们之间的相互关系。然而，不同的单位由于其所处的行业不同，会计核算和管理需求不同，因此，其会计信息系统的总体结构和应用方案也不尽相同。在建立会计信息系统时应该根据行业的特点和企业的规模等具体情况考虑会计信息系统结构和应用方案。

项目三 用友ERP-U8V10.1管理软件简介

会计信息系统的核心是应用软件，应用软件是支撑企业业务处理的实体。本教材选用了用友ERP-U8V10.1作为蓝本介绍会计信息系统的功能特点和总体结构。

任务一 了解用友ERP-U8V10.1的功能特点

用友ERP-U8V10.1是一套企业级的解决方案，满足不同的竞争环境下，不同的制造、商务模式以及不同的运营模式下的企业经营，实现从企业日常运营、人力资源管理到办公事务处理等全方位的产品解决方案。

用友ERP-U8V10.1以集成的信息管理为基础，以规范企业运营和改善经营成果为目标，帮助企业“优化资源，提升管理”，实现面向市场的营利性增长。

用友 ERP-U8V10.1 是一个企业综合运营平台，用来满足各级管理者对信息化的不同要求：为高层经营管理者提供大量收益与风险的决策信息，辅助企业制定长远发展战略；为中层管理人员提供企业各个运作层面的运作状况，帮助其进行各种事件的监控、发现、分析、解决、反馈等流程处理，并帮助其做到投入与产出的最优配比；为基层管理人员提供便利的作业环境和易用的操作方式，实现工作岗位、工作职能的有效履行。

任务二　明确用友 ERP-U8V10.1 的总体结构

用友 ERP-U8V10.1 主要由财务管理、客户关系管理、供应链管理、生产制造、分销管理、零售管理、决策支持、人力资源管理、集团应用、系统管理集成应用等功能模块组成，如图 1-3-1 所示。本教程选择了其中的财务管理系统、供应链管理系统及人力资源管理系统中的薪资管理等常用模块，以支撑企业财务业务的管理。

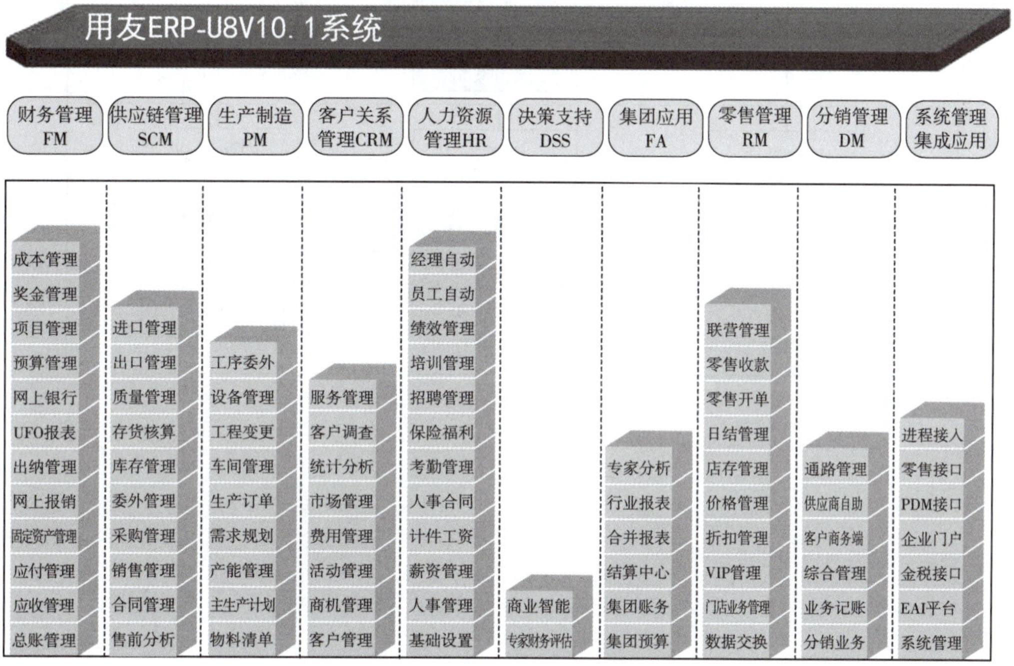

图 1-3-1　用友 ERP-U8V10.1 的总体结构

1. 财务管理系统

财务管理系统主要包括总账管理、固定资产管理、应收款管理、应付款管理、UFO 报表等模块。

2. 供应链管理系统

供应链管理系统主要包括采购管理、销售管理、库存管理、存货核算等模块。

3. 人力资源管理系统

人力资源管理系统主要介绍薪资管理模块。

任务三 掌握用友 ERP-U8V10.1 财务管理、供应链管理、人力资源管理系统中各模块的相互关系

为了使学习者对财务业务一体化运行模式有一个总体认识和了解，现以图 1-3-2 描述这些模块之间的数据关系。

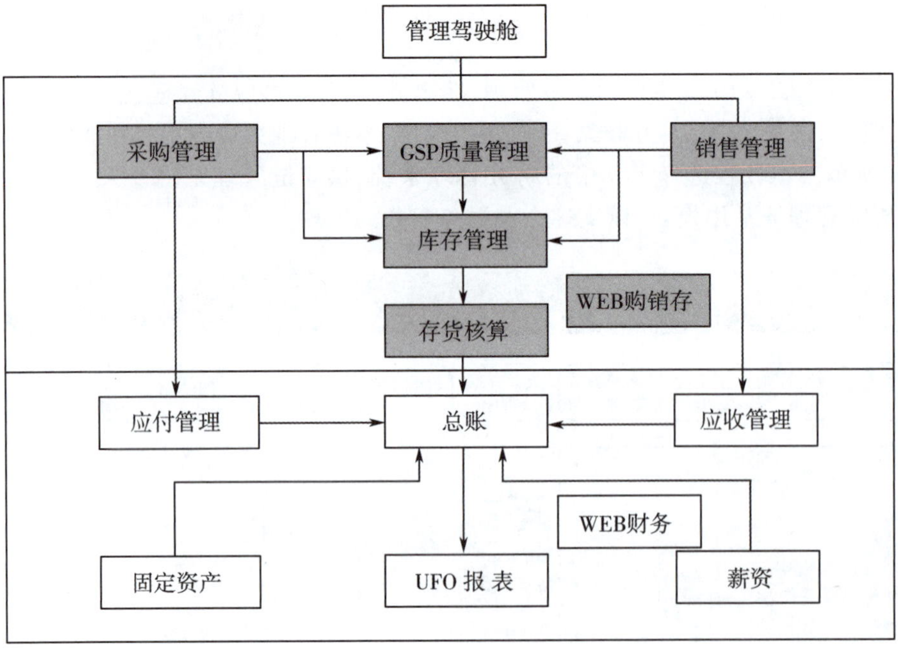

图 1-3-2 模块间的数据关系

模块二

系统管理与基础信息设置

学习目标

1. 了解系统管理平台的基本知识。

2. 明确系统管理平台的主要功能与操作流程。

3. 熟练掌握系统管理平台中建立账套、增加用户、设置操作员权限、修改、备份、恢复账套数据等操作方法。

4. 熟练掌握总账管理子系统的启用方法。

5. 熟练掌握机构人员、客商信息、财务信息、收付结算等基础档案的设置方法。

6. 热爱会计工作，树立严谨细致的工作作风。

系统平台是为企业管理系统的正常运行提供基本支撑的。会计信息系统作为企业管理系统中不可或缺的部分，本身也是由多个子系统组成的，各个子系统服务于企业的不同层面，为不同的管理需要服务。子系统本身既具有相对独立的功能，彼此之间又具有紧密的联系，它们共用一个企业数据库，拥有公共的基础信息、相同的账套和年度账，为实现企业财务、业务的一体化管理提供了基础条件。在财务、业务一体化管理应用模式下，系统平台为各个子系统提供了一个公共平台，用于对整个系统的公共任务进行统一管理，如基础信息及基本档案的设置、企业账套的管理、操作员的建立、角色的划分和权限的分配等，企业管理系统中任何产品的独立运行都必须以此为基础。系统平台主要由系统管理和企业应用平台两部分组成。

工作项目

天成裤业有限公司(简称天成公司)：法人代表，王成；联系电话，62976623；邮政编码，223003；税号，3103346436219。该公司属于商业企业，其相关资料如下：

1. 建立账套

(1)账套信息

账套号：1+学号后两位；账套名称：天成裤业有限公司；启用日期：2023 年 11 月；法人代表：王成。

(2)单位信息

单位名称：天成裤业有限公司；单位简称：天成公司；税号：3103346436219。

(3)核算类型

企业类型:商业;行业性质:2007 年新会计制度科目;可选择“按行业性质预置科目”。

(4)基础信息

存货、客户及供应商均分类,并有外币核算。

(5)编码方案

科目编码级次:4222;客户分类和供应商分类的编码方案:223;部门编码的方案:122;存货分类的编码方案:1223;收发类别的编码级次:12;结算方式的编码方案:12;其他编码项目保持不变。

(6)数据精度

数据精度保持系统默认设置。

2. 增设操作员

新增以下操作员(用户类型都是普通用户):

401:王明;角色:账套主管。

402:李平;角色:普通员工。

403:张霞;角色:普通员工。

3. 分配操作员权限

(1)操作员王明:具有系统所有模块的全部权限。

(2)操作员李平:拥有“公用目录设置”“总账—凭证—出纳签字”“总账—凭证—查询凭证”“总账—出纳”操作权限。

(3)操作员张霞:拥有“公用目录设置”“总账”中的所有权限。

4. 系统的启用

启用“总账”系统,启用日期为 2023 年 11 月 1 日。

5. 设置基础档案

(1)部门档案

部门档案见表 2-0-1。

表 2-0-1 部门档案

部门编码	部门名称	部门属性
1	办公室	日常事务
2	购销部	商品购销
3	仓管部	存货管理
4	财务部	账务核算

(2)人员类别

在职人员分为三类:1011 企管人员,1012 购销人员,1013 其他人员。

(3)人员档案

人员档案见表 2-0-2。

表 2-0-2 人员档案

编号	职员姓名	行政部门	人员类别	性别	是否业务员
101	郑化	办公室	企管人员	男	是
201	徐军	购销部	购销人员	男	是
202	陈秀	购销部	购销人员	女	是
203	黄秋	购销部	购销人员	男	是
301	陈亮	仓管部	其他人员	男	是
401	王明	财务部	企管人员	男	是
402	李平	财务部	企管人员	女	是
403	张霞	财务部	企管人员	女	是

注：所有职员的雇佣状态均为“在职”。

(4)客户分类

客户分为两类：01 批发，02 零售。

(5)供应商分类

供应商分为两类：01 批发，02 代销。

(6)客户档案

客户档案见表 2-0-3。

表 2-0-3 客户档案

编号	客户简称	所属分类	税号	开户银行	银行账号	默认值
001	繁荣公司	01	330702704186	工行新华街分行	26581051	是
002	兴隆公司	01	330702704576	工行解放路分行	26581869	是

(7)供应商档案

供应商档案见表 2-0-4。

表 2-0-4 供应商档案

编号	供应商名称	所属分类	税号	开户银行	银行账号
001	德天公司	01	330195143058592	工行莫愁湖支行	77082010839478
002	华兴公司	01	320193243075592	工行大治路支行	73562010856497

(8)结算方式

结算方式见表 2-0-5。

表 2-0-5 结算方式

编码	名称	是否票据管理	对应票据类型
1	现金结算	否	
2	支票结算	是	普通支票
3	汇票结算	否	

(9)外币及汇率

币符：USD；币名：美元；固定汇率：1∶6.925。

工作要求

1. 以系统管理员"admin"的身份,进行增加操作员、建立账套、财务分工、备份账套操作。登录日期为 2023-11-01。

2. 以账套主管"王明"的身份,进行系统启用、基础档案设置、账套数据修改操作。登录日期为 2023-11-01。

项目一 系统管理

系统管理是用友 ERP-U8V10.1 管理软件中一个非常特殊的组成部分。它的主要功能是对用友 ERP-U8V10.1 管理软件的各个产品进行统一的操作管理和数据维护,具体包括账套管理、年度账管理、操作员及其权限管理、系统运行安全的统一管理等方面。

1. 账套管理

账套指的是一组相互关联的数据。一般来说,可以为企业中每一个独立核算的单位建立一个账套。换句话说,在系统中,可以为多个企业(或企业内多个独立核算的部门)分别建账。账套管理功能一般包括账套的建立、修改、删除、引入和输出等。

2. 年度账管理

年度账与账套是两个不同的概念,一个账套中包含了企业所有的数据。把企业数据按年度划分,称为年度账。用户不仅可以建立多个账套,而且每个账套中还可存放不同年度的年度账。这样,对不同核算单位、不同时期的数据,就可以方便地进行操作。年度账管理包括年度账的建立、清空、引入、输出和结转上年数据等。

3. 操作员及其权限管理

为了保证系统及数据的安全与保密,系统管理提供了操作员及其权限的集中管理功能。通过对系统操作分工和权限的管理,一方面可以避免与业务无关的人员进入系统,另一方面可以对系统所含的各个模块的操作进行协调,以保证各负其责,流程顺畅。操作员管理包括操作员的增加、修改、删除等操作。操作员权限的管理包括操作员权限的增加、修改、删除等操作。

4. 系统运行安全的统一管理

系统管理员要对系统运行安全负责,在系统管理中,可以对整个系统的运行过程进行监控、清除系统运行过程中的异常任务、设置系统自动备份计划等。

建立账套

任务一 建立账套

1. 以系统管理员身份注册进入系统管理

(1)执行"开始"→"所有程序"→"用友 ERP-U8V10.1"→"系统服务"→"系统管理"命令,进入"用友 U8[系统管理]"窗口,如图 2-1-1 所示。

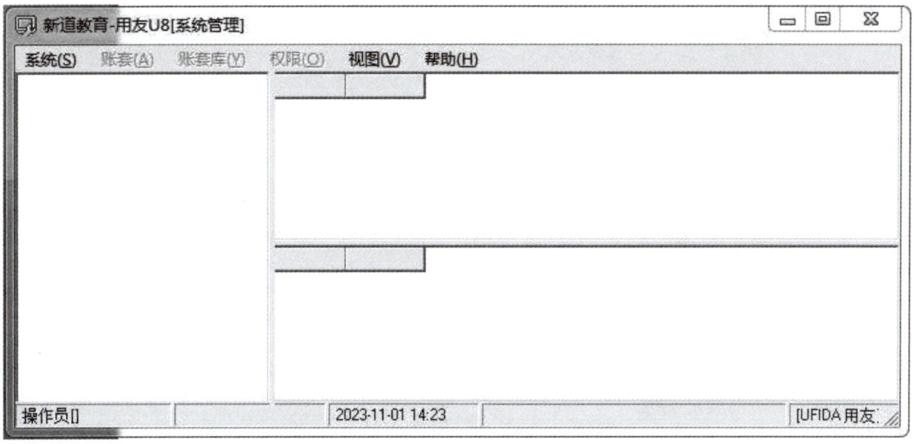

图 2-1-1 “用友 U8[系统管理]”窗口

(2)执行“系统”→“注册”命令,打开“登录”对话框。

(3)“登录到”文本框中默认为本地计算机名称。

(4)在“操作员”文本框中输入用友软件默认的系统管理员“admin”,系统默认管理员密码为空,如图 2-1-2 所示。

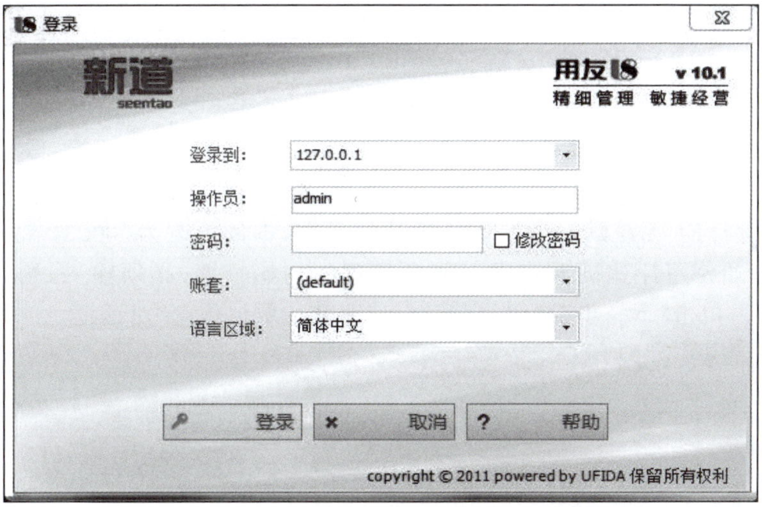

图 2-1-2 以系统管理员身份登录系统管理

(5)选择系统默认账套“(default)”,单击“登录”按钮,进入系统管理,系统管理界面最下面的状态栏中显示当前操作员(admin)。

2. 选择建账方式

执行“账套”→“建立”命令,打开“创建账套—建账方式”对话框,选择“新建空白账套”,单击“下一步”按钮,如图 2-1-3 所示。

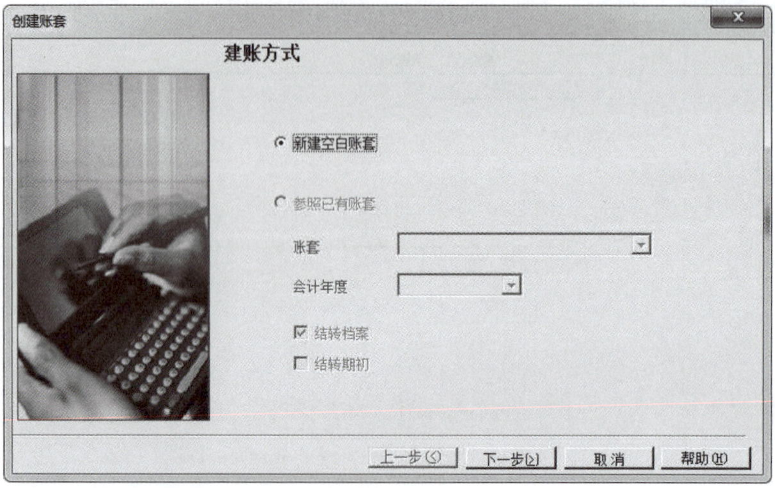

图 2-1-3 “创建账套—建账方式”对话框

3. 输入账套信息

账套信息包括:

(1)已存账套:系统将已存在的账套以下拉列表的形式显示,用户只能查看,不能输入或修改,目的是避免重复建账。

(2)账套号:本例输入账套号“101”。账套号是该企业账套的唯一标识,必须输入,且不得与计算机内已经存在的账套号重复。可以输入 001～999 范围内的任意 3 个字符。

(3)账套名称:本例输入“天成裤业有限公司”(可以输入核算单位的简称)。账套名称必须输入,进入系统后它将显示在正在运行的软件的界面上。

(4)账套路径:本例建议使用系统默认的路径“C:\U8SOFT\Admin”。账套路径用来确定新建账套将要被放置的位置,用户可以人工更改,也可以利用 … 按钮进行参照输入。

(5)启用会计期:系统默认为计算机的系统日期,本例更改为“2023 年 11 月”。启用会计期是指开始使用计算机系统进行业务处理的初始日期,必须输入,输入完成后,如图 2-1-4 所示。单击“下一步”按钮,打开“创建账套—单位信息”对话框。

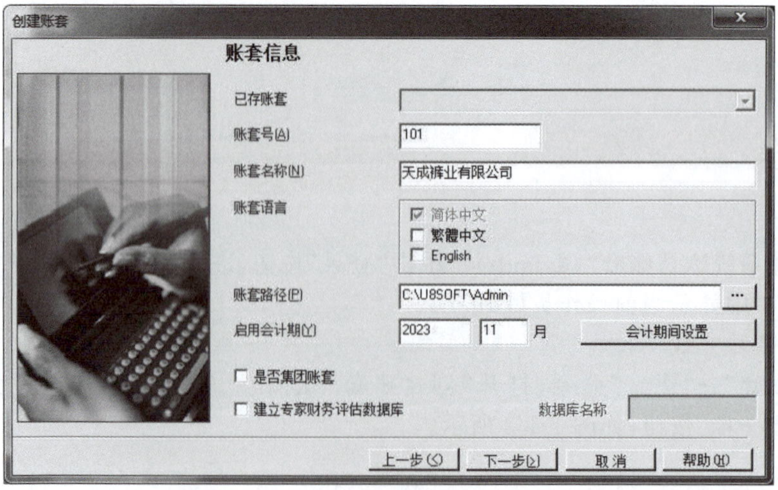

图 2-1-4 “创建账套—账套信息”对话框

4. 填写单位信息

单位信息包括：

(1)单位名称：本例输入“天成裤业有限公司”。单位名称即用户单位的全称，必须输入。企业全称只在发票打印时使用，其余情况全部使用企业的简称。

(2)单位简称：本例输入“天成公司”。单位简称即用户单位的简称，最好输入。

其他栏目都属于任选项，参照所给资料输入即可。

输入完成后，如图 2-1-5 所示。单击“下一步”按钮，打开“创建账套—核算类型”对话框。

5. 填写核算类型

核算类型包括：

(1)本币代码：本例采用系统默认的“RMB”。必须输入。

(2)本币名称：本例采用系统默认的“人民币”。必须输入。

(3)企业类型：本例采用系统默认的“商业”。用户必须从其下拉列表中选择输入。系统提供了工业、商业和医药流通三种类型。

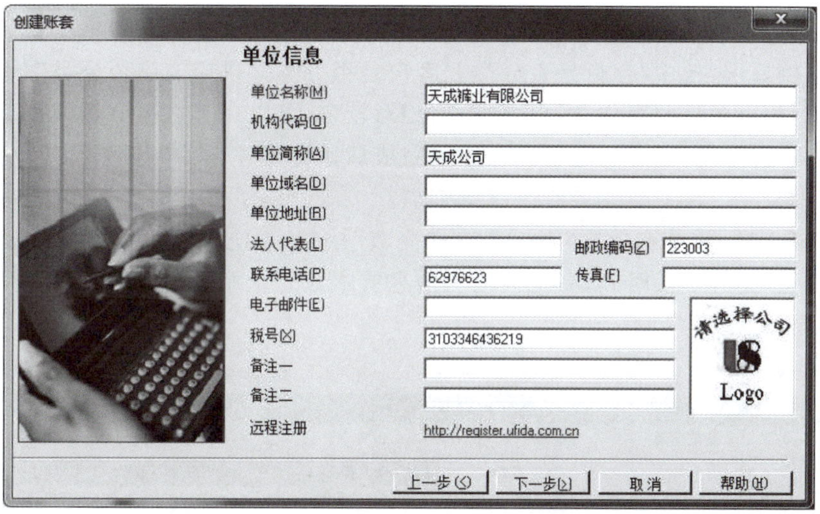

图 2-1-5 “创建账套—单位信息”对话框

(4)行业性质：本例采用系统默认的“2007 年新会计制度科目”。用户必须从其下拉列表中选择输入，系统按照所选择的行业性质预置科目。

(5)科目预置语言：本例选择“中文〔简体〕”。系统中还有 English 和中文〔繁体〕两种语言可供选择。

(6)账套主管：本例选择“[demo]demo”。用户必须从其下拉列表中选择输入。

(7)按行业性质预置科目：本例选择“按行业性质预置科目”复选框。如果用户希望预置所属行业的标准一级科目，则选中该复选框。

输入完成后，如图 2-1-6 所示。单击“下一步”按钮，打开“创建账套—基础信息”对话框。

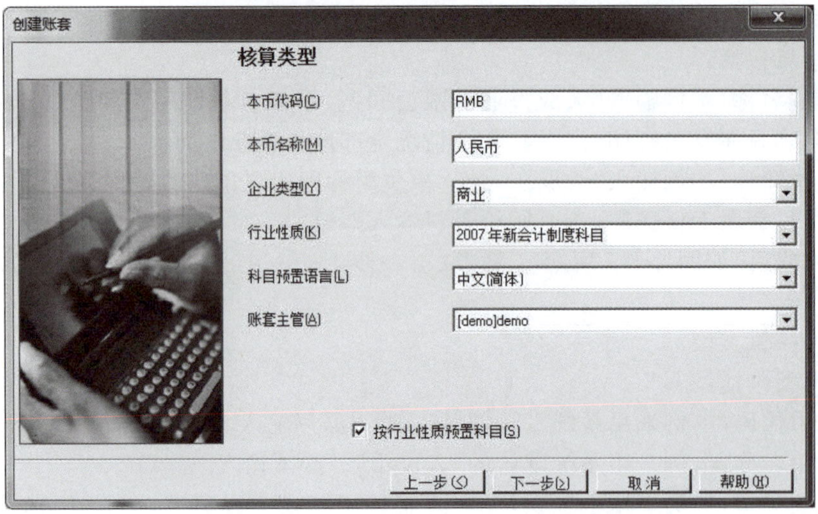

图 2-1-6 “创建账套—核算类型”对话框

6. 填写基础信息

按照本例要求，选中“存货是否分类”“客户是否分类”“供应商是否分类”“有无外币核算”复选框。如果单位的存货、客户、供应商相对较多，可以对其进行分类核算。如果此时不能确定是否进行分类核算，也可以在建账完成后由账套主管在“修改账套”功能中设置分类核算。

如图 2-1-7 所示，依次单击“下一步”→“完成”按钮，系统提示“可以创建账套了吗?”，单击“是”按钮，稍等一段时间，系统按输入信息要求建立企业数据库，完成后打开“编码方案”对话框。

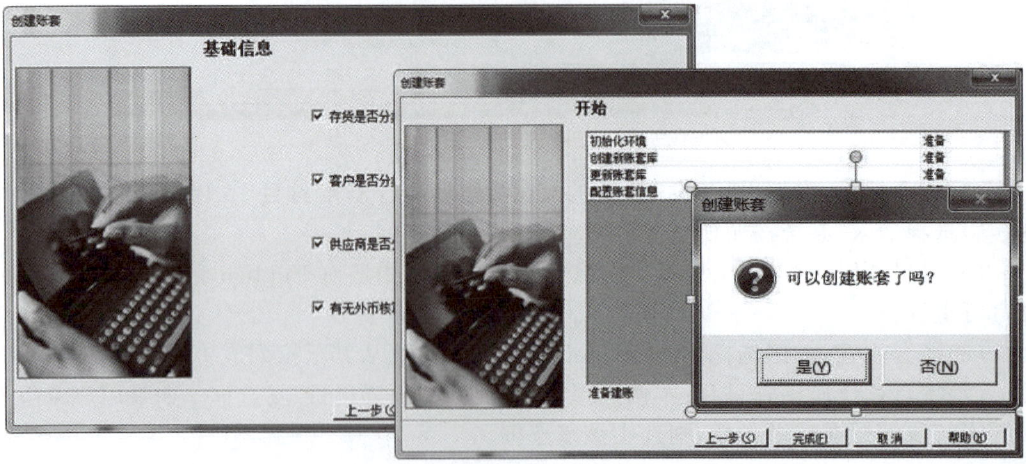

图 2-1-7 “创建账套—基础信息”对话框

工作指导

此处创建账套的时间较长，请耐心等待。

7. 确定编码方案

为了便于对经济业务数据进行分级核算、统计和管理，系统要求预先设置某些基础档案的编码规则，即规定各种编码的级次及各级的长度。

按资料所给内容修改系统默认值，如图 2-1-8 所示，单击“确定”按钮，再单击“取消”按钮，打开“数据精度”对话框。

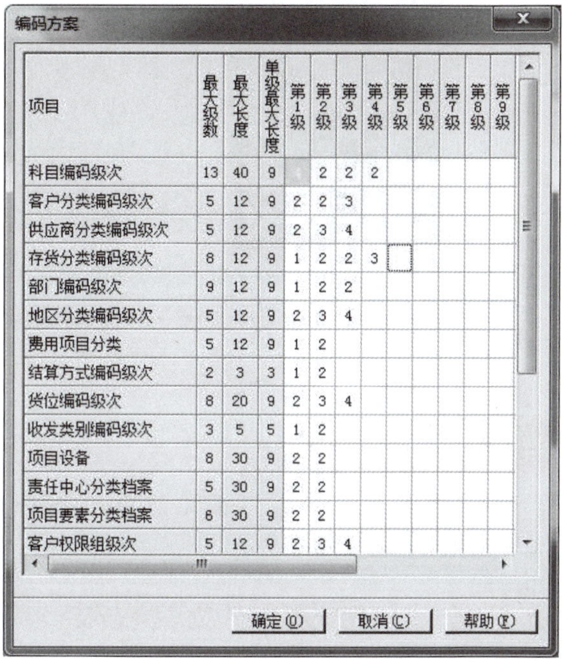

项目	最大级数	最大长度	单级最大长度	第1级	第2级	第3级	第4级	第5级	第6级	第7级	第8级	第9级
科目编码级次	13	40	9	[illegible]	2	2	2					
客户分类编码级次	5	12	9	2	2	3						
供应商分类编码级次	5	12	9	2	3	4						
存货分类编码级次	8	12	9	1	2	2	3					
部门编码级次	9	12	9	1	2	2						
地区分类编码级次	5	12	9	2	3	4						
费用项目分类	5	12	9	1	2							
结算方式编码级次	2	3	3	1	2							
货位编码级次	8	20	9	2	3	4						
收发类别编码级次	3	5	5	1	2							
项目设备	8	30	9	2	2							
责任中心分类档案	5	30	9	2	2							
项目要素分类档案	6	30	9	2	2							
客户权限组级次	5	12	9	2	3	4						

图 2-1-8　“编码方案”对话框

工作指导

科目编码级次中第 1 级科目编码长度根据建账时所选行业性质自动确定，此处显示灰色，不能修改，只能设定第 2 级之后的科目编码长度。

8. 数据精度定义

数据精度涉及核算精度问题。涉及购、销、存业务环节时会计人员会输入一些原始单据，如发票、出入库单等，需要填写数量及单价。数据精度定义是确定有关数量及单价的小数位数的。

本例采用系统默认的数据精度，单击“确定”按钮。如图 2-1-9 所示，系统弹出创建账套的系统提示对话框，单击“否”按钮，暂不进行系统启用的设置。系统提示“请进入企业应用平台进行业务操作!”，单击“确定”按钮，创建账套完成。如图 2-1-10 所示，单击“退出”按钮退出创建账套，返回系统管理界面。

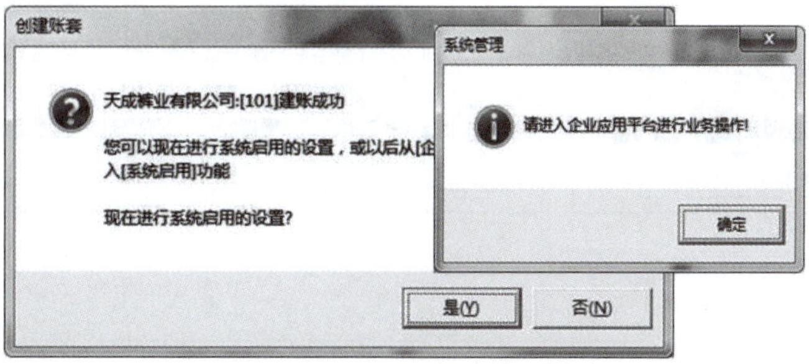

图 2-1-9　创建账套完成

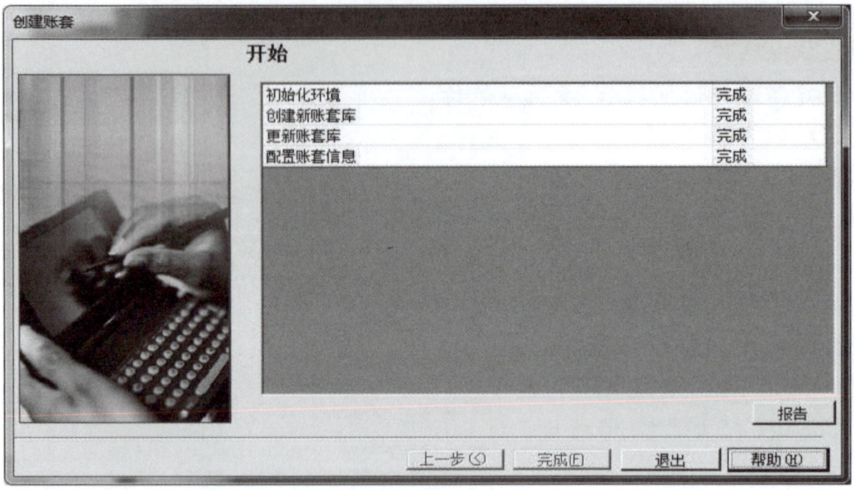

图 2-1-10　退出创建账套

工作指导

编码方案、数据精度、系统启用项目可以由账套主管在“企业应用平台”→“设置”→“基本信息”中进行修改。

增设操作员及其权限

任务二　增设用户及其权限

1. 增加操作员

（1）以系统管理员身份注册进入系统管理，执行“权限”→“用户”命令，进入“用户管理”窗口。

（2）如图 2-1-11 所示，单击工具栏上的“增加”按钮，打开“增加用户”对话框，按案例资料输入操作员，按角色提示在增加用户时指定用户所属的角色。每增加完一个操作员后，单击“增加”按钮增加下一个操作员，全部完成后，单击“增加”按钮后再单击“取消”按钮，返回“用户管理”窗口，再单击“退出”按钮返回系统管理。

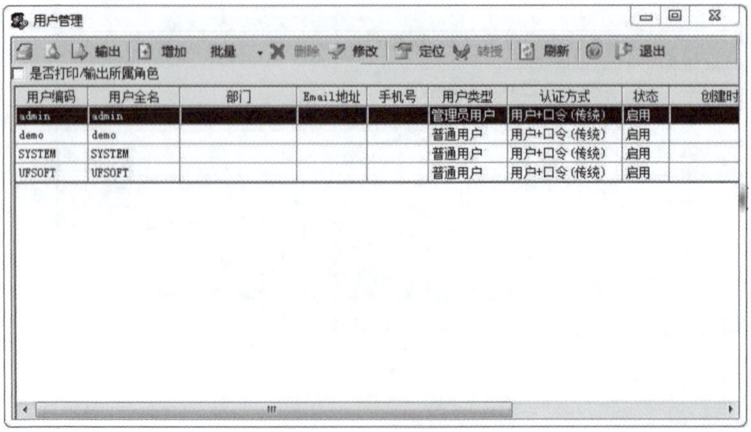

图 2-1-11　增加用户

工作指导

- 只有系统管理员才有权限设置角色和用户。
- 用户编号在系统中必须唯一，即使是不同的账套，用户编号也不能重复。
- 所设置的操作员用户一旦被引用，便不能被修改和删除。
- 如果操作员调离企业，可以通过“修改”功能注销当前用户。
- 在“增加用户”对话框中，蓝色字体标注的项目为必输项，其余项目为可选项。这一规则适用于所有界面。

2. 设置操作员权限

(1)指定账套主管

①以系统管理员身份注册进入系统管理，执行“权限”→“权限”命令，进入“操作员权限”窗口。

②从账套下拉列表中选择“[101]天成裤业有限公司”，年度设置为“2023--2023”。

③在操作员列表中选择“401 王明”，选中“账套主管”复选框，系统弹出提示信息“设置用户[401]账套主管权限吗?”。单击“是”按钮确定，王明即拥有了账套主管权限，如图 2-1-12 所示。

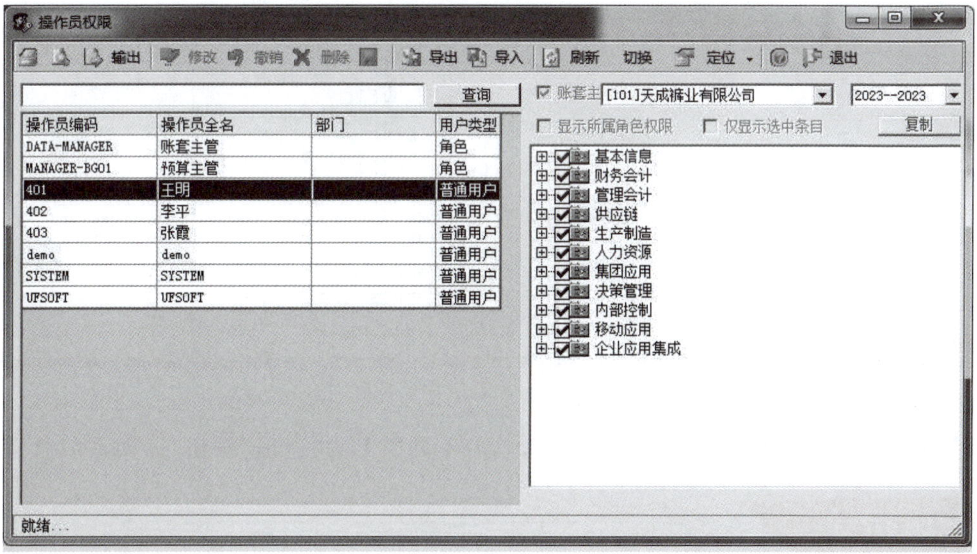

图 2-1-12　设置账套主管权限

工作指导

- 如果在增加用户和建立账套时已设定“王明”为账套主管，则此处无须再设置；如果在建账时未设定“王明”为账套主管，则可以在此处进行指定。
- 一个账套可以设定多个账套主管。
- 账套主管自动拥有该账套的所有权限。

(2)设置其他用户的操作权限

①选择“402 李平”,再选择“101”账套。单击工具栏上的“修改”按钮,选中“公用目录设置”,再选中“财务会计”前的“+”图标,展开“总账”→“凭证”项目,选中“出纳签字”“查询凭证”权限,再选中“总账”下的“出纳”权限,单击“保存”按钮( )返回,如图 2-1-13 所示。

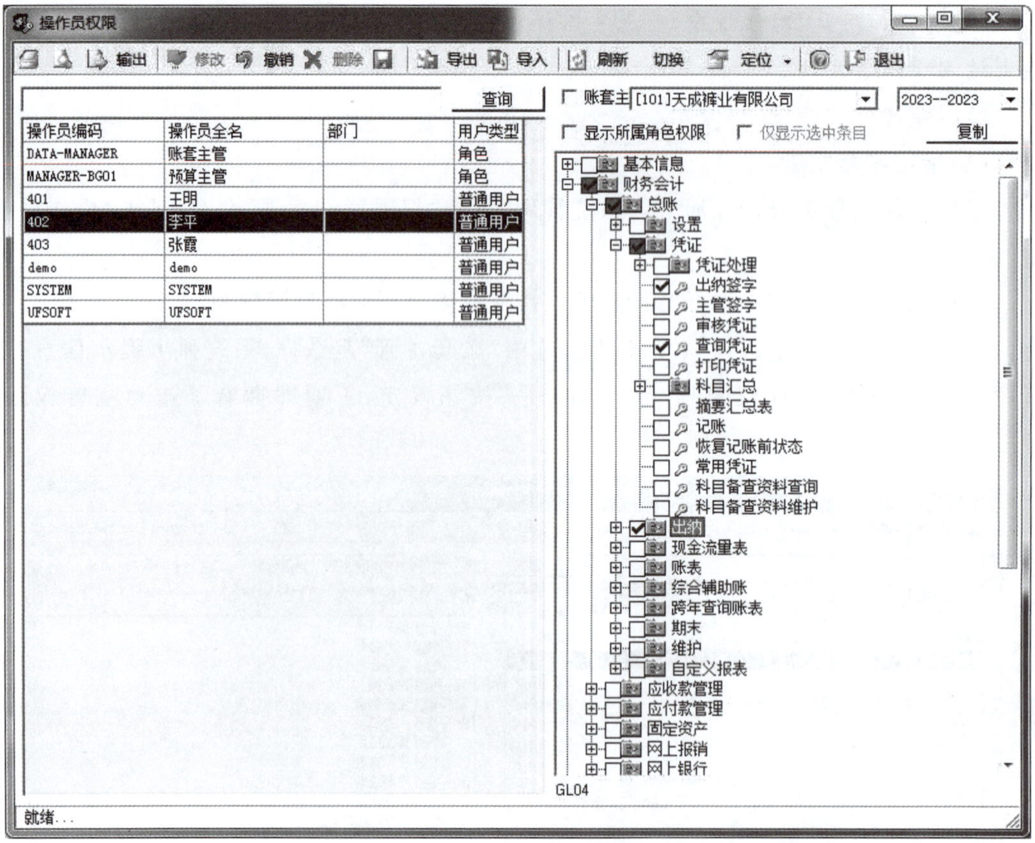

图 2-1-13　设置操作员权限

②同理,设置其他用户的操作权限后,单击工具栏上的“退出”按钮,返回系统管理。

工作指导

“公用目录设置”在“基本信息”下。

任务三　修改账套

修改备份
恢复账套

如果需要修改建账参数,需要以账套主管(王明)的身份注册进入系统管理。

(1)在系统管理中执行“系统”→“注册”命令,打开“登录”对话框。

工作指导

如果此前以系统管理员的身份注册进入系统管理，那么需要首先执行“系统”→“注销”命令，注销当前系统操作员，再以账套主管的身份登录。

(2)执行“账套”→“修改”命令，打开“修改账套”对话框，可修改的账套信息以黑色显示，不可修改的账套信息以灰色显示。

(3)修改完成后，单击“完成”按钮，系统提示“确认修改账套了吗?”，单击“是”按钮，确定“编码方案”和“数据精度”，再单击“确认”按钮，系统提示“修改账套成功!”。

(4)单击“确定”按钮，返回系统管理。

工作指导

账套中的很多参数不能修改。若这些参数错误，则只能删除此账套，再重新建立。因此，建立账套时，参数设置一定要小心。

任务四　备份、恢复账套

1. 备份账套

备份账套数据的工作应由系统管理员“admin”在系统管理中的“账套”→“输出”功能中完成。

(1)在D盘新建“＊＊班级＊＊姓名账套备份”文件夹，再在“＊＊班级＊＊姓名账套备份”文件夹中新建“(2-1)系统管理”文件夹。

(2)由系统管理员在系统管理中执行“账套”→“输出”命令，打开“账套输出”对话框。选择需要输出的账套“101”，单击“确认”按钮，稍候，系统弹出“请选择账套备份路径”对话框。

(3)选择“D:\＊＊班级＊＊姓名账套备份\(2-1)系统管理”文件夹，单击“确定”按钮。

(4)系统进行账套数据输出，完成后弹出“输出成功”信息提示框，单击“确定”按钮返回。

2. 恢复账套

(1)以系统管理员的身份注册进入系统管理，执行“账套”→“引入”命令，打开“请选择账套备份文件”对话框。

(2)选择“D:\＊＊班级＊＊姓名账套备份\(2-1)系统管理”文件夹账套数据所在的磁盘驱动器，列表框中显示该磁盘驱动器中所包含的全部文件夹，依次双击存放账套数据的各文件夹，找到账套文件“UfErpAcL. Lst”，单击“确定”按钮，系统提示用户确认账套引入的目录，单击“确定”按钮，打开“请选择账套引入的目录”对话框，用户可以选择账套引入的具体路径，单击“确定”按钮，如果系统内已存在该账套号账套，系统会再次提示，要求用户确认是否覆盖已存在信息，单击“是”按钮，覆盖信息；单击“否”按钮，不覆盖信息。

任务五　建立新年度账

年度账的管理工作由账套主管全权负责，因此需要以账套主管的身份注册进入系统管理。

1. 年度账备份

(1)在新年度核算体系建立前,首先要将上年度业务处理完毕。

(2)执行"年度账"→"输出"命令,做好年度账的备份工作。

2. 建立新年度账

执行"年度账"→"建立"命令,建立新年度账。系统按年度先后顺序建立,不能修改会计年度。

3. 结转上年数据

每到年末,启用新账套时,需要将上年度中的相关账户的余额及其他信息结转到新年度账中。年度账建立成功后,执行"系统"→"注销"命令,再以新年度重新注册,执行"年度账"→"结转上年数据"命令,进行上年数据结转。

项目二　基础信息设置

基础信息设置要登录企业应用平台。企业应用平台就是用友 ERP-U8V10.1 管理软件的集成应用平台,可以实现系统基础数据的集中维护、信息的及时沟通、数据资源的有效利用。企业应用平台为企业员工、合作伙伴提供了访问系统的唯一通道;通过企业应用平台,用户可以设计个性化工作流程,提高工作效率,还可以实现与日常办公的协同进行。

企业应用平台中包含的内容极为丰富,与系统应用相关的主要项目包括:

1. 设置

设置可为系统的日常运行做好基础工作,包括基本信息、基础档案、数据权限和单据的设置。在基本信息中,可以设置系统启用、修改建账时设置的分类编码方案和数据精度。在基础档案中可以设置用友 ERP-U8V10.1 管理软件各个子系统公用的基础档案信息,如机构人员、客商信息、财务信息等。在数据权限中可以针对系统数据的操作权限进行进一步细分。单据设置提供了个性化单据显示及打印格式的定义。

2. 业务

在企业应用平台的"业务"界面中,集成了登录操作员拥有操作权限的所有功能模块,将用友 ERP-U8V10.1 管理软件分为财务会计、供应链、集团应用等功能群,每个功能群中又包括若干功能模块,此处也是用户访问用友 ERP-U8V10.1 管理软件的唯一入口。

3. 工具

工具项目主要提供常用的系统配置工具。

系统启用

任务一　启用总账管理系统

启用总账管理系统有两种方法:一种是系统管理员在建立账套时直接启用;另一种是账套主管在企业应用平台的基本信息中启用。101 账套并没有在账套建立后直接启用任何系统，所以应到企业应用平台中启用总账管理系统。

（1）执行“开始”→“所有程序”→“用友 ERP-U8V10.1”→“企业应用平台”命令，打开“登录”对话框。如图 2-2-1 所示，输入操作员“401”，在“账套”下拉列表中选择“[101]（default）天成裤业有限公司”，更改“操作日期”为“2023-11-01”，单击“登录”按钮，进入“UFIDA U8[工作中心]”窗口。

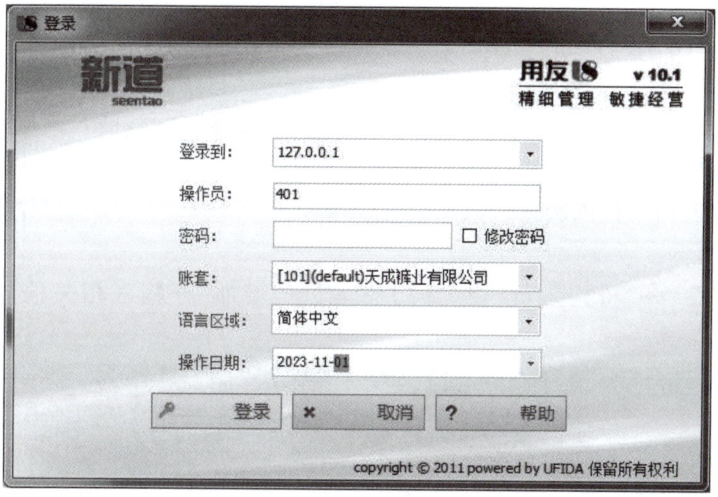

图 2-2-1　登录企业应用平台

（2）在“基础设置”页签中，执行“基本信息”→“系统启用”命令，打开“系统启用”对话框。

（3）选择“GL 总账”复选框，弹出“日历”对话框，选择日历时间为 2023 年 11 月 1 日，如图 2-2-2 所示。单击“确定”按钮，系统弹出提示信息“确定要启用当前系统吗？”，单击“是”按钮返回。以此类推，选择要启用的“薪资管理”“固定资产”“采购管理”等系统。

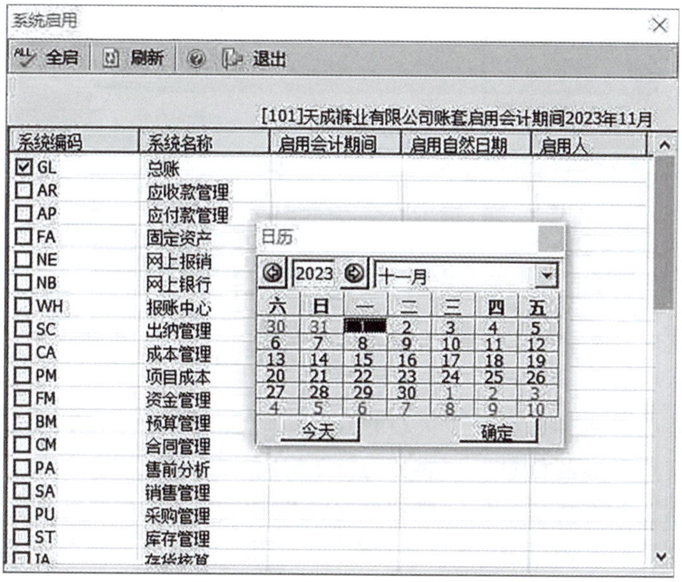

图 2-2-2　启用总账管理系统

(4)所有系统启用完毕后,单击“退出”按钮返回。

工作指导

- 只有账套主管才有权在企业应用平台中进行系统启用。
- 各系统的启用时间必须大于或等于账套的启用时间。

基础信息设置

任务二　进行基础设置

(1)在企业应用平台中,执行“基础设置”→“基础档案”命令,展开其中包含的项目,选择要设置的基础档案,即进入相应项目的设置界面。

(2)按所给案例资料依次输入数据。

操作要点如下:

①“基础档案”→“机构人员”→“部门档案”→“增加”→输入相关信息→“保存”,如图 2-2-3 所示。

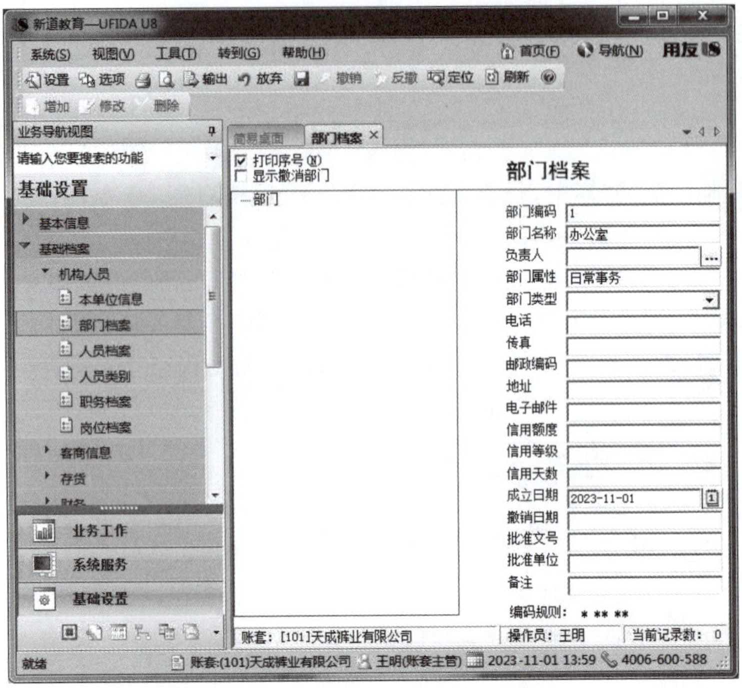

图 2-2-3　设置部门档案

②“基础档案”→“机构人员”→“人员类别”→(把光标放在正式人员上)“增加”→输入相关信息→“确定”。

③“基础档案”→“机构人员”→“人员档案”→“增加”→输入相关信息→“保存”。

④“基础档案”→“客商信息”→“客户分类”→“增加”→输入相关信息→“保存”。

⑤“基础档案”→“客商信息”→“供应商分类”→“增加”→输入相关信息→“保存”。

⑥“基础档案”→“客商信息”→“客户档案”→“增加”→输入相关信息→“银行”→“增加”→输入银行信息→“保存”→“退出”,如图 2-2-4 所示。

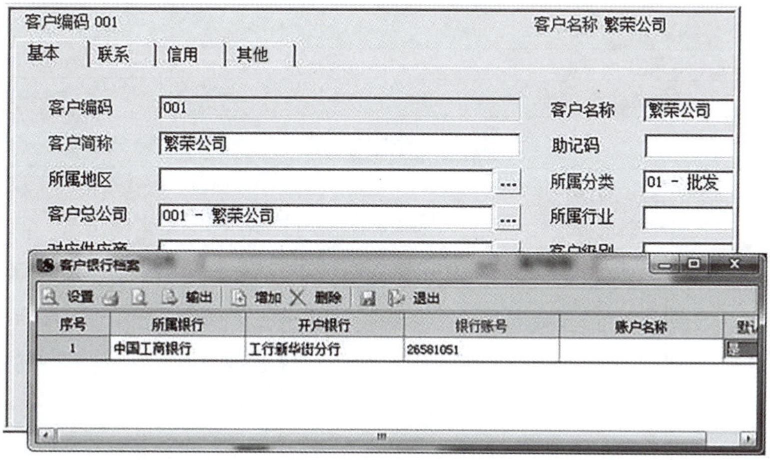

图 2-2-4　设置客户档案

⑦“基础档案”→“客商信息”→“供应商档案”→“增加”→输入供应商信息→“保存并增加”。

⑧“基础档案”→“收付结算”→“结算方式”→“增加”→输入结算方式信息→“保存”，如图 2-2-5 所示。重复上述步骤，完成全部结算方式的录入，单击“退出”按钮返回。

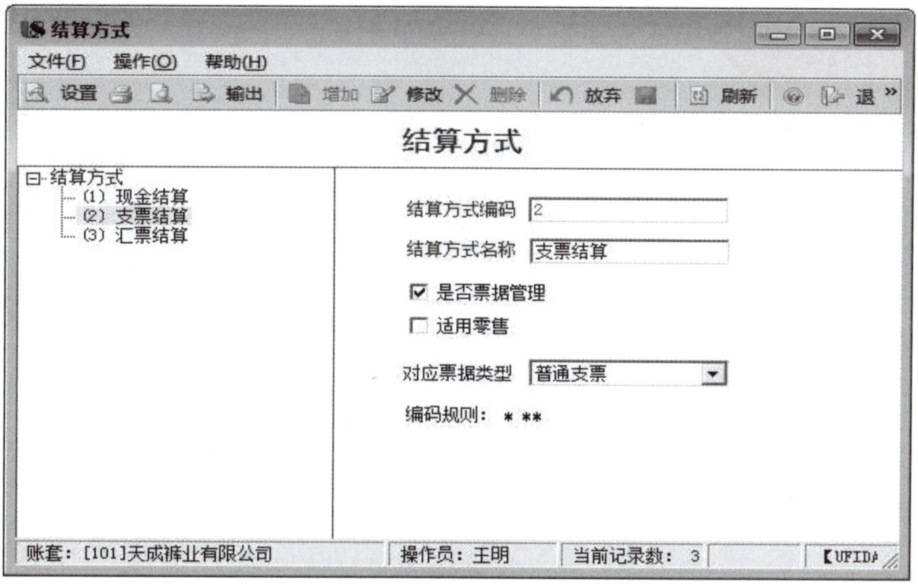

图 2-2-5　设置结算方式

⑨“基础档案”→“财务”→“外币设置”。

Ⅰ. 根据操作资料在“外币设置”窗口输入币符为“USD”，币名为“美元”，单击“确认”按钮，如图 2-2-6 所示。

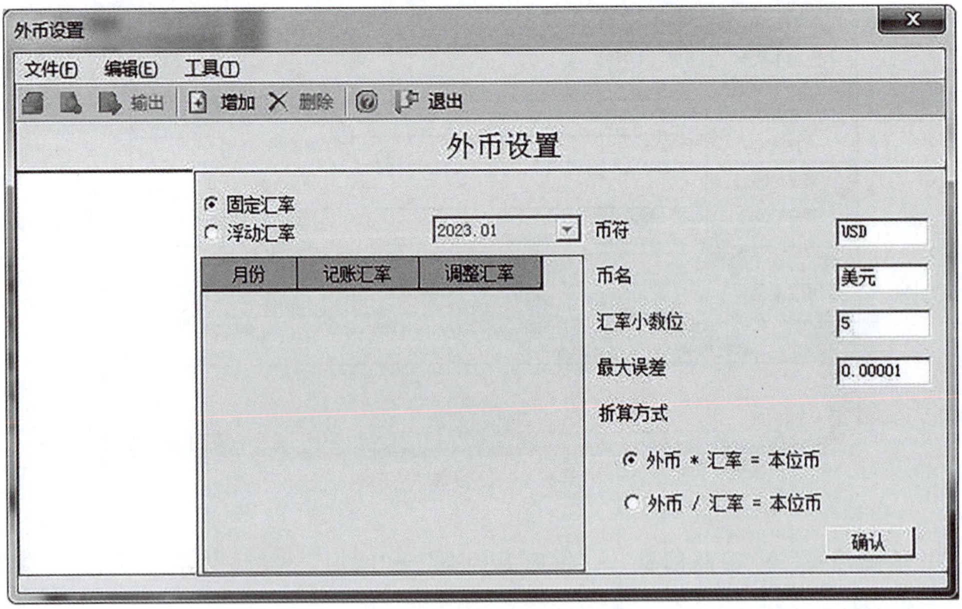

图 2-2-6　外币设置

Ⅱ.输入“2023.11”及记账汇率“6.925”,单击“退出”按钮,屏幕弹出提示信息“是否退出?”,单击“是”按钮返回。

工作指导

- 进行各档案设置时,输入的数据量稍大,操作比较简单。基本上遵循“增加→输入→保存”的操作原则。
- “部门档案”中部门“负责人”暂时不能设置。如果需要设置,必须在完成“人员档案”设置后返回“部门档案”,以修改的方式补充设置。
- 必须先建立客户分类、供应商分类档案,才能建立客户档案、供应商档案;客户档案、供应商档案必须建立在最末级分类上。
- 所有档案建立时,应遵循事先设定的分类编码原则。
- 建立客户档案时,银行信息需要在修改状态下录入。

模块三

总账管理系统

学习目标

1. 了解总账管理子系统的基本知识、功能结构以及与其他子系统间的关系。

2. 明确总账管理子系统的应用流程。

3. 掌握总账管理子系统控制参数、会计科目、项目目录、期初余额录入等初始化设置。

4. 熟练掌握填制凭证、修改凭证、审核凭证、凭证记账、账簿查询、出纳管理等总账管理子系统的日常业务操作。

5. 掌握总账管理子系统期末银行对账业务的操作。

6. 培养勤奋学习的精神、团结合作的意识。

总账管理系统是财务、业务一体化管理软件的核心系统，适合各行各业进行账务核算及管理工作。总账管理系统既可独立运行，也可同其他系统协同运转。总账管理系统的任务就是利用建立的会计科目体系，输入和处理各种记账凭证，完成记账、结账以及对账工作，输出各种总分类账、日记账、明细账和有关辅助账。

总账管理系统主要包括系统初始化、日常业务处理、出纳管理、账簿管理、期末处理等内容。

工作项目

天成裤业有限公司（简称天成公司）：法人代表，王成；联系电话，62976623；邮政编码，223003；税号，3103346436219。该企业属于商业企业，其相关资料如下：

（一）总账管理初始化

以“401 王明”的身份，登录日期 2023-11-01。

1. 总账控制参数

要求制单不序时控制、资金及往来赤字控制，采用计算机软件对凭证进行系统编号，可以使用存货受控科目，权限中凡是出纳凭证必须经出纳签字。其他默认系统设置。

2. 会计科目

（1）指定“1001 库存现金”为现金总账科目，“1002 银行存款”为银行总账科目。

（2）增加会计科目。

天成公司的辅助会计科目资料见表 3-0-1。

表 3-0-1 辅助会计科目表

科目编码	科目名称	辅助账类型
100201	工行存款	日记账、银行账
101201	存出投资款	
122101	职工个人借款	个人往来
122102	赔偿款	
140501	女式裤子	项目核算/数量金额式/数量核算:条
140502	男式裤子	项目核算/数量金额式/数量核算:条
222101	应交增值税	
220201	一般应付款	供应商往来
220202	暂估应付款	
22210101	进项税额	
22210103	转出未交增值税	
22210105	销项税额	
22210106	进项税额转出	
660201	差旅费	部门核算
660202	办公费	部门核算
660203	工　资	部门核算
660204	福利费	部门核算
660205	折旧费	部门核算
660206	其　他	
660301	利息支出	
660302	汇兑损益	
660303	现金折扣	

注:客户往来受控系统为应收款管理系统,供应商往来受控系统为应付款管理系统。

(3)修改会计科目。

应收票据、应收账款、预收账款科目辅助账类型为客户往来。

应付票据、应付账款、预付账款科目辅助账类型为供应商往来。

3. 项目目录

(1)增加项目大类:大类名称“裤子”。

(2)选择核算科目:选择“140501”和“140502”,并单击“确认”按钮。

(3)项目分类:编码“1”,类别为“牛仔裤”;编码“2”,类别为“西装裤”。

(4)项目目录:101,女式牛仔;102,男式牛仔;201,女式西装;202,男式西装。

4. 凭证类别

凭证类别见表 3-0-2。

表 3-0-2 凭证类别

类 型	限制类型	限制科目
收款凭证	借方必有	1001,100201
付款凭证	贷方必有	1001,100201
转账凭证	凭证必无	1001,100201

5. 期初余额

(1)借方余额

库存现金:9 000 元;工行存款:191 000 元;应收账款:60 840 元(日期:2023-10-31;客户:繁荣公司;购销部,徐军;摘要:销售商品);职工个人借款:7 000 元(购销部,黄秋);固定资产:869 000 元;库存商品:45 000 元(女式裤子 28 500 元,男式裤子 16 500 元)。库存商品明细见表 3-0-3。

表 3-0-3 库存商品明细

仓库名称	存货名称	数量(条)	金额(元)	仓库名称	存货名称	数量(条)	金额(元)
女式仓库	女式牛仔裤	300	22 500	男式仓库	男式牛仔裤	150	12 000
	女式西装裤	100	6 000		男式西装裤	50	4 500

(2)贷方余额

累计折旧:72 515 元;短期借款:100 000 元;应付账款——一般应付款:56 160 元(日期:2023-10-31;供应商:德天公司;购销部,徐军;摘要:采购商品);实收资本:953 165 元。

(二)总账管理日常业务

以“403 张霞”的身份,登录日期 2023-11-30。

1. 填制凭证

为做题需要,结算票号为空。

(1)11 月 1 日,以现金支付修理费 900 元。

借:管理费用——其他　　900

　贷:库存现金　　900

(2)11 月 2 日,支付购销部广告费 50 000 元。

借:销售费用　　50 000

　贷:银行存款——工行存款(支票结算)　　50 000

(3)11 月 2 日,企业为购买股票,存出投资款 10 000 元。

借:其他货币资金——存出投资款　　10 000

　贷:银行存款——工行存款(支票结算)　　10 000

(4)11 月 2 日,陈秀(购销部)借差旅费 6 000 元。

借:其他应收款——职工个人借款(购销部,陈秀)　　6 000

　贷:库存现金　　6 000

(5)11 月 3 日,收到某集团投资资金 69 000 元。

借:银行存款——工行存款(支票结算)　　69 000

　贷:实收资本　　69 000

(6)11 月 5 日,陈秀(购销部)出差归来,报销差旅费 5 000 元,交回现金 1 000 元。

借:管理费用——差旅费　　5 000

　贷:其他应收款——职工个人借款(购销部,陈秀)　　5 000

借:库存现金　　1 000

　贷:其他应收款——职工个人借款(购销部,陈秀)　　1 000

(7)11 月 5 日,企业购买股票 10 000 元。

借:交易性金融资产　　10 000

　贷:其他货币资金——存出投资款　　10 000

2. 对凭证进行出纳签字

以"402 李平"的身份,登录日期 2023-11-30。

3. 对凭证进行审核、记账、账簿查询操作

以"401 王明"的身份,登录日期 2023-11-30。

4. 录入银行对账期初

以"402 李平"的身份,登录日期 2023-11-30。

单位日记账调整前余额为 450 000 元,银行对账单调整前余额为 359 000 元,未达账项一笔,系银行已付企业未付款金额 91 000 元。日期为 2023 年 10 月 30 日,结算方式为"2 支票结算",贷方金额 91 000 元。

5. 录入 11 月的银行对账单

2023 年 11 月 2 日,支票结算,贷方金额 50 000 元。

2023 年 11 月 5 日,支票结算,借方金额 1 000 元。

6. 银行对账

以"402 李平"的身份,登录日期 2023-11-30。

工作要求

1. 以账套主管"401 王明"的身份进行总账初始设置。
2. 以"403 张霞"的身份进行填制凭证、凭证查询操作。
3. 以"402 李平"的身份进行出纳签字,现金、银行存款日记账和资金日报表的查询。
4. 以"401 王明"的身份进行审核、记账、账簿查询操作。
5. 以"402 李平"的身份进行银行对账操作。

项目一　总账管理系统初始化

系统初始化是为总账管理系统日常业务处理工作所做的准备,由用户根据本企业的需要建立账务应用环境,主要包括设置控制参数、设置会计科目体系、设置辅助核算档案、设置凭证类别、录入期初余额等。

1. 设置控制参数

设置控制参数是对总账管理系统的一些系统选项进行设置，以便为总账管理系统配置相应的功能或设置相应的控制。

2. 设置会计科目体系

建立会计科目是会计核算方法之一，财务软件一般都提供了符合国家会计制度规定的一级会计科目；明细科目的确定要根据各企业情况自行确定。

(1)指定会计科目。指定会计科目是指定出纳专管的科目。指定会计科目后，才能执行出纳签字，从而实现现金、银行账管理的保密性，才能查看现金或银行存款日记账。

(2)增加会计科目。企业会计核算执行国家统一的会计制度，因而在建立核算账套时可以根据单位的实际情况，选择预置相应行业的会计科目。企业根据管理需要，可以在预置的会计科目外增设明细科目。

(3)修改会计科目。修改会计科目主要用于两个方面：一是修改系统预置科目的某些栏目，如辅助账类的设置与调整；二是更正增加会计科目时出现的输入错误。

3. 设置辅助核算档案

设置了科目的辅助核算属性还不够，还应将从科目中去掉的明细科目设置为辅助核算的目录。部门档案、职员档案在模块二已涉及，下面主要说明项目核算的意义及设置方法。一个单位项目核算的种类可能多种多样，如在建工程、对外投资、技术改造、融资成本、在产品成本、课题、合同订单等，为此应允许企业定义多个种类的项目核算。可以将具有相同特性的一类项目定义成一个项目大类，一个项目大类可以核算多个项目。为了便于管理，还可以对这些项目进行分类管理，可以按以下步骤定义项目。

(1)设置科目辅助核算：在会计科目设置功能中先设置相关的项目核算科目，如对生产成本及其下级科目设置项目核算的辅助账类。

(2)定义项目大类：即定义项目核算的分类类别，如增加生产成本项目大类。

(3)指定核算科目：即具体指定需按此类项目核算的科目。一个项目大类可以指定多个科目，一个科目只能指定一个项目大类。如将直接材料、直接人工和制造费用指定为按生产成本项目大类核算的科目。

(4)定义项目分类：为了便于统计，可将同一项目大类下的项目进一步划分，如将生产成本项目大类进一步划分为自行开发项目和委托开发项目。

(5)定义项目目录：是将各个项目大类中的具体项目输入系统。

4. 设置凭证类别

总账管理系统提供了五种常用分类方式供企业选择。对选择的凭证分类可以在制单时设置对科目的限制条件，系统有以下五种限制类型供选择。

(1)借方必有：制单时，此类凭证借方至少有一个限制科目有发生额。

(2)贷方必有：制单时，此类凭证贷方至少有一个限制科目有发生额。

(3)凭证必有：制单时，此类凭证无论是借方还是贷方至少有一个限制科目有发生额。

(4)凭证必无：制单时，此类凭证无论是借方还是贷方限制科目都不能有发生额。

(5)无限制：制单时，此类凭证可使用所有合法的科目。

限制科目由用户输入，可以是任意级次的科目，科目之间用逗号分隔，数量不限，也可参照输入，但不能重复输入。若限制科目为非末级科目，则在制单时，其所有下级科目都将受到同样的限制。

5. 录入期初余额

录入期初余额功能用于年初录入余额或调整余额以及核对期初余额，并进行试算平衡。如果是第一次使用账务处理系统，必须使用此功能输入科目余额。如果系统中已有上年的数据，在使用“结转上年余额”后，上年各账户余额将自动结转到本年。假如企业是在年初建账，则期初余额就是年初数；假如是年中启用总账管理系统，则应先将各账户此时的余额和年初到此时的借、贷方累计发生额计算清楚。若科目有辅助核算，还应整理各辅助项目的期初余额，以便在期初余额中录入。

期初余额的录入分两部分：总账期初余额录入和辅助账期初余额录入。

总账控制参数

任务一　设置总账控制参数

以“401 王明”的身份，登录日期 2023-11-01。

(1)在企业应用平台“业务工作”页签中，选择“财务会计”中的“总账”，执行“设置”→“选项”命令，打开“选项”对话框。

(2)单击“编辑”按钮，进入参数修改状态。

(3)单击“凭证”选项卡，按照实验资料的要求进行相应的设置。同理，分别单击“账簿”“会计日历”“其他”等选项卡，按照实验资料的要求进行相应的设置。设置完成后，单击“确定”按钮返回，如图 3-1-1 所示。

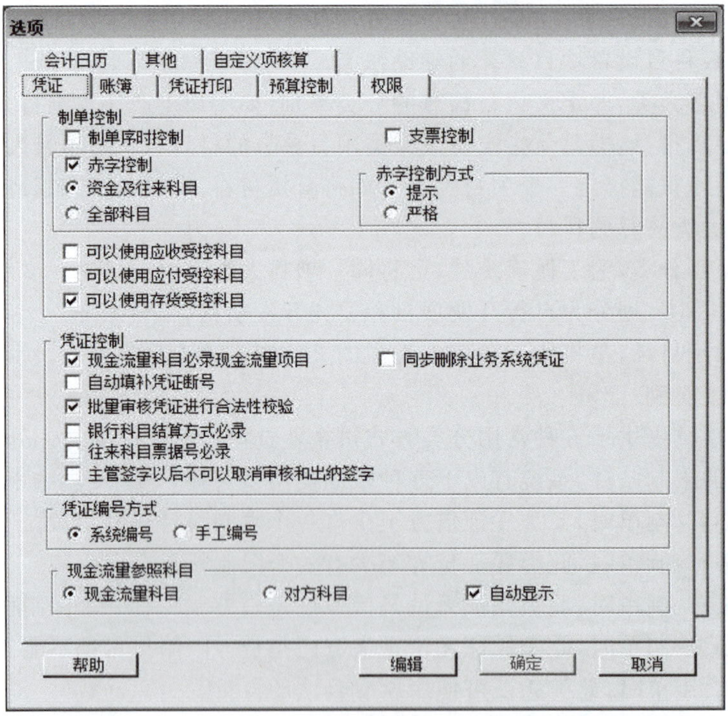

图 3-1-1　设置选项

任务二 设置会计科目体系

设置会计科目体系

以“401 王明”的身份，登录日期 2023-11-01。

1. 指定会计科目

(1)在企业应用平台“基础设置”页签中，执行“基础档案”→“财务”→“会计科目”命令，进入“会计科目”窗口。

(2)执行“编辑”→“指定科目”命令，进入“指定科目”对话框。

(3)选择“现金科目”单选按钮，将“1001 库存现金”由待选科目选入已选科目，如图 3-1-2 所示。

(4)选择“银行科目”单选按钮，将“1002 银行存款”由待选科目选入已选科目。

(5)单击“确定”按钮。

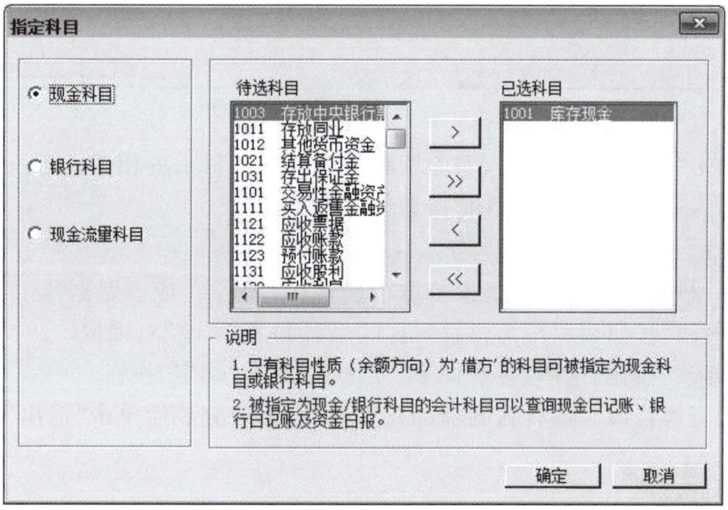

图 3-1-2 指定科目

工作指导

● 指定会计科目是指定出纳的专管科目。只有指定科目后，才能执行出纳签字，从而实现现金、银行存款管理的保密性，才能查看现金、银行存款日记账。

● 在指定“现金科目”“银行科目”之前，应在建立“库存现金”“银行存款”会计科目时选中“日记账”复选框。

2. 增加会计科目

(1)在“会计科目”窗口中，显示所有“按 2007 年新会计制度”预置的科目。

(2)单击“增加”按钮，进入“新增会计科目”对话框，输入实验资料中所给的明细科目。

(3)输入明细科目的相关内容。输入编码“100201”和科目名称“工行存款”；选择“日记账”“银行账”，单击“确定”按钮，如图 3-1-3 所示。

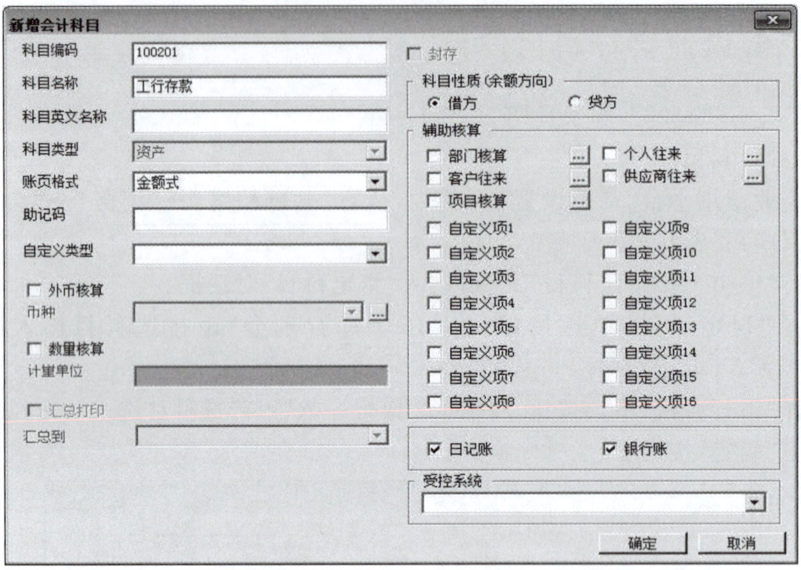

图 3-1-3　新增会计科目

(4)继续单击"增加"按钮，输入实验资料中其他明细科目的相关内容。

(5)全部输入完成后，单击"关闭"按钮。

3. 修改会计科目

(1)在"会计科目"窗口中，单击要修改的会计科目"1121 应收票据"。

(2)单击"修改"按钮或双击该科目，进入"会计科目-修改"对话框。

(3)单击"修改"按钮，选中"客户往来"复选框，单击"确定"按钮。

(4)按实验资料修改其他科目的辅助核算属性，修改完成后单击"退出"按钮。

工作指导

已有数据的科目不能修改科目性质。

设置项目目录

任务三　设置项目目录

以"401 王明"的身份，登录日期 2023-11-01。

1. 定义项目大类

(1)在企业应用平台"基础设置"页签中，执行"基础档案"→"财务"→"项目目录"命令，进入"项目档案"窗口。

(2)单击"增加"按钮，打开"项目大类定义_增加"对话框。

(3)输入新项目大类名称"裤子"，如图 3-1-4 所示。

(4)单击"下一步"按钮，输入要定义的项目级次，假设本例采用系统默认值。

(5)单击"下一步"按钮，输入要修改的项目栏目，假设本例采用系统默认值。

(6)单击"完成"按钮，返回"项目档案"窗口。

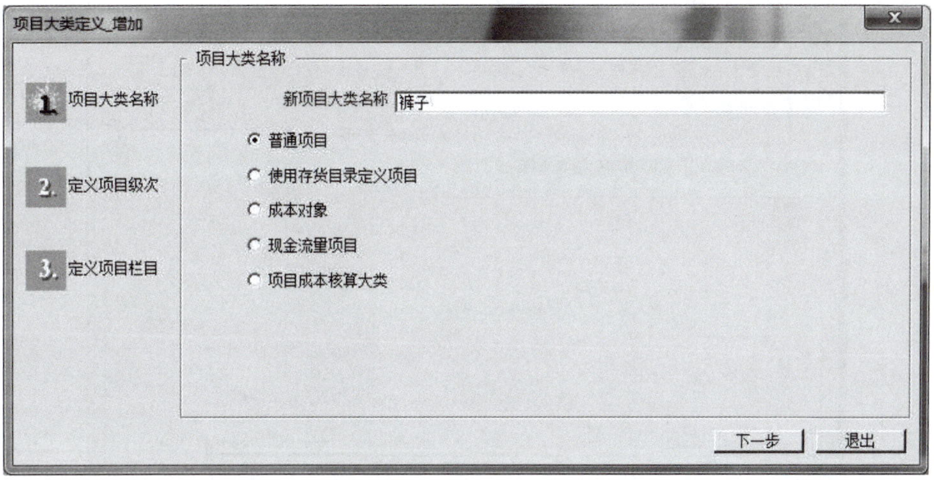

图 3-1-4 定义项目大类

2. 指定项目核算科目

(1)在"项目档案"窗口中,打开"核算科目"选项卡。

(2)选择项目大类"裤子"。

(3)单击"[>]"按钮,将"140501 女式裤子""140502 男式裤子"选为参加核算的科目,单击"确定"按钮,如图 3-1-5 所示。

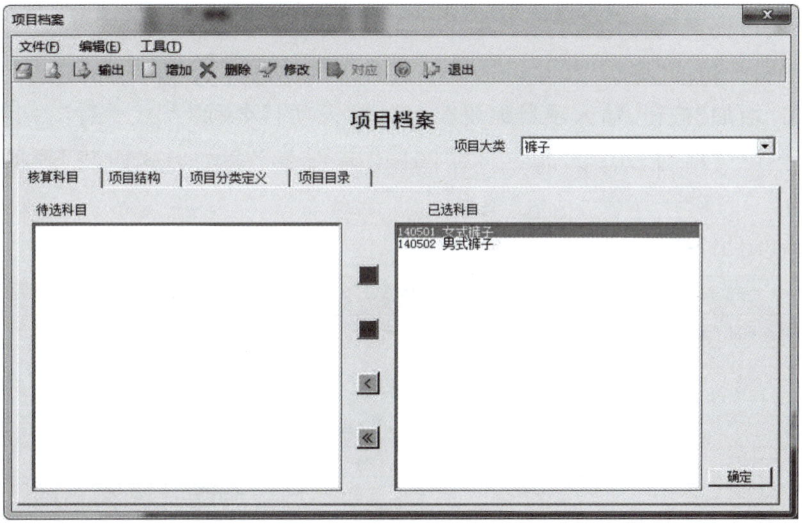

图 3-1-5 指定项目核算科目

工作指导

一个项目大类可指定多个科目,一个科目只能指定一个项目大类。

3. 定义项目分类

(1)在"项目档案"窗口中,打开"项目分类定义"选项卡。

(2)单击右下角的"增加"按钮,输入分类编码"1",输入分类名称"牛仔裤",单击"确定"按钮。同理,定义"2 西装裤"项目分类,结果如图 3-1-6 所示。

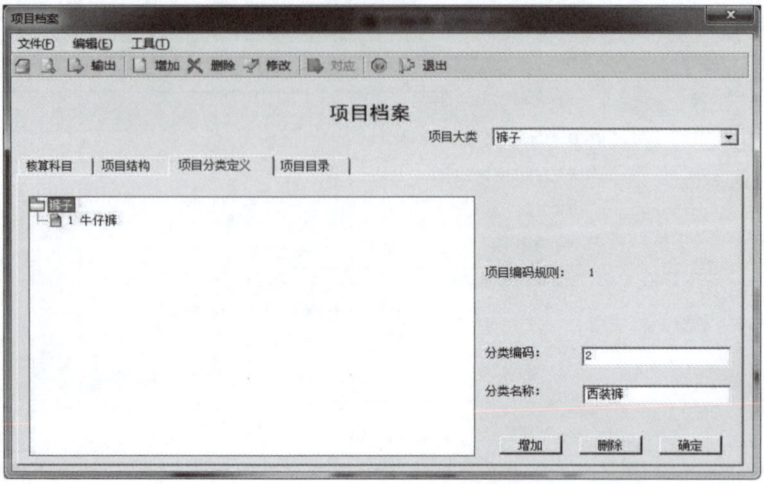

图 3-1-6　定义项目分类

工作指导

- 为了便于统计，可对同一项目大类下的项目进一步划分，即定义项目分类。
- 若无分类，也必须定义项目分类为“无分类”。

4. 定义项目目录维护

（1）在“项目档案”窗口中，打开“项目目录”选项卡。

（2）单击右下角的“维护”按钮，进入“项目目录维护”窗口。

（3）单击“增加”按钮，输入项目编码“101”，输入项目名称“女式牛仔”，选择所属分类码“1”。同理，继续增加“102 男式牛仔”“201 女式西装”“202 男式西装”等项目档案，如图 3-1-7 所示。

（4）单击“退出”按钮。

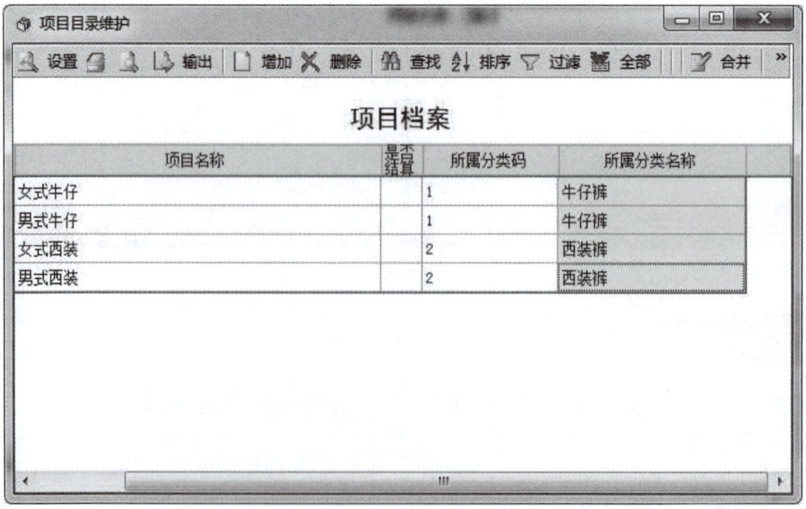

图 3-1-7　定义项目目录维护

工作指导

标志结算后的项目将不能再使用。

任务四 设置凭证类别

设置凭证类别

以“401 王明”的身份，登录日期 2023-11-01。

(1)在企业应用平台“基础设置”页签中，执行“基础档案”→“财务”→“凭证类别”命令，打开“凭证类别预置”对话框。

(2)选择“收款凭证、付款凭证、转账凭证”单选按钮。

(3)单击“确定”按钮，进入“凭证类别”窗口。

(4)单击工具栏上的“修改”按钮，单击收款凭证“限制类型”的下拉按钮，选择“借方必有”；在“限制科目”栏输入或选择“1001,100201”。

(5)设置付款凭证的限制类型为“贷方必有”，在“限制科目”栏输入或选择“1001,100201”；设置转账凭证的限制类型为“凭证必无”，在“限制科目”栏输入或选择“1001,100201”。

(6)设置完成后如图 3-1-8 所示，单击“退出”按钮。

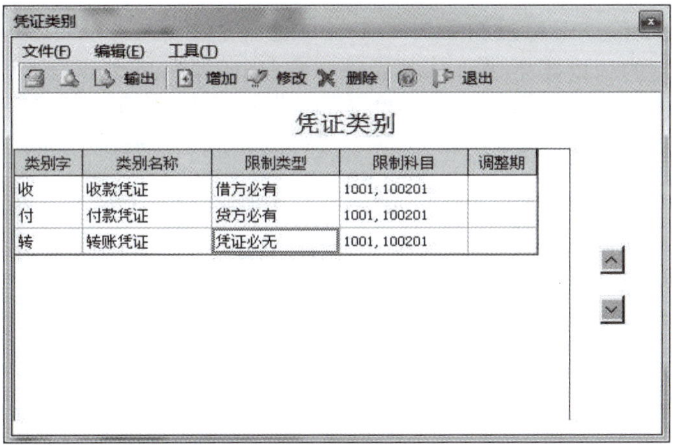

图 3-1-8 设置凭证类别

工作指导

- 已使用的凭证类别不能删除，也不能修改类别字。
- 如果直接录入科目编码，则编码间的标点符号应为英文状态下的标点符号，否则系统会提示科目编码有错误。

任务五 录入期初余额

录入期初余额

以“401 王明”的身份，登录日期 2023-11-01。

(1)从企业应用平台“业务工作”页签进入“财务会计”→“总账”系统中，执行“设置”→

“期初余额”命令，进入“期初余额录入”窗口。

(2)直接输入末级科目(底色为白色)的累计发生额和期初余额，上级科目的累计发生额和期初余额自动填列，如图 3-1-9 所示。

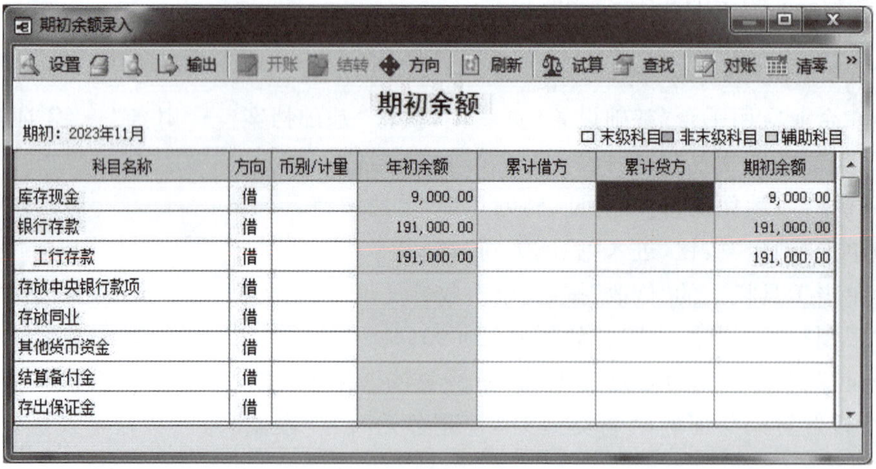

图 3-1-9　期初余额录入

(3)设置了辅助核算的科目底色显示为浅黄色，其累计发生额可直接输入，但期初余额的录入要到相应的辅助账中进行。其操作方法是：

①录入客户往来、供应商往来、个人往来时，双击设置了辅助核算属性的科目的“期初余额”栏，进入相应的辅助账窗口，单击“往来明细”按钮，屏幕弹出“期初往来明细”子窗口，如图 3-1-10 所示，单击“增行”按钮，按明细资料输入或参照选择，完成后单击“汇总”按钮，屏幕显示“完成了往来明细到辅助期初表的汇总!”提示信息，单击“确定”按钮。之后单击“退出”按钮，辅助账余额自动转到总账。

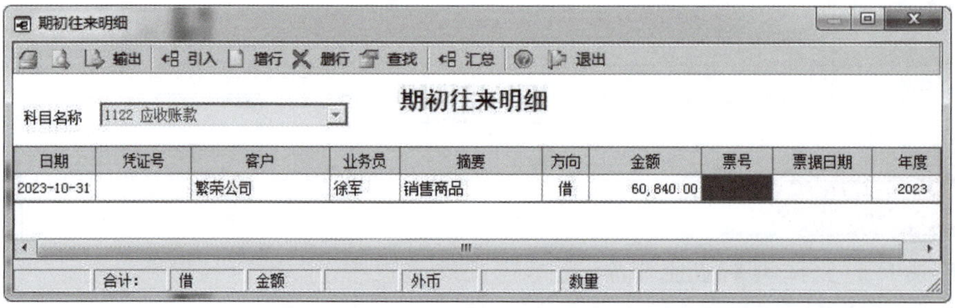

图 3-1-10　期初余额录入(往来明细)

②录入项目核算科目时，双击设置了辅助核算属性的科目的“期初余额”栏，进入相应的辅助账窗口。单击“增行”按钮，按明细资料输入或参照选择，如图 3-1-11 所示。

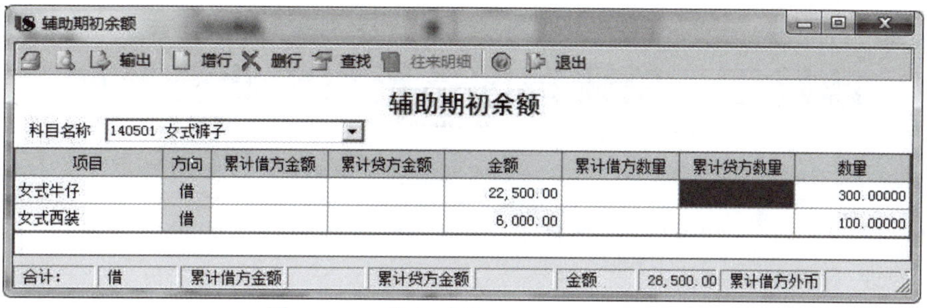

图 3-1-11 期初余额录入(项目核算)

(4)输完所有科目余额后,单击“试算”按钮,打开“期初试算平衡表”对话框,如图 3-1-12 所示。

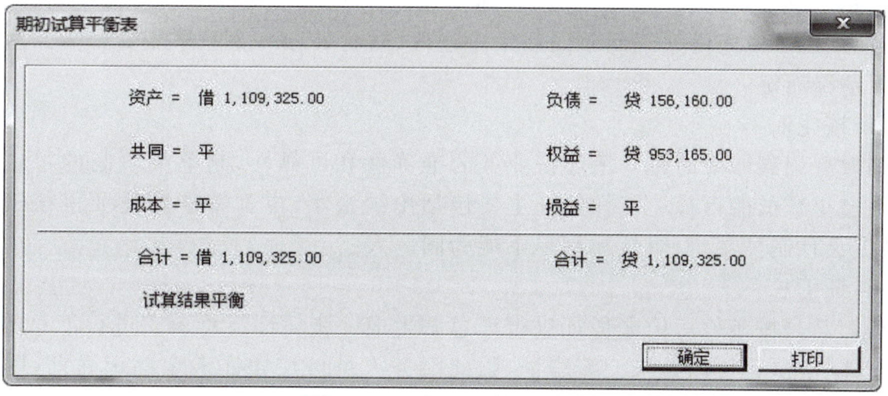

图 3-1-12 期初试算平衡表

(5)若期初余额试算不平衡,则修改期初余额;若期初余额试算平衡,则单击“确定”按钮。

工作指导

- 灰色的单元为非末级科目,不允许录入期初余额,待下级科目余额录入完成后自动汇总生成。
- 如果要修改余额的方向,可以在未录入余额的情况下,单击“方向”按钮改变余额的方向。
- 总账科目与其下级科目的方向必须一致,如果所示明细余额的方向与总账余额方向相反,则用“—”号表示。
- 如果录入余额的科目有辅助核算的内容,则在录入余额时必须录入辅助核算的明细内容,而修改时也应修改明细内容。
- 期初余额试算不平衡,将不能记账,但可以填制凭证。
- 已经记过账,则不能再输入、修改期初余额,也不能执行“结转上年余额”功能。

项目二 总账管理系统日常业务处理

初始化设置完成后，即可以进行日常账务处理，总账管理系统日常业务包括：凭证管理、出纳管理、账簿管理等。

1. 凭证管理

记账凭证是登记账簿的依据，是总账管理系统的唯一数据源。凭证管理的内容包括填制凭证、审核凭证、凭证汇总、凭证记账等功能。

(1)填制凭证

在实际工作中，可直接在计算机上根据审核无误准予报销的原始凭证填制记账凭证(前台处理)，也可以先由人工制单而后集中输入(后台处理)，企业采用哪种方式应根据本单位实际情况而定。

(2)审核凭证

为确保登记到账簿的每一笔经济业务的准确性和可靠性，制单员填制的每一张凭证都必须经过审核员的审核。审核凭证主要包括出纳签字、主管签字和凭证审核三方面的工作，根据会计制度规定，审核与制单不能为同一人。

(3)凭证汇总

凭证汇总是按条件对记账凭证进行汇总并生成一张凭证汇总表。进行汇总的凭证可以是已记账凭证，也可以是未记账凭证，因此财务人员可在凭证未全部记账前，随时查看企业目前的经营状况及其他财务信息。

(4)凭证记账

记账凭证经审核签字后，即可用来登记总账、明细账、日记账、部门账、往来账、项目账以及备查账等。记账一般采用向导方式，使记账过程更加明确，进行记账工作时，由计算机自动进行数据处理，不用人工干预。

2. 出纳管理

出纳管理是总账管理系统为出纳人员提供的一套管理工具，包括出纳签字，现金和银行存款日记账的输出，支票登记簿的管理以及银行对账功能，并可对银行长期未达账提供审计报告。

(1)出纳签字

出纳凭证由于涉及企业现金的收入与支出，因此应加强管理。出纳人员可通过出纳签字功能对制单员填制的带有现金银行科目的凭证进行检查核对，主要核对出纳凭证的出纳科目的金额是否正确，审查认为错误或有异议的凭证，应交与填制人员修改后再核对。

(2)日记账及资金日报表

日记账是指现金和银行存款日记账。日记账由计算机登记，其作用只是用于输出。只要建立会计科目时“日记账”选项打上“√”标志，即表明该科目要登记日记账。资金日报表是反映现金、银行存款日发生额及余额情况的报表。手工方式下，资金日报表由出纳员逐日填写，反映当天营业终止时现金、银行存款的收支情况及余额。电算化方式下，资金日报表主要用于查询、输出或打印资金日报表，提供当日借、贷金额合计和余额，以及发生的业务量等信息。

(3)支票登记簿

在手工记账时，出纳员通常利用支票领用登记簿，用来登记支票领用情况，为此总账管理系统特为出纳员提供了“支票登记簿”功能，以供其详细登记支票领用人、领用日期、支票用途、是否报销等情况。

(4)银行对账

银行对账是企业货币资金管理的重要内容，由于凭证传递时间的不同以及企业和银行在业务处理上可能存在差错，往往会发生双方账面记录不一致的情况，为了及时发现记账差错，正确掌握银行存款的实际余额，企业必须定期将银行存款日记账与银行出具的对账单进行核对并编制银行存款余额调节表，这就是银行对账。

①录入银行对账期初数据

为了保证银行对账的正确性，第一次使用银行对账功能进行对账之前，必须先将企业银行存款日记账余额、银行对账单余额及双方未达账项录入系统。在开始使用银行对账功能之后一般不再使用。

②输入银行对账单

要实现计算机自动对账，在每月月末对账前，须将银行开出的银行对账单输入计算机。

本功能用于平时录入银行对账单。在指定账户(银行科目)后，可录入本账户下的银行对账单，以便于与企业银行存款日记账进行对账。

③进行银行对账

银行对账采用自动对账与手工对账相结合的方式。

自动对账即由计算机根据对账依据将银行日记账未达账项与银行对账单进行自动核对、勾销。对账依据通常是“结算方式＋结算号＋方向＋金额”或“方向＋金额”。对于已核对上的银行业务，系统将自动在银行存款日记账和银行对账单双方写上两清标志，并视为已达账项，否则，视其为未达账项。由于自动对账是以银行存款日记账和银行对账单双方对账依据完全相同为条件，所以为了保证自动对账的正确和彻底，必须保证对账数据的规范合理。

手工对账是对自动对账的补充。采用自动对账后，可能还有一些特殊的已达账项没有对出来，而被视为未达账项，为了保证对账的正确和彻底，可通过手工对账进行调整勾销。

④余额调节表的查询输出

在对银行账进行两清勾对后，计算机自动整理汇总未达账项和已达账项，生成“银行存款余额调节表”，以检查对账是否正确。

⑤对账结果查询

该功能主要用于查询单位日记账和银行对账单的对账结果。它是对余额调解表的补充，可进一步了解对账后对账单上勾对的明细情况(包括已达账项和未达账项)，从而进一步查询对账结果。检查无误后，可通过核销银行账来核销已达账项。

银行对账不平衡时，不能使用核销功能，核销不影响银行日记账的查询和打印。核销错误可以进行反核销。

3. 账簿管理

企业发生的经济业务，经过制单、审核、记账等程序后，就形成了正式的会计账簿，除了前面介绍的现金和银行存款的查询和输出外，账簿管理还包括基本会计核算账簿的查询和输出，以及各种辅助账的查询和输出。

（1）基本会计核算账簿管理

基本会计核算账簿管理包括总账、余额表、明细账、序时账、多栏账的查询及打印。

（2）各种辅助核算账簿管理

辅助核算账簿管理包括个人往来、部门核算、项目核算账簿的总账、明细账查询和输出，以及部门收支分析和项目统计表的查询和输出。

（3）现金流量表的查询

该功能可以查询到现金流量明细表和现金流量统计表。

任务一　凭证管理

以“403 张霞”的身份注册进入企业应用平台，登录日期 2023-11-30。

工作指导

操作日期输入“2023-11-30”。这样，可以只注册一次企业应用平台，输入不同日期的凭证。

1. 填制凭证

填制凭证

（1）执行“业务工作”→“财务会计”→“总账”→“凭证”→“填制凭证”命令，进入“填制凭证”窗口。

（2）单击“增加”按钮，增加一张空白凭证。

（3）选择凭证类型为付款凭证，输入制单日期“2023.11.01”；输入审核日附单据数“1”。

（4）输入摘要“支付修理费”；输入科目名称“660206”，借方金额“900”，按 Enter 键；摘要自动带到下一行，输入科目名称“1001”，贷方金额“900”，按 Enter 键。

（5）单击“保存”按钮，系统弹出“凭证已成功保存！”提示信息，单击“确定”按钮，如图 3-2-1 所示。

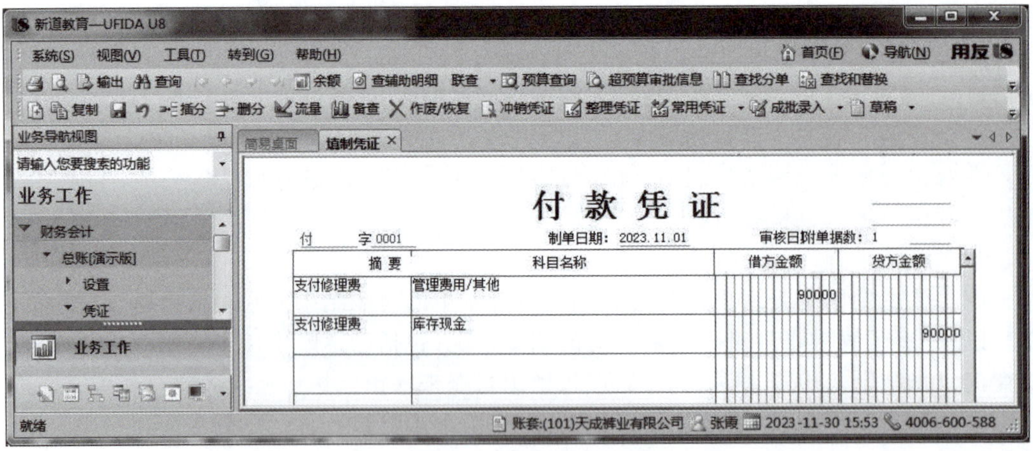

图 3-2-1　填制记账凭证

工作指导

在凭证填制过程中，若某科目为“银行科目”“外币科目”“数量科目”“辅助核算科目”“现金流量科目”，输完科目名称后，则需继续输入该科目的辅助核算信息。

例如：本模块“工作项目”下的总账管理日常业务(2)，在填制凭证过程中，输完银行科目“100201”，弹出“辅助项”对话框。输入结算方式“2”，票号略，发生日期“2023-11-02”，单击“确定”按钮，再单击“保存”按钮，保存该凭证。

本模块“工作项目”下的总账管理日常业务(4)，在填制凭证过程中，输完科目“122101”，弹出“辅助项”对话框。选择部门“购销部”，个人“陈秀”，票号略，发生日期“2023-11-02”，单击“确定”按钮，如图 3-2-2 所示。之后继续填写其他凭证信息，再单击“保存”按钮，保存该凭证。

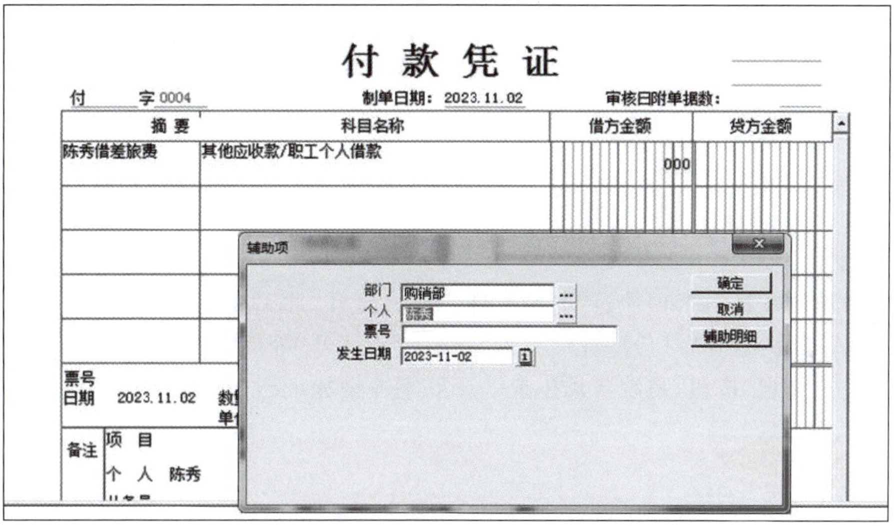

图 3-2-2 填制记账凭证(科目有辅助核算)

工作指导

- 采用序时控制时，凭证日期应大于等于启用日期，不能超过业务日期。
- 凭证一旦保存，其凭证类别、凭证编号不能修改。
- 科目编码必须是末级的科目编码。
- 金额不能为“零”；红字以“－”号表示。
- 可按“＝”键，取当前凭证借、贷方金额的差额到当前光标位置。
- 选择支票控制，即该结算方式设为“支票管理”，银行账辅助信息不能为空，而且该方式的票号应在支票登记簿中有记录。

2. 修改凭证

(1)执行“凭证”→“填制凭证”命令，进入“填制凭证”窗口。

(2)单击“查询”按钮，输入查询条件，找到要修改的凭证。

(3)对于凭证的一般信息，将光标放在要修改的地方，直接修改；如果要修改凭证的辅助项信息，首先选中辅助核算科目行，然后将光标置于备注栏辅助项，待光标图形变为“笔形”时双击，弹出“辅助项”对话框，在此对话框中修改相关信息。

(4)单击“保存”按钮，保存相关信息。

工作指导

- 未经审核的错误凭证可通过“填制凭证”功能直接修改；已审核的凭证应先取消审核后再进行修改。
- 若已采用制单序时控制，则在修改制单日期时，不能在上一张凭证的制单日期之前。
- 若选择“不允许修改或作废他人填制的凭证”权限控制，则不能修改或作废他人填制的凭证。
- 如果涉及银行科目的分录已录入支票信息，并对该支票做过报销处理，修改操作将不影响“支票登记簿”中的内容。
- 外部系统传过来的凭证不能在总账管理系统中进行修改，只能在生成该凭证的系统中进行修改。

3. 冲销凭证

(1)在“填制凭证”窗口，执行“冲销凭证”命令，打开“冲销凭证”对话框。

(2)输入条件：选择“月份”“凭证类别”；输入“凭证号”等信息。

(3)单击“确定”按钮，系统自动生成一张红字冲销凭证。

工作指导

- 通过红字冲销法增加的凭证，应视同正常凭证进行保存和管理。
- 红字冲销只能针对已记账凭证进行。

4. 删除凭证

(1)先查询到要作废的凭证。

(2)在“填制凭证”窗口中，执行“作废/恢复”命令。

(3)凭证的左上角显示“作废”字样，表示该凭证已作废。

工作指导

- 作废凭证仍保留凭证内容及编号，只显示“作废”字样。
- 作废凭证不能修改，不能审核。
- 在记账时，作废凭证应参与记账，否则月末无法结账，但不对作废凭证做数据处理，相当于一张空凭证。
- 账簿查询时，查不到作废凭证的数据。
- 若当前凭证已作废，可执行“编辑”→“作废/恢复”命令，取消作废标志，并将当前凭证恢复为有效凭证。

5. 整理凭证

(1)在“填制凭证”窗口中，执行“整理凭证”命令，打开“选择凭证期间”对话框。

(2)选择要整理的“月份”。

(3)单击“确定”按钮，打开“作废凭证表”对话框。

(4)选择真正要删除的作废凭证。

(5)单击“确定”按钮，系统将这些凭证从数据库中删除并对剩下凭证重新排号。

工作指导

- 如果作废凭证不想保留时，则可以通过“整理凭证”功能，将其彻底删除，并对未记账凭证重新编号。
- 只能对未记账凭证做凭证整理。
- 已记账凭证做凭证整理，应先恢复本月月初的记账前状态，再做凭证整理。

6. 出纳签字

更换操作员为“402 李平”，登录日期 2023-11-30。

(1)在企业应用平台中，执行左上角“重注册”命令，打开“登录”对话框。

(2)以“402 李平”的身份注册进入企业应用平台，执行“业务工作”→“财务会计”→“总账”命令，进入总账管理系统。

(3)执行“凭证”→“出纳签字”命令，打开“出纳签字”查询条件对话框。

(4)选择“全部”单选按钮，输入查询条件，如图 3-2-3 所示。

(5)单击“确定”按钮，进入“出纳签字”的凭证列表窗口。

(6)双击某一张要签字的凭证或者单击“确定”按钮，进入“出纳签字”的签字窗口。

(7)单击“签字”按钮，凭证底部的“出纳”位置被自动签上出纳人姓名。

(8)单击“下张”按钮，对其他凭证签字，最后单击“退出”按钮。

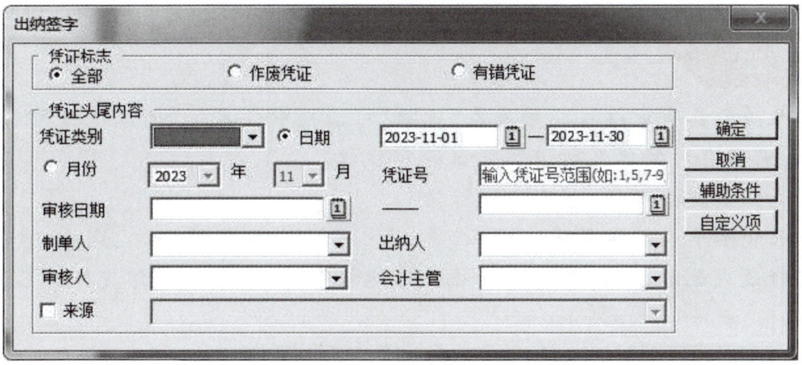

图 3-2-3 出纳签字

工作指导

- 涉及指定为现金科目和银行科目的凭证才需出纳签字。
- 凭证一经签字，就不能被修改、删除，只有取消签字后才可以修改或删除，取消签字只能由出纳本人进行。

● 凭证签字并非审核凭证的必要步骤。若在设置总账参数时，不选择“出纳凭证必须经由出纳签字”，则可以不执行“出纳签字”功能。

● 可以通过执行“出纳”→“成批出纳签字”命令，对所有凭证进行出纳签字。

凭证审核记账

7. 审核凭证(更换操作员)

以“401 王明”的身份重新注册进入企业应用平台，登录日期 2023-11-30。

(1)执行“业务工作”→“财务会计”→“总账”→“凭证”→“审核凭证”命令，打开“凭证审核”查询条件对话框。

(2)选择“全部”单选按钮，输入查询条件，如图 3-2-4 所示。单击“确定”按钮，进入“凭证审核”的凭证列表窗口。

(3)双击要审核的凭证或单击“确定”按钮，进入“凭证审核”的审核凭证窗口。

(4)检查要审核的凭证，无误后单击“审核”按钮，凭证底部的“审核”处自动签上审核人姓名。

(5)单击“下张”按钮，对其他凭证进行审核签字，最后单击“退出”按钮。

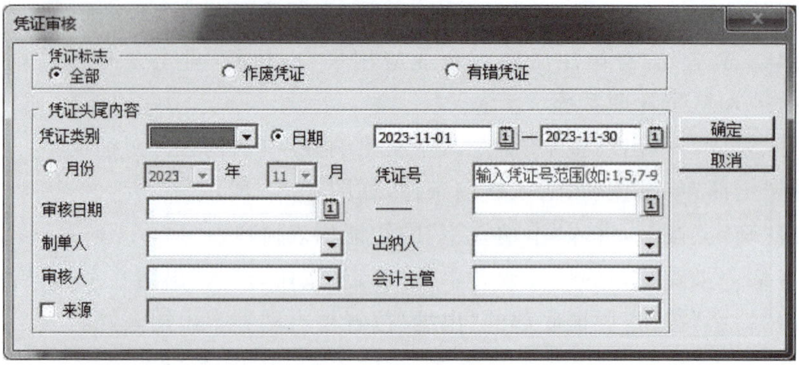

图 3-2-4　审核凭证

工作指导

● 审核人必须具有审核权。如果在“选项”对话框中设置了“凭证审核控制到操作员”时，审核人还需要有对制单人所填制凭证的审核权。

● 作废凭证不能被审核，也不能被标错。

● 审核人和制单人不能是同一个人，凭证一经审核，不能被修改、删除，只有取消审核签字后才可修改或删除，已标志作废的凭证不能被审核，需先取消作废标志后才能审核。

8. 记账

以“401 王明”的身份进行记账。

(1)执行“凭证”→“记账”命令，进入“记账”对话框，如图 3-2-5 所示。

(2)第一步选择要进行记账的凭证范围。例如，在付款凭证的“记账范围”栏中输入“1—3”，本例单击“全选”按钮，选择所有凭证。

(3)第二步记账，单击“记账”按钮，打开“期初试算平衡表”对话框，单击“确认”按钮，系统开始登录有关的总账和明细账、辅助账。登记完后，弹出“记账完毕”信息提示框。

(4)单击“确定”按钮，记账完毕，再单击“退出”按钮。

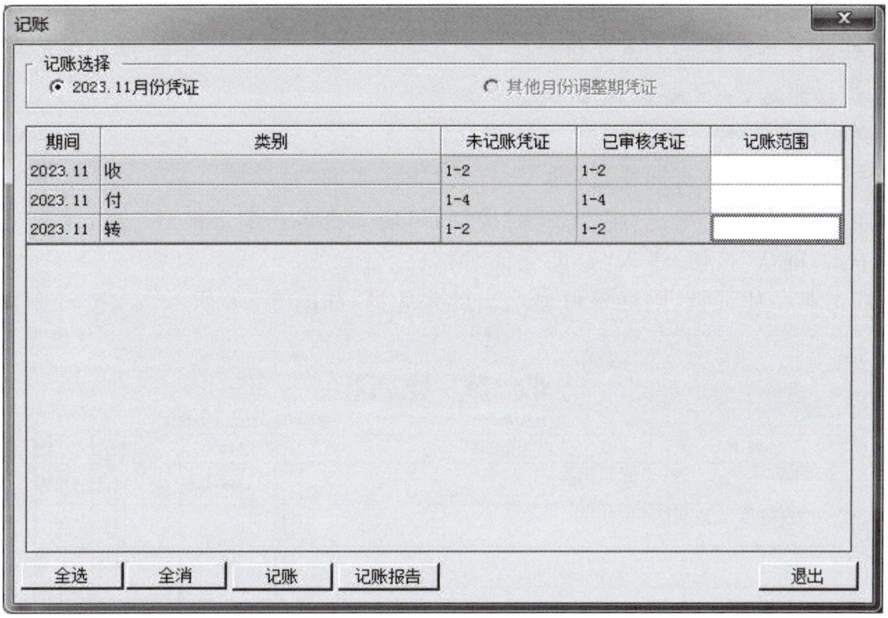

图 3-2-5　记账

工作指导

- 如果期初余额“试算不平衡”，不允许记账。
- 如果有“未审核的凭证”，不允许记账。
- 如果“上月未结账”，本月不能记账。
- 如果不输入“记账范围”，系统默认为“所有凭证”。
- 未审核凭证不能记账，记账范围应小于等于已审核范围。
- 记账后，不能整理凭证断号。
- 已记账的凭证不能在“填制凭证”界面中查询，只能在“查询凭证”界面中查询。

9. 取消记账

激活“恢复记账前状态”菜单。

(1)在总账初始窗口，执行“期末”→“对账”命令，进入“对账”窗口。

(2)按“Ctrl＋H”键，系统弹出“恢复记账前状态功能已被激活”信息提示框，同时在“凭证”菜单下显示“恢复记账前状态功能”菜单项。

(3)单击“确定”按钮，再单击工具栏上的“退出”按钮。

10. 恢复记账

(1)执行“凭证”→“恢复记账前状态”命令，打开“恢复记账前状态”对话框。

(2)选择“最近一次记账前状态”单选按钮。

(3)单击“确定”按钮，系统弹出“请输入主管口令”信息提示框。

(4)输入口令，单击“确认”按钮，稍候，系统弹出“恢复记账完毕”信息提示框，单击“确定”按钮。

工作指导

- 已结账月份的数据不能取消记账。
- 取消记账后，一定要重新记账。

11. 查询已记账凭证

(1)执行“凭证”→“查询凭证”命令，打开“凭证查询”对话框。

(2)输入查询条件，单击“辅助条件”按钮，可输入更多查询条件。

(3)单击“确认”按钮，进入“查询凭证”窗口。

(4)双击某一凭证行，则屏幕可显示出此张凭证，如图 3-2-6 所示。

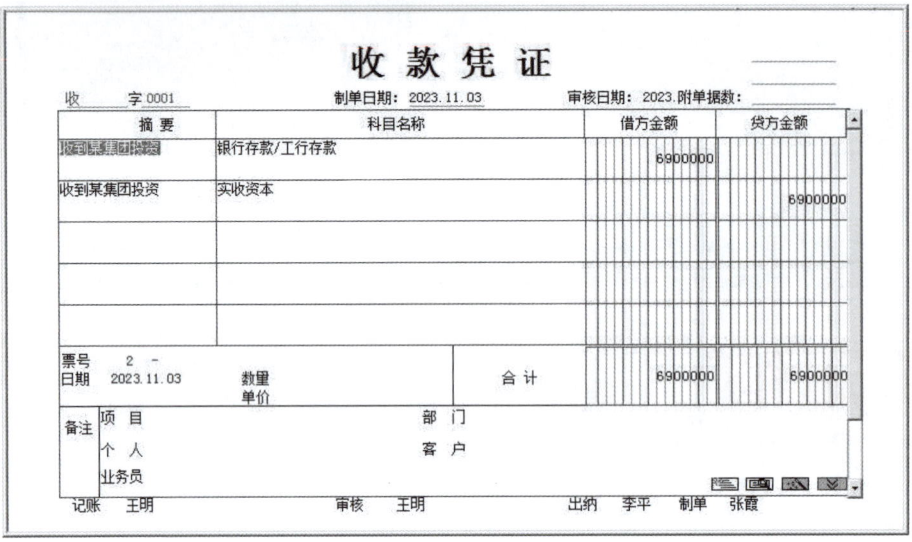

图 3-2-6 凭证查询

工作指导

- 在“查询凭证”功能中既可以查询已记账凭证，也可以查询未记账凭证，而在“填制凭证”功能中只能查询未记账凭证。
- 在“查询凭证”功能中还可以查询“作废凭证”、“有错凭证”、某制单人填制的凭证、其他子系统传递过来的凭证以及一定日期区间、一定凭证号区间的记账凭证。
- 已记账凭证除了可以在“查询凭证”功能中查询之外，还可以在查询账簿资料时，以账证联查的方式查询。
- 在“凭证查询”对话框中，单击“辅助条件”按钮，可以设定更多的查询条件。

任务二 出纳管理

以“402 李平”的身份重新注册进入企业应用平台，登录日期 2023-11-30。

1. 现金日记账

(1)执行“业务工作”→“财务会计”→“总账”→“凭证”→“出纳”→“现金日记账”命令，打开“现金日记账查询条件”对话框。

(2)如图 3-2-7 所示，选择科目“1001 库存现金”，默认月份“2023.11”，单击“确定”按钮，进入“现金日记账”窗口。

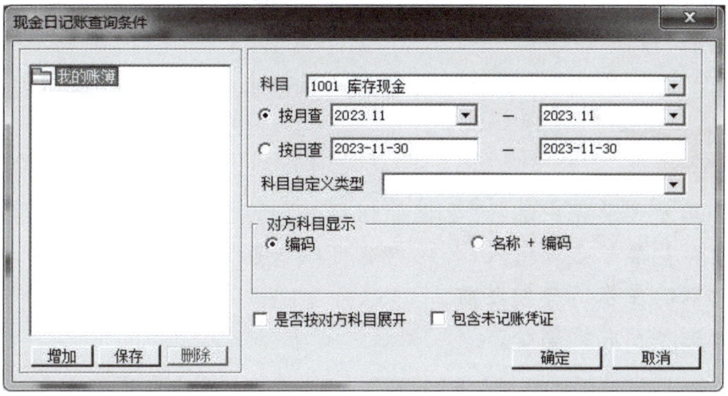

图 3-2-7 “现金日记账查询条件”对话框

(3)如图 3-2-8 所示，双击某行或将光标置于某行上再单击“凭证”按钮，可查看相应的凭证。

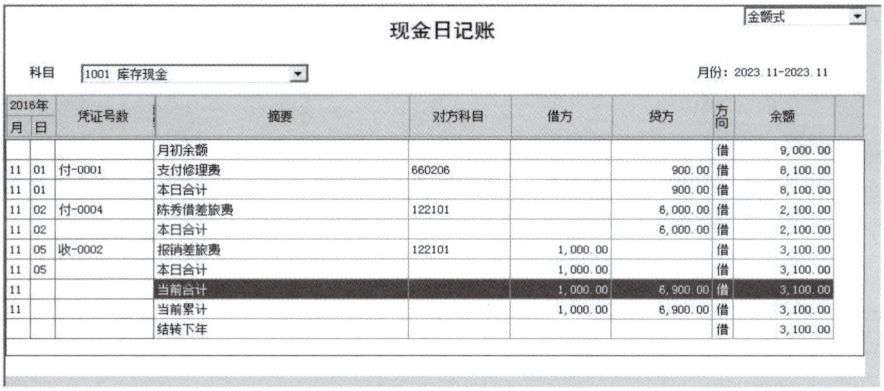

现金日记账

金额式

科目 1001 库存现金　　月份：2023.11-2023.11

2016年 月	日	凭证号数	摘要	对方科目	借方	贷方	方向	余额
			月初余额				借	9,000.00
11	01	付-0001	支付修理费	660206		900.00	借	8,100.00
11	01		本日合计			900.00	借	8,100.00
11	02	付-0004	陈秀借差旅费	122101		6,000.00	借	2,100.00
11	02		本日合计			6,000.00	借	2,100.00
11	05	收-0002	报销差旅费	122101	1,000.00		借	3,100.00
11	05		本日合计		1,000.00		借	3,100.00
11			当前合计		1,000.00	6,900.00	借	3,100.00
11			当前累计		1,000.00	6,900.00	借	3,100.00
			结转下年				借	3,100.00

图 3-2-8 现金日记账查询

(4)单击“总账”按钮，可查看此科目的三栏式总账，完成后单击“退出”按钮。

工作指导

- 如果在“选项”对话框中设置了“明细账查询权限控制到科目”，那么账套主管应赋予出纳李平“库存现金”和“银行存款”科目的查询权限。

2. 银行存款日记账

银行存款日记账查询与现金日记账查询操作基本相同，所不同的只是银行存款日记账设置了“结算号”栏，主要是对账时用。

3. 资金日报表

(1)执行“出纳”→“资金日报”命令，打开“资金日报表查询条件”对话框。

(2)输入查询日期“2023-11-30”。选中“有余额无发生额也显示”复选框。

(3)单击“确认”按钮，进入“资金日报表”窗口，单击“退出”按钮。

4. 支票登记簿

(1)执行“出纳”→“支票登记簿”命令，打开“银行科目选择”对话框。

(2)选择科目“工行存款(100201)”，单击“确认”按钮，进入支票登记窗口。

(3)单击“增加”按钮。

(4)输入相关信息，单击“保存”按钮，再在工具栏上单击“退出”按钮。

工作指导

- 只有在结算方式设置中选择“票据管理标志”功能时才能在此选择登记。
- 领用日期和支票号必须输入，其他内容可输入也可不输入。
- 报销日期不能在领用日期之前。
- 已报销的支票可成批删除。

5 银行对账

银行对账

(1)录入银行对账期初数据

①执行“业务工作”→“财务会计”→“总账”→“出纳”→“银行对账”→“银行对账期初录入”命令，打开“银行科目选择”对话框。

②如图 3-2-9 所示，选择科目“工行存款(100201)”，单击“确定”按钮，进入“银行对账期初”窗口。

③确定启用日期为“2023.11.01”。

④输入单位日记账的调整前余额“450 000”；输入银行对账单的调整前余额“359 000”，如图 3-2-10 所示。

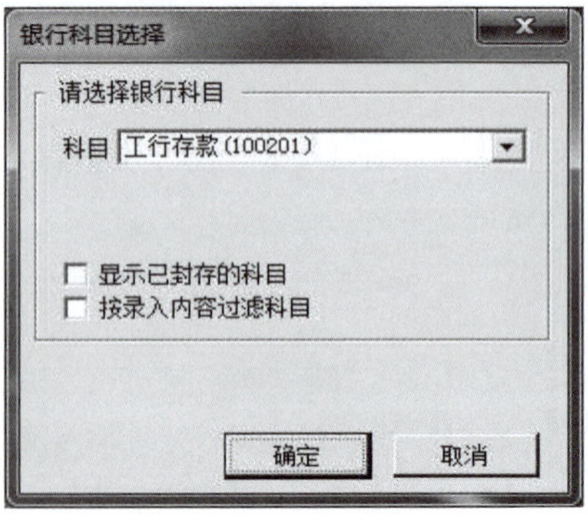

图 3-2-9　银行科目选择(1)

⑤单击“对账单期初未达项”按钮，进入“银行方期初”窗口。

⑥单击“增加”按钮，输入日期“2023-10-31”，结算方式为“2”，贷方金额“91 000”。

⑦单击“保存”按钮，再在工具栏上单击“退出”按钮。

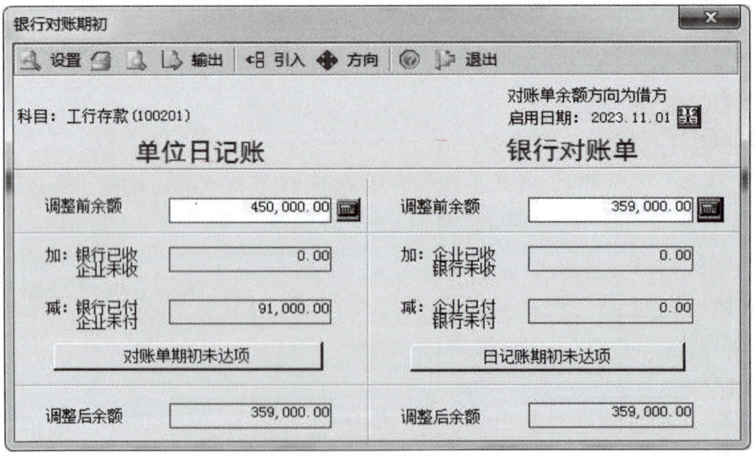

图 3-2-10　银行对账期初

工作指导

- 通常许多企业在使用总账管理系统时，先不使用银行对账模块，例如，某企业 2023 年 1 月开始使用总账管理系统，而银行对账功能是在 5 月开始使用。那么银行对账则应该有一定启用日期(启用日期应为使用银行对账功能前最后一次手工对账的截止日期)，并在此录入最后一次对账企业方与银行方的调整前余额，以启动启用日期之前的单位日记账和银行对账单的未达账项。
- 在录完单位日记账、银行对账单期初未达账项后，请不要随意调整启用日期，尤其是向前调，这样可能会造成启用日期后的期初数据不能再参与对账。
- 第一次使用银行对账功能前，系统要求录入日记账及对账单未达账项，在开始使用银行对账之后不再使用。

(2)录入银行对账单

①执行“出纳”→“银行对账”→“银行对账单”命令，打开“银行科目选择”对话框。

②如图 3-2-11 所示，选择科目“工行存款(100201)”，月份“2023.11—2023.11”，单击“确定”按钮，进入“银行对账单”窗口，如图 3-2-12 所示。

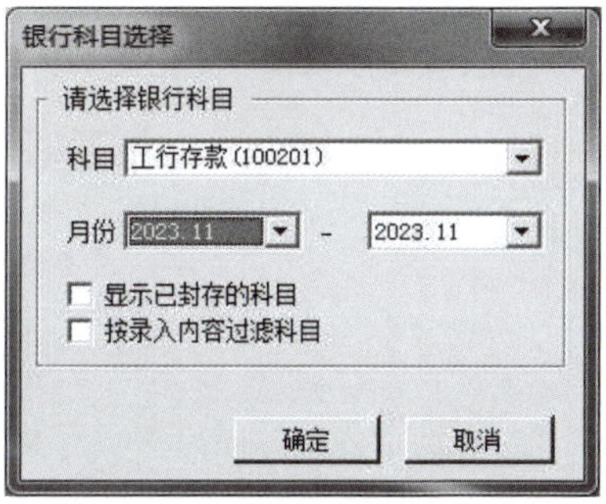

图 3-2-11 银行科目选择(2)

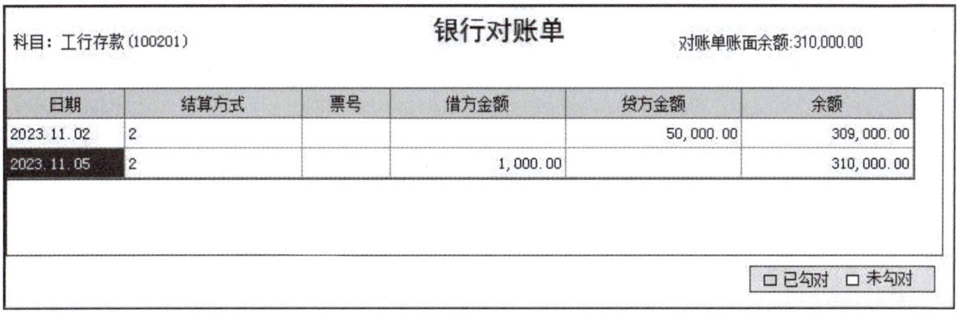

日期	结算方式	票号	借方金额	贷方金额	余额
2023.11.02	2			50,000.00	309,000.00
2023.11.05	2		1,000.00		310,000.00

图 3-2-12 银行对账单

③单击“增加”按钮，输入银行对账单数据，再单击“保存”按钮。

(3)银行对账

①自动对账

Ⅰ.执行“出纳”→“银行对账”→“银行对账”命令，打开“银行科目选择”对话框。

Ⅱ.选择科目“工行存款(100201)”，月份“2023.11—2023.11”，单击“确定”按钮，进入“银行对账”窗口，如图 3-2-13 所示。

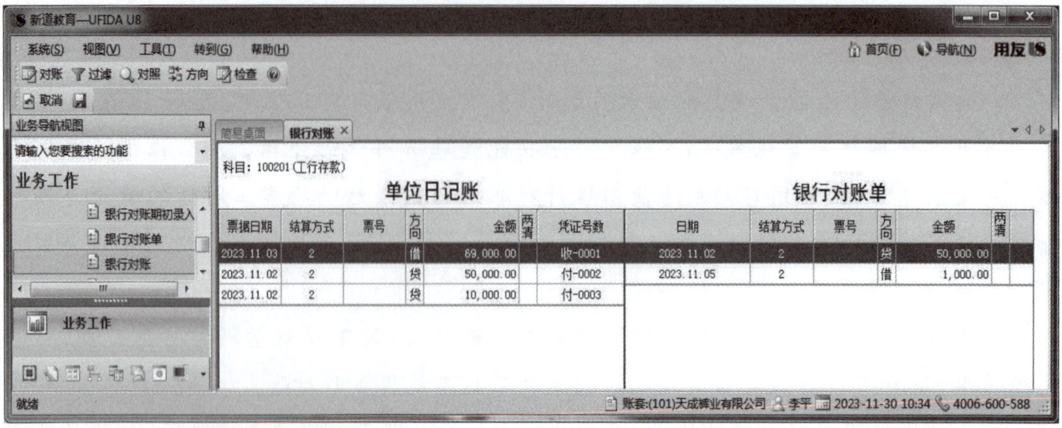

图 3-2-13　银行对账

Ⅲ.单击“对账”按钮，打开“自动对账—对账条件”对话框，如图 3-2-14 所示。

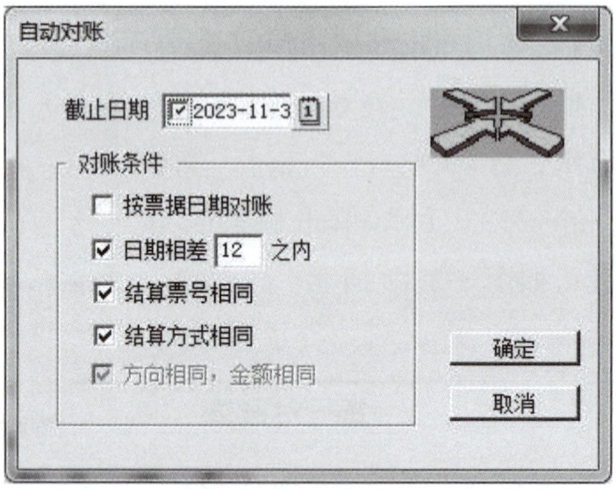

图 3-2-14　“自动对账—对账条件”对话框

Ⅳ.输入截止日期“2023-11-30”，默认系统提供的其他对账条件。

Ⅴ.单击“确定”按钮，显示自动对账结果。

工作指导

- 对账条件中的“方向相同，金额相同”是必选条件，对账截止日期可以不输入。
- 对于已达账项，系统自动在银行存款日记账和银行对账单双方的“两清”栏打上圆圈标志。

②手工对账

Ⅰ.在“银行对账”窗口，对于一些应勾对而未勾对上的账项，可分别双击“两清”栏，直接进行手工调整。手工对账的标志为 Y，以区别于自动对账标志。

Ⅱ.对账完毕，单击“检查”按钮，若检查结果平衡，单击“确认”按钮。

工作指导

在自动对账不能完全对上的情况下，可采用手工对账。

(4)输出余额调节表

①执行“出纳”→“银行对账”→“余额调节表查询”命令，进入“银行存款余额调节表”窗口。

②选择科目“工行存款(100201)”。

③单击“查看”按钮或双击该行，即显示该银行账户的银行存款余额调节表。

④单击“打印”按钮，打印银行存款余额调节表。

任务三 账簿管理

以“401 王明”的身份重新注册进入企业应用平台。辅助账的查询只介绍部门账，其他账簿查询同此。

1. 查询基本会计核算账簿

(1)执行“业务工作”→“财务会计”→“总账”→“账表”→“科目账”→“总账”命令，输入要查询的总账科目，就可以查询总账。

(2)执行“业务工作”→“财务会计”→“总账”→“账表”→“科目账”→“余额表”命令，可以查询发生额及余额表。

(3)执行“业务工作”→“财务会计”→“总账”→“账表”→“科目账”→“明细账”命令，可以查询月份综合明细账。

2. 查询部门账

(1)执行“业务工作”→“财务会计”→“总账”→“账表”→“部门辅助账”→“部门总账”→“部门三栏总账”命令，进入“部门三栏总账条件”窗口。

(2)输入查询条件。

(3)单击“确认”按钮，显示查询结果。

(4)将光标置于总账的某笔业务上，单击“明细”按钮，可以联查部门明细账。

3. 查询部门明细账

(1)执行“业务工作”→“财务会计”→“总账”→“账表”→“部门辅助账”→“部门明细账”→“部门多栏式明细账”命令，进入“部门多栏明细账条件”窗口。

(2)选择科目和月份范围，分析方式选“金额分析”，单击“确认”按钮，显示查询结果。

(3)将光标置于多栏账的某笔业务上，单击“凭证”按钮，可以联查该笔业务的凭证。

4. 查询部门收支分析

(1)执行“业务工作”→“财务会计”→“总账”→“账表”→“部门辅助账”→“部门收支分析”命令，进入“部门收支分析条件”窗口。

(2)第一步选择分析科目：选择所有的部门核算科目，单击“下一步”按钮。

(3)第二步选择分析部门：选择所有的部门，单击“下一步”按钮。

(4)第三步选择分析月份：起止月份“2023.11—2023.11”，单击“完成”按钮，显示查询结果。

模块四

固定资产管理系统

学习目标

1. 了解固定资产管理子系统的基本知识、功能结构以及与其他子系统间的关系。
2. 明确固定资产管理子系统的应用流程。
3. 掌握固定资产管理子系统控制参数、资产类别、增减方式、原始卡片录入等初始化设置。
4. 熟练掌握固定资产增加、减少、变动、折旧及账表查询等日常业务的处理。
5. 培养加强固定资产管理的意识，保护集体资产安全完整的责任心。

用友 ERP-U8V10.1 管理软件的固定资产管理系统主要完成企业固定资产日常业务的核算和管理，生成固定资产卡片，按月反映固定资产的增加、减少、原值变化及其他变动，并输出相应的增减变动明细账，按月自动计提折旧，生成折旧分配凭证，同时输出一些同设备管理相关的报表和账簿。

工作项目

天成裤业有限公司（简称天成公司）：法人代表，王成；联系电话，62976623；邮政编码，223003；税号，3103346436219。该企业属于商业企业，其相关资料如下：

以“admin”的身份注册进入系统管理，给操作员“403 张霞”增加“固定资产”权限。

以“401 王明”的身份登录企业应用平台，启用固定资产管理系统，启用时间为 2023 年 11 月 1 日。

（一）固定资产管理初始化

以“403 张霞”的身份，登录时间 2023-11-01。

1. 业务控制参数

按平均年限法（一）计提折旧，折旧分配周期为 1 个月，当“月初已计提月份＝可使用月份—1”时要求将剩余折旧全部提足。类别编码方式为“2112”，固定资产编码方式：按“类别编码＋序号”自动编码，卡片序号长度为“3”；要求与账务系统进行对账，固定资产对账科目为“固定资产”，累计折旧对账科目为“累计折旧”，在对账不平衡的情况下允许月末结账；业务发生后立即制单，固定资产缺省入账科目为“1601”，累计折旧缺省入账科目为“1602”，减值准备缺省入账科目为“1603”，增值税进项税额缺省入账科目为“22210101”，固定资产清理缺省入账科目为“1606”。

2. 资产类别

各类固定资产资料见表 4-0-1。

表 4-0-1 固定资产资料

编码	类别名称	使用年限(年)	净残值率(%)	计量单位	计提属性
01	房屋及建筑物	30	2	幢	总计提
011	行政楼	30	2	幢	总计提
012	厂房	30	2	幢	总计提
02	通用设备			台	正常计提
021	办公设备	5	3	台	正常计提

3. 部门及对应折旧科目

购销部门对应“销售费用”科目，其他部门对应“管理费用——折旧费”科目，即“660205”。

4. 增减方式

默认系统提供常用的增减方式。增加方式中的直接购入对应入账科目，银行存款——工行存款(100201)；在建工程转入对应入账科目，在建工程(1604)。减少方式中的出售、毁损：对应入账科目，固定资产清理(1606)。

5. 原始卡片

固定资产原始卡片资料见表 4-0-2。

表 4-0-2 固定资产原始卡片资料

固定资产名称	类别编码	所在部门	增加方式	使用年限(年)	开始使用日期	原值(元)	累计折旧(元)	对应折旧科目名称
1 号楼	011	办公室	在建转入	30	2020-03-08	500 000	40 000	管理费用
2 号楼	012	仓管部	在建转入	30	2020-06-10	350 000	30 515	管理费用
电脑	021	财务部	直接购入	5	2021-06-01	19 000	2 000	管理费用

注：使用状况均为“在用”，折旧方法均采用平均年限法(一)。卡片项目与卡片样式采用软件的标准设定。

(二)固定资产管理日常业务

以“403 张霞”的身份，登录日期为业务发生时间。

1. 新增固定资产

2023 年 11 月 5 日，购入一台电脑，交予购销部门使用，预计使用 5 年，原值为 21 000 元，净残值率为 3%，按年限平均法计提折旧(操作员“403 张霞”，登录日期 2023-11-05)。

2. 修改原始卡片

修改“00003”号原始卡片，将使用状况改为“大修理停用”(操作员“403 张霞”，登录日期 2023-11-05)。

3. 固定资产原值变动

2023 年 11 月 5 日，对 2 号楼进行扩建，投入 6 800 元(卡片编号 00002)(操作员“403 张霞”，登录日期 2023-11-05)。

4. 固定资产折旧

2023 年 11 月 30 日，计提本月固定资产折旧(操作员“403 张霞”，登录日期 2023-11-30)。

5. 固定资产减少

2023 年 11 月 30 日，经领导批准，报废 1 号楼(卡片编号 00001)(操作员“403 张霞”，登录日期 2023-11-30)。

6. 出纳签字

进入总账系统对凭证进行出纳签字(以“402 李平”的身份，登录日期 2023-11-30)。

7. 审核凭证，记账及查询账簿

进入总账管理系统对凭证进行审核、记账、账簿查询操作(以“401 王明”的身份，登录日期 2023-11-30)。

工作要求

1. 以“admin”注册，进入系统管理，增加操作员“403 张霞”的“固定资产”权限。

2. 以“403 张霞”的身份进行重新注册，进入企业应用平台进行固定资产初始化、日常业务处理，生成会计凭证。

3. 以“402 李平”的身份登录总账管理系统进行出纳签字。

4. 以“401 王明”的身份登录总账管理系统完成凭证的审核、记账操作。

项目一　固定资产管理系统初始化

固定资产管理系统初始化是根据用户单位的具体情况，建立一个适合的固定资产子账套的过程。初始化主要包括设置控制参数，设置基础数据，输入期初固定资产卡片。

1. 设置控制参数

设置控制参数包括约定与说明、启用月份、折旧信息、编码方式以及财务接口等。这些参数在初次启动固定资产管理系统时设置，其他参数可以在“选项”中补充。

2. 设置基础数据

(1)资产类别设置

固定资产的种类繁多，规格不一，要强化固定资产管理，及时、准确地做好固定资产核算，必须科学地设置固定资产的种类，为核算和统计管理提供依据。

(2)部门设置

在部门设置中，可对单位的各部门进行设置，以便确定资产的归属。在企业应用平台的“基础设置”中的“部门设置”是共享的。

(3)部门对应折旧科目设置

对应折旧科目是指折旧费用的入账科目。资产计提折旧后必须把折旧归入成本或费用，根据不同企业的具体情况，有按部门归集的，也有按类别归集的。部门对应折旧科目的设置就是给每个部门选择一个折旧科目，这样在输入卡片时，该科目自动填入卡片中，不必一个一个地输入。

如果对某一上级部门设置了对应的折旧科目，下级部门就会继承上级部门的设置。

(4)增减方式设置

增减方式包括增加方式和减少方式两类。系统内置的增加方式有直接购买、投资者投入、捐赠、盘盈、在建工程转入、融资租入六种。系统内置的减少方式有出售、盘亏、投资转出、捐赠转出、报废、毁损、融资租出七种。用友软件系统固定资产的增减方式可以设置两级，也可以根据需要自行增加。

(5)折旧方法设置

折旧方法设置是系统自动计算折旧的基础。系统提供了常用的六种折旧方法：不提折旧、工作量法、年数总和法、双倍余额递减法、平均年限法(一)和平均年限法(二)，并列出了它们的折旧计算公式。这几种方法是系统默认的折旧方法，只能选用，不能删除和修改。另外可能由于各种原因，这几种方法不能满足需要，系统提供了折旧方法的自定义功能。

3. 输入期初固定资产卡片

固定资产卡片是固定资产核算和管理的基础，为保持历史资料的连续性，必须将建账日期以前的数据输入系统。固定资产原始卡片的输入并非必须都在第一个会计期间结账前进行，任何时候都可以输入固定资产原始卡片。

任务一 固定资产初始设置

固定资产初始设置(一)

以“admin”注册，进入系统管理，给操作员“403 张霞”增加“固定资产”权限。

1. 启用并注册固定资产管理系统

在用友 ERP-U8V10.1 企业应用平台中，执行“基础设置”→“基本信息”→“系统启用”命令，打开“系统启用”对话框，选中“FA 固定资产”复选框，弹出“日历”对话框，选择固定资产管理系统启用日期 2023-11-01，如图 4-1-1 所示，单击“确定”按钮，系统弹出“确实要启动当前系统吗？”提示信息，单击“是”按钮返回。

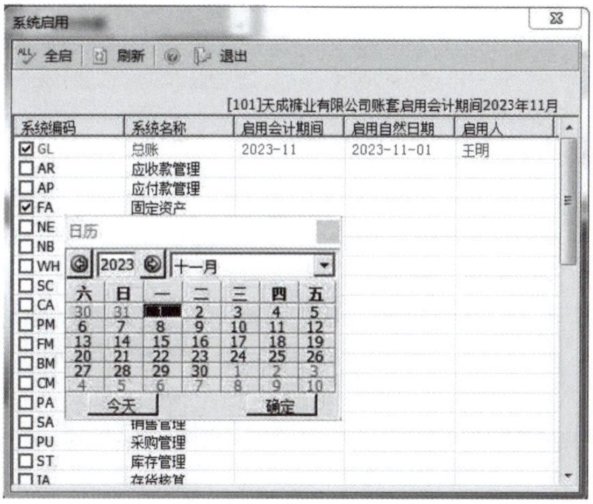

图 4-1-1 启用固定资产管理系统

2. 固定资产管理系统初始化

(1)以“403 张霞”的身份重新注册进入企业应用平台，选择登录日期“2023-11-01”。

(2)执行“业务工作”→“财务会计”→“固定资产”命令，系统弹出“这是第一次打开此账套，还未进行过初始化，是否进行初始化?”提示信息，如图 4-1-2 所示。

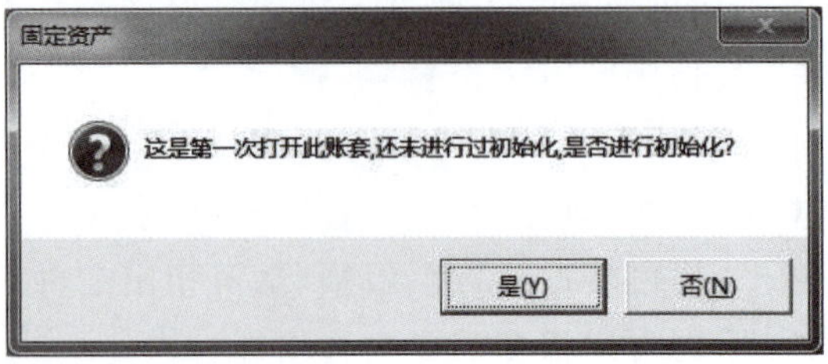

图 4-1-2　固定资产管理系统初始化提示信息

(3)单击“是”按钮，打开“初始化账套向导—约定及说明”对话框，选中“我同意”单选按钮，之后单击“下一步”按钮，打开“固定资产初始化向导—启用月份”对话框，选择启用月份“2023. 11”，如图 4-1-3 所示。

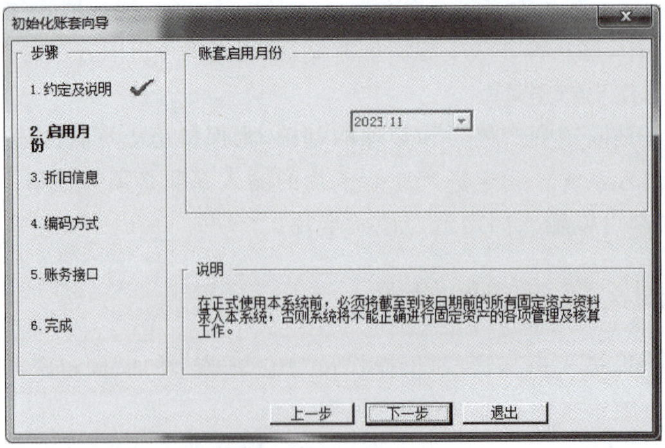

图 4-1-3　“初始化账套向导—启用月份”对话框

(4)单击“下一步”按钮，打开“初始化账套向导—折旧信息”对话框，选择主要折旧方法为“平均年限法(一)”，如图 4-1-4 所示。

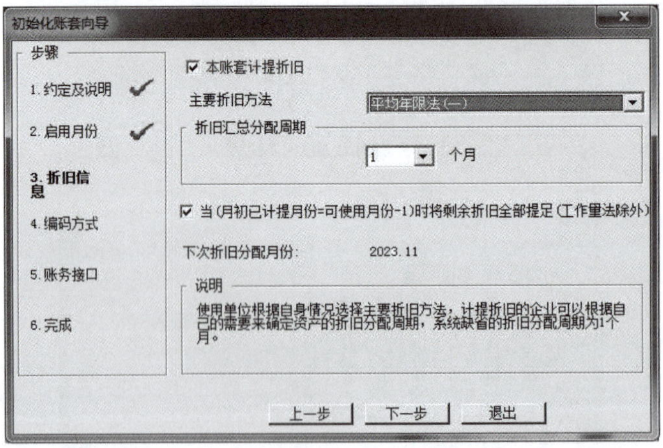

图 4-1-4　“初始化账套向导—折旧信息”对话框

(5)单击“下一步”按钮,打开“初始化账套向导—编码方式”对话框。选择固定资产编码方式为“自动编码”和“类别编号+序号”,序号长度为“3”,如图 4-1-5 所示。

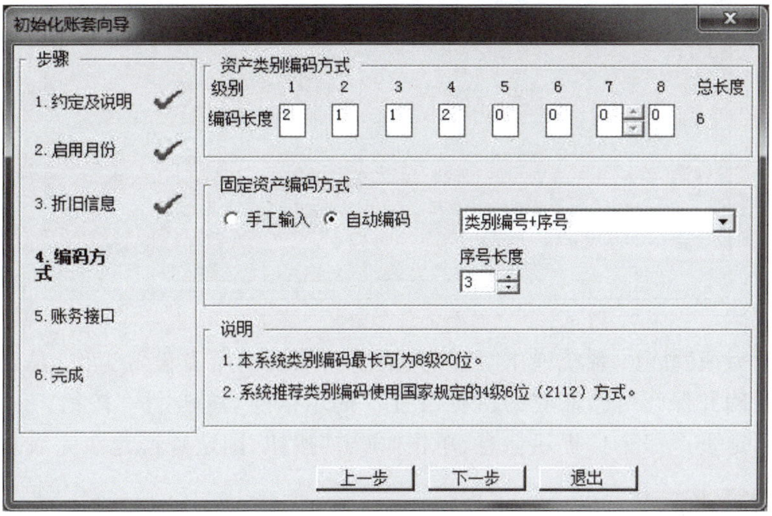

图 4-1-5 “初始化账套向导—编码方式”对话框

(6)单击“下一步”按钮,打开“初始化账套向导—财务接口”对话框,在“固定资产对账科目”栏录入“1601”,在“累计折旧对账科目”栏录入“1602”,结果如图 4-1-6 所示。

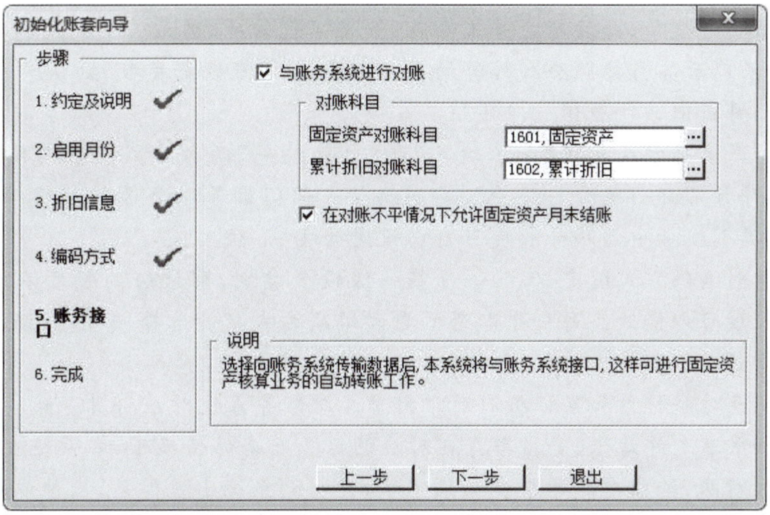

图 4-1-6 “初始化账套向导—财务接口”对话框

(7)单击“下一步”按钮,打开“初始化账套向导—完成”对话框,如图 4-1-7 所示。

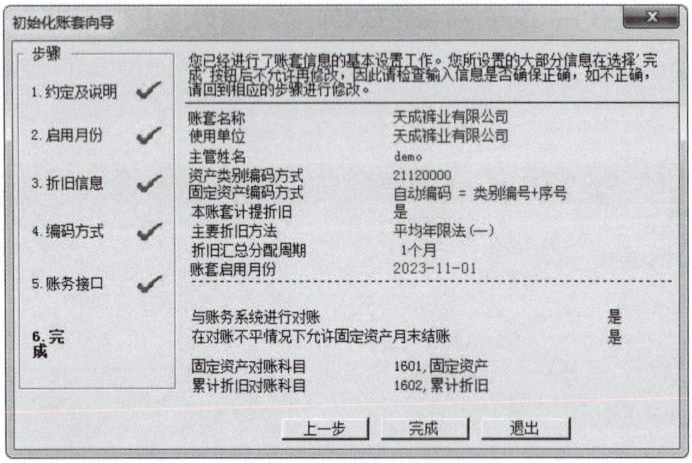

图 4-1-7 “初始化账套向导—完成”对话框

(8)单击“完成”按钮，系统弹出“已经完成了新账套的所有设置工作，是否确定所设置的信息完全正确并保存对新账套的所有设置?”提示信息，单击“是”按钮，系统弹出“已成功初始化本固定资产账套!”提示信息，单击“确定”按钮，固定资产建账完成。

工作指导

- 在“初始化账套向导—启用月份”对话框中所列示的启用月份只能查看，不能修改。启用日期确定后，在该日期前的所有固定资产都将作为期初数据，从启用月份开始计提折旧。
- 在“初始化账套向导—折旧信息”对话框中，当“月初已计提月份=可使用月份-1”时，将剩余折旧全部提足(工作量法除外)，是指除工作量法外，只要满足上述条件，则该月折旧额=净值-净残值，并且不能手工修改；如果不选该项，则该月不提足折旧，并且可手工修改，但如果以后各月按照公式计算的月折旧率或折旧额是负数，则认为公式无效，令月折旧额=0，月折旧额=净值-净残值。
- 固定资产编码方式包括“手工输入”和“自动编码”两种方式。自动编码方式包括“类别编号+序号”“部门编号+序号”“类别编号+部门编号+序号”“部门编号+类别编号+序号”。类别编号中的序号长度可自由设定为1~5位。
- 资产类别编码方式设定以后，一旦某一级设置类别，则该级的长度不能修改，未使用过的各级长度可以修改。每一个账套的自动编码方式只能选择一种，一经设定，该自动编码方式不得修改。
- 固定资产对账科目和累计折旧对账科目应与账务系统对应科目一致。
- 对账不平不允许结账，是指当存在对应的账务账套的情况下，本系统在月末结账前自动执行一次对账，给出对账结果。如果不平，说明两系统出现偏差，应予以调整。

3. 选项设置

(1)执行“固定资产”→“设置”→“选项”命令，打开“选项”对话框。

(2)单击“编辑”按钮，单击“与财务系统接口”选项卡，设置“[固定资产]缺省入账科目”为“1601,固定资产”,“[累计折旧]缺省入账科目”为“1602,累计折旧”,“[减值准备]缺省入账科目”为“1603，固定资产减值准备”，“[增值税进项税额]缺省入账科目”为“22210101，进项税额”，“[固定资产清理]缺省入账科目”为“1606，固定资产清理”。选中“业务发生后立即制单”和“在对账不平情况下允许固定资产月末结账”，如图 4-1-8 所示。

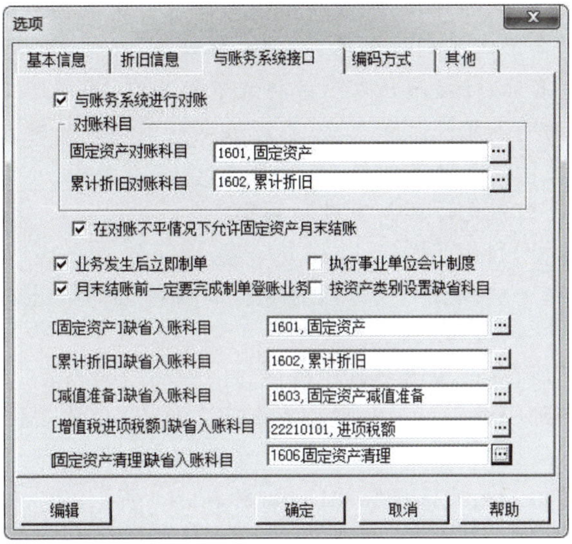

图 4-1-8　选项设置

（3）单击“确定”按钮返回。

4. 设置固定资产类别

（1）执行“固定资产”→“设置”→“资产类别”命令，打开“类别编码—列表视图”窗口。

（2）单击“增加”按钮，打开“类别编码—单张视图”窗口；在“类别名称”栏录入“房屋及建筑物”，在“使用年限”栏录入“30”，在“净残值率”栏录入“2”，如图 4-1-9 所示，单击“保存”按钮。

固定资产初始设置（二）

（3）同理，完成其他资产类别设置。

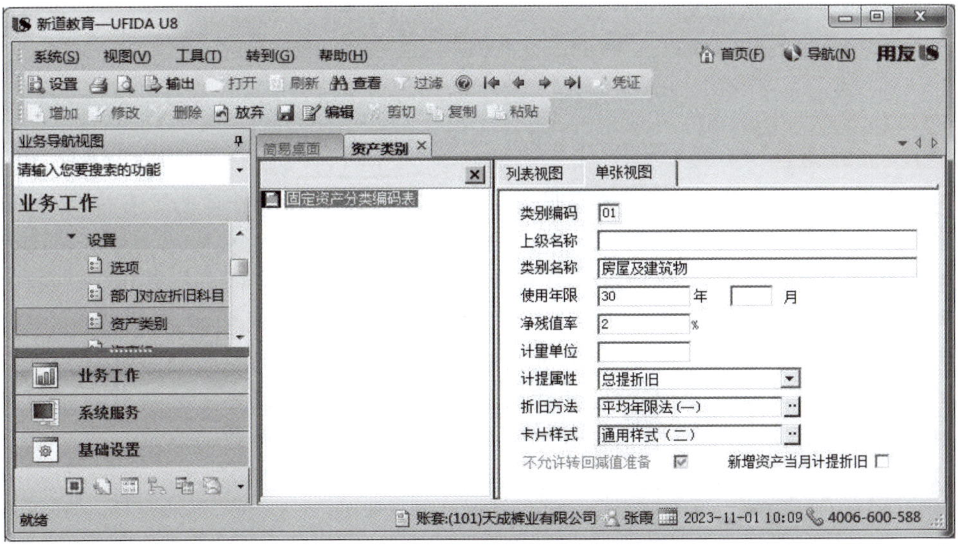

图 4-1-9　设置固定资产类别

工作指导

- 应先建立上级固定资产类别后再建立下级类别。本例在建立上级类别“房屋及建筑物”时就设置了使用年限、净残值率，其下级类别如果与上级类别设置相同，自动继承不用修改；如果下级类别与上级类别设置不同，可以修改。
- 类别编码、类别名称、计提属性及卡片样式不能为空。
- 非明细级类别编码不能修改和删除，明细级类别编码修改时只能修改本级的编码。
- 使用过的类别的计提属性不能修改。
- 系统已使用的类别不允许增加下级和删除。

固定资产初始设置（三）

5. 设置部门对应折旧科目

（1）执行“固定资产”→“设置”→“部门对应折旧科目”命令，进入“部门编码表—列表视图”窗口。

（2）选择“购销部”所在行，单击“修改”按钮，打开“部门编码表—单张视图”窗口（也可以直接选中“固定资产部门编码目录”中的“人事部”，单击“单张视图”选项卡，再单击“修改”按钮）。

（3）在“折旧科目”栏录入或选择“6601”，如图 4-1-10 所示。

（4）单击“保存”按钮。以此方法继续录入其他部门对应的折旧科目。

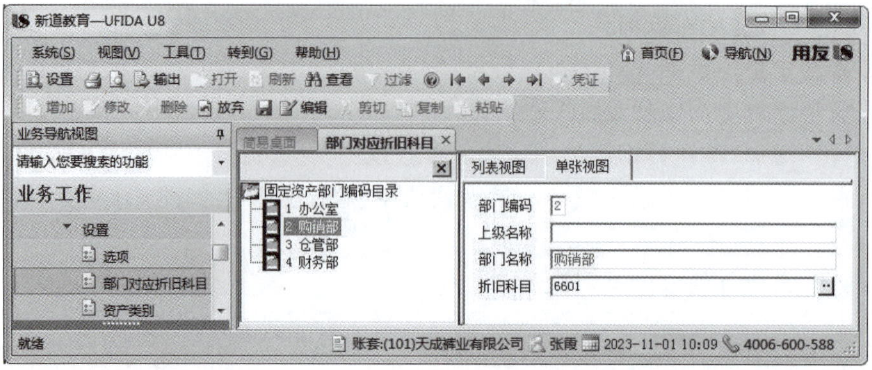

图 4-1-10　设置部门对应折旧科目

工作指导

- 因本系统录入卡片时，只能选择明细级部门，所以设置折旧科目也只有给明细级设置才有意义。如果某一上级部门设置了对应的折旧科目，下级部门就会继承上级部门的设置。
- 当为销售部设置对应的折旧科目为“6601 销售费用”时，系统会提示“是否将销售部的所有下级部门的折旧科目替换为‘销售费用’？如果选择‘是’，请在成功保存后单击‘刷新’按钮查看。”单击“是”按钮，即将销售部的两个下级部门的折旧科目一并设置完成。
- 设置部门对应的折旧科目时，必须选择末级会计科目。设置上级部门的折旧科目，则下级部门可以自动继承，也可以选择不同的科目，即上、下级部门的折旧科目可以相同，也可以不同。

6. 设置固定资产增减方式

（1）执行“固定资产”→“设置”→“增减方式”命令，打开“增减方式—列表视图”窗口。

(2)单击选中“101 直接购入”所在行,再单击“修改”按钮,打开“增减方式—单张视图”窗口,在“对应入账科目”栏录入“100201”,如图 4-1-11 所示。

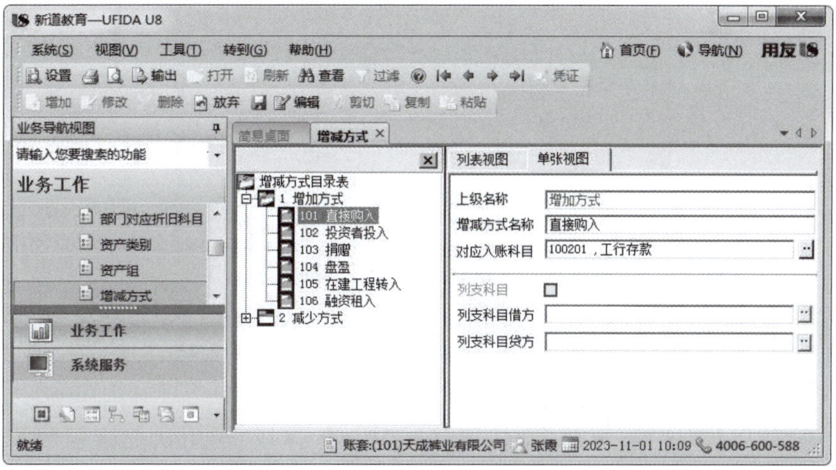

图 4-1-11 设置增减方式对应入账科目

(3)单击“保存”按钮。以此方法继续设置其他的增减方式对应的入账科目。

工作指导

- 在固定资产增减方式中所设置的对应入账科目作为生成凭证时的默认科目。
- 因为本系统提供的报表中有固定资产盘盈盘亏报表,所以增减方式中“盘盈、盘亏、毁损”不能修改和删除。
- 非明细增减方式不能删除;已使用的增减方式不能删除。
- 生成凭证时,如果入账科目发生了变化,可以即时修改。

任务二 录入固定资产原始卡片

录入固定资产原始卡片

(1)执行“固定资产”→“卡片”→“录入原始卡片”命令,打开“固定资产类别档案”对话框,如图 4-1-12 所示。

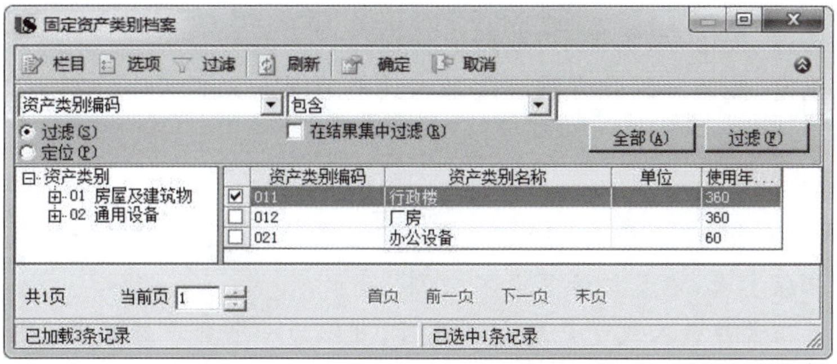

图 4-1-12 “固定资产类别档案”对话框

(2)选择“011 行政楼”前的复选框,按 Enter 键后进入“固定资产卡片[录入原始卡片:00001 号卡片]”窗口。

(3)在“固定资产名称”栏录入“1 号楼”，单击部门名称栏，再单击“部门名称”按钮，打开“固定资产—本资产部门使用方式”对话框，选择“单部门使用”单选按钮，如图 4-1-13 所示。

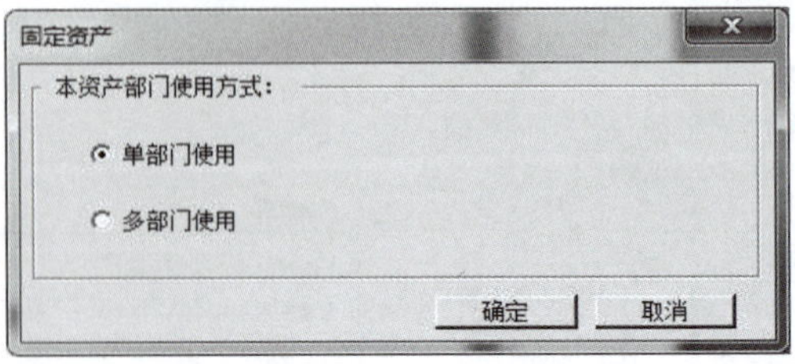

图 4-1-13 “固定资产—本资产部门使用方式”对话框

(4)单击“确定”按钮，打开“部门参照”窗口，选择“办公室”，双击“确定”按钮。

(5)单击“增加方式”栏，再单击“增加方式”按钮，打开“固定资产增减方式”对话框，选择“105 在建工程转入”，双击“确定”按钮。

(6)单击“使用状况”栏，再单击“使用状况”按钮，打开“使用状况参照”对话框，默认“在用”，单击“确定”按钮。

(7)在“开始使用日期”栏录入“2020-03-08”，在“原值”栏录入“500000”，在“累计折旧”栏录入“40000”，如图 4-1-14 所示。

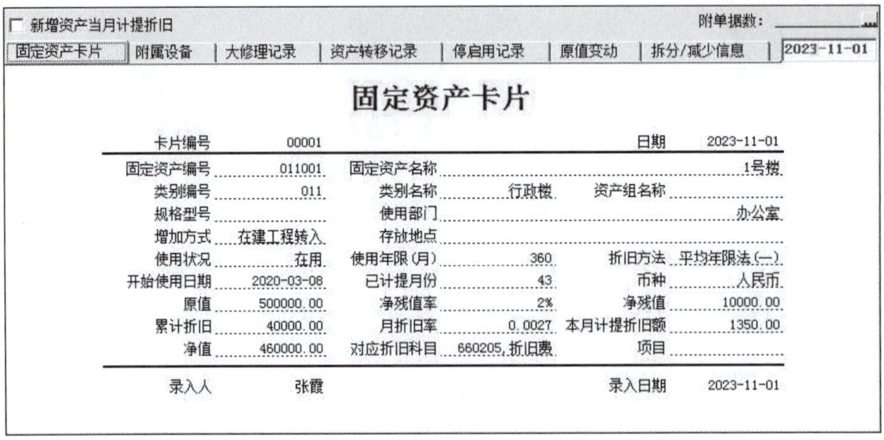

图 4-1-14 录入原始卡片

(8)单击“保存”按钮，系统提示“数据成功保存!”。

(9)单击“确定”按钮。以此方法继续录入其他的固定资产卡片。

工作指导

● 在“固定资产卡片”界面中，除“固定资产”主卡片外，还有若干附属选项卡，附属选项卡上的信息只供参考，不参与计算也不回溯。

● 在执行原始卡片录入或资产增加功能时，可以为一个资产选择多个使用部门。

● 当资产为多部门使用时，原值、累计折旧等数据可以按多部门间设置的比例分摊。

● 当单个资产对应多个使用部门时，卡片上的对应折旧科目处不能输入，默认为选择使用部门时设置的折旧科目。

项目二 固定资产日常账务处理

固定资产管理系统初始化设置完成后，可以进行日常账务和期末业务处理。日常账务处理主要包括资产增减、资产变动、资产评估、资产盘点、计提折旧、批量制单、生成凭证和账表管理等。

1. 资产增减

资产增加是指购进或通过其他方式增加企业资产。资产增加需要输入一张新的固定资产卡片，与固定资产期初输入相对应。

资产减少是指资产在使用过程中，会由于各种原因，如毁损、出售、盘亏等，退出企业，此时要做资产减少处理。资产减少需输入资产减少卡片并说明减少原因。

只有当账套开始计提折旧后才可以使用资产减少功能，否则减少资产只有通过删除卡片来完成。

对于误减少的资产，可以使用系统提供的纠错功能来恢复。只有当月减少的资产才可以恢复。如果资产减少操作已生成凭证，必须删除凭证后才能恢复。

只要卡片未被删除，就可以通过卡片管理中的“已减少资产”来查看减少的资产。

2. 资产变动

资产变动包括原值变动、部门转移、使用状况调整、使用年限调整、折旧方法调整、变动单管理、净残值(率)调整、工作总量调整、累计折旧调整、资产类别调整。其他项目的修改，例如，名称、编号、自定义项目等的变动等可以直接在卡片上进行。

资产变动要求输入相应的“变动单”来记录资产调整结果。

(1)原值变动

资产在使用过程中，其原值增减有五种情况：根据国家规定对固定资产重新估价，增加补充设备或改良设备，将固定资产的一部分拆除，根据实际价值调整原来的暂估价值，发现原记录固定资产价值有误。原值变动包括原值增加和原值减少两部分。

(2)部门转移

资产在使用过程中，因内部调配而发生的部门变动应及时处理，否则将影响部门的折旧计算。

(3)使用状况调整

资产使用状况分为在用、未使用、不需用、停用、封存五种。资产在使用过程中，可能会因为某种原因，使得资产的使用状况发生变化，这种变化会影响到设备折旧的计算，因此应及时调整。

(4)使用年限调整

在资产使用过程中,可能会由于资产的重估、大修等原因调整资产的使用年限。进行使用年限调整的资产在调整的当月就按调整后的使用年限计提折旧。

(5)折旧方法调整

一般来说,资产折旧方法一年之内很少改变,有特殊情况需调整改变的可以调整。

(6)变动单管理

变动单管理可以对系统制作的变动单进行查询、修改、制单、删除等处理。

3. 资产评估

随着市场经济的发展,企业在经营活动中,根据业务需要或国家要求对部分资产或全部资产进行评估和重估,而其中固定资产评估是资产评估的重要部分。资产评估主要完成的功能是:将评估机构的评估数据手工录入或定义公式录入系统;根据国家要求手工录入评估结果或根据定义的评估公式生成评估结果。用友 ERP-U8V10.1 管理系统提供对固定资产评估作业的管理。

本系统资产评估功能提供可评估的资产内容包括原值、累计折旧、净值、使用年限、工作总量、净残值率。

4. 资产盘点

用友 ERP-U8V10.1 管理系统提供对固定资产盘点的管理,主要包括如下步骤:

(1)在卡片管理中打印输出固定资产盘点单。

(2)在资产盘点中选择“按部门”或“按类别”等对固定资产进行盘点,录入盘点数据,与账面上记录的盘点单进行核对,查核资产的完整性。

(3)对盘点单的管理。

5. 计提折旧

计提折旧是固定资产管理系统的主要功能之一。它可以根据录入系统的资料,利用系统提供的“折旧计提”功能,对各项资产每期计提一次折旧,并自动生成折旧分配表,然后制作记账凭证,将本期的折旧费用自动登账。

当开始计提折旧时,系统将自动计提所有资产当期折旧额,并将当期折旧额自动累加到累计折旧项目中。计提工作完成后,需要进行折旧分配,形成折旧费用,系统除了自动生成折旧清单外,同时还生成折旧分配表,从而完成本期折旧费用登账工作。

系统提供的折旧清单显示了所有应计提折旧资产所计提的折旧数据额。

折旧分配表是制作记账凭证,把计提折旧额分配到有关成本和费用的依据。折旧分配表有两种类型:类别折旧分配表和部门折旧分配表。生成折旧分配表由“折旧汇总分配周期”决定,因此,制作记账凭证要在生成折旧分配表后进行。

计提折旧遵循以下原则:

(1)在一个期间内可以多次计提折旧,每次计提折旧后,只是将计提的折旧累加到月初的累计折旧上,不会重复累计。

(2)若上次计提折旧已制单并传递到总账管理系统,则必须删除该凭证才能重新计提折旧。

(3)计提折旧后,又对账套进行了影响折旧计算或分配的操作,必须重新计提折旧,否则系统不允许结账。

(4)若自定义的折旧方法月折旧率或月折旧额出现负数,系统自动终止计提。

(5)资产的使用部门和资产折旧要汇总的部门可能不同,为了加强资产管理,使用部门必须是明细部门,而折旧分配部门不一定要分配到明细部门,不同的单位处理结果可能不同,因此要在计提折旧后,分配折旧费用时做出选择。

6. 批量制单

在完成任何一笔需制单的业务的同时,可以立即制单并传输到总账管理系统,也可以在当时不制单(去掉"选项"对话框中"业务发生后立即制单"复选框的勾选),在月底利用固定资产管理系统提供的批量制单功能,来完成制单工作。批量制单功能可同时将一批需制单业务连续制作凭证并传输到总账管理系统,避免了多次制单的烦琐。

凡是业务发生当时没有制单的,该业务自动排列到批量制单表中,表中列示应制单而没有制单的业务的发生日期、类型、原始单据编号、缺省的借贷方科目和金额以及制单选择标志。

7. 生成凭证

固定资产管理系统和总账管理系统之间存在着数据的自动传输,这种传输由固定资产管理系统通过记账凭证向总账管理系统传递有关数据。例如,资产增加、减少、累计折旧调整以及折旧分配等记账凭证。制作记账凭证可以采取"立即制单"或"批量制单"的方法实现。

8. 账表管理

企业可以通过系统提供的账表管理功能,及时掌握资产的统计、汇总和其他各方面的信息。账表包括账簿、折旧表、统计表、分析表四类。另外,如果所提供的报表种类不能满足需要,系统还提供了自定义报表功能,企业可以根据实际要求进行设置。

(1)账簿

系统自动生成的账簿有(单个)固定资产明细账、(部门、类别)明细账、固定资产登记簿、固定资产总账。这些账簿以不同方式序时地反映了资产变化情况,在查询过程中可联查某时期(部门、类别)明细及相应原始凭证,从而获得所需财务信息。

(2)折旧表

系统提供了四种折旧表:(部门)折旧计提汇总表、固定资产折旧计算明细表、固定资产及累计折旧表(一)和(二)。通过该类表可以了解并掌握本企业所有资产本期、本年乃至某部门计提折旧及其明细的情况。

(3)统计表

统计表是出于管理资产的需要,按管理目的统计的数据。系统提供了 10 种统计表:固定资产原值一览表、固定资产变动情况表、采购资产统计表、固定资产到期提示表、固定资产统计表、评估汇总表、评估变动表、盘盈盘亏报告表、逾龄资产统计表、役龄资产统计表。

(4)分析表

分析表主要通过对固定资产的综合分析,为管理者提供管理和决策依据。系统提供了四种分析表:价值结构分析表、固定资产使用状况分析表、部门构成分析表、类别构成分析表。管理者可以通过这些表了解本企业资产计提折旧的程度和剩余价值的大小。

(5)自定义报表

当系统提供的报表不能满足企业要求时,用户也可以自定义报表。

任务一　资产增加、变动

操作员“403 张霞”,登录日期 2023-11-05。

固定资产增加、变动

1. 资产增加

(1)执行“固定资产”→“卡片”→“资产增加”命令,打开“固定资产类别档案”窗口。

(2)如图 4-2-1 所示,双击“021 办公设备”,进入“固定资产卡片[新增资产:00004 号卡片]”窗口。

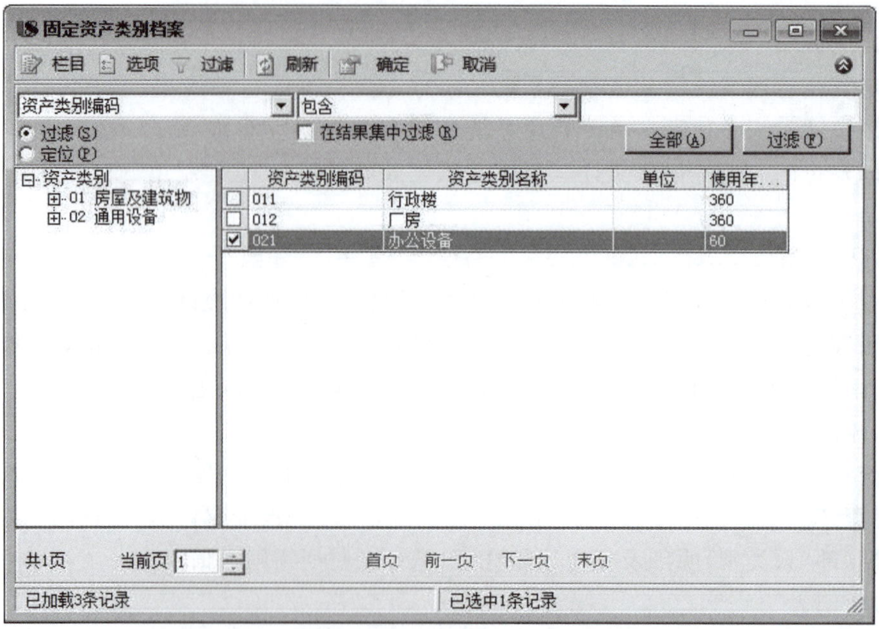

图 4-2-1　“固定资产类别档案”窗口

(3)在“固定资产名称”栏录入“电脑”;选择使用部门为“财务部”;增加方式为“直接购入”;使用状况为“在用”;选择折旧方法为“平均年限法(一)”;在“原值”栏录入“21000”,如图 4-2-2 所示。

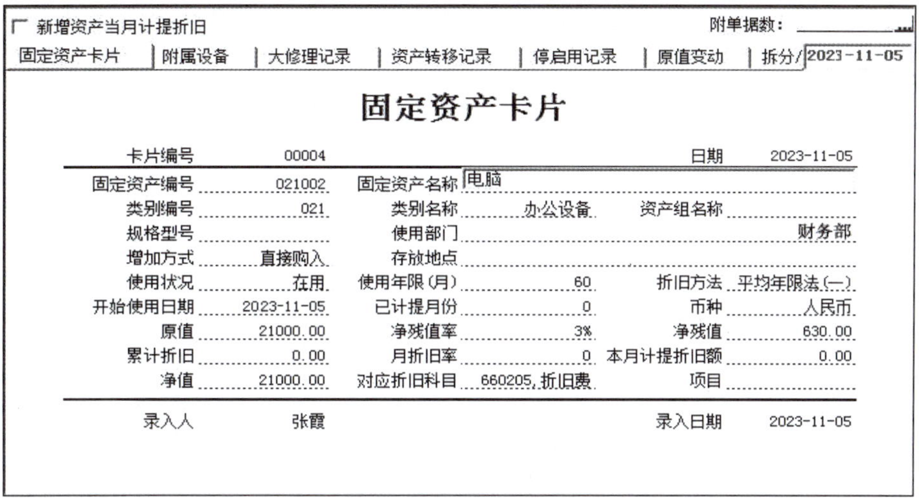

图 4-2-2　增加固定资产

(4)单击“保存”按钮，系统提示“数据成功保存！”，单击“确定”按钮。若在“选项”对话框中选择“业务发生后立即制单”复选框，系统弹出一张会计凭证，单击凭证左上角的“字”处，修改凭证类别为付款凭证，如图 4-2-3 所示。单击“保存”按钮，完成制单。

(5)单击“确定”按钮，再单击“退出”按钮退出。

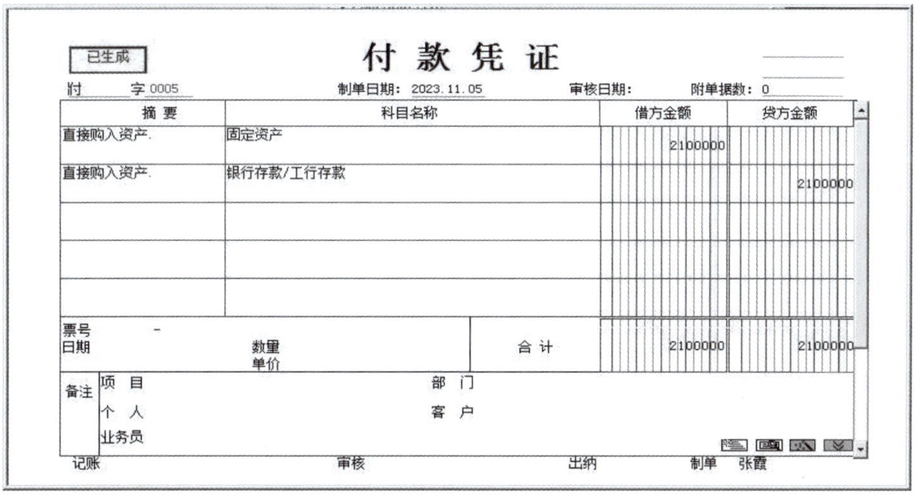

图 4-2-3　增加固定资产生成的凭证

工作指导

- 新卡片录入的第一个月不计提折旧，折旧额为空或为零。
- 原值录入的必须是卡片录入月月初的价值，否则将会出现计算错误。
- 如果录入的累计折旧、累计工作量大于零，说明是旧资产，该累计折旧或累计工作量是进入本单位前的值。

● 已计提月份必须严格按照该资产在其他单位已经计提或估计已计提的月份数，不包括使用期间停用等不计提折旧的月份。

● 只有当资产开始计提折旧后才可以使用资产减少功能，否则，减少资产只有通过删除卡片来完成。

2. 资产变动

(1)使用状况变动

①执行“固定资产”→“卡片”→“变动单”命令，选择“使用状况调整”，进入“固定资产变动单—使用状况调整”窗口，如图 4-2-4 所示。

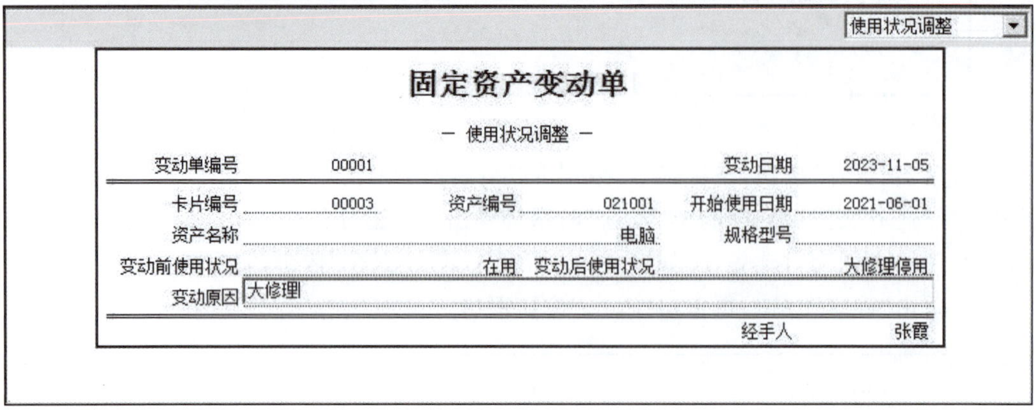

图 4-2-4 “固定资产变动单—使用状况调整”窗口

②单击选中“卡片编号”为“00003”的卡片，系统自动显示资产编号、开始使用日期、资产名称、变动前使用状况、变动后使用状况。

③选择“变动后使用状况”为“1004 大修理停用”，变动原因为“大修理”。

④单击“保存”按钮，系统提示“数据成功保存！”，单击“确定”按钮。

工作指导

在用友 ERP-U8V10.1 软件的固定资产管理系统中，本月录入的卡片和本月增加的资产不允许进行变动处理，只能在下月处理。

(2)原值变动

①执行“固定资产”→“卡片”→“变动单”命令，选择“原值增加”，进入“固定资产变动单—原值增加”窗口。

②输入卡片编号为“00002”。资产编号、开始使用日期、资产名称、变动的净残值率、变动前原值、变动前净残值自动列出，如图 4-2-5 所示。

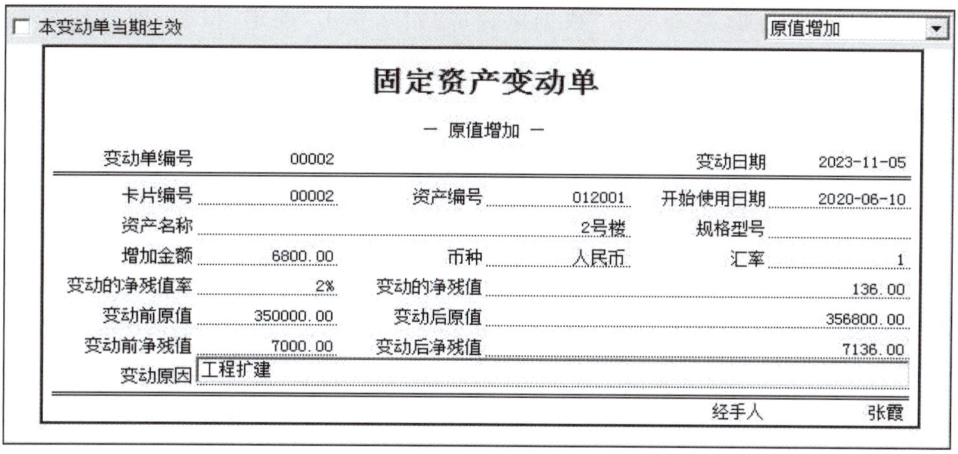

图 4-2-5 “固定资产变动单—原值增加”窗口

③输入增加金额“6800”，系统自动计算出变动的净残值、变动后原值、变动后净残值，输入变动原因“工程扩建”。

④单击“保存”按钮，系统提示“数据成功保存！”，单击“确定”按钮。若在“选项”对话框中选择“业务发生后立即制单”复选框，系统会弹出一张会计凭证，单击凭证左上角的“字”处，修改凭证类别为转账凭证，贷方科目录入或选择“1604”，如图 4-2-6 所示。单击“保存”按钮，完成制单。退出填制凭证功能时，即完成该变动单操作。

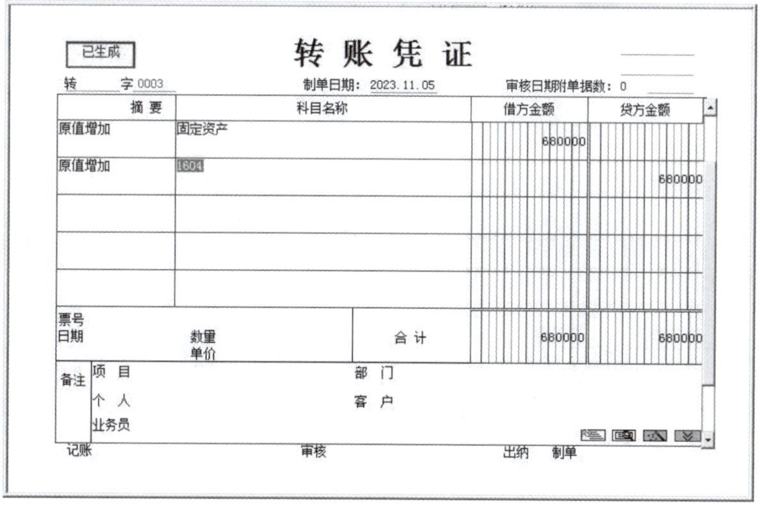

图 4-2-6 固定资产原值变动生成的凭证

(3)部门转移

①执行“固定资产”→“卡片”→“变动单”命令，选择“部门转移”，进入“固定资产变动单—部门转移”窗口。

②输入卡片编号或资产编号，系统自动列出资产名称、开始使用日期、规格型号、变动前部门、存放地点。

③输入变动后的使用部门、新的存放地点及变动原因。

④单击“保存”按钮，系统提示“数据保存成功！”，单击“确定”按钮，即完成变动单操作。卡片上相应的项目(使用部门、存放地点)根据变动单而改变。

工作指导

- 变动单不能修改，只有在当月可删除重做，所以请仔细检查后再保存。

固定资产折旧、减少

任务二　资产折旧、减少

操作员“403 张霞”，登录日期 2023-11-30。

1. 资产折旧

(1)执行“固定资产”→“处理”→“计提本月折旧”命令，系统弹出“是否要查看折旧清单?”提示信息，如图 4-2-7 所示。

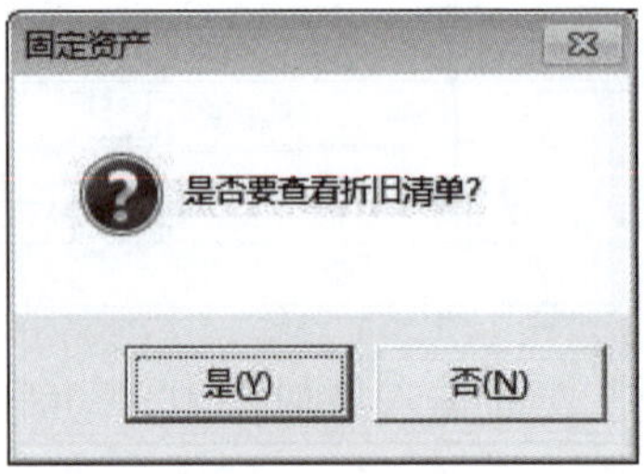

图 4-2-7　固定资产计提折旧信息提示(1)

(2)单击“是”按钮，系统提示“本操作将计提本月折旧，并花费一定时间，是否要继续?”，如图 4-2-8 所示。

图 4-2-8　固定资产计提折旧信息提示(2)

(3)单击“是”按钮，打开“折旧清单”窗口，如图 4-2-9 所示。

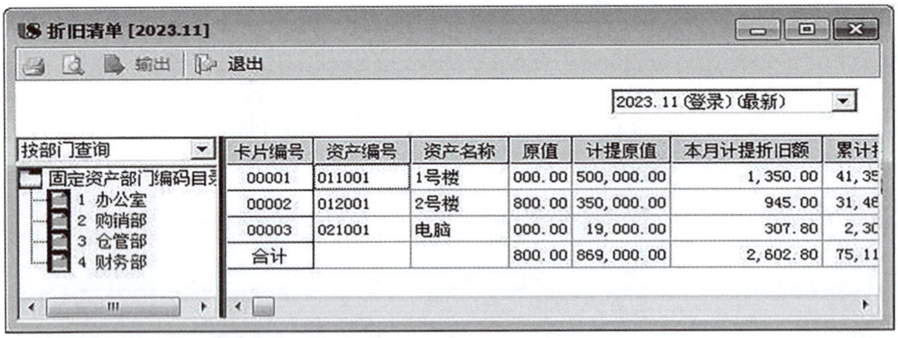

图 4-2-9　“折旧清单”窗口

(4)单击“退出”按钮，打开“折旧分配表”窗口，如图 4-2-10 所示。

(5)单击“凭证”按钮，生成一张记账凭证。

(6)单击凭证左上角的“字”处，修改凭证类别为转账凭证。

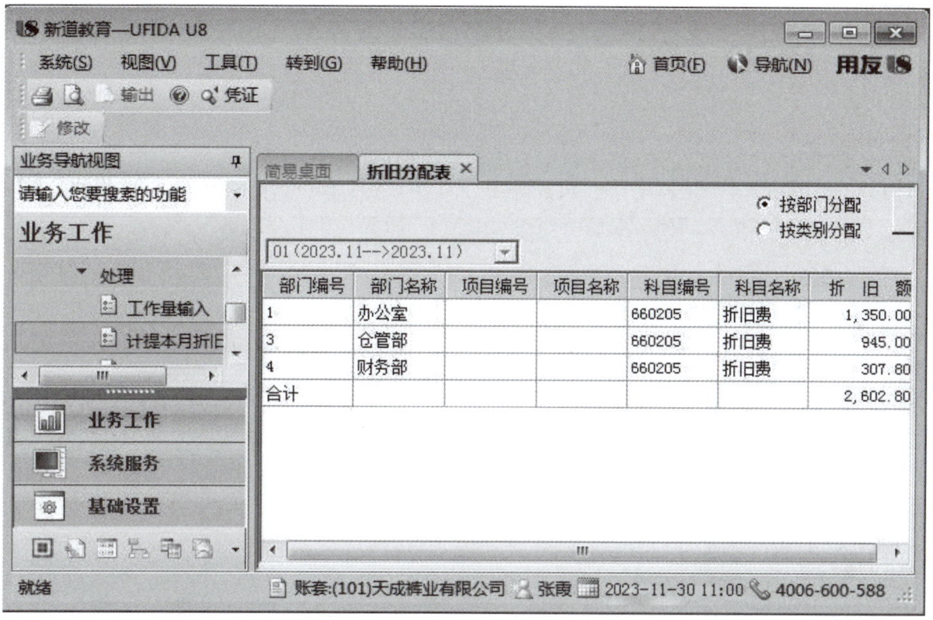

图 4-2-10　“折旧分配表”窗口

(7)单击“保存”按钮,凭证左上角出现“已生成”字样,表示凭证已传递到总账管理系统,如图 4-2-11 所示。

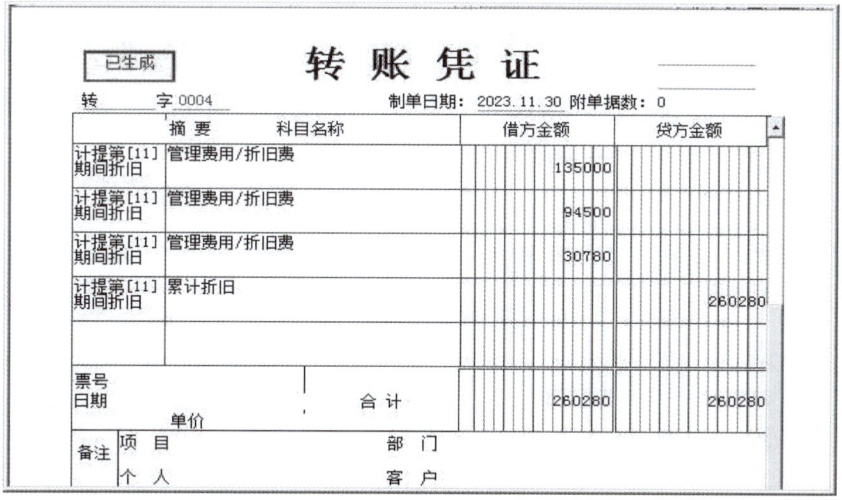

图 4-2-11　计提折旧转账凭证生成

(8)单击“退出”按钮退出。

工作指导

- 计提折旧功能对各项资产每期计提一次折旧,并自动生成折旧分配表,然后制作记账凭证,将本期的折旧费用自动登账。
- 部门转移和类别调整的资产当月计提的折旧分配到变动后的部门和类别。
- 在一个期间内可以多次计提折旧,每次计提折旧后,只是将计提的折旧累加到月初的累计折旧上，不会重复累计。

● 在“折旧分配表”窗口，可以单击“凭证”按钮制单，也可以以后利用“批量制单”功能进行制单。

2. 资产减少

(1)执行“固定资产”→“卡片”→“资产减少”命令，进入“资产减少”窗口，如图 4-2-12 所示。

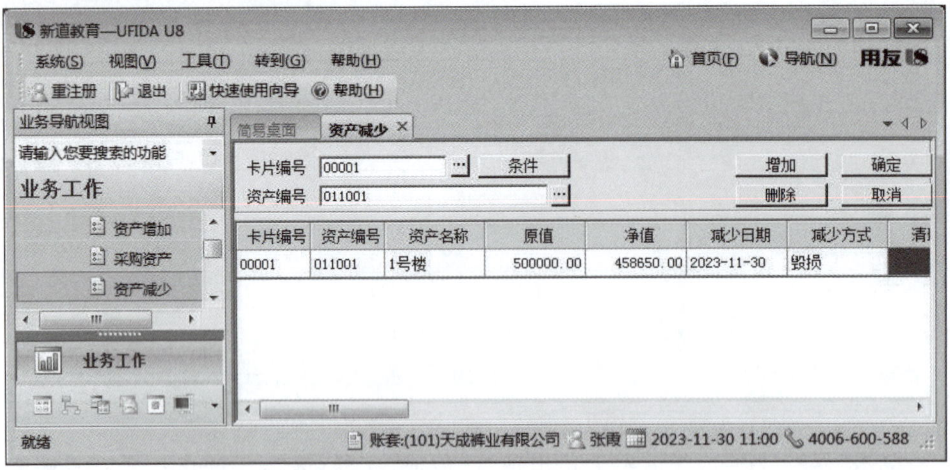

图 4-2-12 “资产减少”窗口

(2)选择卡片编号“00001”，单击“增加”按钮。

(3)选择减少方式“毁损”，单击“确定”按钮，若系统参数设置了“业务发生后立即制单”，系统会自动弹出制单界面，进入“填制凭证”窗口。

(4)如图 4-2-13 所示，单击凭证左上角的“字”处，选择转账凭证类别，修改其他项目，单击“保存”按钮。

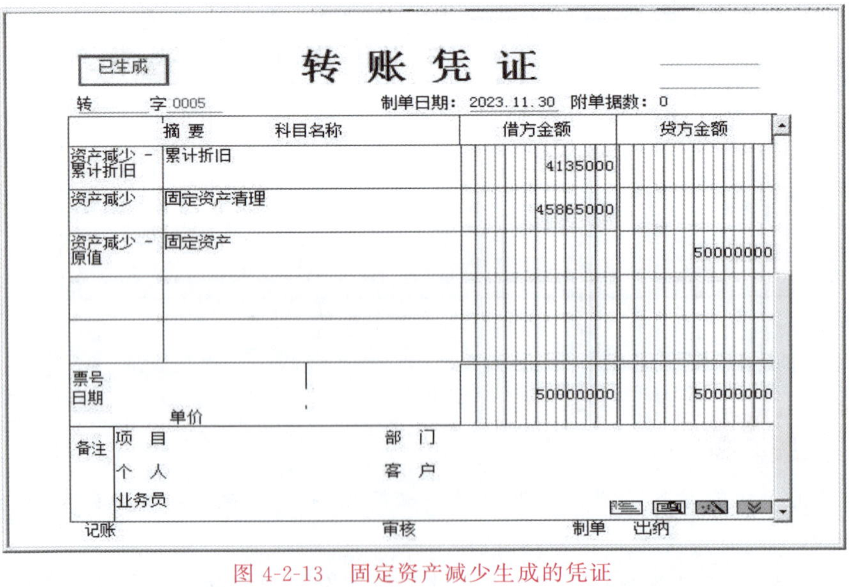

图 4-2-13 固定资产减少生成的凭证

(5)单击“确定”按钮，再单击“退出”按钮退出。

工作指导

● 本账套需要进行计提折旧后，才能减少资产。

● 如果要减少的资产较少或没有共同点，则通过输入资产编号或卡片编号，单击“增加”按钮，将资产添加到“资产减少”窗口中。

● 如果要减少的资产较多并有共同点，则通过单击“条件”按钮，输入一些查询条件，将符合该条件的资产挑选出来进行批量减少操作。

任务三　生成凭证

固定资产凭证、账表管理

如果在控制参数设置时未设置“业务发生后立即制单”，就要进行批量制单。

1. 批量制单

(1)执行“处理”→“批量制单”命令，打开“查询条件选择-批量制单”对话框。

(2)单击“全选”按钮，或双击“选择”栏，选中要制单的业务。

(3)单击“制单设置”选项卡，查看制单科目设置。

(4)单击“制单”按钮，修改凭证类别为“付款凭证”，分别在第一行和第二行“摘要”栏录入“直接购入资产”。

(5)单击“保存”按钮。

(6)单击“退出”按钮退出。

工作指导

● 批量制单功能可以同时将一批需要制单的业务连续制作凭证并传递到总账管理系统。如果在“选项”对话框中选择“业务发生后立即制单”复选框，摘要根据业务情况自动输出；如果使用批量制单方式，则摘要为空，需要手工输入。

● 修改凭证时，能修改的内容仅限于摘要、用户自行增加的凭证分录、系统默认分录的折旧科目，而系统默认分录的金额与原始单据金额不能修改。

2. 凭证查询、修改和删除

在固定资产管理系统中制作的并传递到总账管理系统的凭证，如果要修改或删除，只能在固定资产管理系统中完成，而总账管理系统无权删除和修改。

具体操作：通过凭证查询功能找到需要修改的凭证，然后视修改内容的不同情况按相关要求进行修改和删除。

工作指导

● 当修改已制单的原始单据中的有关金额时，固定资产管理系统限制进行无痕迹修改该单据，必须由用户对凭证做相应的处理，如删除或红字冲销后，才能无痕迹修改和删除。

● 如果要删除已制作凭证的卡片、变动单、评估单，重新计提、分配折旧或进行资产减少的恢复等操作，必须先删除相应的凭证，否则禁止这些操作。

● 修改本系统的凭证时，能修改的内容只限于用户增加的分录、摘要和系统默认分录的折旧科目，如果默认分录的金额是与原始单据相关的，则不能修改（折旧分配表制作的凭证除外）。

任务四　账表管理

1. 查询固定资产原值一览表

（1）执行“固定资产”→“账表”→“我的账表”命令，进入“固定资产—报表”窗口。

（2）执行“账簿”下的“统计表”命令，如图 4-2-14 所示。

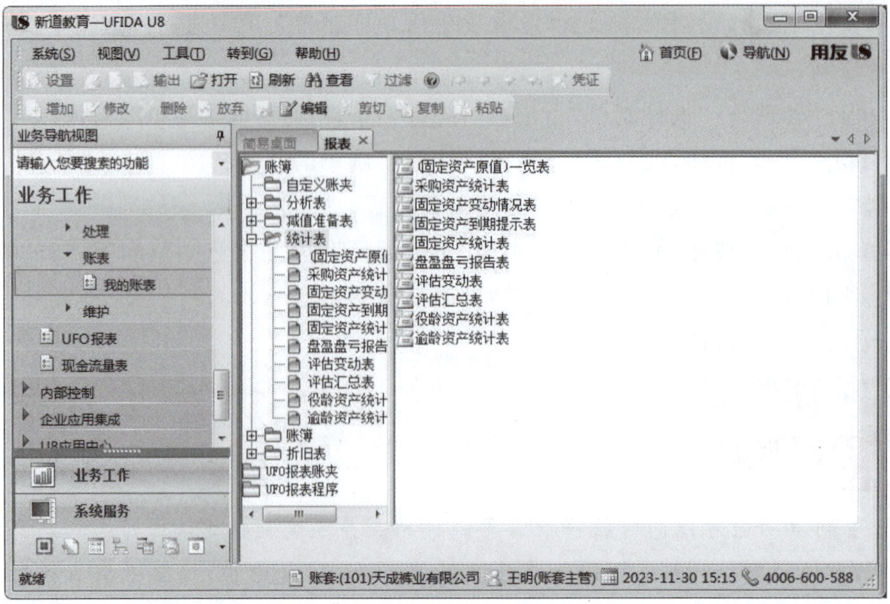

图 4-2-14　固定资产统计表

（3）双击“（固定资产原值）一览表”，打开“（固定资产原值）一览表”对话框。

（4）单击“确定”按钮，进入“（固定资产原值）一览表”窗口，如图 4-2-15 所示。

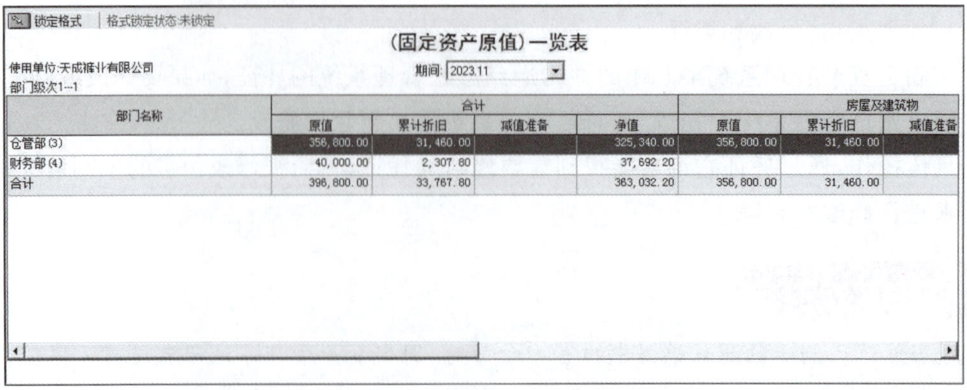
锁定格式　格式锁定状态:未锁定

（固定资产原值）一览表

使用单位:天成裤业有限公司　　期间: 2023.11

部门级次1--1

部门名称	合计				房屋及建筑物		
	原值	累计折旧	减值准备	净值	原值	累计折旧	减值准备
仓管部(3)	356,800.00	31,460.00		325,340.00	356,800.00	31,460.00	
财务部(4)	40,000.00	2,307.80		37,692.20			
合计	396,800.00	33,767.80		363,032.20	356,800.00	31,460.00	

图 4-2-15　“（固定资产原值）一览表”窗口

（5）单击“退出”按钮退出。

工作指导

在固定资产系统中提供了10种统计表，包括（固定资产原值）一览表、采购资产统计表、固定资产变动情况表、固定资产到期提示表、固定资产统计表、盘盈盘亏报告表、评估变动表、评估汇总表、役龄资产统计表和逾龄资产统计表。这些表从不同的侧面对固定资产进行统计分析，使管理者可以全面、细致地了解企业对资产的管理、分布情况，为及时掌握资产的价值、数量以及新旧程度等指标提供依据。

2. 查询“价值结构分析表”

（1）执行“固定资产”→“账表”→“我的账表”命令，进入“固定资产—报表”窗口。

（2）执行“账簿”下的“分析表”命令，之后双击“价值结构分析表”，打开“价值结构分析表”对话框。

（3）单击“确定”按钮，打开“价值结构分析表”窗口，如图4-2-16所示。

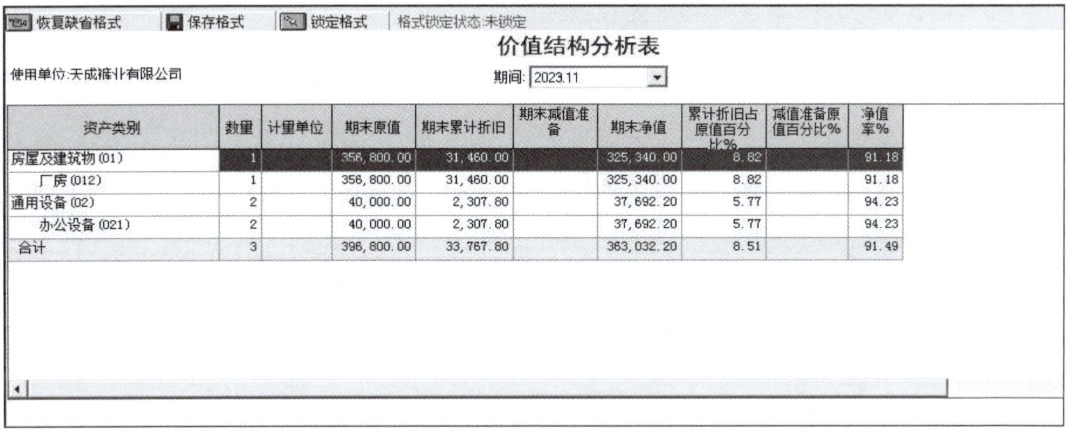

资产类别	数量	计量单位	期末原值	期末累计折旧	期末减值准备	期末净值	累计折旧占原值百分比%	减值准备原值百分比%	净值率%
房屋及建筑物(01)	1		356,800.00	31,460.00		325,340.00	8.82		91.18
厂房(012)	1		356,800.00	31,460.00		325,340.00	8.82		91.18
通用设备(02)	2		40,000.00	2,307.80		37,692.20	5.77		94.23
办公设备(021)	2		40,000.00	2,307.80		37,692.20	5.77		94.23
合计	3		396,800.00	33,767.80		363,032.20	8.51		91.49

图4-2-16 “价值结构分析表”窗口

（4）单击“退出”按钮退出。

模块五

薪资管理系统

学习目标

1. 了解薪资管理子系统的基本知识、功能结构以及与其他子系统间的关系。

2. 明确薪资管理子系统的应用流程。

3. 掌握薪资管理子系统账套参数、人员档案及类别、工资项目及计算公式等初始化设置。

4. 熟练掌握薪资管理子系统工资数据录入、工资变动、工资计算与汇总、工资分摊及凭证生成及账表查询等日常业务的处理。

5. 学习个人所得税等相关法规知识，加强依法纳税意识。

人力资源的核算和管理是企业管理的重要组成部分，其中对于企业员工的业绩考评和薪酬的确定正确与否更是关系到企业每一位职工的切身利益，对于调动每一位职工的工作积极性、正确处理企业与职工之间的经济关系具有重要意义。薪资管理是各企业事业单位最经常使用的功能之一。

工作项目

以账套主管"王明"的身份登录企业应用平台，日期为"2023-11-01"，进入天成裤业账套，启用薪资管理系统。

(一)薪资管理系统初始化

以"401 王明"的身份，登录日期 2023-11-01。

1. 建立工资账套

工资类别个数：单个；核算币种：人民币 RMB。实行代扣个人所得税，不进行扣零处理。

2. 基础信息

(1)人员档案及类别

部门档案、人员档案及类别见企业概况（全部人员均为中方人员），计税，通过工商银行代发工资，个人账号按人员档案编号依次输入 1102008801……

(2)工资项目及公式

①设置工资项目并按表 5-0-1 排序。

表 5-0-1 工资项目表

项目名称	类型	长度	小数位数	工资增减项
基本工资	N	10	2	增项
岗位工资	N	10	2	增项
奖金	N	10	2	增项
交通补助	N	6	2	增项
应发合计	N	10	2	增项
病假扣款	N	8	2	减项
事假扣款	N	8	2	减项
保险费	N	8	2	减项
代扣税	N	8	2	减项
扣款合计	N	8	2	减项
实发合计	N	10	2	增项
日工资	N	8	2	其他
事假天数	N	8	0	其他
病假天数	N	8	0	其他
计税基数	N	8	2	其他
工龄	N	4	0	其他

②相关计算公式如下：

岗位工资：IFF(人员类型＝“企管人员”,750,IFF(人员类别＝“购销人员”,600,700))

交通补助：IFF(人员类别＝“购销人员”,150,100)

日工资：(基本工资＋岗位工资＋奖金)/21

事假扣款：事假天数×日工资

保险费：(基本工资＋岗位工资＋奖金)×0.03

(二)薪资管理业务处理

1. 日常业务

以“401 王明”的身份，登录日期 2023-11-30。

(1)个人所得税

按实发工资合计扣除 5 000 元后计税。

(2)工资基本资料(表 5-0-2)

表 5-0-2 工资基本资料

编号	职员姓名	基本工资(元)	奖金(元)
101	郑化	5 000	500

（续表）

编号	职员姓名	基本工资(元)	奖金(元)
201	徐军	3 000	300
202	陈秀	3 000	500
203	黄秋	3 000	400
301	陈亮	3 500	200
401	王明	4 000	200
402	李平	2 500	200
403	张霞	2 500	200

(3)工资变动情况

考勤情况:张霞请事假一天。发放奖金情况:因前两个月销售业绩较好,购销人员每人增加奖金 200 元。

2. 期末处理

以“401 王明”的身份,登录日期 2023-11-30。

(1)工资分摊。

工资分摊情况见表 5-0-3,以工资项目“应发合计”为计提基数。

表 5-0-3　工资分摊表

部门	工资分摊人员	应付职工薪酬(100%)		工会经费(2%)	
		借方	贷方	借方	贷方
办公室、财务部、仓管部	企管人员	660203	2211	660206	2211
购销部	购销人员	6601	2211		

(2)生成工资分摊凭证。

(3)对生成的凭证进行审核、记账(以“403 张霞”的身份,登录日期 2023-11-30)。

工作要求

1. 以账套主管“401 王明”的身份启用薪资管理系统并建立薪资管理系统账套。
2. 以账套主管“401 王明”的身份进行薪资管理系统账套基础信息设置。
3. 以账套主管“401 王明”的身份进行薪资业务数据处理。
4. 以“403 张霞”的身份进行凭证审核与记账。

项目一　薪资管理系统初始化

薪资管理系统初始化是为薪资管理系统业务处理工作所做的准备,主要包括建立工资账套和基础信息设置。

1. 建立工资账套

工资账套与系统管理中的账套是不同的概念，系统管理中的账套是针对整个核算系统，而工资账套是针对薪资管理子系统的。

(1)注册工资新账套

首次使用薪资管理系统时，首先进行账套注册，输入有关信息，例如账套号、账套名称、启用日期。

(2)选择工资类别

工资类别有“单个”和“多个”两个选项。当核算单位对所有人员工资实行统一管理，而且人员工资项目、计算公式全部相同时，选择“单个”工资类别。如果核算单位每月发放工资并且不同的员工发放工资项目不同，工资项目计算公式不同，但需要对工资实行统一管理，则选择“多个”工资类别。

(3)扣税设置

核算单位如果需为职工代扣代缴个人所得税，可以在扣税设置时，选中“是否从工资中代扣个人所得税”选项。

(4)扣零设置

扣零处理，是指每次发放工资时零头扣下，积累取数，于下次工资发放时补上，系统在计算工资时依据扣零的类型(扣零至元、扣零至角、扣零至分)进行扣零计算。

2. 基础信息设置

(1)部门设置

单位所有人都应有所属部门，因此设置部门档案是按部门核算人员工资的基础，部门信息是单位的共享数据，可以在系统控制台的基础设置中设置，也可以在各个子系统中设置。如果在薪资管理系统中设置部门信息，必须是在没有打开工资类别的前提下进行。

(2)人员类别设置

人员类别是指按某种特定的分类方式将单位职工分成若干类型，不同类型人员的工资水平可能不同，从而有助于实现工资的多级次管理。人员类别的设置还与工资费用的分配、分摊有关。

(3)人员附加信息设置

薪资管理系统一般可以兼顾人员档案管理的基本功能。由于各企业管理的要求及精细程度不同，对人员档案的具体内容、项目也有所区别，通过人员附加信息设置，可增加人员信息，丰富人员档案的内容，便于对人员进行更加有效的管理。

(4)银行名称设置

当企业发放工资采用银行代发形式时，需要设置银行名称及账号长度。

(5)工资项目设置

工资数据最终由各个工资项目体现。工资项目设置就是定义工资核算所涉及的项目名称、类型、宽度等。薪资管理系统提供了一些固定的工资项目，工资项目设置是工资账套中不可缺少的设置内容。

(6)工资项目公式设置

工资项目公式设置是指对工资核算生成的结果设置计算公式。设置公式可以直接表达工资项目的实际运算过程,灵活地进行工资计算处理。定义公式可通过选择工资项目、运算符、关系符、函数等组合完成。公式输入的方法有三种:第一种方法是在公式定义文本框中直接输入公式;第二种方法是在录入公式时,在工资项目参照区选择工资项目,则该工资项目可进入公式定义区;第三种方法是针对较复杂的公式,可利用“函数公式向导输入”来输入计算公式。

(7)人员档案设置

人员档案的设置用于登记工资发放人员的姓名、编号、所属部门、人员类别、人员的增减变动等信息。设置人员档案有助于企业实现对各部门员工的高效管理。

建立工资账套

任务一　建立工资账套

1. 在企业应用平台中启用薪资管理系统

(1)执行“开始”→“程序”→“用友 ERP-U8V10.1”→“企业应用平台”命令,打开“登录”对话框,或者直接双击“企业应用平台”图标。

(2)输入操作员“401”,在“账套”下拉列表中选择“[101] 天成裤业有限公司”,更改“操作日期”为“2023-11-01”,单击“登录”按钮,进入企业应用平台。

(3)执行“设置”→“基本信息”→“系统启用”命令,打开“系统启用”对话框,单击选中“WA 薪资管理”复选框,弹出“日历”对话框,选择薪资管理系统启用日期为“2023-11-01”,之后单击“确定”按钮,系统弹出“确实要启用当前系统吗?”提示信息,单击“是”按钮返回。

(4)在企业应用平台中执行“业务工作”→“人力资源”→“薪资管理”命令,打开“建立工资套”对话框。

2. 建立工资账套

(1)打开“建立工资套”对话框后,在建账第一步“参数设置”中,选择本账套所需处理的工资类别个数“单个”,默认币别名称为“人民币 RMB”,如图 5-1-1 所示,之后单击“下一步”按钮。

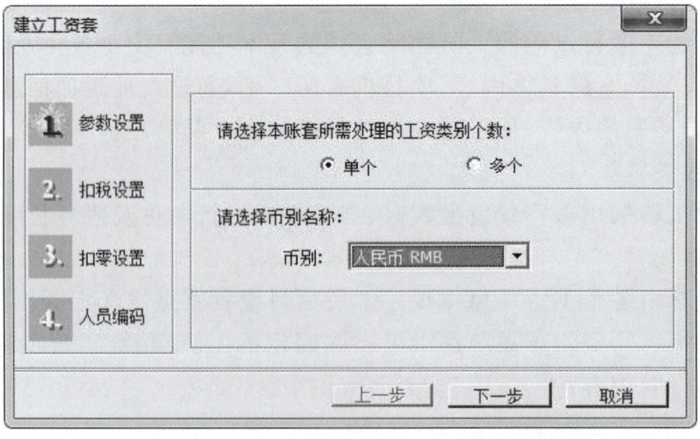

图 5-1-1　建立工资账套——参数设置

(2)在建账第二步“扣税设置”中，选中“是否从工资中代扣个人所得税”复选框，如图 5-1-2 所示，之后单击“下一步”按钮。

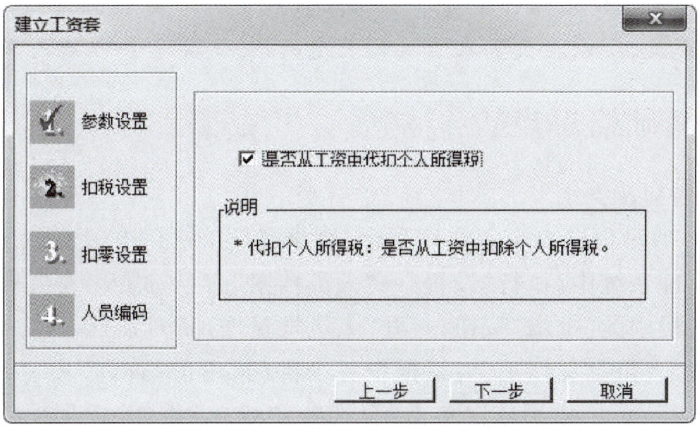

图 5-1-2　建立工资账套——扣税设置

(3)在建账第三步“扣零设置”中，不做选择，如图 5-1-3 所示，直接单击“下一步”按钮。

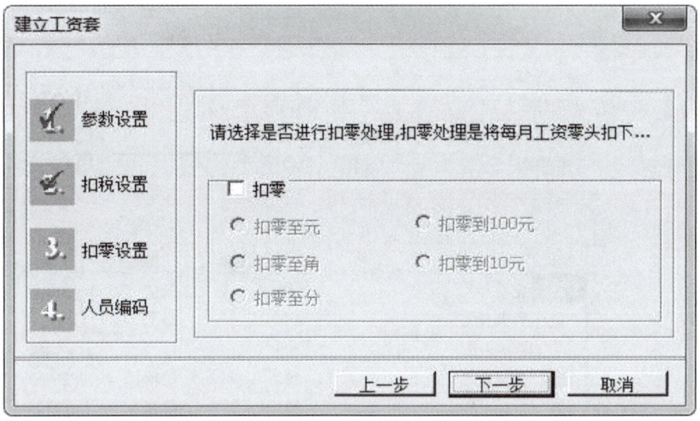

图 5-1-3　建立工资账套——扣零设置

(4)在建账第四步“人员编码”中，系统要求和公共平台的人员编码保持一致，如图 5-1-4 所示。

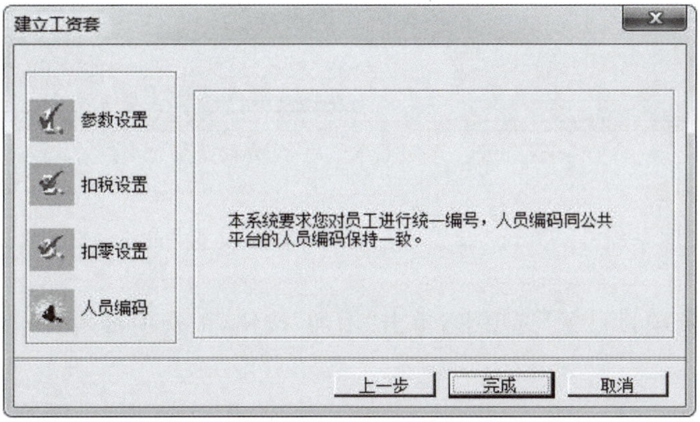

图 5-1-4　建立工资账套——人员编码

(5)单击“完成”按钮。

工作指导

人员编码长度的确定应结合企业职工总人数确定。一旦设置了人员档案，则人员编码长度不能再做修改，所以在设置人员编码长度时，一定要考虑以后人数的增长情况。

基础信息设置

任务二　基础信息设置

1. 设置人员档案及类别

以“401 王明”的身份进入企业应用平台，登录日期 2023-11-01。

(1)在薪资管理系统中，执行“设置”→“人员档案”命令，进入“人员档案”窗口。

(2)单击工具栏中的“批增”按钮，打开“人员批量增加”对话框。

(3)依次单击“人员批量增加”对话框中各个部门，单击“查询”按钮，屏幕显示所有人员信息，如图 5-1-5 所示。之后依次单击“全选”→“确定”按钮，返回“人员档案”窗口，单击“退出”按钮退出“人员档案”窗口。

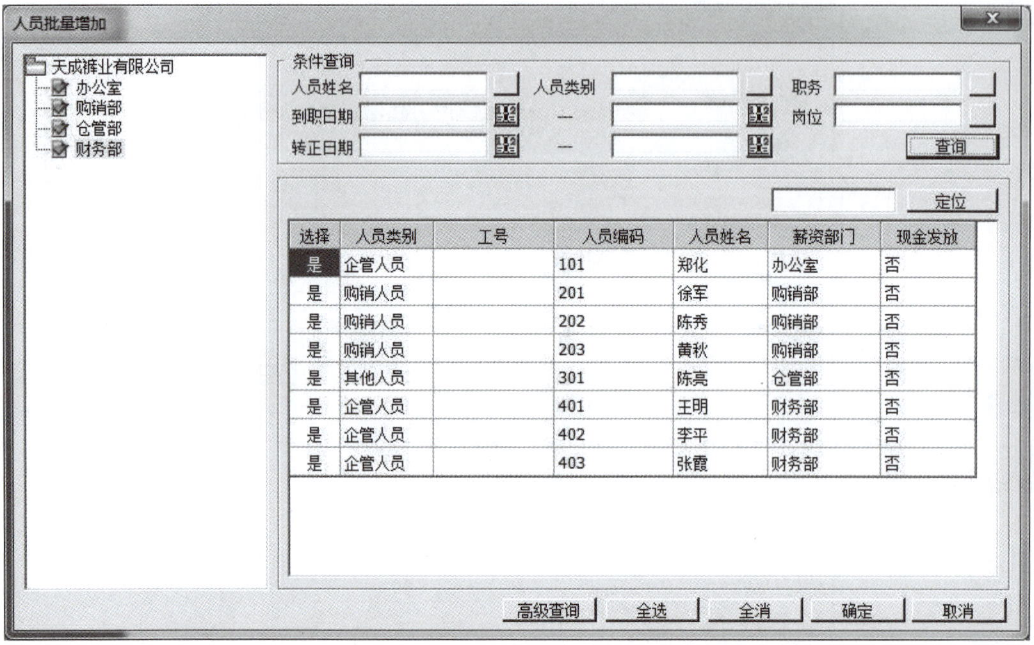

图 5-1-5　基础设置——人员批量增加

2. 工资项目设置

(1)在薪资管理系统中，执行“设置”→“工资项目设置”命令，打开“工资项目设置”对话框。

(2)打开“工资项目设置”选项卡，单击“增加”按钮，工资项目列表中增加一行空行，如图 5-1-6 所示。

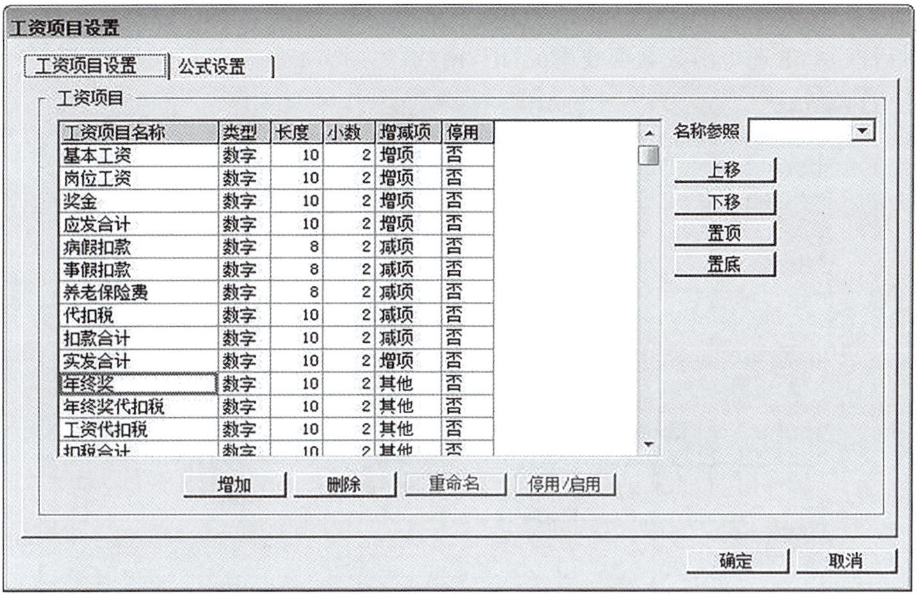

图 5-1-6　基础设置——工资项目设置

(3)单击“名称参照”文本框右侧下拉按钮,从其下拉列表中选择“基本工资”选项,如果需要修改某栏目,只需要双击该栏目,按需要进行修改即可。

(4)单击“增加”按钮,增加其他工资项目,“名称参照”下拉列表中没有的项目,可以直接手工输入。

(5)全部输完,通过“上移”和“下移”按钮,进行工资项目的排序,最后单击“确定”按钮。

3. 设置计算公式

(1)在“工资项目设置”对话框中,打开“公式设置”选项卡。

设置工资项目计算公式

(2)单击“增加”按钮,工资项目列表中增加一行空行,单击该行,在其下拉列表中选中“岗位工资”,如图 5-1-7 所示。

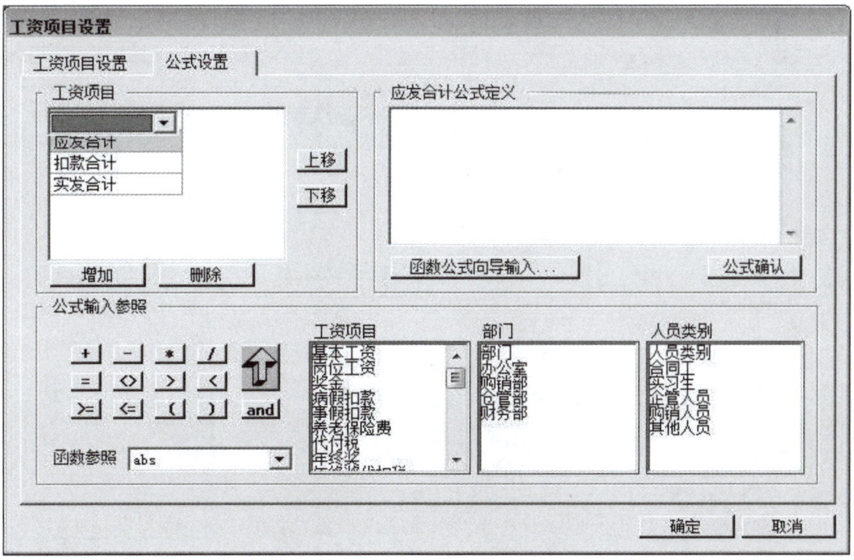

图 5-1-7　工资公式设置(1)

(3)单击公式定义文本框,再单击"函数公式向导输入"按钮,打开"函数向导——步骤之1"对话框,单击选中函数名列表中的"iff"函数,如图5-1-8所示。

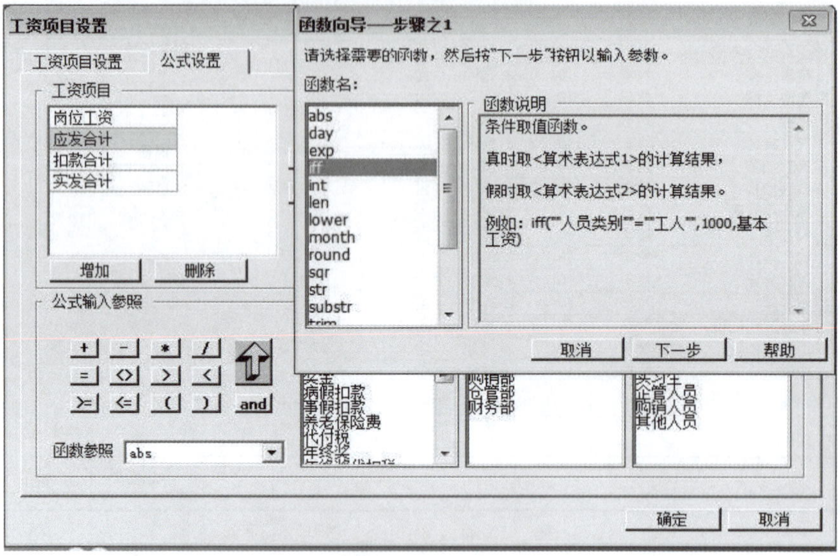

图5-1-8 工资公式设置(2)

(4)单击"下一步"按钮,打开"函数向导——步骤之2"对话框,单击"逻辑表达式"栏中的"参照"按钮,打开"参照"对话框,选择"人员类别"选项,从下面的列表中选择"企管人员"。

(5)单击"确定"按钮返回"函数向导——步骤之2"对话框,在"算术表达式1"文本框中输入"750"。

(6)单击"完成"按钮,返回"公式设置"选项卡。将光标放置在"750,"之后,继续单击"函数公式向导输入"按钮,按如前描述的操作步骤选择"购销人员",在"算术表达式1"文本框中输入"600",在"算术表达式2"文本框中输入"700",如图5-1-9所示。

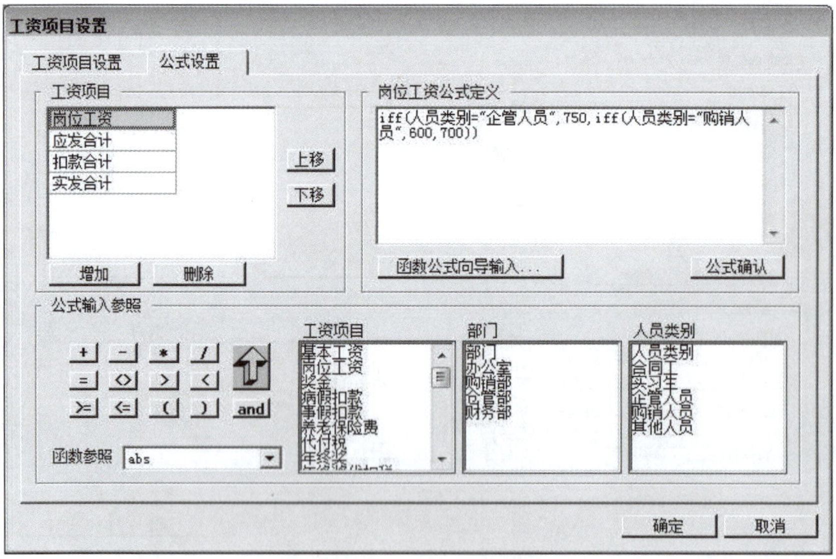

图5-1-9 工资公式设置(3)

(7)单击“完成”按钮返回“公式设置”选项卡,单击“公式确认”按钮,之后单击“确定”按钮。

重复上述步骤,依次完成其他公式的输入。

工作指导

- 设置人员档案采用人员批量导入的方式,只有选择“是”按钮才会导入人员档案中。
- 设置计算公式时,定义工资项目计算公式要符合逻辑,系统将对公式合法性进行检查,不符合逻辑的系统将给出错误提示。
- 设置计算公式要注意先后顺序,先得到的数应该先设置计算公式。

项目二 薪资管理业务处理

在薪资管理系统中,工资是按工资类别来进行管理的。薪资管理中的各个工资类别包括员工花名册、工资变动、工资数据、保税处理、银行代发等。有些项目是一次性输入的,有些项目是每月录入的,可通过计算公式来实现。

1. 日常业务

(1)工资类别管理

工资类别即工资管理类别,是指在一套工资账套中根据不同情况而设置的工资数据管理类别,如某企业中将基本人员和临时人员分设为两个工资类别,两个类别不同,但属于一套账套。薪资管理系统提供处理多个工资类别的功能,不同类别人员的工资发放不尽相同,计算公式亦不同,但需由统一进行工资核算管理的单位提供解决方案。

在建立工资账套后,系统自动提供“新建立工资类别”功能,单击“确定”按钮则进入“新建立工资类别”向导,也可以单击“取消”按钮,则此时不进行“新建立工资类别”的设置,以后再进行设置即可。

(2)设置所得税参数

许多企业单位计算职工工资薪金所得税工作量很大,本系统的个人所得税自动申报功能减轻了用户的工作负担,又提高了工作效率。所得税参数设置后,系统会自动根据职工月工资及所得税参数计算应纳税额。

(3)编辑、计算与汇总工资数据

薪资管理系统提供了个人工资数据的录入、修改、计算与汇总功能,可根据需要选择这些功能。

工资数据包括基本数据和变动数据。个人工资数据是薪资管理系统中基本的原始数据,它的正确性直接影响以后数据计算的准确性。初次使用时,应先输入个人工资数据中相对固定的数据,在以后的正常使用中,只需对个别经常变动的工资项目数据进行适当调整,即可自动生成当月的工资数据。

（4）银行代发工资

银行代发工资业务处理，是指每月月末单位向银行提供指定文件格式存储盘。这样既减轻了财务部门发放工资工作的繁重负担，又有效地避免了去银行提取大笔款项所承担的风险，同时还提高了员工个人工资的保密程度。

2. 月末处理

（1）设置工资总额和计提基数

工资分摊首先要设置工资总额和计提基数，工资总额就是在一定时期内支付给职工的工资总数。根据权责发生制原则，企业在月内发生的全部工资，不论是否在当月领取，都应该按照工资的用途进行分摊和计提。由于不同的企业在进行分摊和计提时对工资总额的计算方法不同，因此应事先设置工资总额合计计提基数。

（2）分摊工资费用及制单

月末，企业要对各个部门、各类人员的工资等费用进行分配核算，并对各部门人员的工资进行工资费用和其他费用的分配。

任务一　日常业务处理

以“401 王明”的身份进入企业应用平台，登录日期 2023-11-30。

1. 确认个人收入所得税的计提基数

（1）在薪资管理系统中，执行“设置”→“选项”→“扣税设置”命令，系统弹出“选项”对话框，单击“编辑”按钮，之后单击“税率设置”按钮，进入“个人所得税申报表——税率表”对话框，如图 5-2-1 所示。

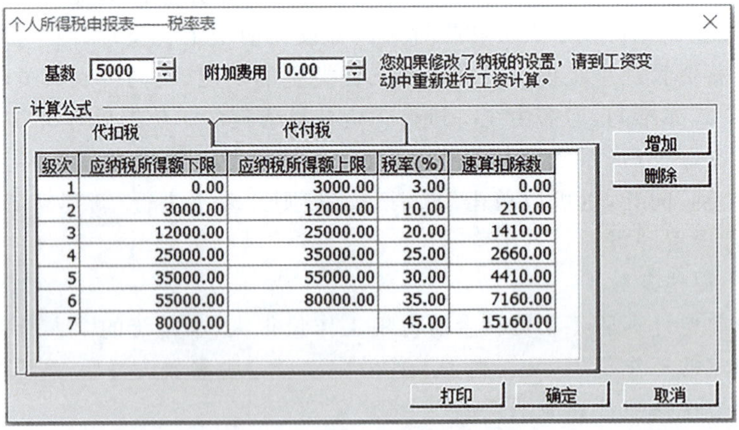

图 5-2-1　个人所得税扣税设置

（2）查看“基数”栏是否为“5000”，如果不是修改为“5000”。

（3）单击“确定”按钮返回“选项”对话框，之后单击“退出”按钮退出。

2. 录入并计算工资数据

（1）在薪资管理系统中执行“业务处理”→“工资变动”命令，进入“工资变动”窗口。

（2）录入工资数据：基本工资、岗位工资、奖金、张霞事假一天等。

（3）依次单击工具栏上的“计算”→“汇总”按钮，如图 5-2-2 所示。

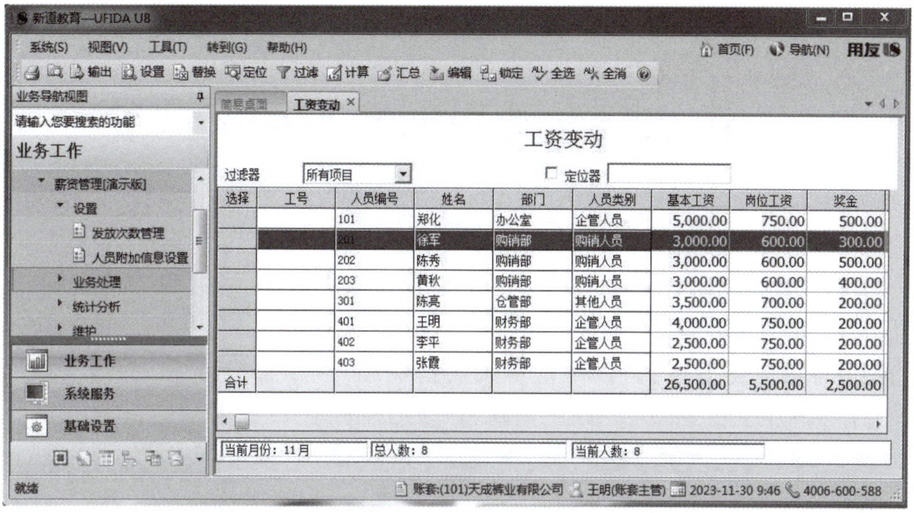

图 5-2-2 工资数据录入

(4)工资中变动的数据，如销售人员增加奖励的操作步骤如下：

首先单击工具栏上的“全选”按钮，选中所有人员，再单击“替换”按钮，打开“工资项数据替换”对话框，将工资项目“奖金”替换成“奖金+200”，替换条件为“人员类别=购销人员”。单击“确定”按钮，系统弹出“数据替换后将不可恢复。是否继续?”提示信息，如图 5-2-3 所示。单击“是”按钮，系统弹出“是否重新计算?”提示信息，单击“是”按钮。

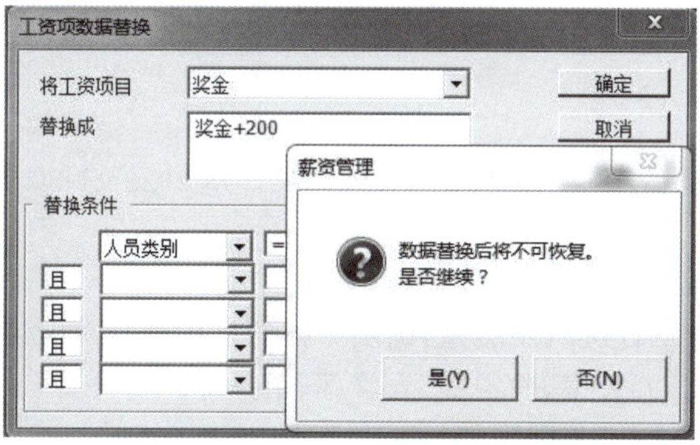

图 5-2-3 工资项数据替换

(5)单击“计算”→“汇总”按钮，计算全部工资项目内容。

3. 工资分摊设置

(1)执行“业务处理”→“工资分摊”命令，打开“工资分摊”对话框。

(2)单击“工资分摊设置”按钮，打开“分摊类型设置”对话框。

(3)单击“增加”按钮，打开“分摊计提比例设置”对话框。

(4)输入计提类型名称“应付职工薪酬”，如图 5-2-4 所示。单击“下一步”按钮，打开“分摊构成设置”对话框。

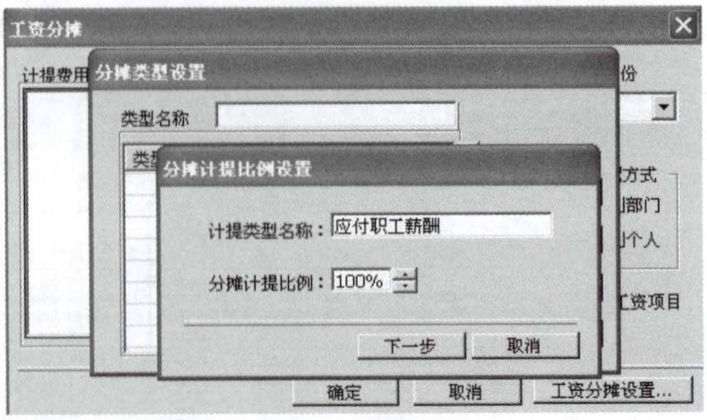

图 5-2-4　工资分摊设置(1)

(5)按实训资料内容进行设置，设置完成后如图 5-2-5 所示。单击“完成”按钮返回“分摊类型设置”对话框，继续设置“工会经费”计提项目。

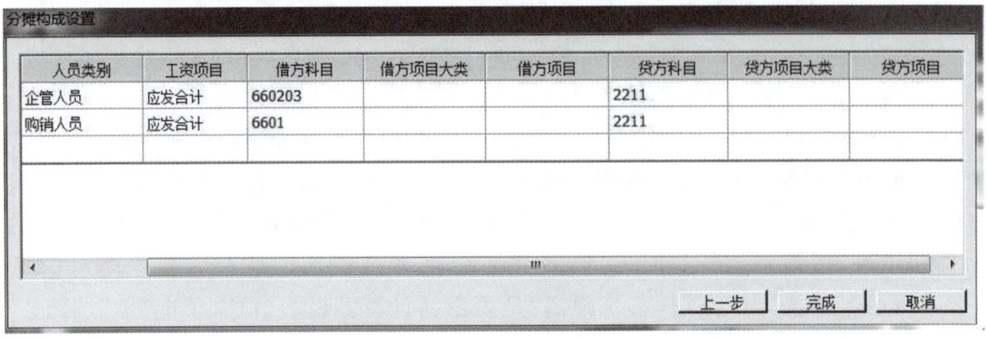

图 5-2-5　工资分摊设置(2)

任务二　工资分摊

工资分摊设置

以“401 王明”的身份进入企业应用平台，登录日期 2023-11-30。

1. 进行工资分摊

(1)在薪资管理系统中执行“业务处理”→“工资分摊”命令，打开“工资分摊”对话框。

(2)选择需要分摊的计提费用类型，确定分摊的计提会计月份为“2023-11”。

(3)选择核算部门：办公室、购销部、仓管部、财务部。

(4)计提分配方式选择“分配到部门”。

(5)选择“明细到工资项目”复选框，如图 5-2-6 所示。

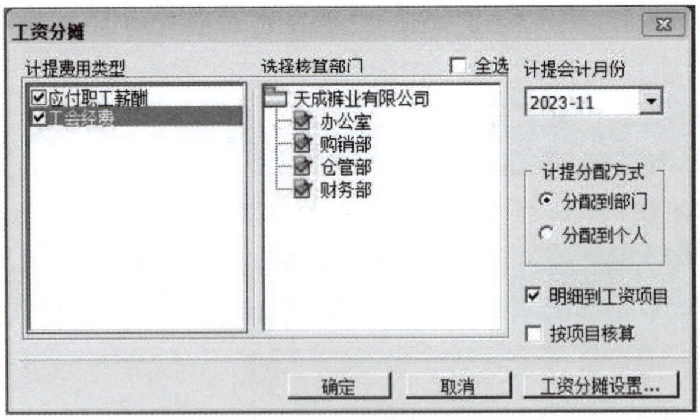

图 5-2-6　工资分摊

（6）单击“确定”按钮，打开“应付职工薪酬一览表”，如图 5-2-7 所示。

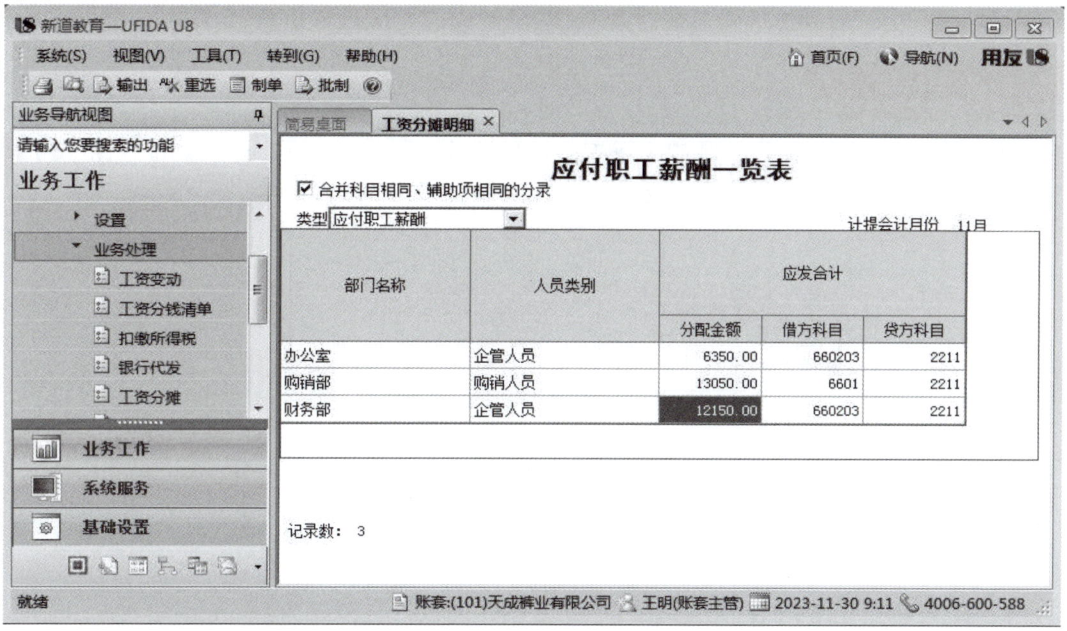

图 5-2-7　应付职工薪酬一览表

（7）选择“合并科目相同、辅助项相同的分录”复选框，单击“制单”按钮，弹出“填制凭证”窗口。

（8）单击凭证左上角的“字”处，选择转账凭证，单击“保存”按钮，凭证左上角出现“已生成”标志，如图 5-2-8 所示，代表该凭证已传递到总账管理系统。

（9）单击工具栏上的“退出”按钮。

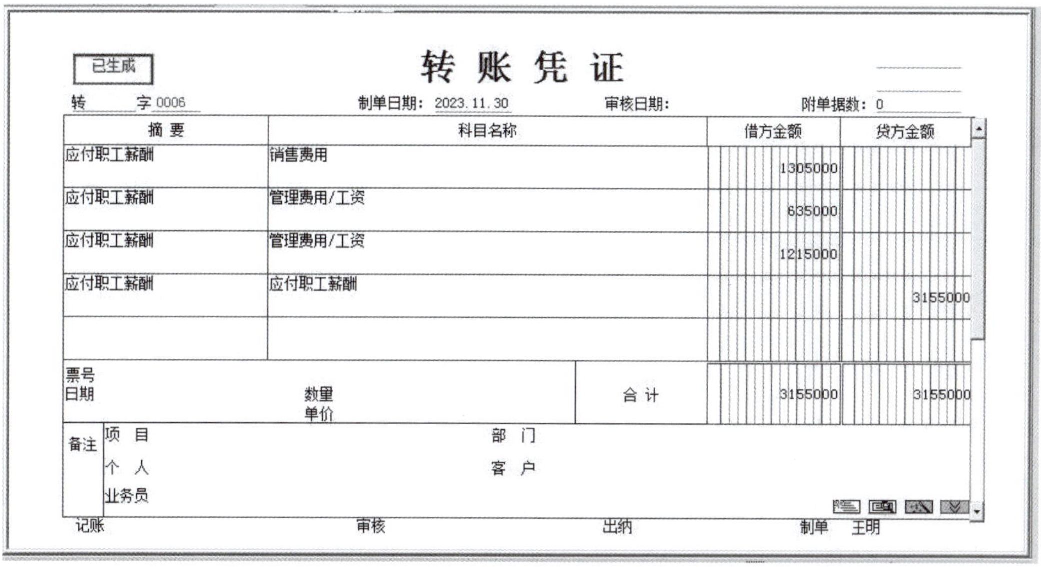

图 5-2-8　工资分摊生成凭证

2. 凭证审核、记账

以“403 张霞”的身份进入总账管理系统，对生成的凭证进行审核、记账。

工作指导

- 不同部门、相同人员类别可设置不同的分摊科目。
- 不同部门、相同人员类别在设置时，可以一次性选择多个部门。

模块六

供应链与应收应付款管理系统

学习目标

1. 了解供应链管理系统的基本知识。
2. 明确供应链管理系统的功能与操作流程。
3. 明确供应链管理系统中的采购管理子系统与应付管理子系统间的关系。
4. 明确供应链管理系统中的销售管理子系统与应收管理子系统间的关系。
5. 明确供应链管理系统中的各子系统与其他子系统的关系。
6. 掌握供应链管理系统的初始化设置。
7. 熟练掌握采购管理子系统与应付管理子系统的业务操作。
8 熟练掌握销售管理子系统与应收管理子系统的业务操作。
9. 熟练掌握存货核算子系统与库存管理子系统的业务操作。
10. 熟知企业供、产、销各业务流程,增强参与企业经营管理的意识。
11. 培养诚实守信、不弄虚作假、不泄露商业秘密的职业道德。

供应链管理系统是用友 ERP-U8V10.1 管理软件的重要组成部分,它突破了会计核算软件单一财务管理的局限,实现了从财务管理到企业财务业务一体化全面管理,以及物流、资金流管理的统一。供应链管理系统包括采购管理、销售管理、库存管理和存货核算等模块。

工作项目

1. 增加操作人员

编号、姓名、角色、权限如下(以下权限设置是根据实验需要分配,与企业实际分工有所不同,企业分工更加细致):

201,徐军,普通员工,拥有采购管理所有权限。

202,陈秀,普通员工,拥有销售管理所有权限。

203,黄秋,普通员工,拥有存货核算所有权限。

301,陈亮,普通员工,拥有基本信息和库存管理所有权限。

402,李平,普通员工,拥有应收、应付会计权限。

2. 启用系统

启用应收款管理、应付款管理、采购管理、销售管理、库存管理和存货核算系统。

3. 基础信息

(1)存货分类(表 6-0-1)

表 6-0-1　　存货分类

存货分类编码	存货分类名称	存货分类编码	存货分类名称
1	商品	102	男裤
101	女裤	2	劳务

(2)存货计量单位组与计量单位(表 6-0-2、表 6-0-3)

表 6-0-2　　计量单位组

计量单位组编码	计量单位组名称	计量单位组类别
01	无换算关系	无换算率

表 6-0-3　　计量单位

计量单位编码	计量单位名称	所属计量单位组名称
01	条	无换算关系
02	次	无换算关系

(3)存货档案(表 6-0-4)

表 6-0-4　　存货档案

存货编码	存货名称	存货分类	主计量单位	税率	存货属性
001	女式牛仔裤	101	条	13%	外购、内销、外销
002	女式西装裤	101	条	13%	外购、内销、外销
003	男式牛仔裤	102	条	13%	外购、内销、外销
004	男式西装裤	102	条	13%	外购、内销、外销
005	运输费	2	次	9%	外购、外销、应税劳务

(4)仓库档案(表 6-0-5)

表 6-0-5　　仓库档案

仓库编码	仓库名称	计价方式
1	女式仓库	先进先出法
2	男式仓库	先进先出法

(5)收发类别(表 6-0-6)

表 6-0-6　　收发类别

收发类别编码	收发类别名称	收发标志	收发类别编码	收发类别名称	收发标志
1	正常入库	收	3	正常出库	发
101	采购入库	收	301	销售出库	发
102	调拨入库	收	302	调拨出库	发
2	非正常入库	收	4	非正常出库	发
201	盘盈入库	收	401	盘亏出库	发
202	其他入库	收	402	其他出库	发

(6)采购类型(表 6-0-7)

表 6-0-7 采购类型

采购类型编码	采购类型名称	入库类别	是否默认值
1	普通采购	采购入库	是

(7)销售类型(表 6-0-8)

表 6-0-8 销售类型

销售类型编码	销售类型名称	出库类别	是否默认值
1	经销	销售出库	是
2	代销	销售出库	否

(8)开户银行

编码:01;名称:工商银行中山分理处;账号:831658796002。

(9)付款条件设置(表 6-0-9)

表 6-0-9 付款条件设置

付款条件编码	信用天数	优惠天数 1	优惠率 1	优惠天数 2	优惠率 2
01	30	10	2	20	1

(10)非合理损耗

编码:01;名称:运输部门责任。

4. 设置基础科目

(1)存货核算系统

存货科目:按照存货分类设置存货科目。

存货科目设置见表 6-0-10。

表 6-0-10 存货科目设置

仓库	存货科目	仓库	存货科目
女式仓库	140501	男式仓库	140502

对方科目:根据收发类别设置对方科目。

对方科目设置见表 6-0-11。

表 6-0-11 对方科目设置

收发类别	对方科目	收发类别	对方科目
采购入库	在途物资 1402	销售出库	主营业务成本 6401
盘盈入库	待处理流动资产损溢 1901	盘亏出库	待处理流动资产损溢 1901

(2)应收款管理系统

应收款管理:选项,取消控制操作员权限。

应收款核销方式:按单据;坏账处理方式:应收余额百分比;其他参数为系统默认。

基本科目设置:应收科目 1122,预收科目 2203,销售收入科目 6001,税金科目 22210105,其他可暂时不设置。

结算方式科目设置;现金结算对应科目 1001,支票结算对应科目 100201。

坏账准备设置:提取比例 0.5%,期初余额 0,科目 1231,对方科目 6701。

(3)应付款管理系统

应付款管理:选项,取消控制操作员权限。

应付款核销方式:按单据;其他参数为系统默认。

科目设置:应付科目220201,预付科目1123,采购科目1402,税金科目22210101,其他可暂时不设置。

结算方式科目设置:现金结算对应科目1001,支票结算对应科目100201。

5.期初数据

(1)采购管理系统期初数据

上月20日,签订合同购入德天女式牛仔裤,300条,单价75元/条,验收合格入女式仓库,发票未收到。

(2)库存和存货管理系统期初数据

上月末,对各个仓库进行了盘点,结果见表6-0-12。

表6-0-12　仓库盘点结果

仓库名称	存货名称	数量(条)	结存单价(元/条)
女式仓库	女式牛仔裤	300	75
	女式西装裤	100	60
男式仓库	男式牛仔裤	150	80
	男式西装裤	50	90

(3)进行期初记账

(4)应收款管理系统期初数据

应收账款科目的期初余额为60 840元,以应收单形式录入,详见表6-0-13(简化操作需要,如果启用供应链管理系统,正常是通过销售发票输入,下同)。

表6-0-13　应收款期初数据

日期	客户	方向	金额(元)
2023-10-25	繁荣公司	借	60 840.00

(5)应收款管理系统与总账管理系统期初对账

(6)应付款管理系统期初数据

应付账款科目的期初余额为56 160元,以应付单形式录入,详见表6-0-14。

表6-0-14　应付款期初数据

日期	供应商	方向	金额(元)
2023-10-20	德天公司	贷	56 160.00

(7)应付款管理系统与总账管理系统期初对账。

工作要求

1.引入账套数据。

2.以系统管理员“admin”的身份进行增加操作员及权限的操作。

3.以账套主管“401 王明”的身份启用供应链管理系统并进行初始设置。

项目一 供应链管理系统初始化

任务一 供应链管理系统基本内容

1. 供应链管理系统建账

启用采购管理、销售管理、应收款管理、应付款管理、库存管理、存货核算系统。

2. 供应链基础档案设置

(1)存货分类

存货分类最多可分 8 级,编码总长不能超过 30 位,每级级长用户可自由定义。存货分类用于设置存货分类编码、名称及所属经济分类。

工业企业的存货分类可以分为三类:材料、产成品、应税劳务等。用户可以在此基础上继续分类。如材料继续分类,可以按材料属性分为钢材类、木材类等;产成品继续分类,可以按产成品属性分为紧固件、传动件、箱体等。

商业企业的存货分类的第一级一般可以分为两类,分别是商品、应税劳务。商品继续分类可以按商品属性分为日用百货、家用电器、五金工具等,也可以按仓库分类,分为一仓库产品、二仓库产品等。

(2)计量单位与计量单位分组设置

本功能主要用于设置对应存货的计量单位组和计量单位信息。设置计量单位的规则:先增加计量单位的分组内容,然后在该分组下增加其具体的计量单位内容,系统控制具体的计量单位必须放在计量单位组下。计量单位分组设置:设置浮动汇率时,允许选择的计量单位组只能有一个或两个计量单位,不能有两个以上(不包含两个)的计量单位。

(3)存货档案

存货档案中的数据是其他系统核算的依据和基础,所以在录入数据时,要考虑相关系统的要求录入合理、科学的数据。本功能完成对存货目录的设立和管理,随同发货单或发票一起开具的应税劳务等也应在存货档案中设置。同时本功能可方便输入基础档案信息,完备基础档案中数据项,提供存货档案的多计量单位设置。

①基本页

设置存货属性的目的是在填制单据参照存货时缩小参照范围。

销售:用于发货单、销售发票、销售出库单等与销售有关的单据参照使用,表示该存货可用于销售。

外购:用于购货所填制的采购入库单、采购发票等与采购有关的单据参照使用,在采购发票、运费发票上一起开具的采购费用,也应设置为外购属性。

生产耗用:存货可在生产过程中被领用、消耗,生产产品耗用的原材料、辅助材料等在开具材料领料单时参照。

自制：由企业生产的存货，如产成品、半成品等，主要用在开具产成品入库单时参照。

在制：指尚在制造加工中的存货。

应税劳务：指在采购发票上开具的运输费、包装费等采购费用及开具在销售发票或发货单上的应税劳务、非应税劳务等。

②控制页

是否批次管理：对存货是否按批次进行出入库管理。该项必须在库存管理系统账套参数中选中“有批次管理”后，方可设定。

是否保质期管理：有保质期管理的存货必须有批次管理。因此该项也必须在库存管理系统账套参数中选中“有批次管理”后，方可设定。

是否呆滞积压：存货是否呆滞积压，完全由用户自行决定。

(4)单据编号设置

为了能够在销售专用发票上填写发票号，需要设置销售专用发票的单据编号为“完全手工编号”。

(5)设置存货核算系统的业务科目

存货核算系统是供应链管理系统与账务系统联系的桥梁，各种存货的购进、销售及其他出入库业务，均在存货核算系统中生成凭证，并传递到总账管理系统。设置存货系统业务科目的目的是快速、准确地完成制单操作。

设置存货科目：设置生成凭证所需要的各种存货科目和差异科目。存货科目既可以按仓库也可以按存货分类分别进行设置。

设置对方科目：对方科目是设置生成凭证所需要的存货对方科目，可以按收发类别设置。

(6)收发类别

收发类别是为了用户对材料的出入库情况进行分类汇总统计而设置的，表示材料的出入库类型，用户可根据各单位的实际需要自由灵活地进行设置。

(7)采购类型

采购类型是由用户根据企业需要自行设定的项目，用户在使用用友采购管理系统填制采购入库单等单据时，会涉及采购类型栏目。如果用户需要按采购类型进行统计，那就应该建立采购类型项目。

采购类型不分级次，用户可以根据实际需要进行设立。例如：从国外购进、从国内购进、从省外购进、从本地购进；从生产厂家购进、从批发企业购进；为生产采购、为委托加工采购、为在建工程采购等。

(8)销售类型

用户在处理销售业务时，可以根据自身的实际情况自定义销售类型，以便于按销售类型对销售业务数据进行统计和分析。本功能完成对销售类型的设置和管理，用户可以根据业务的需要方便地增加、修改、删除、查询、打印销售类型。

(9)仓库档案

存货一般是用仓库来保管的,对存货进行核算管理,首先应对仓库进行管理,因此进行仓库设置是供应链管理系统的重要基础准备工作之一。第一次使用本系统时,应先将本单位使用的仓库输入系统之中,即进行"仓库档案设置"。在本系统中,可以对操作员管理仓库权限进行控制,包括查询、录入权限。具体操作员仓库权限的操作可以参照"基础设置"中"数据权限"的设置。

计价方式:系统提供六种计价方式。工业企业有计划价法、全月平均法、移动平均法、先进先出法、个别计价法;商业企业有售价法、全月平均法、移动平均法、先进先出法、个别计价法。每个仓库必须选择一种计价方式。

(10)期初数据

通过期初数据功能,用户可将正式启用账套前的所有应收业务数据录入系统中,作为期初建账的数据,系统即可对其进行管理,这样既保证了数据的连续性,又保证了数据的完整性。

当用户初次使用本系统时,要将上期未处理完全的单据都录入本系统,以便于以后的处理。当用户进入第二年度处理时,系统自动将上年度未处理完全的单据转为下一年度的期初余额。在下一年度的第一个会计期间,用户可以进行期初余额的调整。

供应链管理系统涉及系统的相关资料见表 6-1-1。

表 6-1-1　供应链管理系统涉及系统的相关资料

系统名称	操作	内容	说明
采购管理	录入	期初暂估入库 期初在途存货	暂估入库是指货到票未到 在途存货是指票到货未到
	期初记账	采购期初数据	没有期初数据也要执行期初记账,否则不能开始日常业务
销售管理	录入并审核	期初发货单 期初委托代销发货单 期初分期收款发货单	已发货、出库,但未开票 已发货未结算的数量 已发货未结算的数量
库存管理	录入(取数) 审核	库存期初余额 不合格品期初	库存和存货共用期初数据 未处理的不合格品结存量
存货核算	录入(取数) 记账	存货期初余额 期初分期收款 发出商品余额	

任务二　设置供应链基础信息

设置供应链基础信息(一)

1. 操作员及其权限设置

以"admin"的身份注册登录"系统管理",设置操作员及其权限,如图 6-1-1 和图 6-1-2 所示。

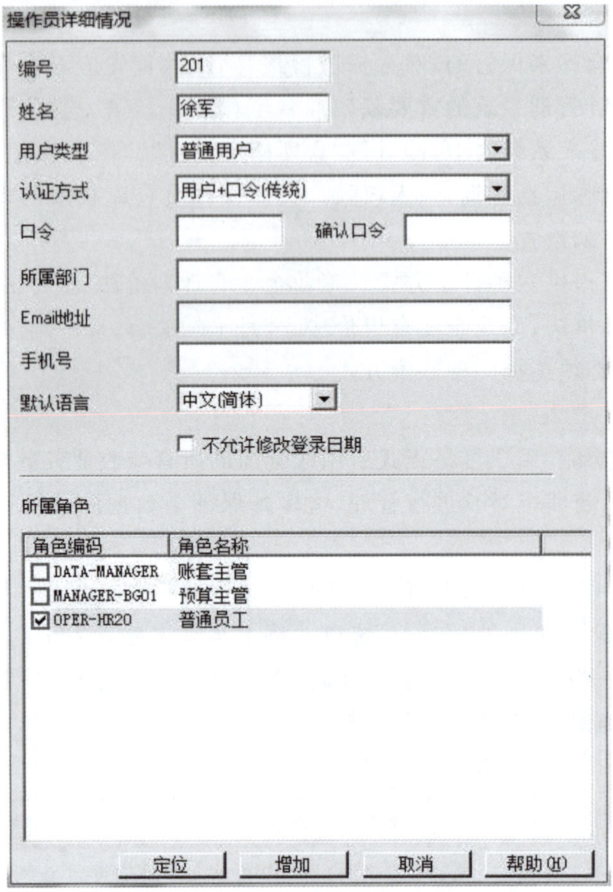

图 6-1-1 设置操作员

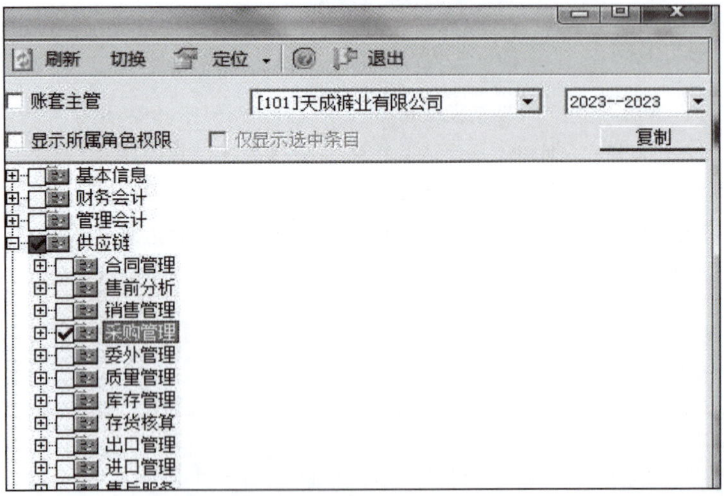

图 6-1-2 设置操作员权限

2. 系统启用

以账套主管"401 王明"的身份登录"企业应用平台",在"基础设置"页签中执行"基本信息"→"系统启用"命令,启用应收款管理、应付款管理、采购管理、销售管理、库存管理、存货核算系统，启用日期为“2023-11-01”，如图 6-1-3 所示。

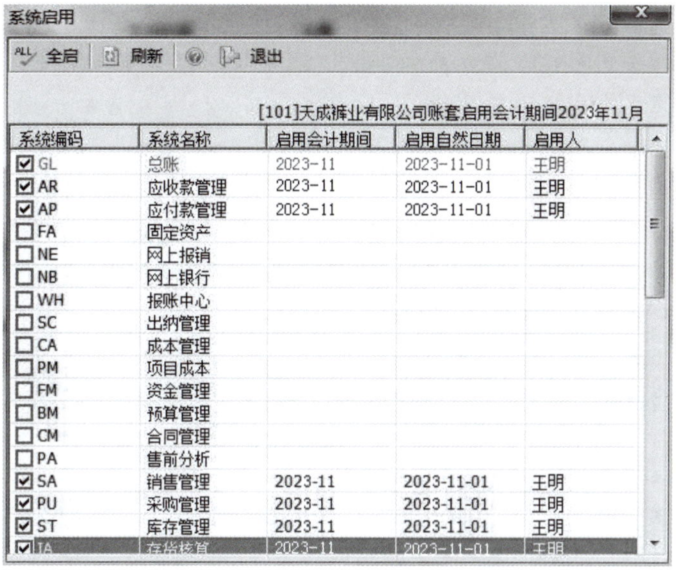

图 6-1-3　系统启用

3. 存货分类设置

（1）在企业应用平台的“基础设置”页签中，执行“基础档案”→“存货”→“存货分类”命令，打开“存货分类”对话框。

设置供应链基础信息(二)

（2）在“存货分类”对话框中单击“增加”按钮，按资料增加存货分类后保存，如图 6-1-4 所示。

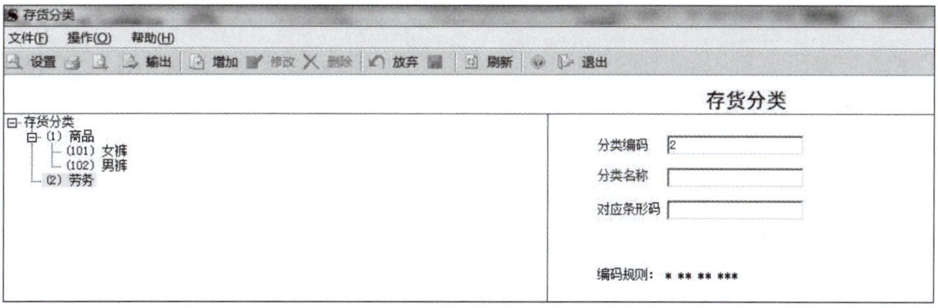

图 6-1-4　设置存货分类

工作指导

● 新增的存货分类的分类编码必须与[编码原则]中设定的编码级次结构相符。例如，编码级次结构为“XX-XXX”，那么，“001”是一个错误的存货分类编码。

● 存货分类必须逐级增加。除了一级存货分类之外，新增的存货分类的分类编码必须有上级分类编码。例如，编码级次结构为“XX-XXX”，那么“01001”这个编码只有在编码“01”已存在的前提下才是正确的。

● 将光标移到要修改的存货分类上，单击“修改”按钮，即可进入存货分类修改界面。用户可以在此对需要修改的项目进行调整，修改完毕后，单击“保存”按钮，即可保存当前存货分类的修改；如果想放弃修改，单击“放弃”按钮即可。如果要继续修改，将光标定位在下一个需要修改的存货上，重复上述步骤。

- 将光标移到要删除的存货分类上，单击“删除”按钮，即可删除当前分类。
- 已经使用的存货分类不能删除。
- 非末级存货分类不能删除。

4. 计量单位组及计量单位设置

（1）在企业应用平台的“基础设置”页签中，执行“基础档案”→“存货”→“计量单位”命令，再单击“分组”按钮，打开“计量单位组”对话框。单击“增加”按钮，按资料增加计量单位组后单击“保存”按钮，如图 6-1-5 所示。

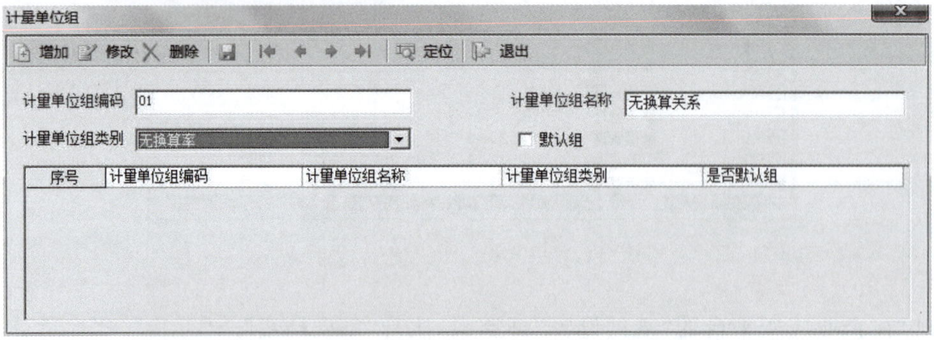

图 6-1-5　设置计量单位组

（2）退出“计量单位组”对话框，选择“无换算关系”计量单位组，单击“单位”按钮，打开“计量单位”对话框。单击“增加”按钮，按资料增加计量单位，之后单击“保存”按钮，如图 6-1-6 所示。

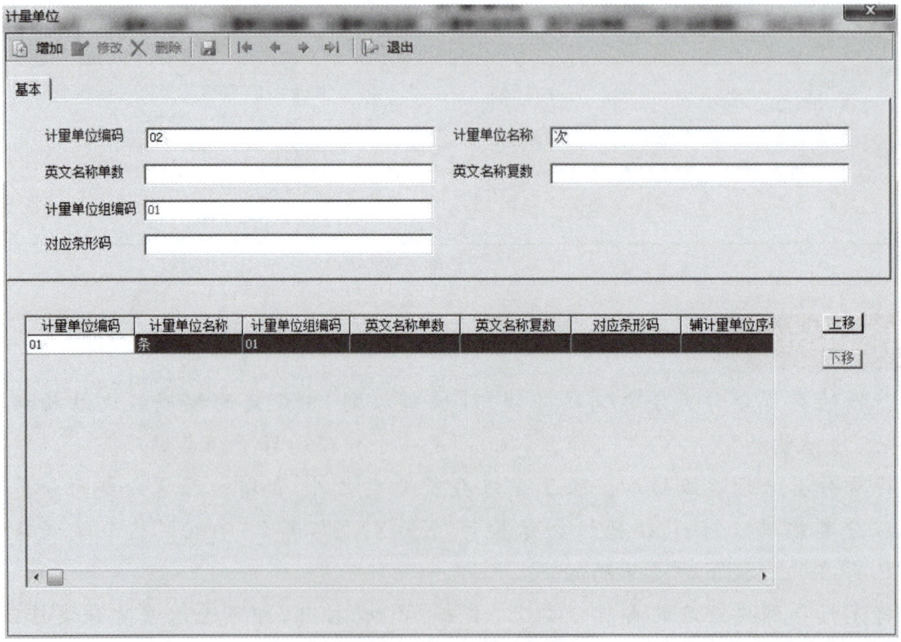

图 6-1-6　设置计量单位

工作指导

设置计量单位时，应先设置计量单位组，然后在不同的计量单位组下设置相应的计量单位。

5. 存货档案设置

（1）在企业应用平台的“基础设置”页签中，执行“基础档案”→“存货”→“存货档案”命令，打开“存货档案”对话框。

（2）在“存货档案”对话框中单击“增加”按钮，按资料添加存货档案后单击“保存”按钮，或者单击“保存并新增”按钮，如图 6-1-7 所示。

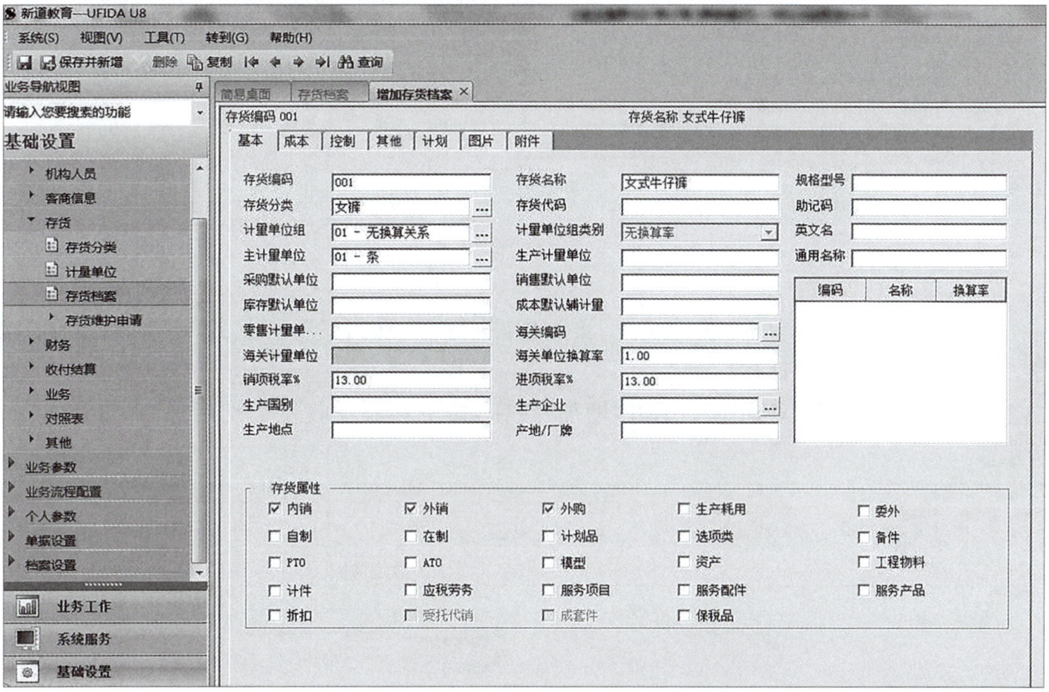

图 6-1-7 设置存货档案

工作指导

存货档案中的存货属性必须选择正确，否则，在填制相应单据时存货属性就不会在存货列表中出现。

6. 仓库档案设置

（1）在企业应用平台的“基础设置”页签中，执行“基础档案”→“业务”→“仓库档案”命令，打开“仓库档案”对话框。

（2）在“仓库档案”对话框中单击“增加”按钮，按资料添加仓库档案后保存，如图 6-1-8 所示。

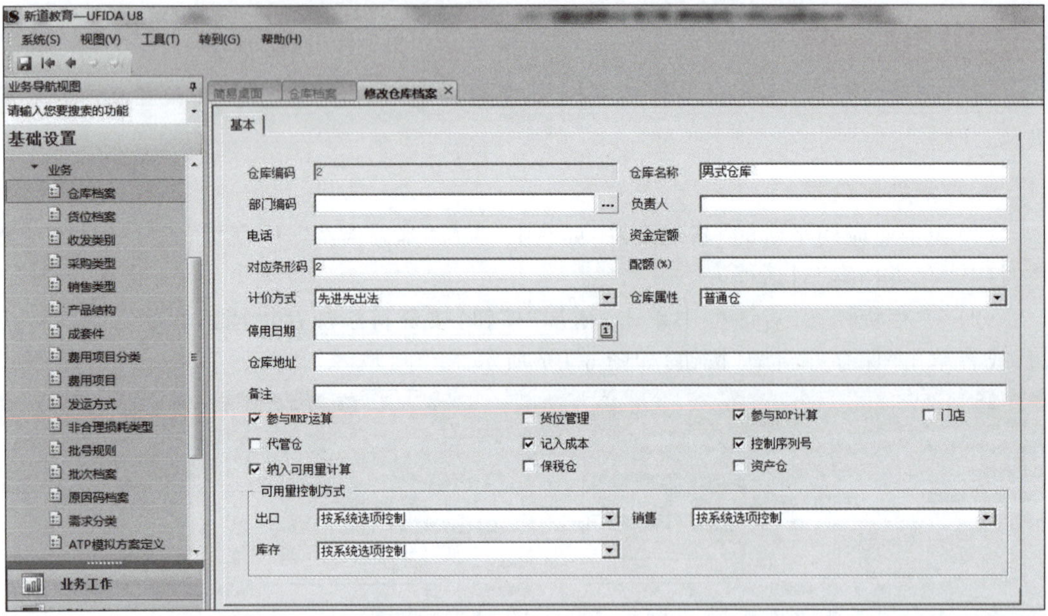

图 6-1-8　设置仓库档案

7. 收发类别设置

(1)在企业应用平台的“基础设置”页签中,执行“基础档案”→“业务”→“收发类别”命令,打开“收发类别”对话框。

(2)在“收发类别”对话框中单击“增加”按钮,按资料添加收发类别后保存,如图 6-1-9 所示。

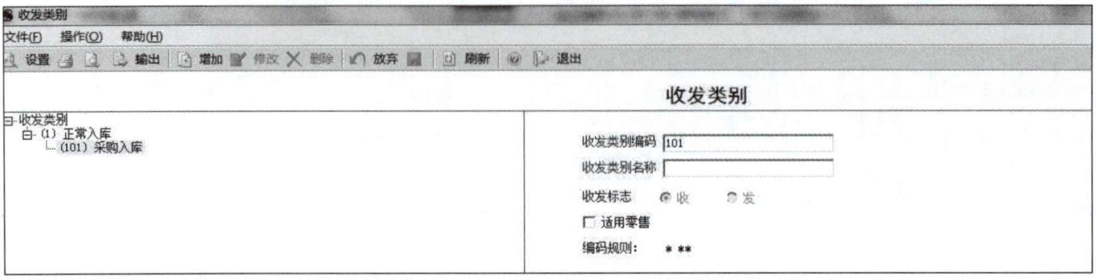

图 6-1-9　设置收发类别

工作指导

收发标志:系统规定收发类型只有两种,即收和发。输入此项目时,系统显示一选择窗,让用户选择,而不能输入。

8. 采购类型设置

设置供应链基础信息(三)

(1)在企业应用平台的“基础设置”页签中,执行“基础档案”→“业务”→“采购类型”命令,打开“采购类型”对话框。

(2)在“采购类型”对话框中单击“增加”按钮,按资料添加采购类型后保存,如图 6-1-10 所示。

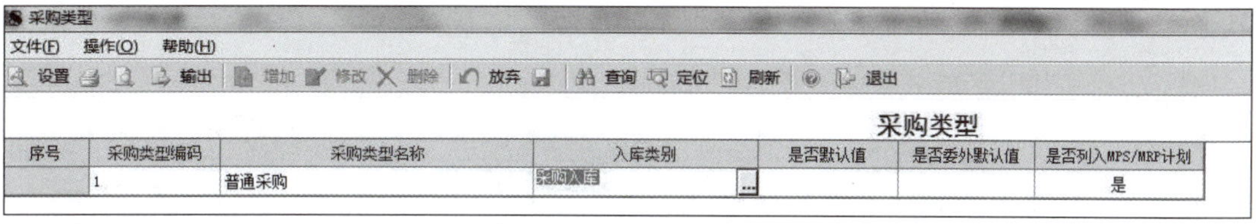

图 6-1-10 设置采购类型

工作指导

- 采购类型编码：编码只有 2 位字长，必须输入，不能为空，不允许重复，并要注意编码字母的大小写。
- 采购类型名称：必须输入，不能为空。

9. 销售类型设置

(1)在企业应用平台的“基础设置”页签中，执行“基础档案”→“业务”→“销售类型”命令，打开“销售类型”对话框。

(2)在“销售类型”对话框中单击“增加”按钮，按资料添加销售类型后保存，如图 6-1-11 所示。

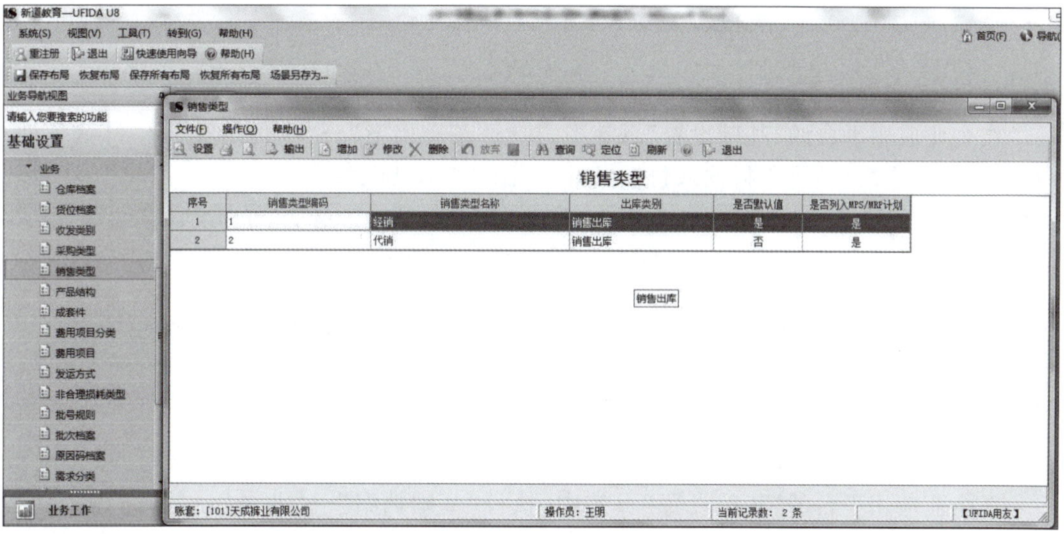

图 6-1-11 设置销售类型

10. 开户银行设置

在企业应用平台的“基础设置”页签中，执行“基础档案”→“收付结算”→“本单位开户银行”命令，打开“本单位开户银行”对话框。单击“增加”按钮，在屏幕弹出的“增加本单位开户银行”窗口中单击所属银行编码的下拉按钮，选择所属银行编码，之后选择币种“人民币”，按资料输入开户银行信息后保存，如图 6-1-12 所示。

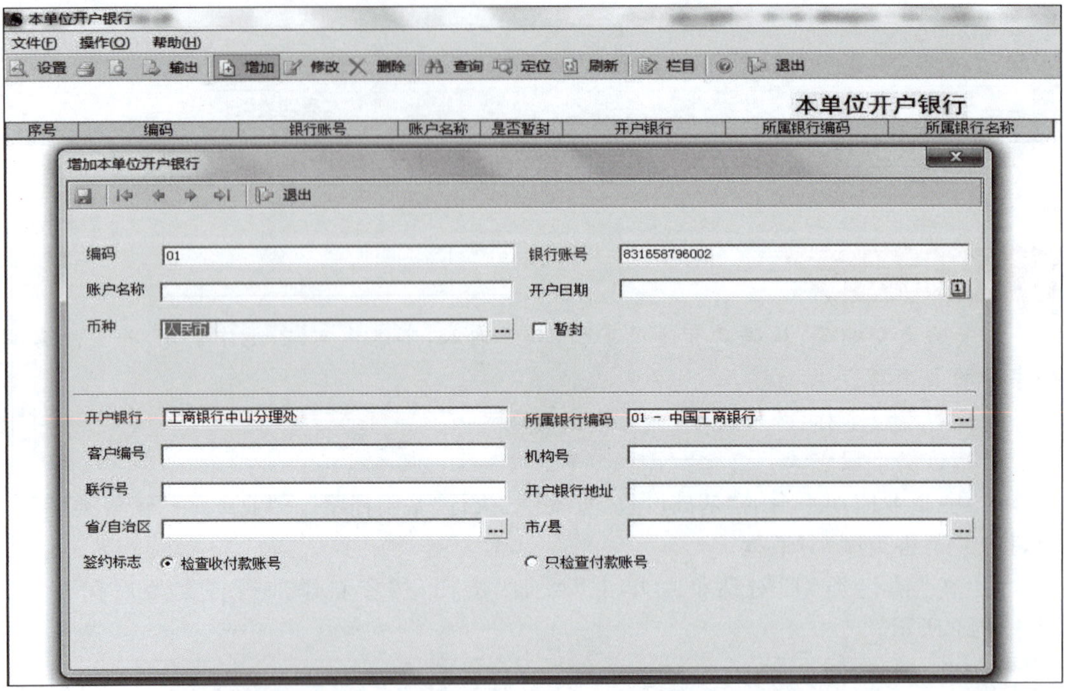

图 6-1-12 设置开户银行

11. 付款条件设置

在企业应用平台的"基础设置"页签中，执行"基础档案"→"收付结算"→"付款条件"命令，打开相应窗口，按资料输入付款条件，如图 6-1-13 所示。

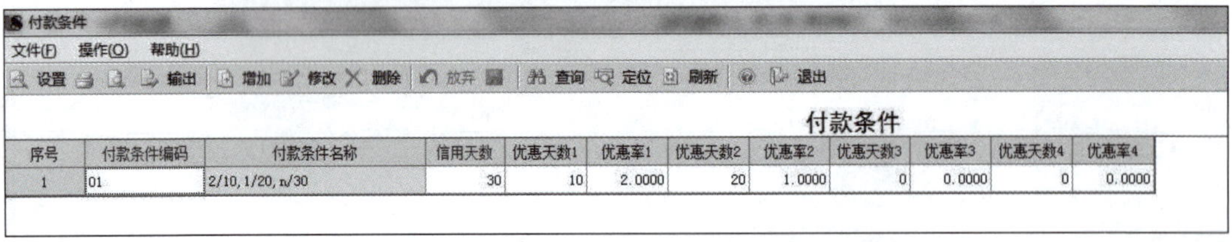

图 6-1-13 设置付款条件

12. 非合理损耗类型设置

在企业应用平台的"基础设置"页签中，执行"基础档案"→"业务"→"非合理损耗类型"命令，打开相应窗口，按资料输入非合理损耗类型，如图 6-1-14 所示。

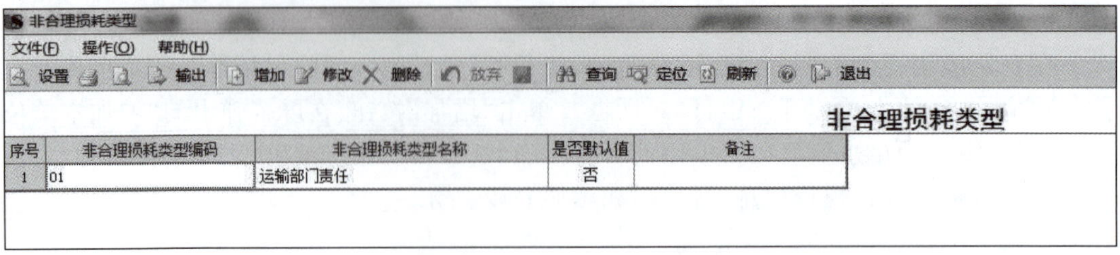

图 6-1-14 设置非合理损耗类型

任务三　设置基础科目

设置基础科目

1. 存货核算系统

(1)存货科目。在企业应用平台的“业务工作”页签中,执行“供应链”→“存货核算”→“初始设置”→“科目设置”→“存货科目”命令,进入“存货科目”窗口,单击“增加”按钮,按资料输入仓库编码和存货科目编码后保存,如图 6-1-15 所示。

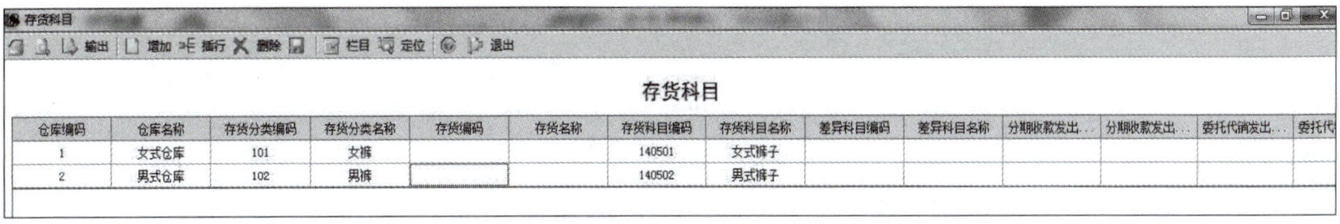

仓库编码	仓库名称	存货分类编码	存货分类名称	存货编码	存货名称	存货科目编码	存货科目名称	差异科目编码	差异科目名称	分期收款发出...	分期收款发出...	委托代销发出...	委托代
1	女式仓库	101	女裤			140501	女式裤子						
2	男式仓库	102	男裤			140502	男式裤子						

图 6-1-15　设置存货科目

(2)对方科目。在企业应用平台的“业务工作”页签中,执行“供应链”→“存货核算”→“初始设置”→“科目设置”→“对方科目”命令,进入“对方科目”窗口,单击“增加”按钮,按资料输入对方科目信息,如图 6-1-16 所示。

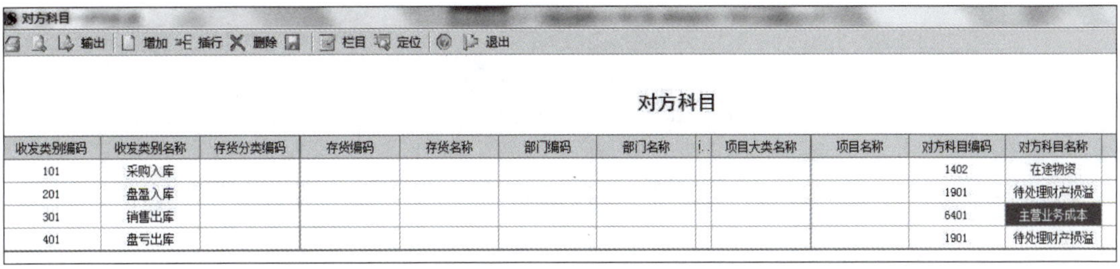

收发类别编码	收发类别名称	存货分类编码	存货编码	存货名称	部门编码	部门名称	i..	项目大类名称	项目名称	对方科目编码	对方科目名称
101	采购入库									1402	在途物资
201	盘盈入库									1901	待处理财产损溢
301	销售出库									6401	主营业务成本
401	盘亏出库									1901	待处理财产损溢

图 6-1-16　设置对方科目

2. 应收款管理系统

(1)执行“业务工作”→“财务会计”→“应收款管理”命令,进入应收款管理系统。

(2)在应收款管理系统中,执行“设置”→“选项”命令,弹出“账套参数设置”对话框。

(3)打开“常规”选项卡,单击“编辑”按钮,使所有参数处于可修改状态。按资料修改坏账处理方式,在“权限与预警”选项卡中,取消控制操作员权限后单击“确定”按钮,如图 6-1-17 所示。

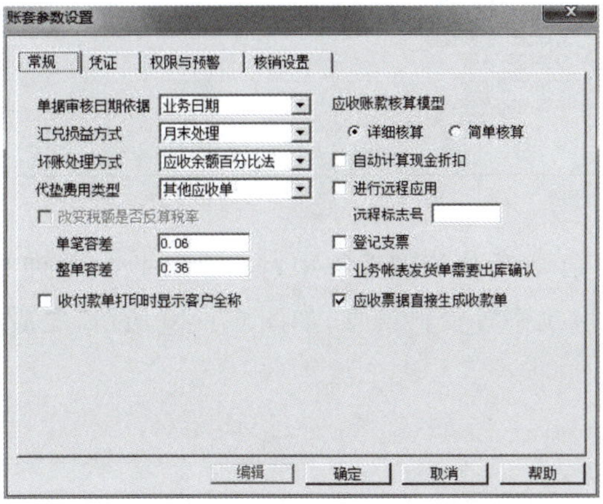

图 6-1-17　应收款管理系统账套参数设置

工作指导

应收款账套参数修改后需重新登录系统。

（4）在应收款管理系统中，执行“应收款管理”→“初始设置”→“基本科目设置”命令，单击“增加”按钮，按资料输入应收科目、预收科目、税金科目和销售收入科目的信息，如图 6-1-18 所示。

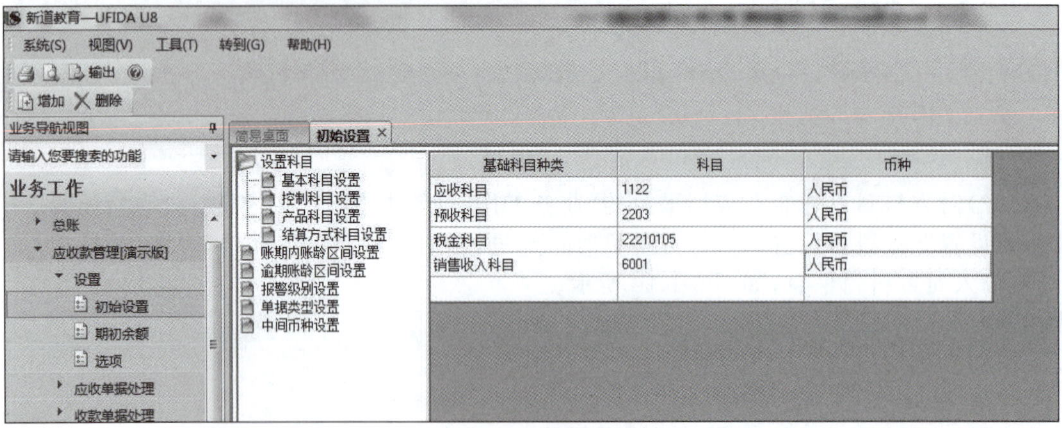

图 6-1-18　基本科目设置(1)

（5）在应收款管理系统中，执行“应收款管理”→“初始设置”→“结算方式科目设置”命令，单击“增加”按钮，按资料输入结算方式科目信息，如图 6-1-19 所示。

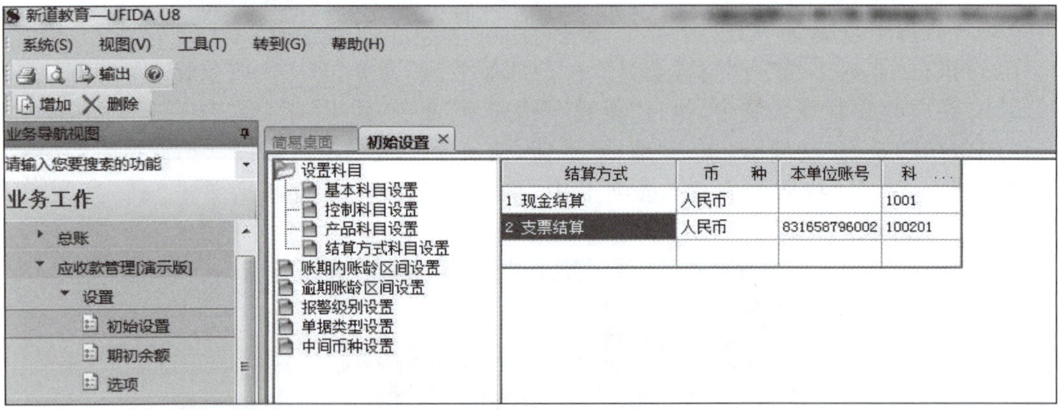

图 6-1-19　结算方式科目设置(1)

（6）设置坏账准备。在应收款管理系统中，执行“应收款管理”→“初始设置”→“坏账准备设置”命令，录入提取比率等资料信息，如图 6-1-20 所示，之后单击“确定”按钮。

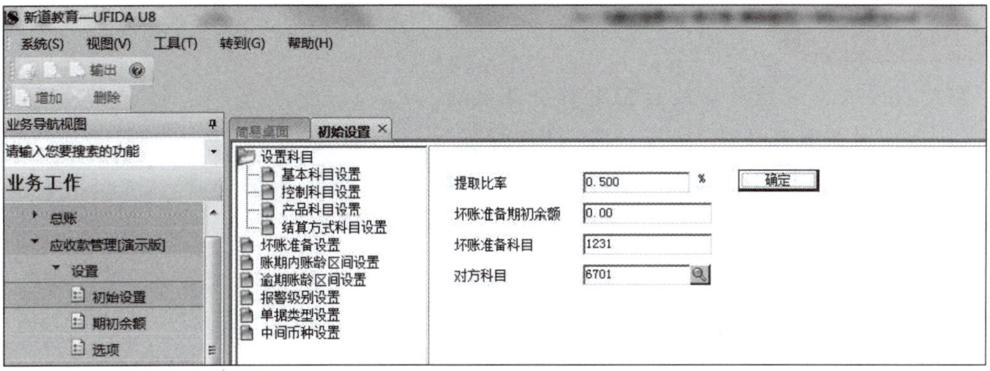

图 6-1-20　坏账准备设置

工作指导

● 如果在选项中并未选中坏账处理的方式为“应收余额百分比法”，则在此处就不能录入“应收余额百分比法”所需用的初始设置，即此处的初始设置是与选项中所选择的坏账处理方式相对应的。

● 坏账准备的期初余额应与总账管理系统中所录入的坏账准备的期初余额相一致，但是，只能人工核对。坏账准备的期初余额如果在借方，则用“—”表示。如果没有期初余额，应在期初余额处录入“0”，否则，系统将不予确认。

3. 应付款管理系统

（1）执行“业务工作”→“财务会计”→“应付款管理”命令，进入应付款管理系统。

（2）在应付款管理系统中，执行“设置”→“选项”命令，弹出“账套参数设置”对话框。

（3）打开“权限与预警”选项卡，单击“编辑”按钮，使所有参数处于可修改状态，取消控制操作员权限后单击“确定”按钮，如图 6-1-21 所示。

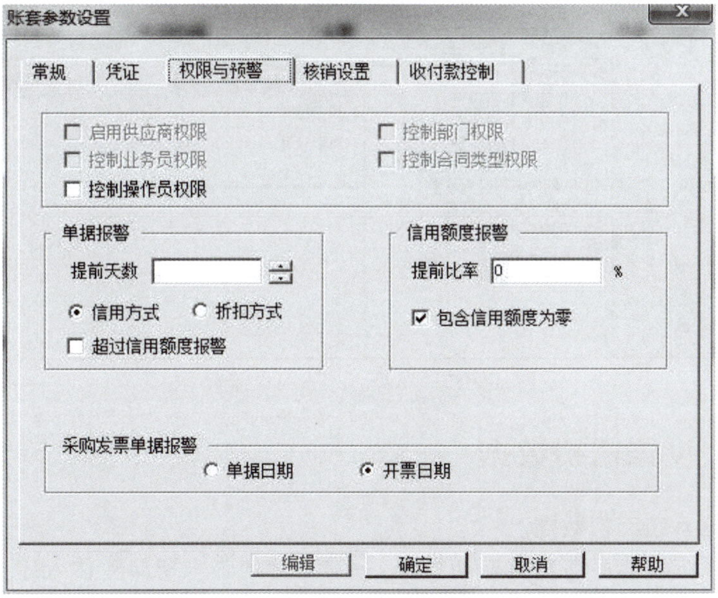

图 6-1-21　应付款管理系统账套参数设置

工作指导

应付款管理系统参数修改后需重新登录系统。

(4)在应付款管理系统中,执行“应付款管理”→“初始设置”→“基本科目设置”命令,单击“增加”按钮,按资料输入应付科目、预付科目、采购科目和税金科目的信息,如图 6-1-22 所示。

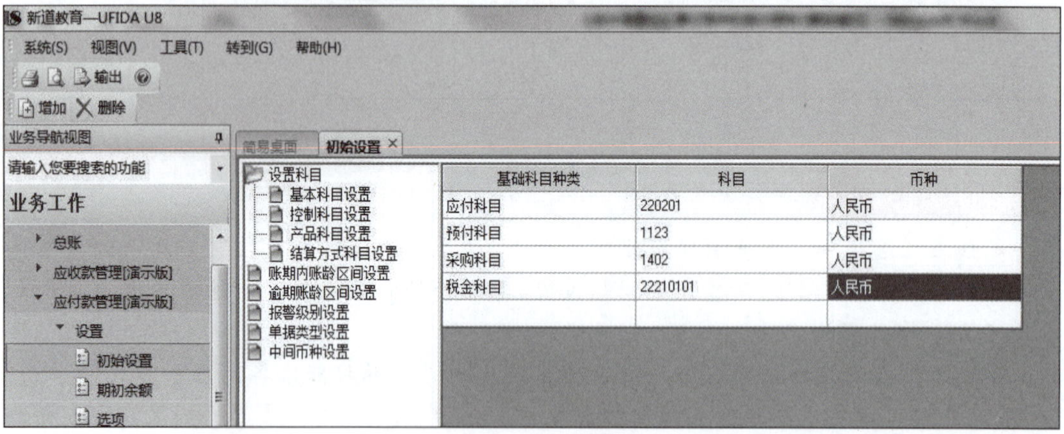

图 6-1-22　基本科目设置(2)

(5)在应付款管理系统中,执行“应付款管理”→“初始设置”→“结算方式科目设置”命令,单击“增加”按钮,按资料输入结算方式科目信息,如图 6-1-23 所示。

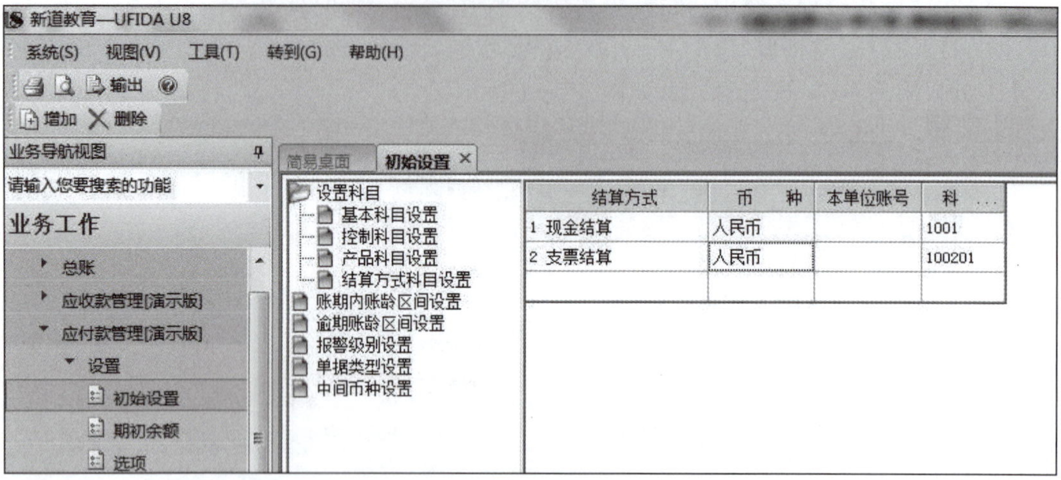

图 6-1-23　结算方式科目设置(2)

设置期初数据(一)

任务四　设置期初数据

1. 采购管理系统期初数据

采购管理系统可能存在两类期初数据:一类是货到票未到即暂估入库业务,对于这类业务应调用期初采购入库单录入;另一类是票到货未到即在途业务,对于这类业务应调用期初采购发票功能录入。

在“业务工作”页签中执行“供应链”→“采购管理”→“采购入库”→“采购入库单”命令，打开“期初采购入库单”窗口，单击“增加”按钮，按资料输入信息，如图 6-1-24 所示，之后单击“保存”按钮。

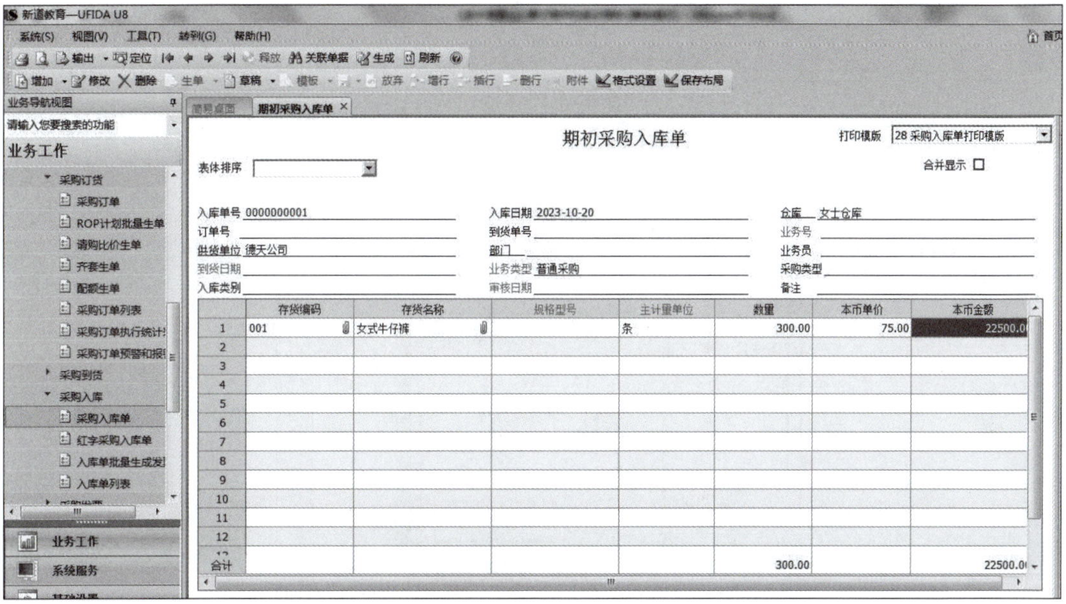

图 6-1-24 期初采购入库单

2. 库存管理和存货核算系统期初数据

（1）在“业务工作”页签中执行“供应链”→“库存管理”→“初始设置”→“期初结存”命令，进入“库存期初数据录入”窗口。

（2）在“库存期初数据录入”窗口中选择“女式仓库”，单击“修改”按钮，输入资料数据，单击“保存”按钮；再重新选择“男式仓库”，单击“修改”按钮，输入资料数据，单击“保存”按钮。

（3）选择“仓库”下拉列表中的“女式仓库”，单击“批审”按钮，确认仓库的存货信息；再选择“仓库”下拉列表中的“男式仓库”，单击“批审”按钮，确认仓库的存货信息。结果如图 6-1-25 所示。

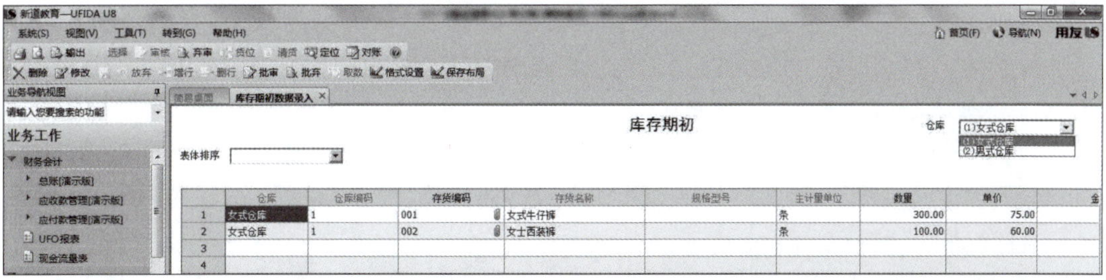

图 6-1-25 库存期初

（4）在“业务工作”页签中，执行“供应链”→“存货核算”→“初始设置”→“期初数据”→“期初余额”命令，打开“期初余额”窗口。选择“女式仓库”，单击“取数”按钮；再选择“男式仓库”，单击“取数”按钮。结果如图 6-1-26 所示。

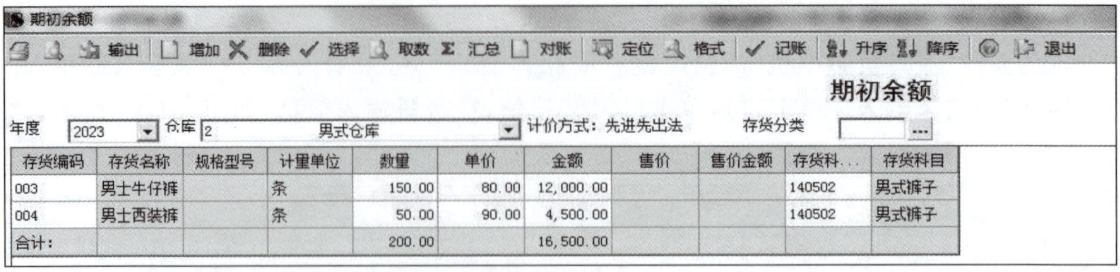

图 6-1-26　存货期初

(5)单击“对账”按钮，选择所有仓库，系统自动对存货核算系统与库存管理系统的存货数据进行核对，如果对账成功，单击“确定”按钮，如图 6-1-27 所示。

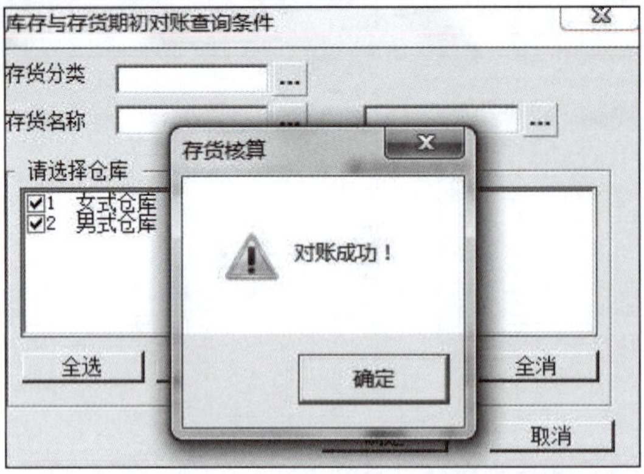

图 6-1-27　存货核算系统与库存管理系统对账

3. 期初记账

(1)在“业务工作”页签中，执行“供应链”→“采购管理”→“设置”→“采购期初记账”命令，打开“期初记账”对话框，单击“记账”按钮，系统弹出“期初记账完毕！”提示信息，单击“确定”按钮，如图 6-1-28 所示。

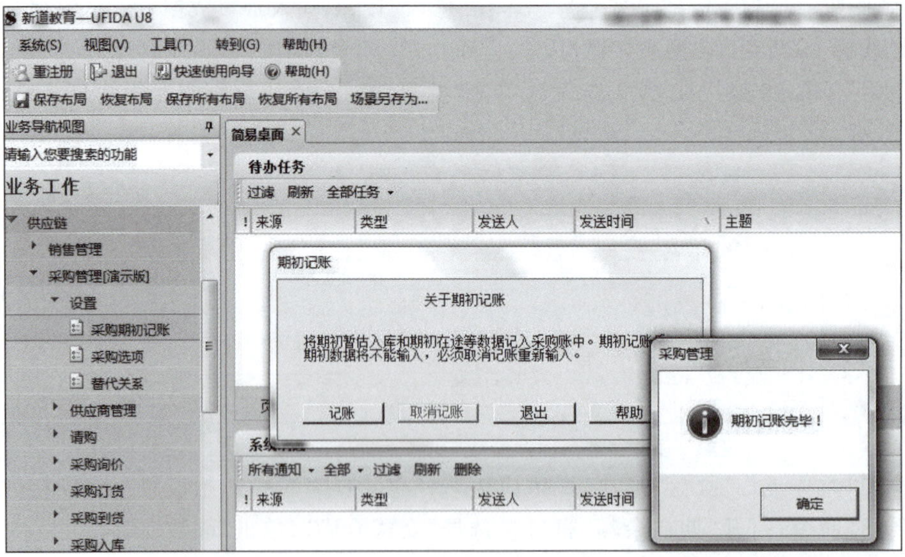

图 6-1-28　采购期初记账

（2）在“业务工作”页签中，执行“供应链”→“存货核算”→“初始设置”→“期初数据”→“期初余额”命令，打开“期初余额”窗口。单击“记账”按钮，系统弹出“期初记账成功！”提示信息，单击“确定”按钮，如图 6-1-29 所示。

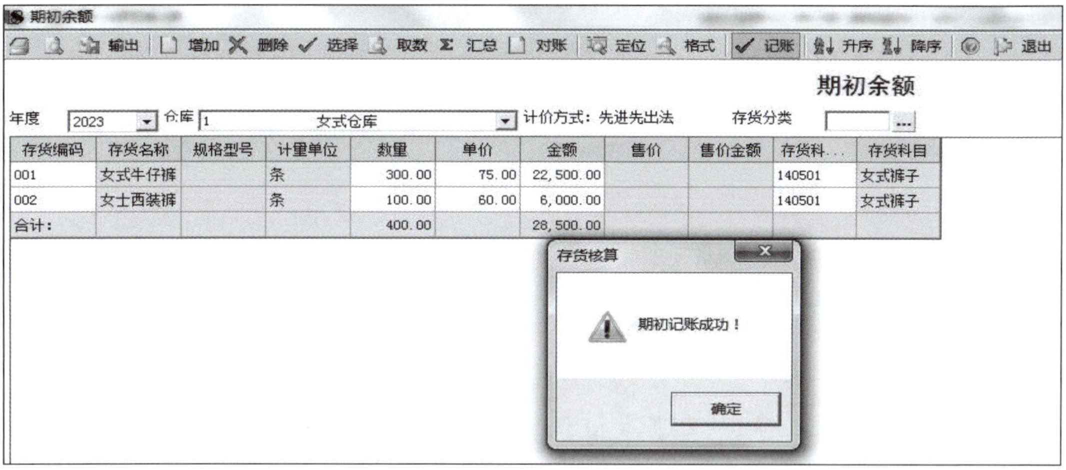

图 6-1-29 存货期初记账

4. 应收款管理期初

此处内容信息有所简化，因此期初填写应收单据，未填写发票。

设置期初数据（二）

（1）进入应收款管理系统，执行“设置”→“期初余额”命令，打开“期初余额-查询”窗口。

（2）单击“确定”按钮，打开“期初余额明细表”窗口，单击“增加”按钮，打开“单据类别”对话框，“单据名称”选择“应收单”，如图 6-1-30 所示。

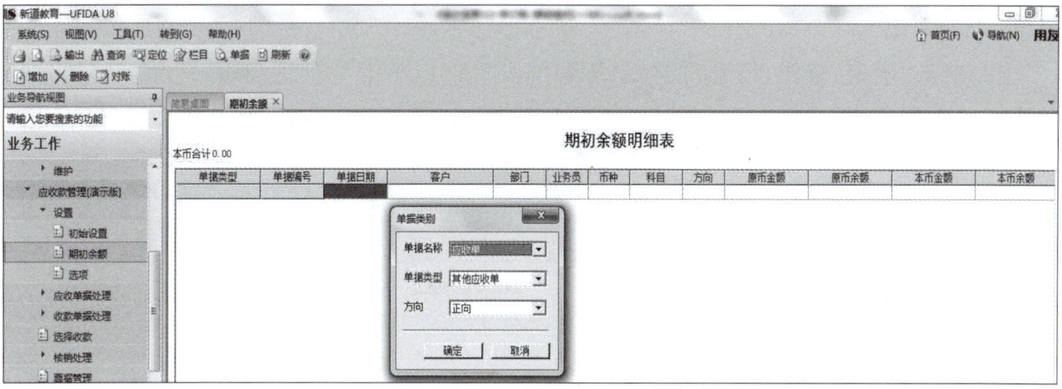

图 6-1-30 增加应收单

（3）单击“确定”按钮，打开“单据录入”窗口，录入相关资料信息，之后单击“保存”按钮，如图 6-1-31 所示。

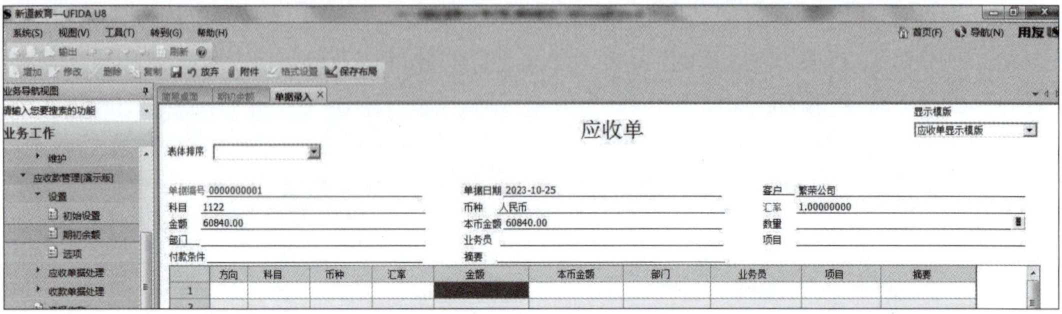

图 6-1-31　应收单录入

(4)与总账进行期初对账。执行“设置”→“期初余额”命令,打开“期初余额-查询”窗口。单击“确定”按钮,打开“期初余额明细表”窗口。单击左上角“对账”按钮,打开“期初对账”窗口。正确情况下差额应为零,如图 6-1-32 所示。

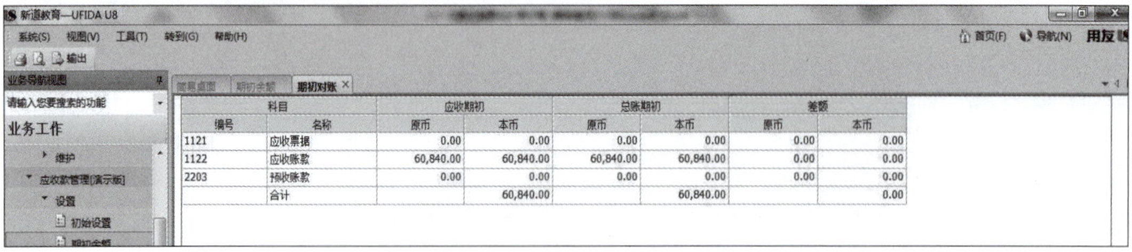

图 6-1-32　应收期初对账

5. 应付款管理期初

此处内容信息有所简化,因此期初填写应付单据,未填写发票。

(1)进入应付款管理系统,执行“设置”→“期初余额”命令,打开“期初余额-查询”窗口。

(2)单击“确定”按钮,打开“期初余额明细表”窗口,单击“增加”按钮,打开“单据类别”对话框,“单据名称”选择“应付单”,如图 6-1-33 所示。

图 6-1-33　增加应付单

(3)单击“确定”按钮,打开“单据录入”窗口,录入相关资料信息,之后单击“保存”按钮,如图 6-1-34 所示。

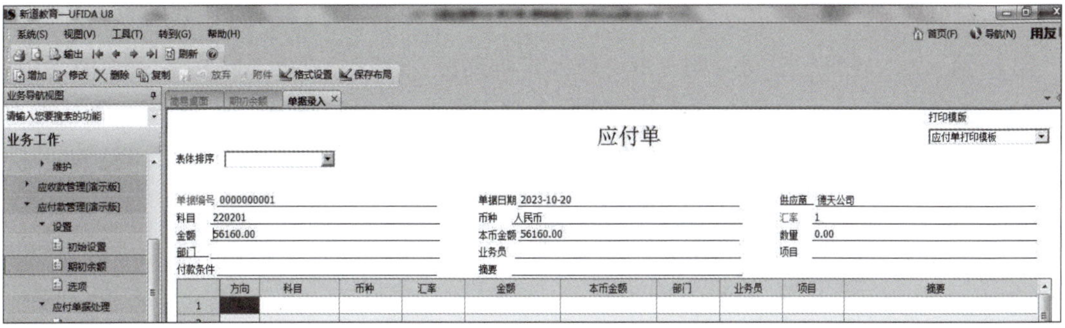

图 6-1-34　应付单录入

(4)与总账进行期初对账。执行“设置”→“期初余额”命令，打开“期初余额-查询”窗口。单击“确定”按钮，打开“期初余额明细表”窗口，单击左上角“对账”按钮，打开“期初对账”窗口。正确情况下差额应为零，如图 6-1-35 所示。

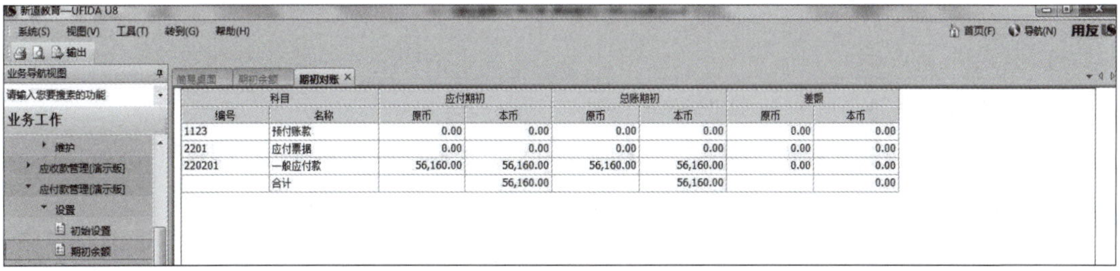

图 6-1-35　应付期初对账

项目二　采购管理

工作项目

1. 普通采购业务

(1)11 月 1 日，向德天公司订购女式西装裤，价格为 60 元/条(不含税价，下同)，数量为 1 000 条，要求到货日期为 11 月 5 日。

(2)11 月 5 日，收到所订的女式西装裤 1 000 条，填制到货单。

(3)11 月 5 日，将收到货物验收入女式仓库，填制采购入库单。

(4)11 月 5 日，收到采购发票，票号 100111，业务部门将发票送交财务部门。

2. 采购非合理损耗业务

11 月 6 日，向华兴公司采购 1 500 条男式牛仔裤，价格为 80 元/条，收到专用发票一张，票号 200233，验收入库时，发现短缺一条，属于运输部门责任，已承诺赔偿，货款未付。

3. 现付业务(含合理损耗)

11 月 8 日,向华兴公司采购 1 200 条男式西装裤,价格为 90 元/条,验收入库时,发现短缺一条,系运输途中发生合理损耗,同时收到专用发票一张,票号 200246,立即以转账支票 ZZ105 支付货款。

4. 暂估入库报销处理

11 月 8 日,收到德天公司上月已验收入库的 300 条女式牛仔裤专用发票一张,票号 100166,价格为 75 元/条,进行暂估报销。

5. 暂估入库

11 月 10 日,收到德天公司提供的女式牛仔裤 500 条并验收入库,由于到月底发票仍未收到,确定暂估成本 75 元/条,进行暂估处理。

工作要求

1. 引入账套数据。

2. 设置各系统参数,修改单据编号格式。

3. 以 201 身份进入采购管理系统,以 203 身份进入存货核算系统,以 301 身份进入库存管理系统,以 402 身份进入应付款管理系统,以 401 身份进行单据审核。

任务一　采购管理基本内容

1. 采购管理系统初始设置

采购管理系统初始设置包括设置采购管理系统业务处理所需要的采购参数、基础信息及采购期初数据。

2. 采购业务处理

采购业务处理主要包括请购、订货、到货、入库、采购发票、采购结算等采购业务全过程的管理,可以处理普通采购业务、受托代销业务、直运业务等业务类型。企业可根据实际业务情况,对采购业务流程进行可选配置。

3. 采购账簿及采购分析

本系统提供各种采购明细表、增值税抵扣明细表、各种统计表及采购账簿供用户查询。同时提供采购成本分析、供应商价格对比分析、采购类型结构分析、采购资金比重分析、采购费用分析、采购货龄综合分析。

4. 普通采购业务处理

普通采购业务处理适合于大多数企业的日常采购业务,提供对采购请购、采购订货、采购到货、采购入库、采购发票、采购成本核算、采购付款全过程的管理。

(1)采购请购

采购请购是指企业内部各部门向采购部门提出采购申请,或采购部门汇总企业内部采购需求列出采购清单。请购是采购业务的起点,可以依据审核后的采购请购单生成采购订单。在采购业务流程中,请购环节是可省略的。

(2)采购订货

订货是指企业与供应商签订采购合同或采购协议,确定订货需求。供应商根据采购订单组织货源,企业依据采购订单进行验收。在采购业务流程中,订货环节也是可选的。

(3)采购到货

采购到货是采购订货和采购入库的中间环节,一般由采购业务员根据供方通知或送货单填写,确定对方所送货物、数量、价格等信息,以到货单的形式传递到仓库作为保管员收货的依据。在采购业务流程中,到货处理可选可不选。

(4)采购入库

采购入库是指对供应商提供的物料进行检验(也可以免检),确定合格后放入指定仓库的业务。当采购管理系统与库存管理系统集成使用时,入库业务在库存管理系统中进行处理。当采购管理系统不与库存管理系统集成使用时,入库业务在采购管理系统中进行处理。在采购业务流程中,入库处理是必需的。

采购入库单是仓库管理员根据采购到货签收的实收数量填制的入库单据。采购入库单既可以直接填制,也可以拷贝“采购订单”或“采购到货单”生成。

(5)采购发票

采购发票是供应商开出的销售货物的凭证,系统根据采购发票确定采购成本,并据以登记应付账款。采购发票按业务性质分为蓝字发票和红字发票,按发票类型分为增值税专用发票、普通发票和运费发票。

采购发票既可以直接填制,也可以从“采购订单”“采购入库单”或其他的“采购发票”拷贝生成。

(6)采购结算

采购结算也称采购报账,在手工业务中,采购业务员拿着经主管领导审批过的采购发票和仓库确定的入库单到财务部门,由财务人员确定采购成本。在本系统中采购结算是针对采购入库单,根据发票确定其采购成本。采购结算的结果是生成采购结算单,它是记载采购入库单与采购发票对应关系的结算对照表。采购结算分为自动结算和手工结算两种方式。

自动结算是由计算机系统自动将相同供货单位、存货相同且数量相等的采购入库单和采购发票进行结算。

使用“手工结算”功能可以进行正数入库单与负数入库单结算、正数发票与负数发票结算、正数入库单与正数发票结算、费用发票单独结算。手工结算时可以结算入库单中的部分货物,未结算的货物可以在今后取得发票后再结算。可以同时对多张入库单和多张发票进行报账结算。手工结算还支持到下级单位采购，付款给其上级主管单位的结算，支持三角债结算。

如果费用发票在货物发票已经结算后才收到，为了将该笔费用计入对应存货的采购成本，需要采用费用发票单独结算的方式。

5. 采购入库业务

按货物和发票到达的先后顺序，将采购入库业务划分为单货同行、货到票未到（暂估入库）、票到货未到（在途存货）三种类型，业务类型不同，相应的处理方式也有所不同。

6. 现付业务

当采购业务发生时，立即付款，由供货单位开具发票。

采购流程如图 6-2-1 所示。

普通采购业务（一）

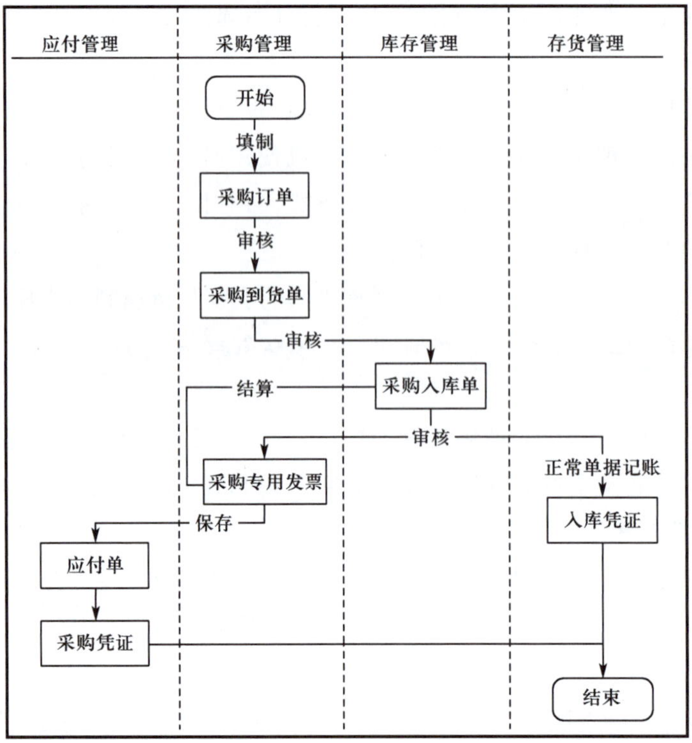

图 6-2-1　采购流程

任务二　普通采购业务

1. 设置采购管理系统参数

在企业应用平台“业务工作”页签中，执行“供应链”→“采购管理”命令，进入采购管理系统，执行“设置”→“采购选项”命令，打开“采购系统选项设置”对话框。本企业参数按系统默认设置，如图 6-2-2 所示。

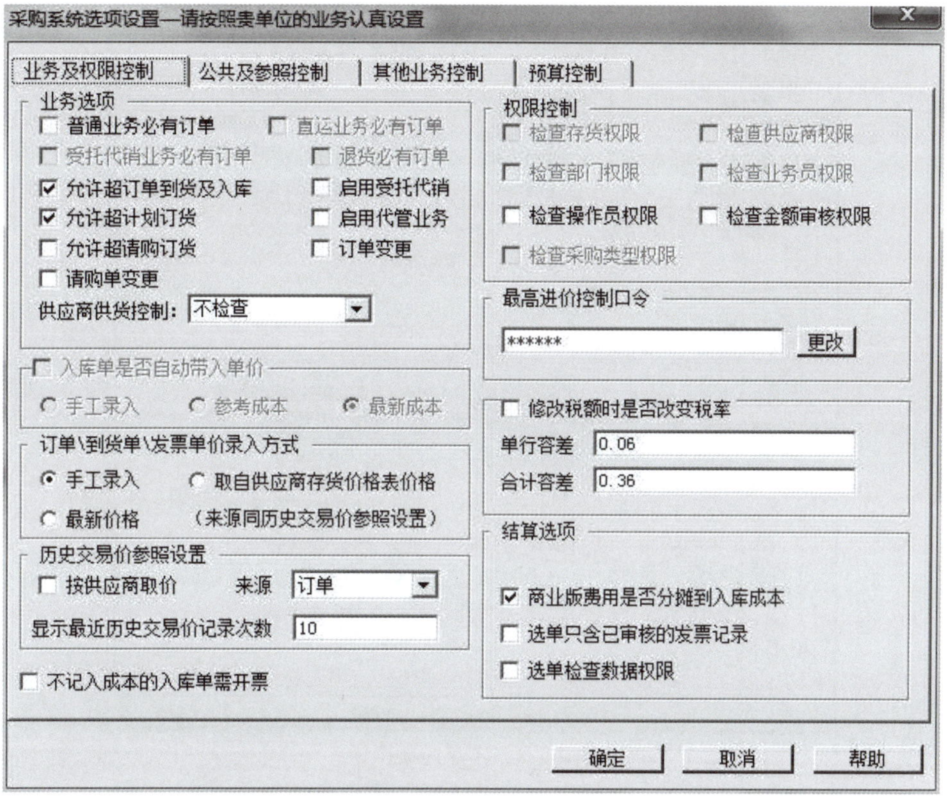

图 6-2-2　采购选项设置

2. 设置库存管理系统参数

在企业应用平台“业务工作”页签中，执行“供应链”→“库存管理”命令，进入库存管理系统，执行“初始设置”→“选项”命令，打开“库存选项设置”对话框。本企业参数按系统默认设置，如图 6-2-3 所示。

3. 设置存货核算系统参数

在企业应用平台“业务工作”页签中，执行“供应链”→“存货核算”命令，进入存货核算系统，执行“初始设置”→“选项”→“选项录入”命令，打开“选项录入”对话框。本企业暂估方式为“月初回冲”，如图 6-2-4 所示，因此当月 1 日需将上月暂估商品冲回。

4. 设置单据编号方式

(1)以账套主管的身份进入企业应用平台，在“基础设置”页签中执行“单据设置”→“单据编号设置”命令，打开“单据编号设置”对话框。

(2)在“销售管理”单据类型中分别选取“销售普通发票”和“销售专用发票”，在“采购管理”单据类型中分别选取“采购运费发票”和“采购专用发票”，单击“修改”按钮，选择“完全手工编号”选项，之后单击“保存”按钮，如图 6-2-5 所示。

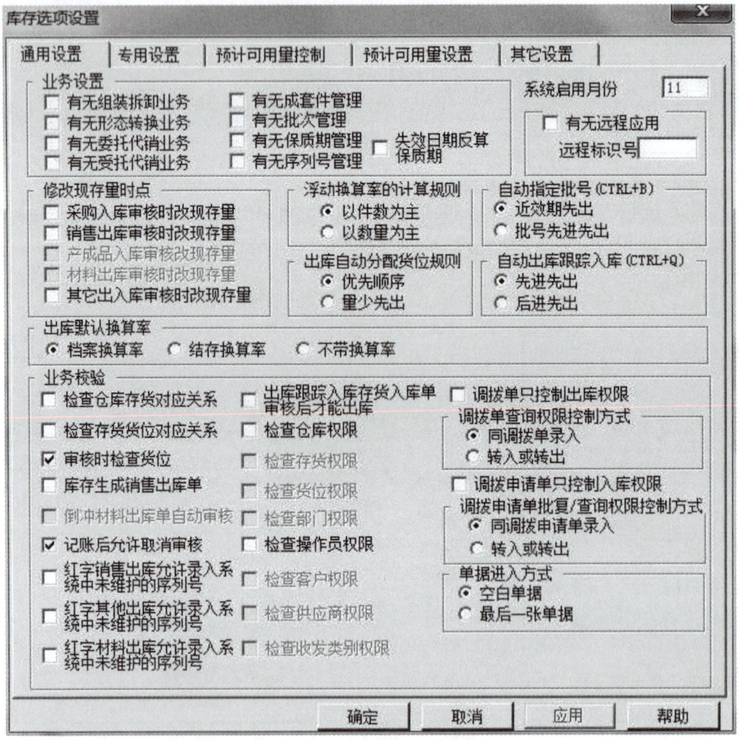

图 6-2-3　库存选项设置

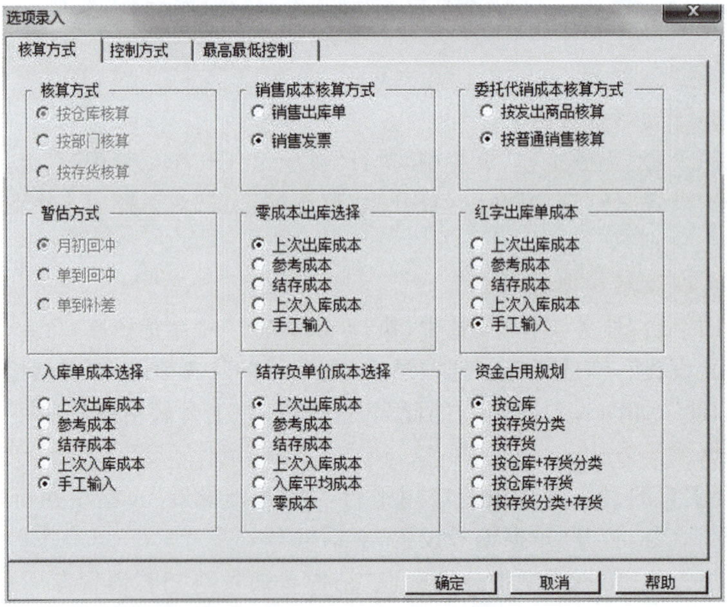

图 6-2-4　存货选项设置

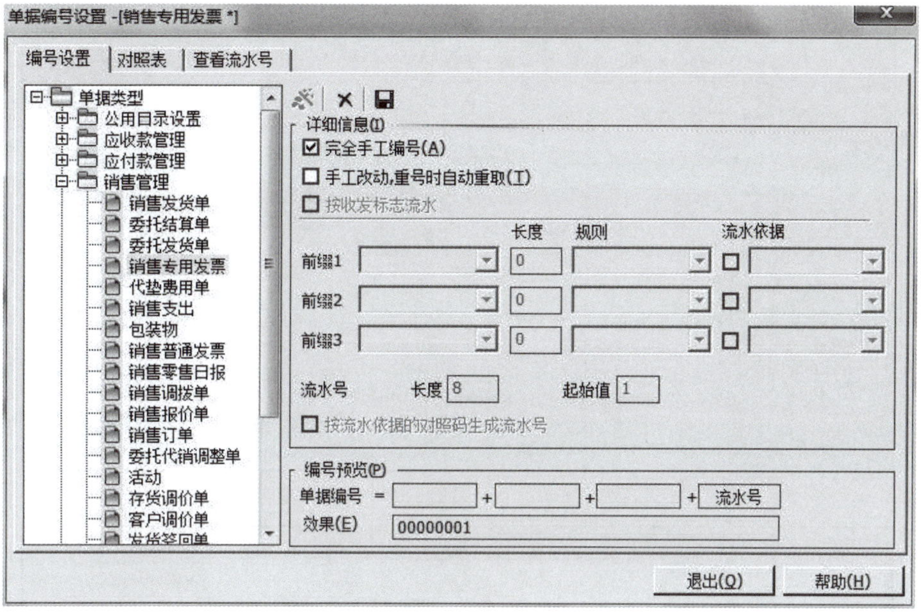

图 6-2-5 单据编号设置

工作指导

● “完全手工编号”：选择此选项，则在单据编号过程中，允许随时手工修改单据编号。

● “手工改动，重号时自动重取”：在允许手工修改时，可能会出现重复编号的情况，如果选择此选项，则系统自动重新编号，可避免重复编号。

● “按收发标志流水”：是指对于入库、出库单按照流水方式编号。

5. 在采购管理系统中填制并审核采购订单

以 201 身份于 2023-11-01 进入企业应用平台。

(1)进入采购管理系统，执行“采购订货”→“采购订单”命令，进入“采购订单”窗口。

(2)单击“增加”按钮，填写订单信息，修改计划到货日期，如图 6-2-6 所示，之后单击“保存”按钮。

(3)单击“审核”按钮，订单底部显示审核人名字。

(4)单击“退出”按钮，退出“采购订单”窗口。

6. 在采购管理系统中填制到货单

以 201 身份于 2023-11-05 进入企业应用平台。

(1)在采购管理系统中，执行“采购到货”→“到货单”命令，进入“到货单”窗口。

(2)单击“增加”按钮，下拉“生单”按钮，选择“采购订单”，打开“查询条件选择-采购订单列表过滤”对话框，单击“确定”按钮，进入“拷贝并执行”窗口。

(3)双击需要参照的采购订单的“选择”栏，单击“确定”按钮，将采购订单相关信息带入到货单，如图 6-2-7 所示。

(4)在到货单中补充部门“购销部”，单击“保存”按钮。之后单击“审核”按钮，退出“到货单”窗口，如图 6-2-8 所示。

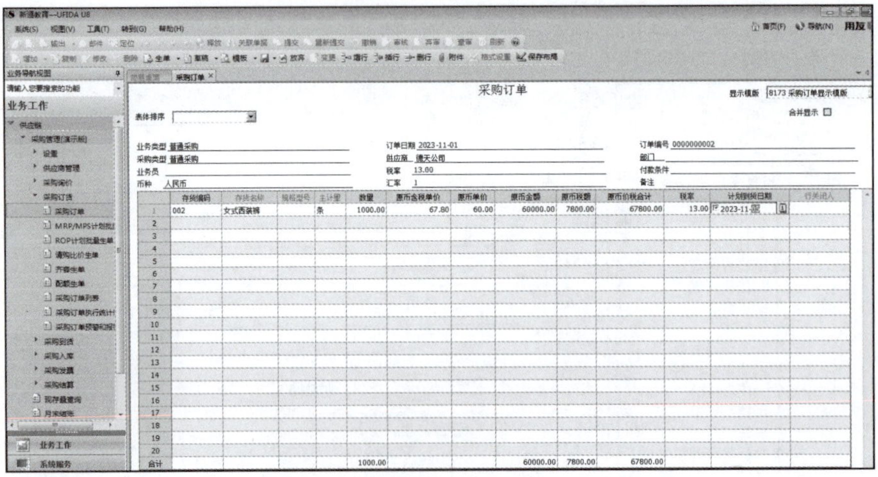

图 6-2-6　采购订单(1)

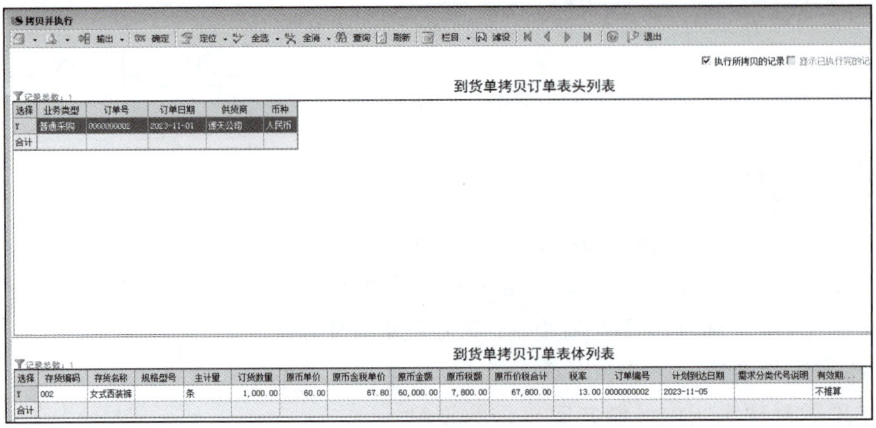

图 6-2-7　到货单拷贝订单(1)

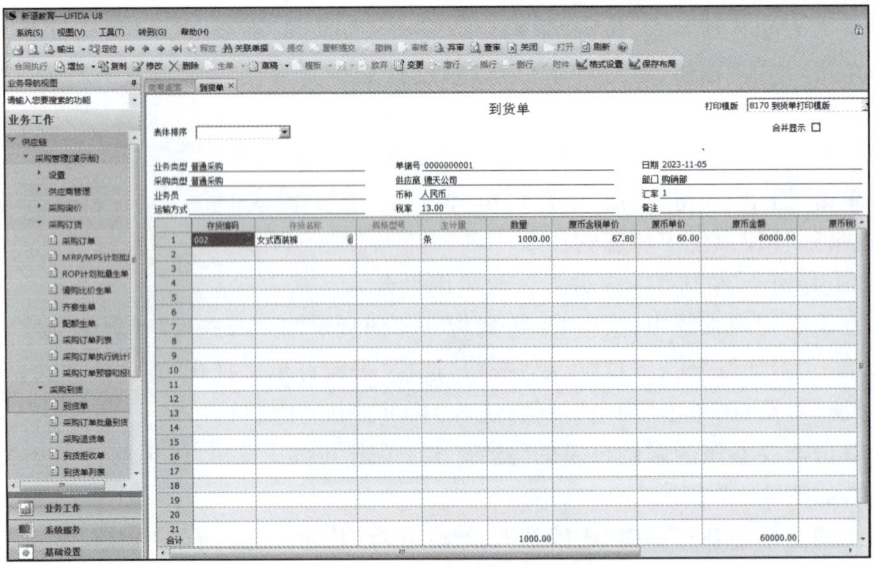

图 6-2-8　到货单(1)

7. 在库存管理系统中填制并审核采购入库单

以 301 身份于 2023-11-05 进入企业应用平台。

(1)进入库存管理系统,执行“入库业务”→“采购入库单”命令,进入“采购入库单”窗口。

(2)单击“生单”按钮,选择“采购到货单(蓝字)”,打开“查询条件选择-采购到货单列表过滤”对话框,单击“确定”按钮,打开“到货单生单列表”窗口。

(3)在“到货单生单列表”窗口中,选择需要参照的到货单,生成下方“到货单生单表体”,如图 6-2-9 所示。根据资料选择入库仓库,单击“确定”按钮,将到货单相关信息带入采购入库单,单击“保存”按钮。

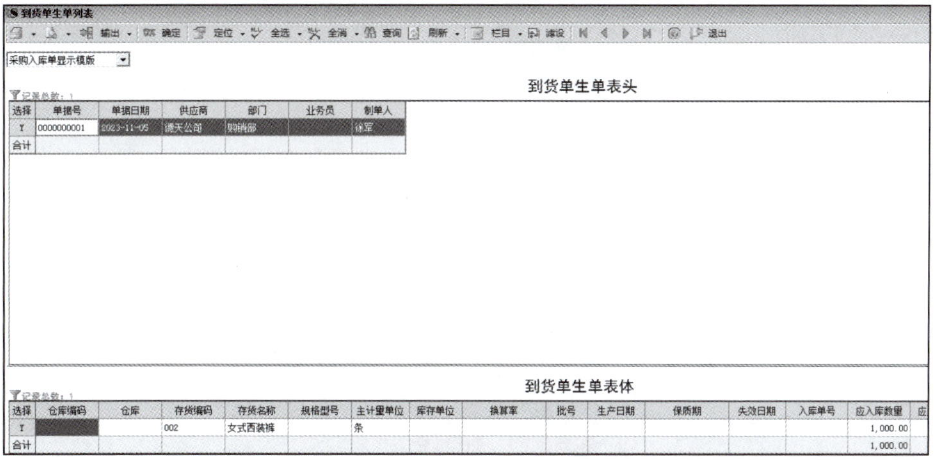

图 6-2-9　到货单生成(1)

(4)单击“审核”按钮,系统弹出“该单据审核成功!”提示信息,单击“确定”按钮返回,如图 6-2-10 所示。

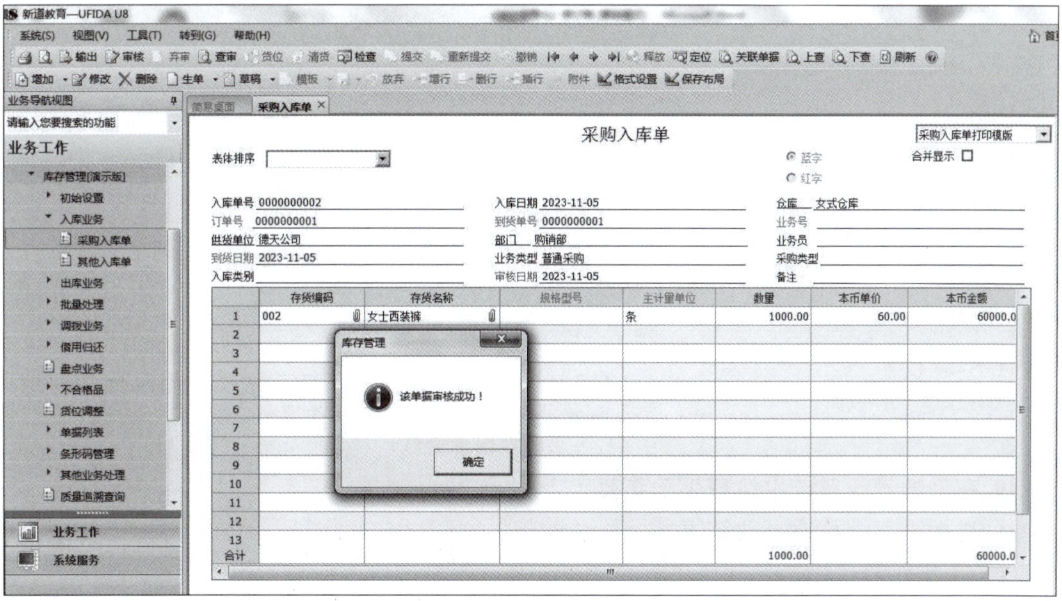

图 6-2-10　采购入库单(1)

8. 在采购管理系统中填制并审核采购发票

以 201 身份于 2023-11-05 进入企业应用平台。

(1)进入采购管理系统，执行“采购发票”→“专用采购发票”命令，进入“专用发票”窗口。

(2)单击“增加”按钮，下拉“生单”按钮，选择“入库单”，打开“查询条件选择-采购入库单列表过滤”对话框，单击“确定”按钮，进入“拷贝并执行”窗口，如图 6-2-11 所示。

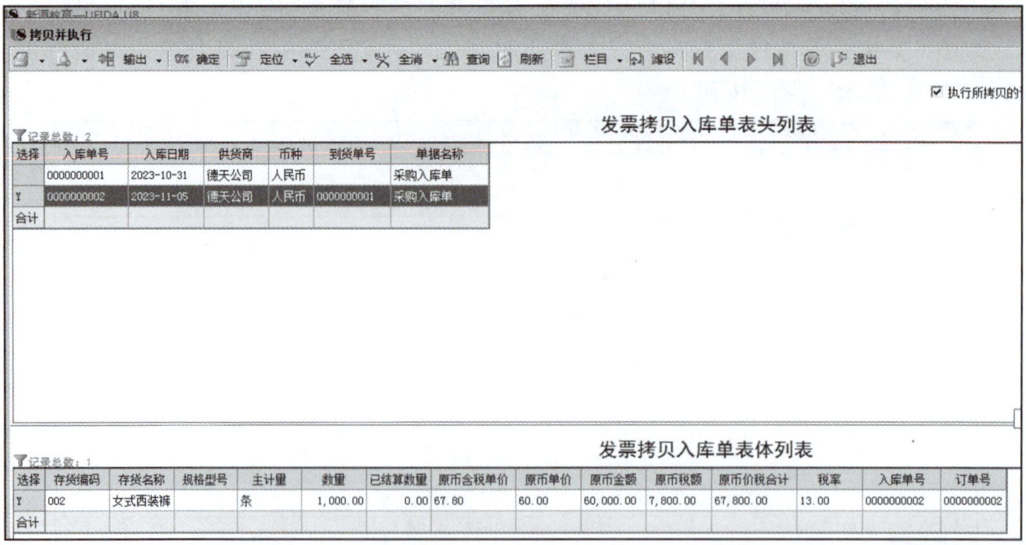

图 6-2-11　发票拷贝(1)

(3)选择需要参照的 11 月 5 日的入库单，单击“确定”按钮，将采购入库单信息带入采购专用发票，输入相应的发票号，单击“保存”按钮，如图 6-2-12 所示。

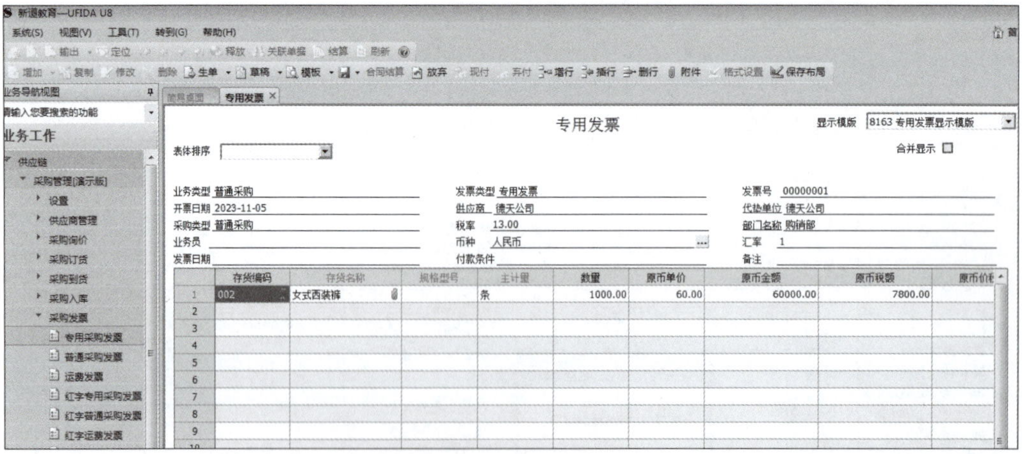

图 6-2-12　采购专用发票(1)

9. 在采购管理系统中执行采购结算

普通采购业务（二）

可选择手工结算或自动结算。

(1)手工结算

①在采购管理系统中，执行“采购结算”→“手工结算”命令，打开“手工结算”窗口，单

击“选单”按钮，进入“结算选单”窗口，单击“查询”按钮，进入“查询条件选择-采购手工结算”对话框，单击“确定”按钮，如图 6-2-13 所示。

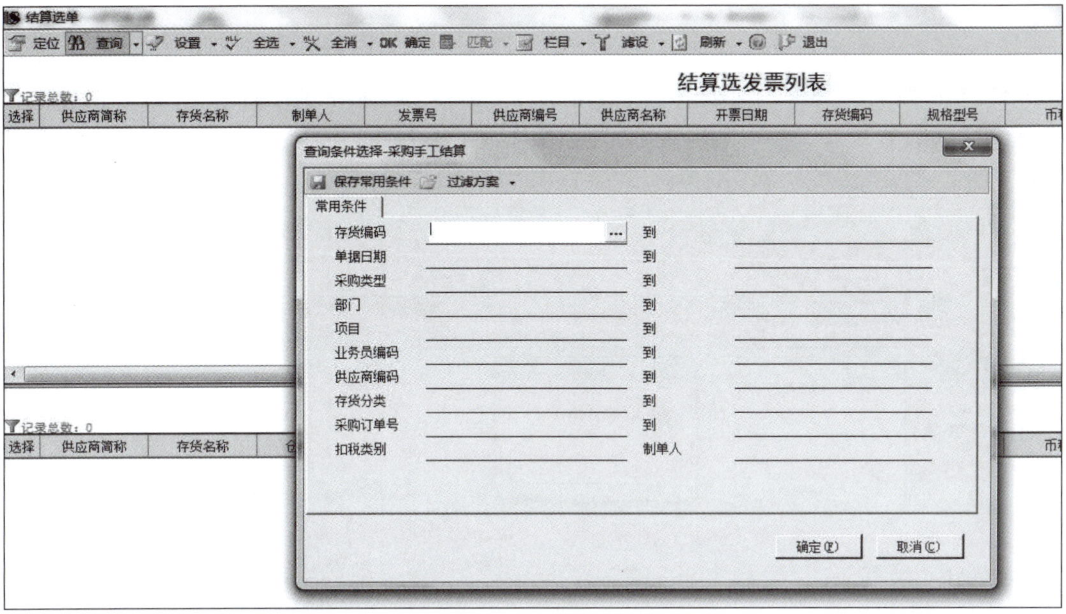

图 6-2-13 采购手工结算

②选择相对应的发票与入库单，单击“确定”按钮，如图 6-2-14 所示。

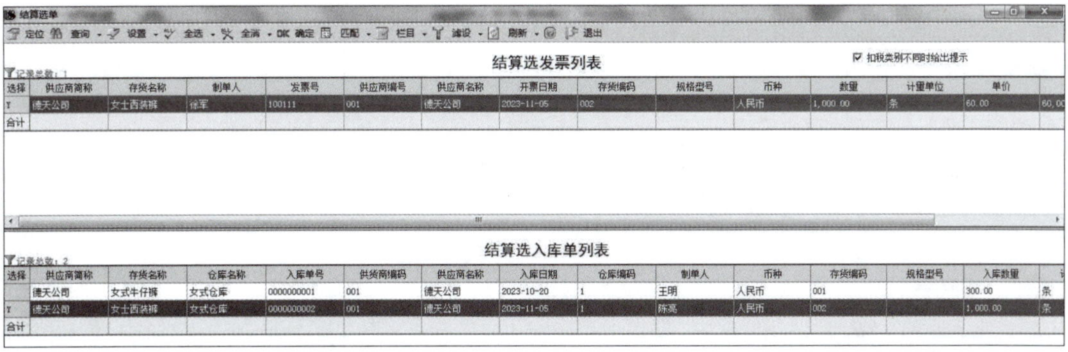

图 6-2-14 结算选单(1)

③进入“手工结算”窗口，如图 6-2-15 所示。单击“结算”按钮，系统弹出信息提示框，单击“是”按钮，系统进行结算处理，完成后弹出“完成结算”信息提示框，单击“确定”按钮返回，完成结算后退出。

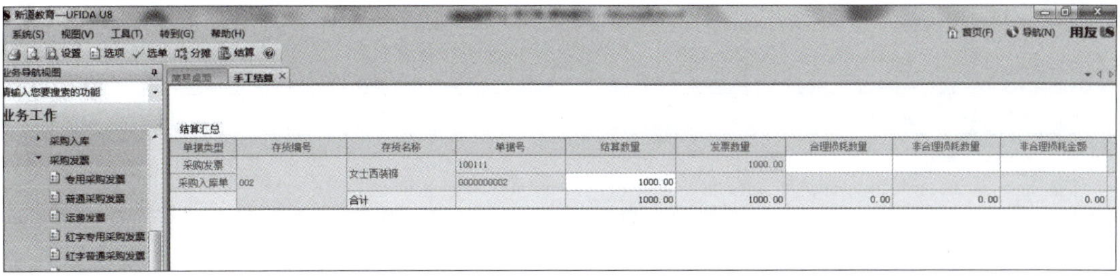

图 6-2-15 手工完成结算(1)

工作指导

- 执行采购结算后的单据不能进行修改、删除操作。
- 如果需要删除已经结算的发票或采购入库单，可以通过执行"采购管理"→"采购结算"→"结算单列表"命令打开该结算单，单击"删除"按钮，这样才能对采购发票或采购入库单执行相应的修改、删除操作，如图 6-2-16 所示。

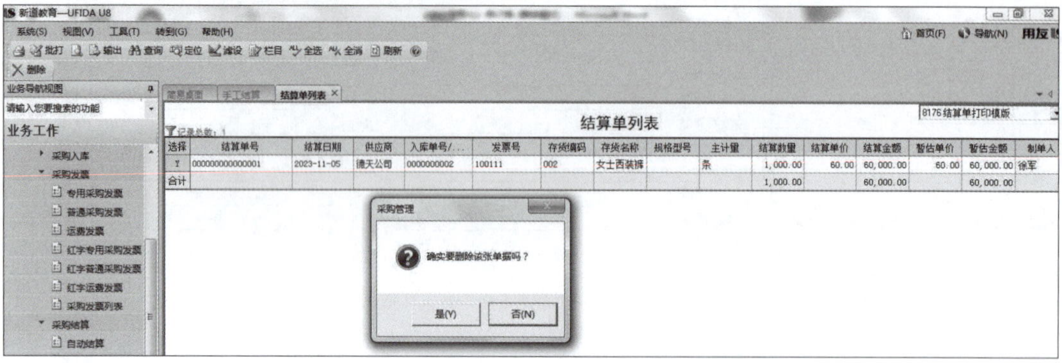

图 6-2-16　结算单操作

（2）自动结算

①在采购管理系统中，执行"采购结算"→"自动结算"命令，打开"查询条件选择-采购自动结算"对话框，"结算模式"选择"入库单和发票"，如图 6-2-17 所示，单击"确定"按钮，系统弹出"结算成功"信息提示框，如图 6-2-18 所示。

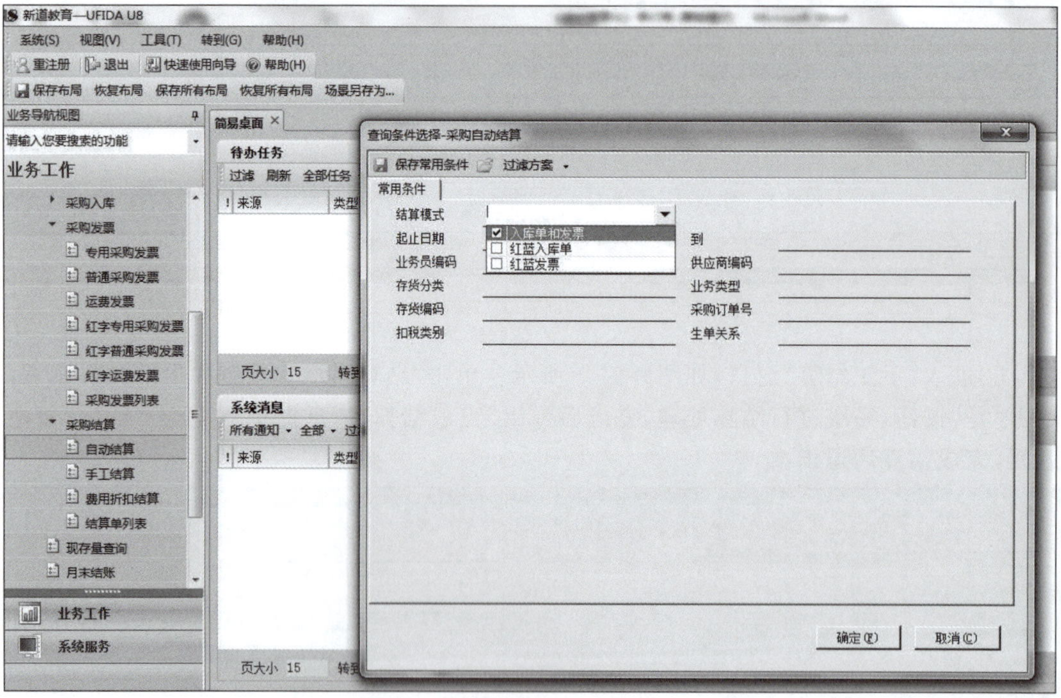

图 6-2-17　采购自动结算

②单击“确定”按钮返回。

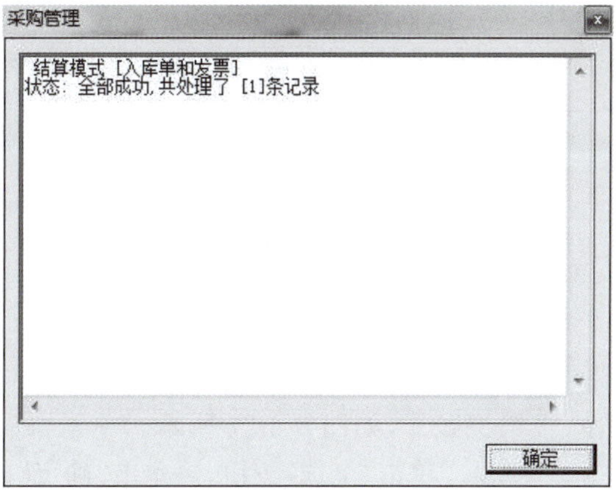

图 6-2-18 “结算成功”信息提示框

10. 在存货核算系统中进行记账并生成入库凭证

以 203 身份于 2023-11-05 进入企业应用平台。

(1)进入存货核算系统,执行“业务核算”→“正常单据记账”命令,打开“查询条件选择”对话框。

(2)选择查询条件,单击“确定”按钮,进入“未记账单据一览表”窗口。选择要记账的单据,单击“记账”按钮,系统弹出“记账成功。”提示信息,单击“确定”按钮退出,如图 6-2-19 所示。关闭退出“正常单据记账列表”。

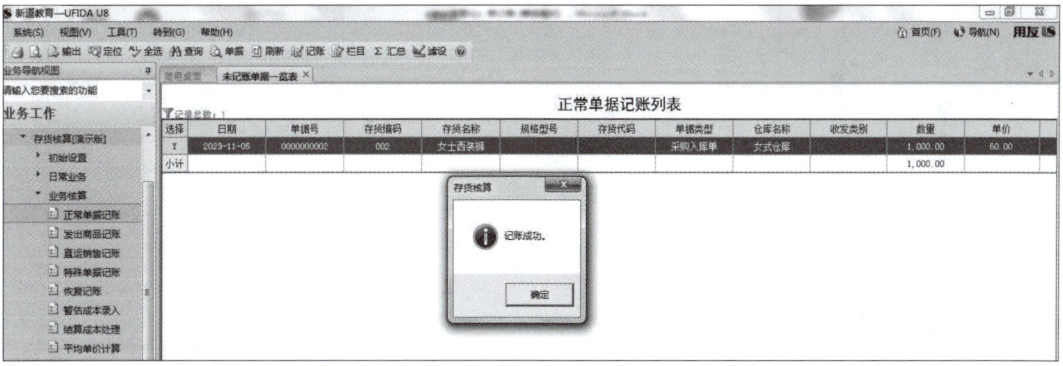

图 6-2-19 正常单据记账(1)

工作指导

- 记账完成后,一定要关闭“未记账单据一览表”窗口,否则会与后面生成的凭证产生互斥。
- 恢复记账:在存货核算系统中,执行“业务核算”→“恢复记账”命令,打开“恢复记账”窗口。单击左上角“恢复”按钮,系统弹出“恢复记账成功。”提示信息,单击“确定”按钮,如图 6-2-20 所示。

(3)在存货核算系统中执行“财务核算”→“生成凭证”命令,进入“生成凭证”窗口。单击工具栏上的“选择”按钮,打开“查询条件”对话框。

图 6-2-20　恢复记账

(4)选择“采购入库单(报销记账)”,如图 6-2-21 所示。单击“确定”按钮,进入“选择单据”窗口(未生成凭证单据一览表)。单击“全选”按钮,再单击“确定”按钮,如图 6-2-22 所示。

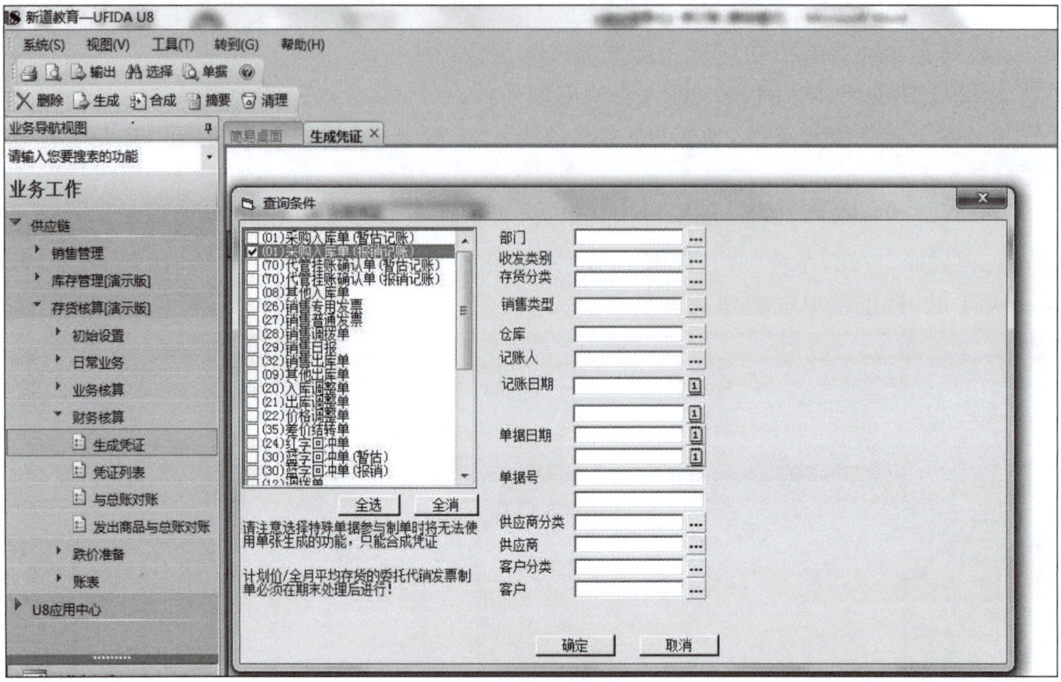

图 6-2-21　查询条件(1)

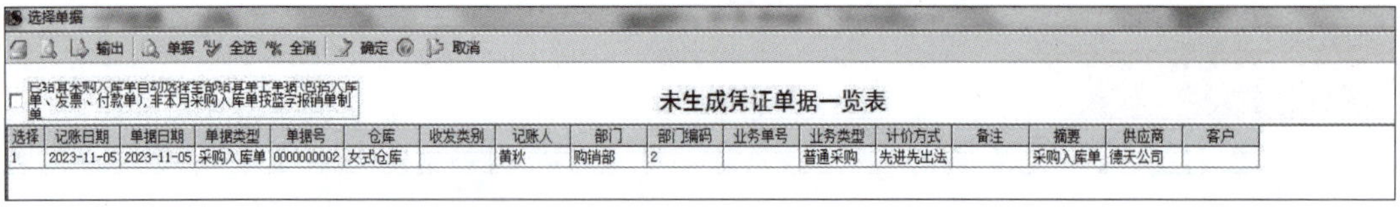

未生成凭证单据一览表

选择	记账日期	单据日期	单据类型	单据号	仓库	收发类别	记账人	部门	部门编码	业务单号	业务类型	计价方式	备注	摘要	供应商	客户
1	2023-11-05	2023-11-05	采购入库单	0000000002	女式仓库		黄秋	购销部	2		普通采购	先进先出法		采购入库单	德天公司	

图 6-2-22　未生成凭证单据一览表(1)

(5)选择凭证类别为“转　转账凭证”,如图 6-2-23 所示,单击“生成”按钮,进入“填制凭证”窗口。

(6)在“1405 库存商品”科目下调入项目核算(Ctrl+S),选择“女式西装”,单击“确定”按钮,再单击“保存”按钮,凭证左上角出现“已生成”标志,表示凭证已传递到总账管理系统,如图 6-2-24 所示。

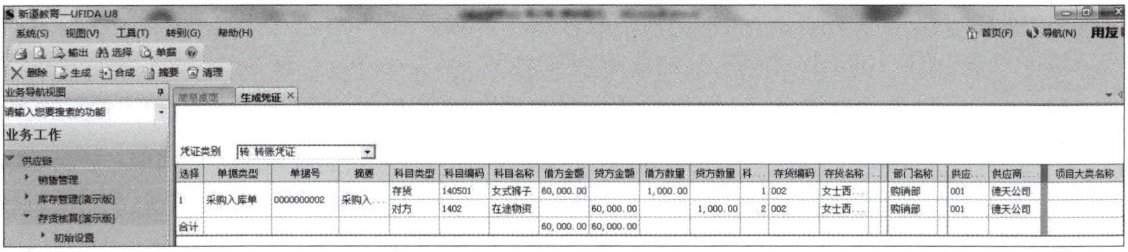

图 6-2-23 选择凭证类别(1)

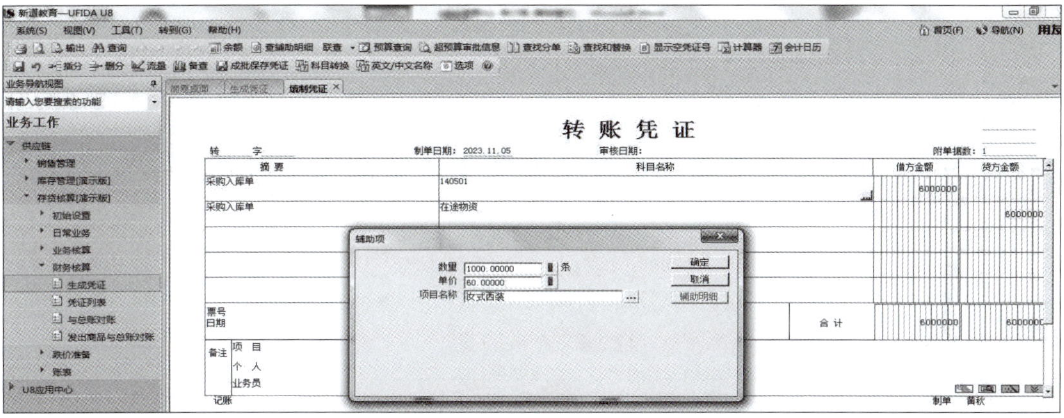

图 6-2-24 保存凭证(1)

工作指导

发现生成凭证有错误，可通过执行“财务核算”→“凭证列表”命令选择相应凭证，进行修改或删除，如图 6-2-25 所示。

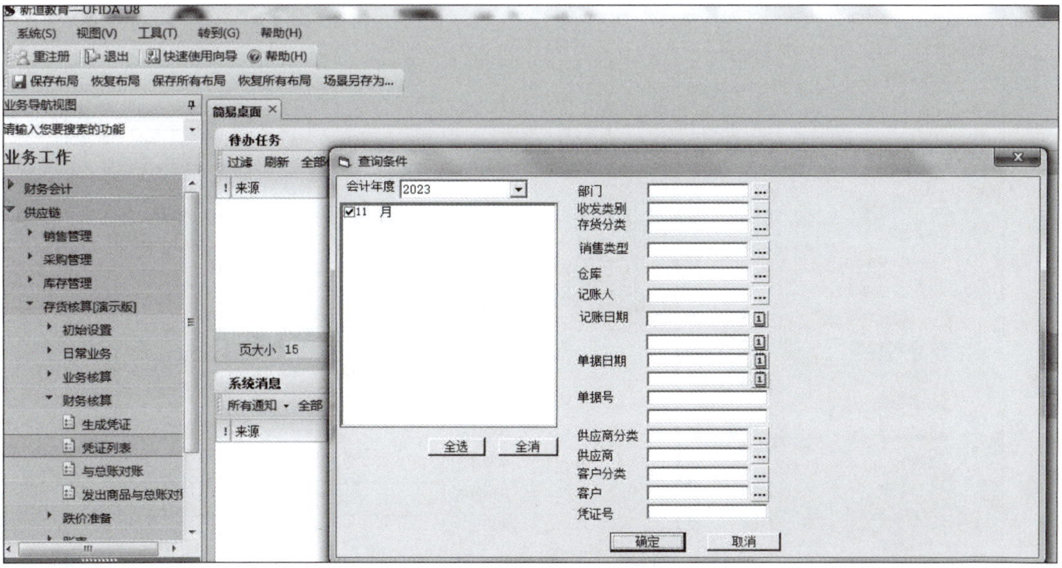

图 6-2-25 凭证列表

11. 在应付款管理系统中审核采购专用发票并生成应付凭证

以 402 身份于 2023-11-05 进入企业应用平台。

(1)进入应付款管理系统,执行“应付单据处理”→“应付单据审核”命令,打开“应付单查询条件”对话框。

(2)按资料选择供应商,单击“确定”按钮,进入“单据处理”窗口。

(3)选择所需审核的单据,单击“审核”按钮,系统弹出“审核结果”信息提示框,单击“确定”按钮,之后退出,如图 6-2-26 所示。

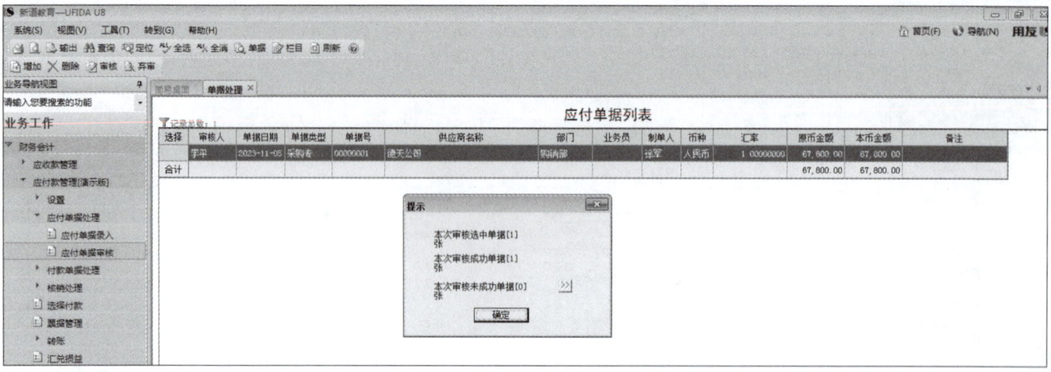

图 6-2-26　应付单据审核(1)

(4)在应付款管理系统中,执行“制单处理”命令,打开“制单查询”对话框。选择“发票制单”复选框,如图 6-2-27 所示。按资料选择供应商,单击“确定”按钮,进入“采购发票制单”窗口。

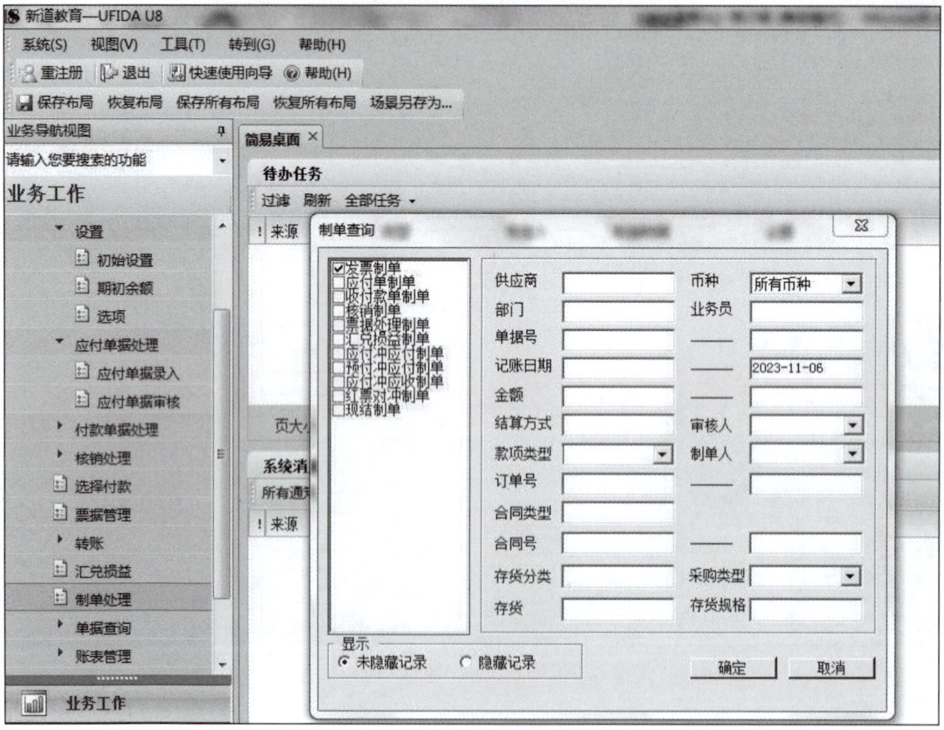

图 6-2-27　制单处理(1)

(5)单击“全选”按钮，选择凭证类别为“转账凭证”，单击“制单”按钮，进入“填制凭证”窗口。单击“保存”按钮，凭证左上角出现“已生成”标志，表示凭证已传递到总账管理系统，如图 6-2-28 所示。

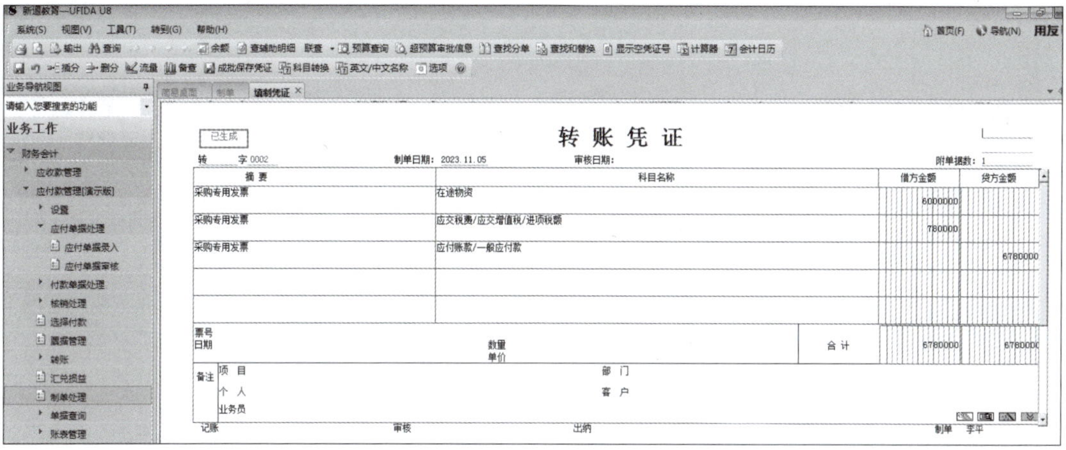

图 6-2-28 生成凭证(1)

工作指导

● 只有采购结算后的采购发票才能自动传递到应付款管理系统，并且需要在应付款管理系统中审核确认，才能形成应付账款。

● 在应付款管理系统中可以进行采购发票制单，也可以根据应付单或其他单据制单。

● 在应付款管理系统中可以根据一条记录制单，也可以根据多条记录合并制单，用户可以根据制单序号进行处理。

● 可以在采购结算后针对每笔业务立即制单，也可以月末统一制单。

● 发现生成凭证有错误，可通过执行“单据查询”→“凭证查询”命令选择相应凭证，进行修改或删除(应收款管理相同)。

任务三 采购非合理损耗业务

采购非合理损耗业务

1. 采购订单处理

以 201 身份于 2023-11-06 进入企业应用平台。

(1)进入采购管理系统，执行“采购订货”→“采购订单”命令，进入“采购订单”窗口。

(2)单击“增加”按钮，填写订单信息。

(3)单击“保存”按钮，再单击“审核”按钮，订单底部显示审核人名字，如图 6-2-29 所示。

(4)单击“退出”按钮，退出“采购订单”窗口。

2. 在采购管理系统中填制到货单

(1)在采购管理系统中，执行“采购到货”→“到货单”命令，进入“到货单”窗口。

(2)单击“增加”按钮，下拉“生单”按钮，选择“采购订单”，打开“查询条件选择-采购订单列表过滤”对话框，单击“确定”按钮，进入“拷贝并执行”窗口。

(3)双击需要参照的采购订单的“选择”栏，单击“确定”按钮，将采购订单相关信息带入到货单，如图 6-2-30 所示。

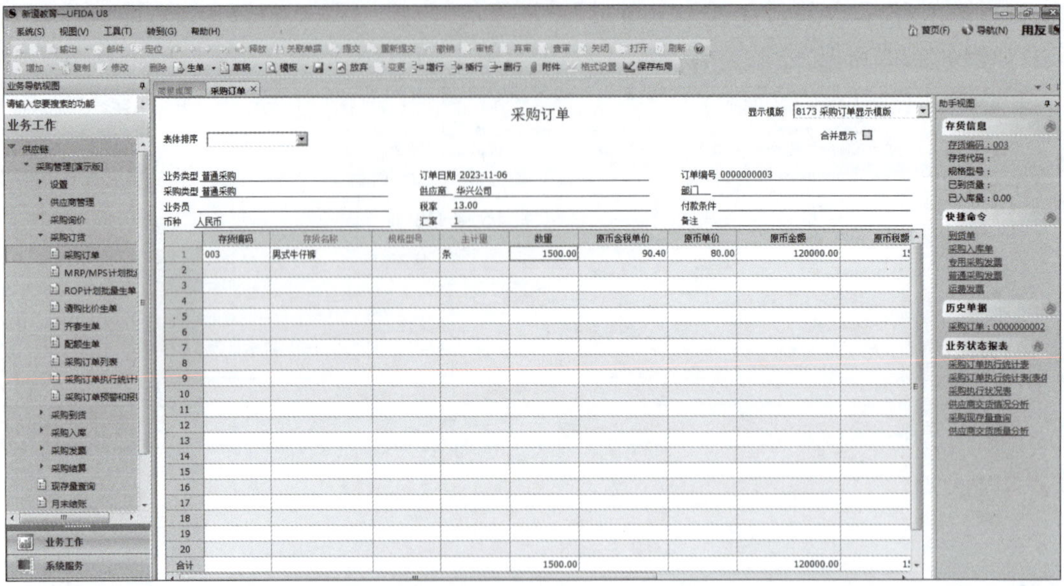

图 6-2-29　采购订单(2)

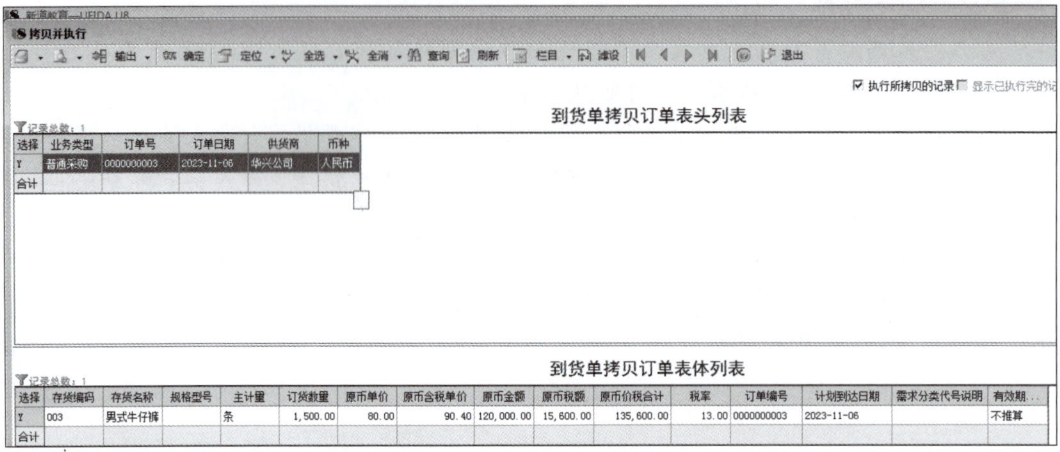

图 6-2-30　到货单拷贝订单(2)

(4)在到货单中补充部门“购销部”，单击“保存”按钮。之后单击“审核”按钮，退出“到货单”窗口，如图 6-2-31 所示。

3. 在库存管理系统中填制并审核采购入库单

以 301 身份于 2023-11-06 进入企业应用平台。

(1)进入库存管理系统，执行“入库业务”→“采购入库单”命令，进入“采购入库单”窗口。

(2)单击“生单”按钮，选择“采购到货单(蓝字)”，打开“查询条件选择-采购到货单列表过滤”对话框，单击“确定”按钮，打开“到货单生单列表”窗口。

(3)在“到货单生单列表”窗口中，选择需要参照的到货单，生成下方“到货单生单表体”，如图 6-2-32 所示。根据资料选择入库仓库，修改入库数量“1499”，单击“确定”按钮，将到货单相关信息带入采购入库单，单击“保存”按钮。

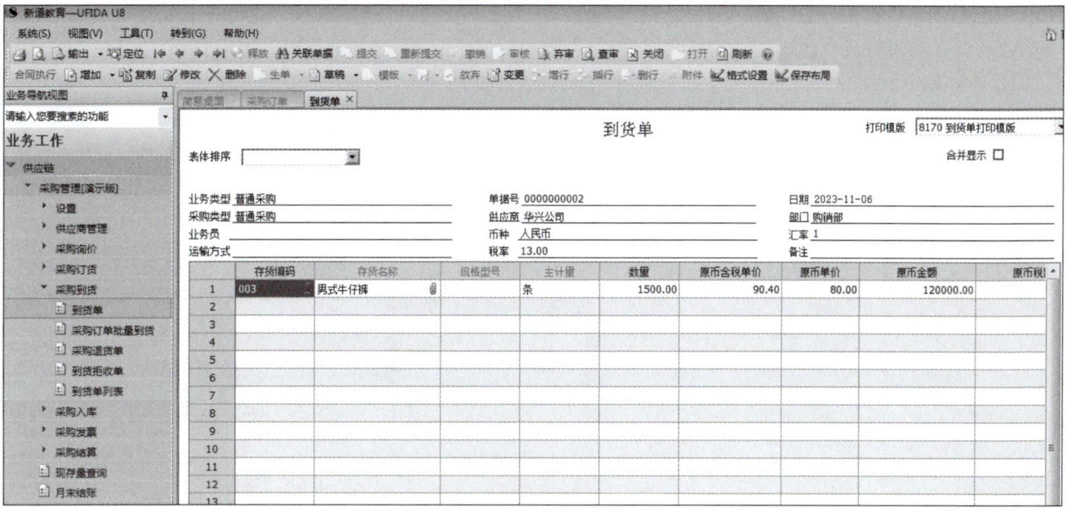

图 6-2-31　到货单(2)

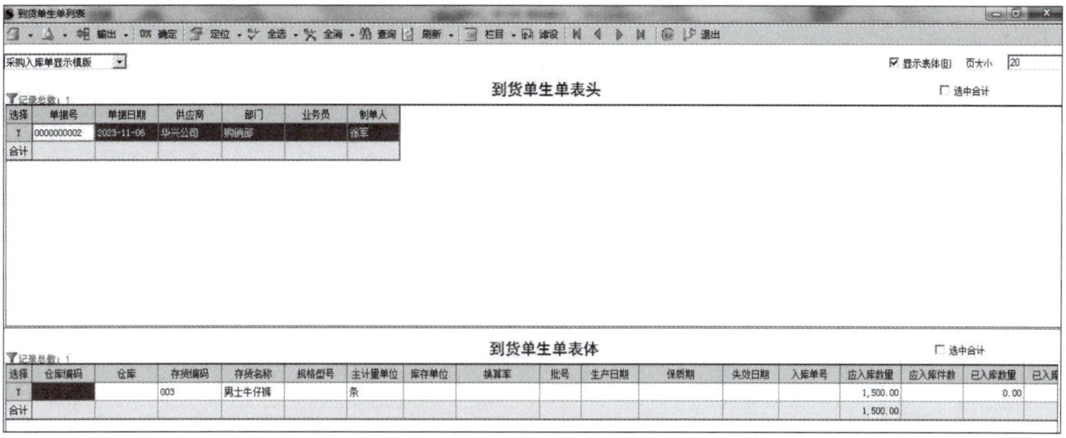

图 6-2-32　到货单生成(2)

(4)单击“审核”按钮，系统弹出“该单据审核成功！”提示信息，单击“确定”按钮返回，如图 6-2-33 所示。

4. 在采购管理系统中填制并审核采购发票

以 201 身份于 2023-11-06 进入企业应用平台。

(1)进入采购管理系统，执行“采购发票”→“专用采购发票”命令，进入“专用发票”窗口。

(2)单击“增加”按钮，下拉“生单”按钮，选择“采购订单”，打开“查询条件选择-采购订单列表过滤”对话框，单击“确定”按钮，进入“拷贝并执行”窗口，如图 6-2-34 所示。

(3)选择需要参照的 11 月 6 日的采购订单，单击“确定”按钮，将采购订单信息带入采购专用发票，输入相应的发票号，单击“保存”按钮，如图 6-2-35 所示。

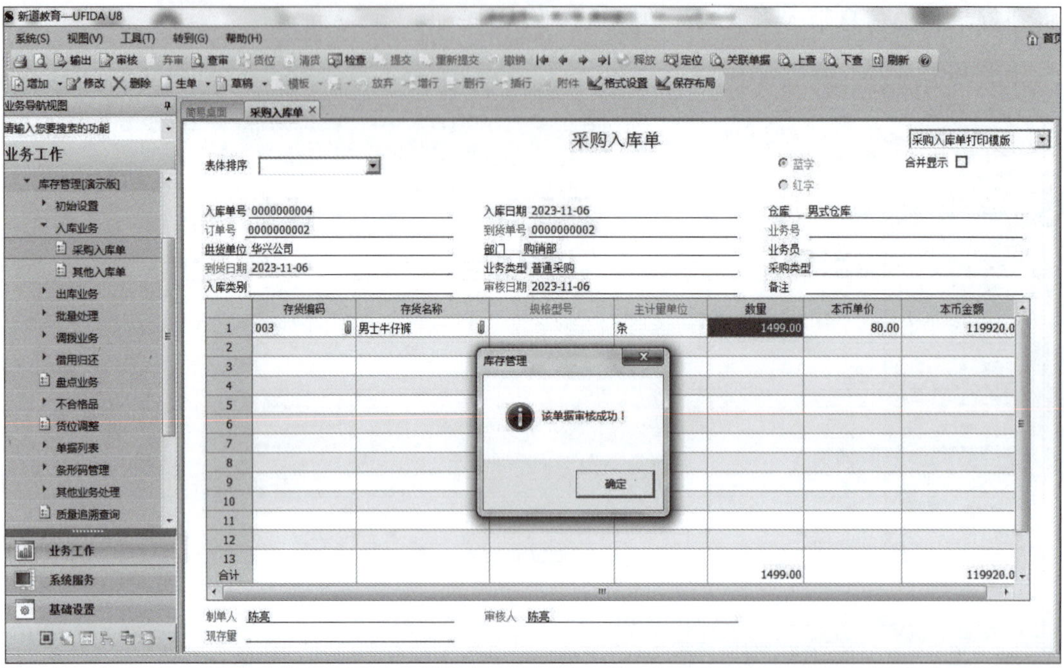

图 6-2-33　采购入库单(2)

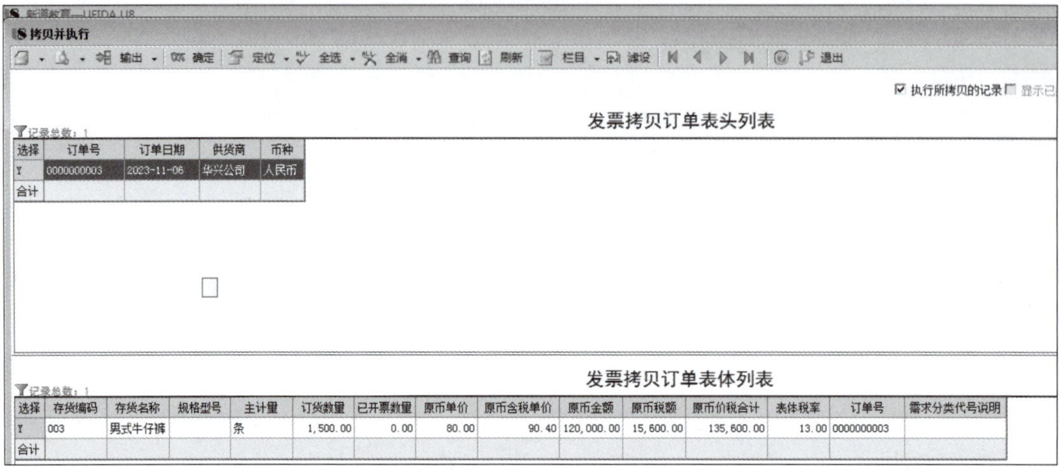

图 6-2-34　发票拷贝(2)

5. 在采购管理系统中进行手工结算

(1)在采购管理系统中,执行"采购结算"→"手工结算"命令,打开"手工结算"窗口,单击"选单"按钮,进入"结算选单"窗口,单击"查询"按钮,进入"查询条件选择-采购手工结算"对话框,单击"确定"按钮,选择对应的发票与入库单,如图 6-2-36 所示。单击"确定"按钮,进入"手工结算"窗口。

(2)在"手工结算"窗口,输入"非合理损耗数量"为"1","非合理损耗金额"为"80",如图 6-2-37 所示。

(3)单击"结算"按钮,系统弹出信息提示框,单击"是"按钮,系统进行结算处理,完成后弹出"完成结算"信息提示框,单击"确定"按钮返回。

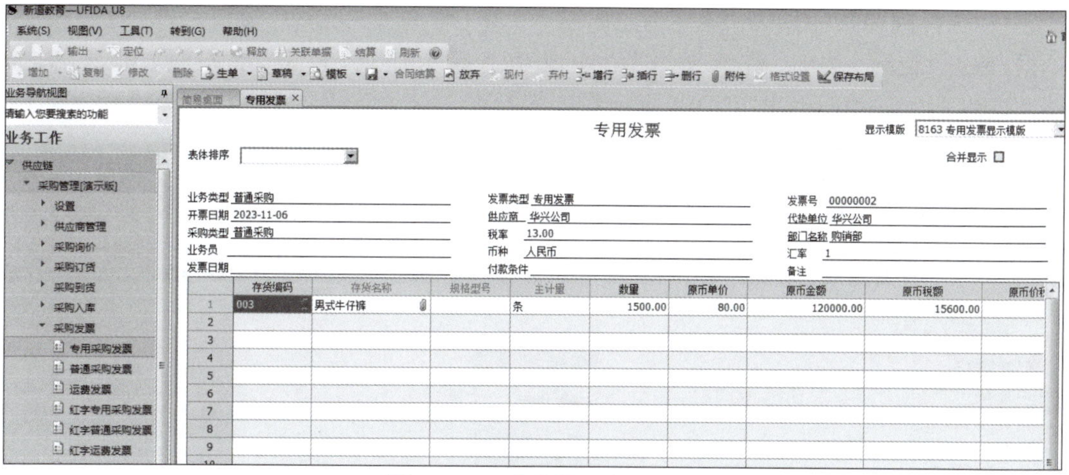

图 6-2-35　采购专用发票(2)

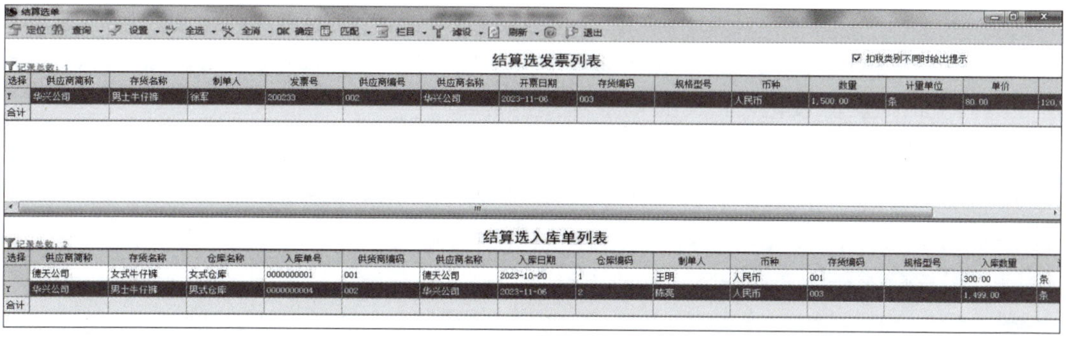

图 6-2-36　结算选单(2)

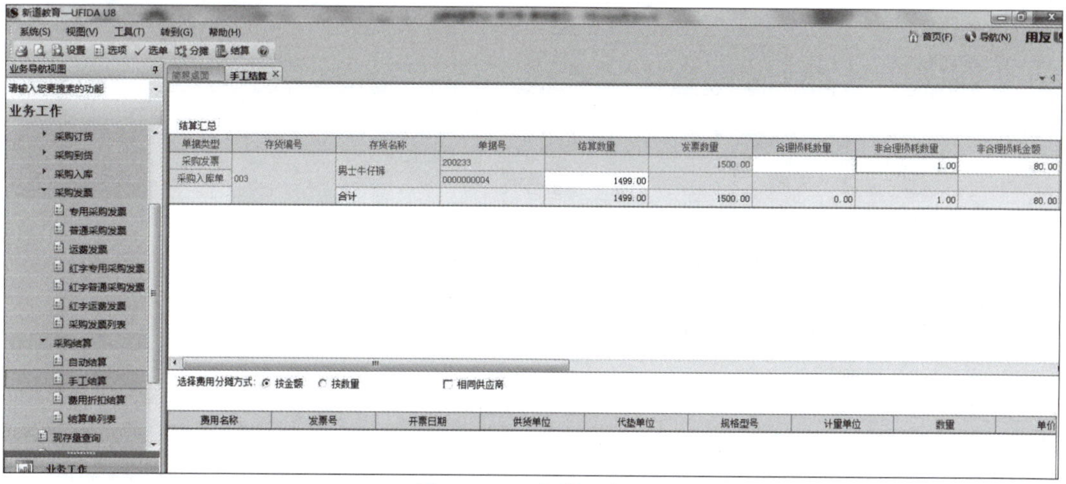

图 6-2-37　非合理损耗

6. 在存货核算系统中进行记账并生成入库凭证

以 203 身份于 2023-11-06 进入企业应用平台。

(1)进入存货核算系统，执行“业务核算”→“正常单据记账”命令，打开“查询条件选择”对话框。

(2)选择查询条件，单击“确定”按钮，进入“未记账单据一览表”窗口。选择要记账的单据，单击“记账”按钮，系统弹出“记账成功。”提示信息，单击“确定”按钮退出，如图 6-2-38 所示。关闭退出“正常单据记账列表”。

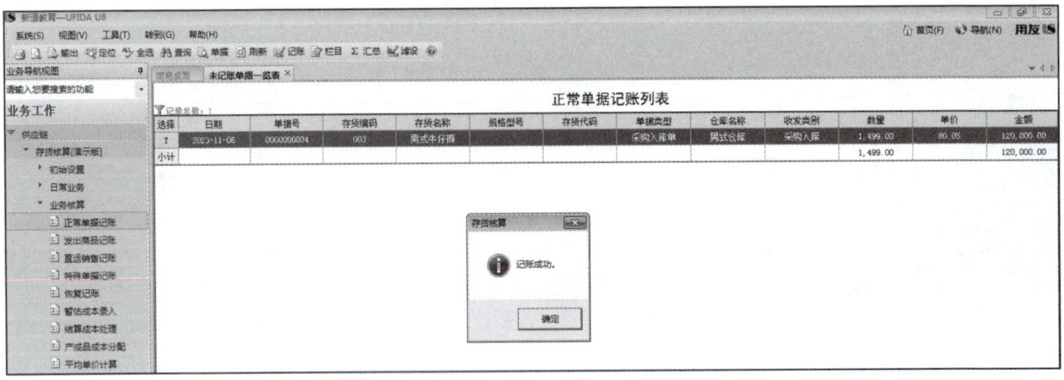

图 6-2-38　正常单据记账(2)

(3)在存货核算系统中执行“财务核算”→“生成凭证”命令，进入“生成凭证”窗口。单击工具栏上的“选择”按钮，打开“查询条件”对话框。

(4)选择“采购入库单(报销记账)”，如图 6-2-39 所示。单击“确定”按钮，进入“选择单据”窗口(未生成凭证单据一览表)。单击“全选”按钮，再单击“确定”按钮，如图 6-2-40 所示。

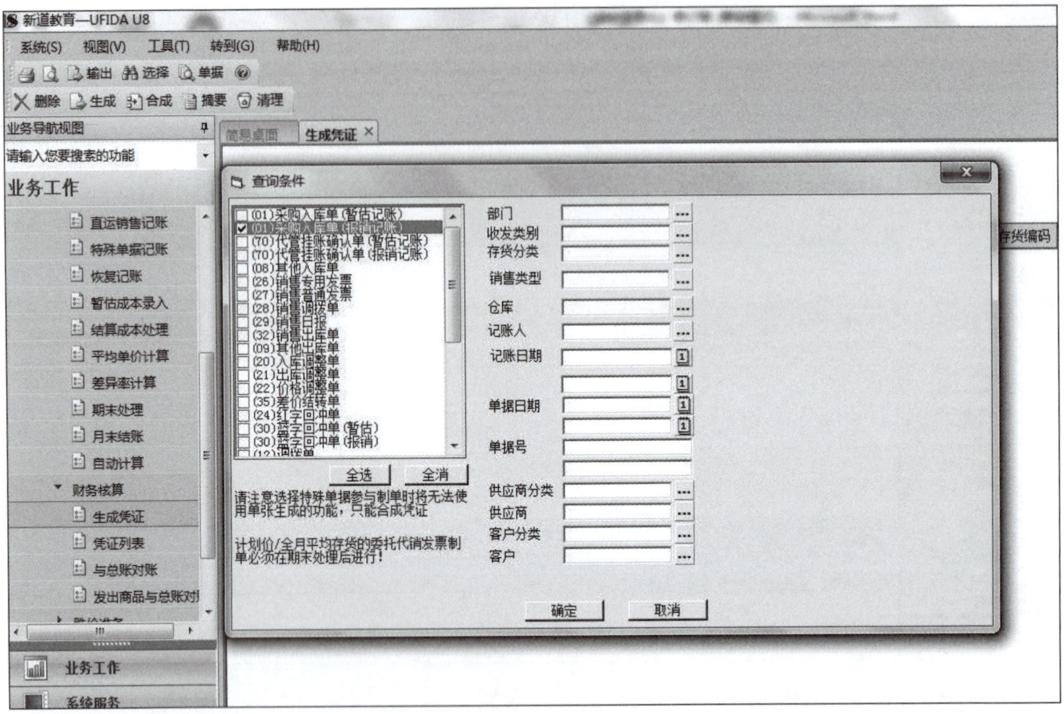

图 6-2-39　查询条件(2)

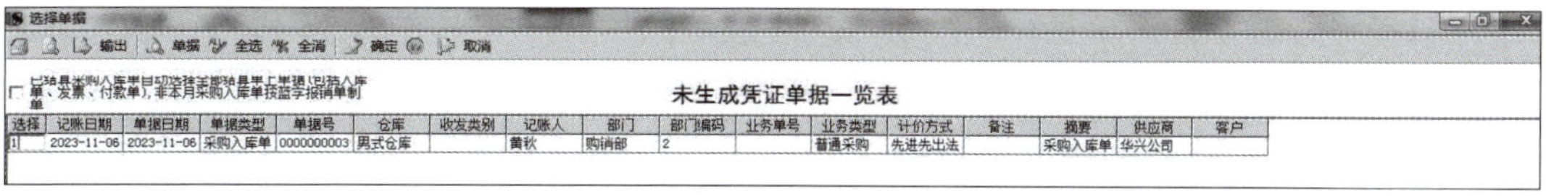

图 6-2-40　未生成凭证单据一览表(2)

(5)选择凭证类别为“转　转账凭证”,如图 6-2-41 所示,单击“生成”按钮,进入“填制凭证”窗口。

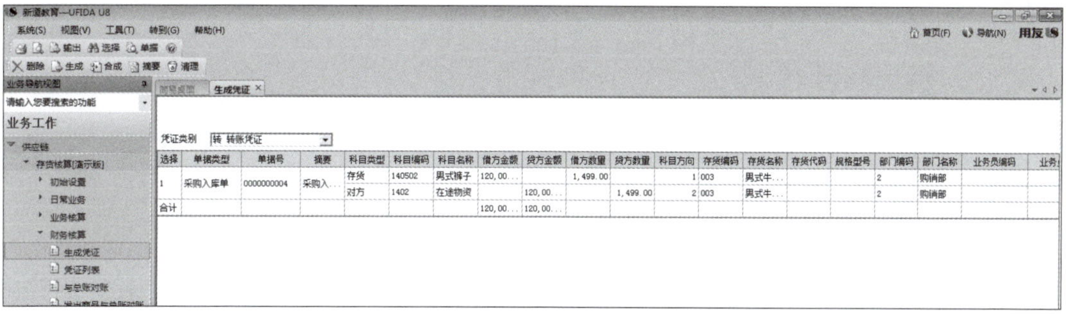

图 6-2-41　选择凭证类别(2)

(6)在“1405 库存商品”科目下调入项目核算(Ctrl+S),选择“男式牛仔”,单击“确定”按钮,再单击“保存”按钮,凭证左上角出现“已生成”标志,表示凭证已传递到总账管理系统,如图 6-2-42 所示。

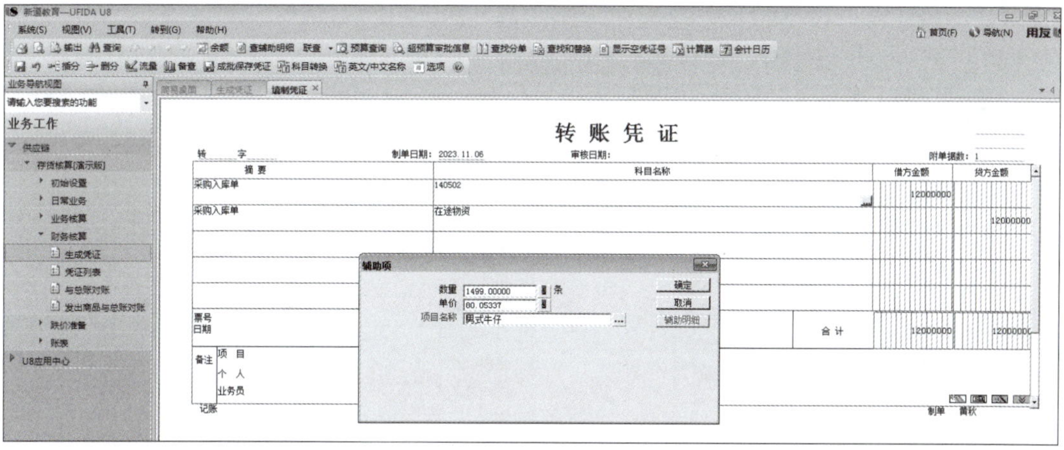

图 6-2-42　保存凭证(2)

7. 在应付款管理系统中审核采购专用发票并生成应付凭证

以 402 身份于 2023-11-06 进入企业应用平台。

(1)进入应付款管理系统,执行“应付单据处理”→“应付单据审核”命令,打开“应付单查询条件”对话框。

(2)按资料选择供应商,单击“确定”按钮,进入“单据处理”窗口。

(3)选择所需审核的单据，单击“审核”按钮，系统弹出“审核结果”信息提示框，单击“确定”按钮，之后退出，如图 6-2-43 所示。

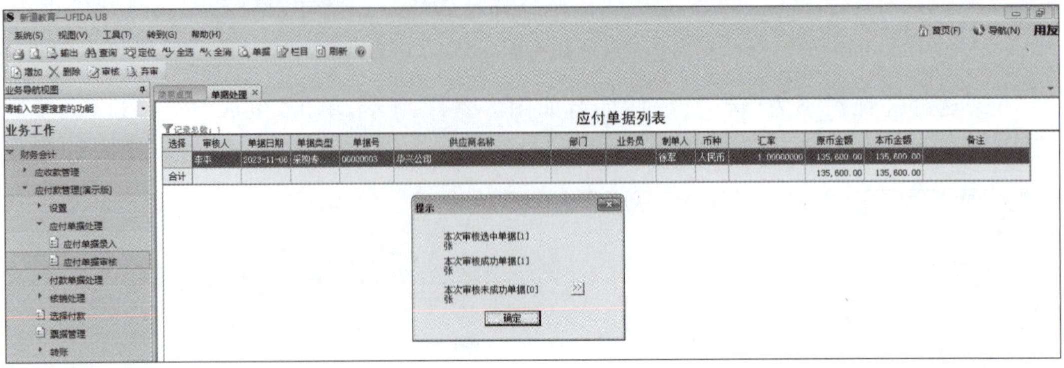

图 6-2-43　应付单据审核(2)

(4)在应付款管理系统中，执行“制单处理”命令，打开“制单查询”对话框。选择“发票制单”复选框，如图 6-2-44 所示，按资料选择供应商，单击“确定”按钮，进入“采购发票制单”窗口。

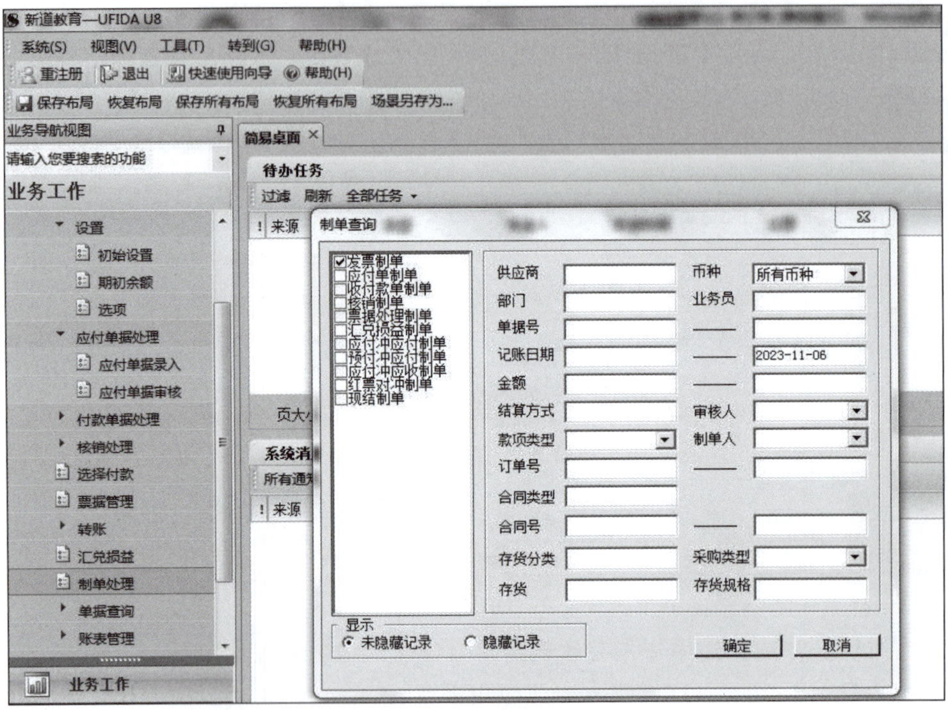

图 6-2-44　制单处理(2)

(5)单击“全选”按钮，选择凭证类别为“转账凭证”，单击“制单”按钮，进入“填制凭证”窗口。单击“保存”按钮，凭证左上角出现“已生成”标志，表示凭证已传递到总账管理系统，如图 6-2-45 所示。

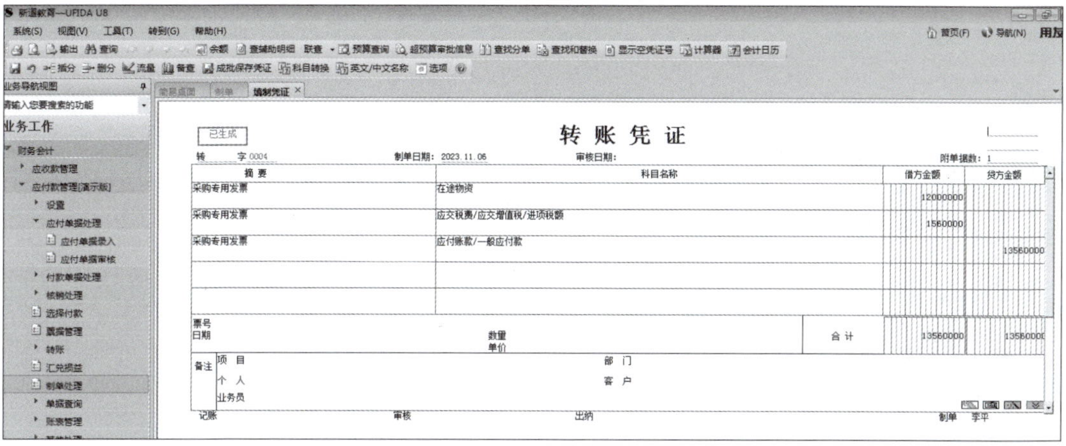

图 6-2-45　生成凭证(2)

8. 在总账管理系统中填制凭证

以 403 身份于 2023-11-06 进入企业应用平台。

在企业应用平台中执行“业务工作”→“财务会计”→“总账”命令，进入总账管理系统，执行“凭证”→“填制凭证”命令，打开“填制凭证”窗口，填制凭证，如图 6-2-46 所示，之后单击“保存”按钮。

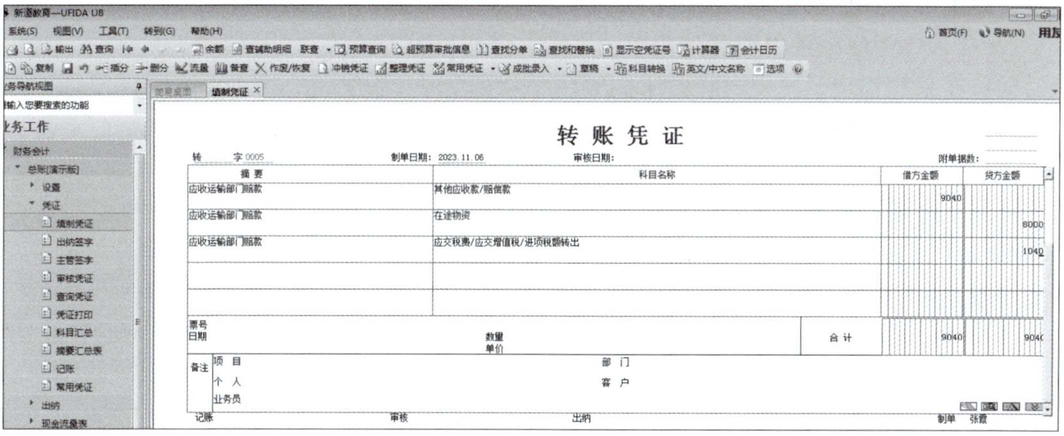

图 6-2-46　填制凭证

任务四　现付业务（含合理损耗）

现付业务

1. 采购订单处理

以 201 身份于 2023-11-08 进入企业应用平台。

(1)进入采购管理系统，执行“采购订货”→“采购订单”命令，进入“采购订单”窗口。

(2)单击“增加”按钮，填写订单信息，完成后单击“保存”按钮。

(3)单击“审核”按钮，订单底部显示审核人名字，如图 6-2-47 所示。

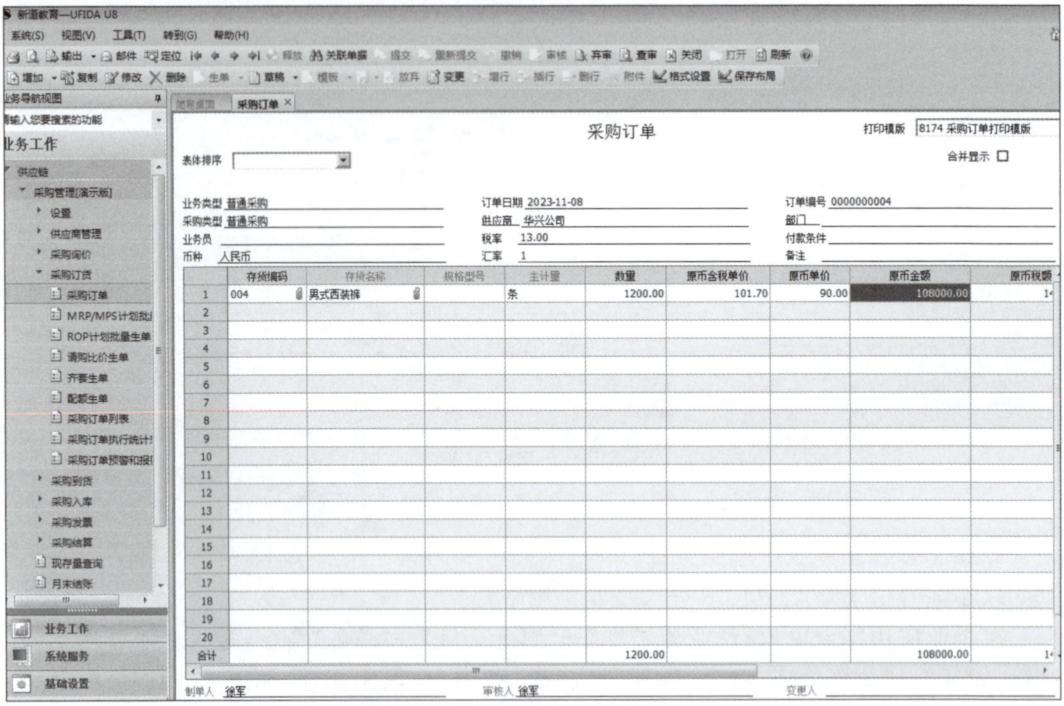

图 6-2-47　采购订单(3)

(4)单击“退出”按钮,退出“采购订单”窗口。

2. 在采购管理系统中填制到货单

(1)在采购管理系统中,执行“采购到货”→“到货单”命令,进入“到货单”窗口。

(2)单击“增加”按钮,下拉“生单”按钮,选择“采购订单”,打开“查询条件选择-采购订单列表过滤”对话框,单击“确定”按钮,进入“拷贝并执行”窗口。

(3)双击需要参照的采购订单的“选择”栏,单击“确定”按钮,将采购订单相关信息带入到货单,如图 6-2-48 所示。

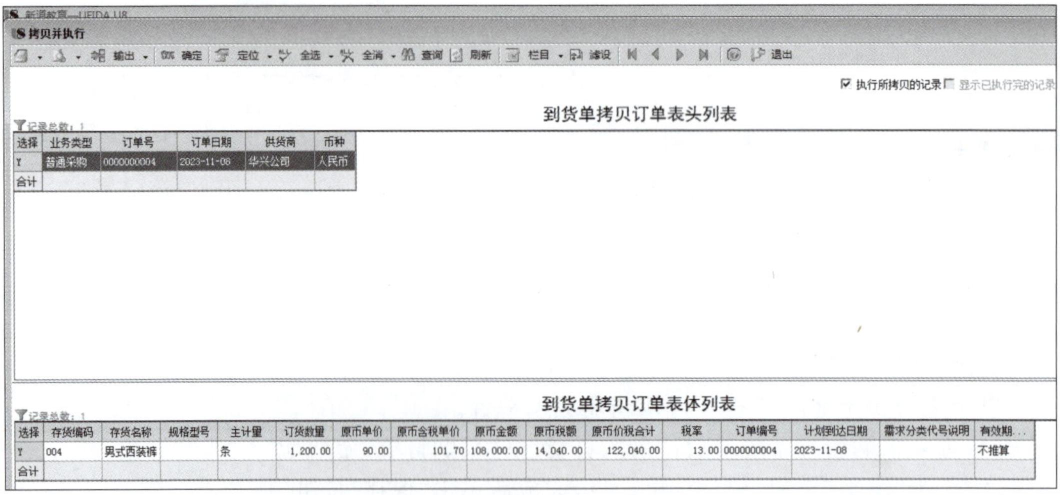

图 6-2-48　到货单拷贝订单(3)

(4)在到货单中补充部门“购销部”,单击“保存”按钮。之后单击“审核”按钮,退出“到货单”窗口,如图 6-2-49 所示。

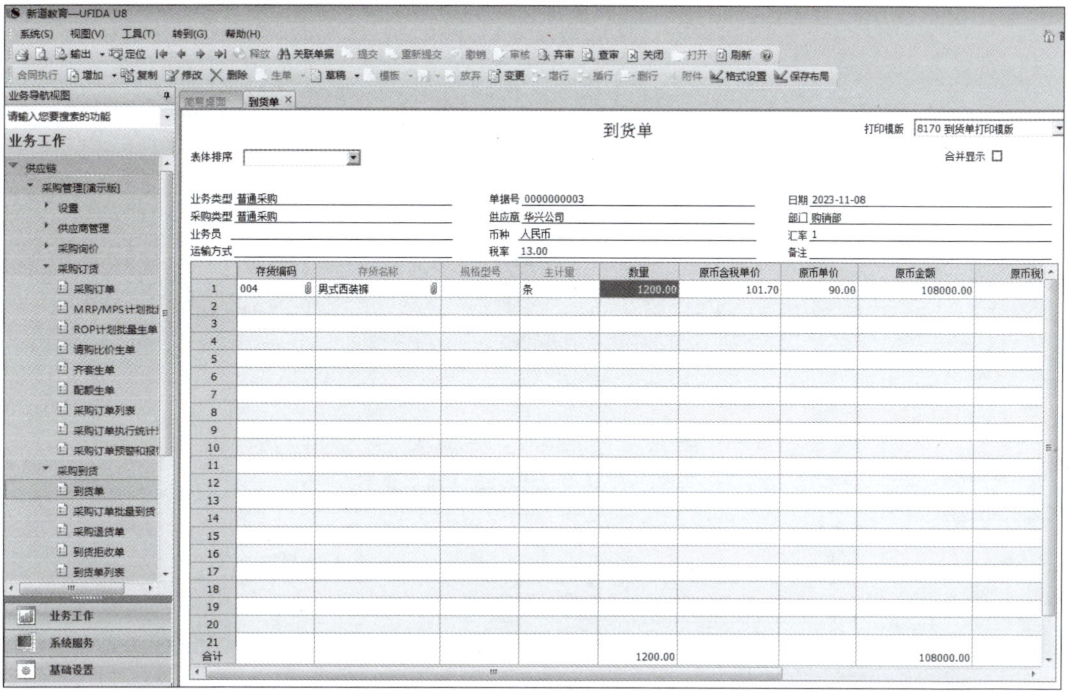

图 6-2-49 到货单(3)

3. 在库存管理系统中填制并审核采购入库单

以 301 身份于 2023-11-08 进入企业应用平台。

(1)进入库存管理系统,执行“入库业务”→“采购入库单”命令,进入“采购入库单”窗口。

(2)单击“生单”按钮,选择“采购到货单(蓝字)”,打开“查询条件选择-采购到货单列表过滤”对话框,单击“确定”按钮,打开“到货单生单列表”窗口。

(3)在“到货单生单列表”窗口中,选择需要参照的到货单,生成下方“到货单生单表体”,如图 6-2-50 所示。根据资料选择入库仓库,修改入库数量“1199”,单击“确定”按钮,将到货单相关信息带入采购入库单,单击“保存”按钮。

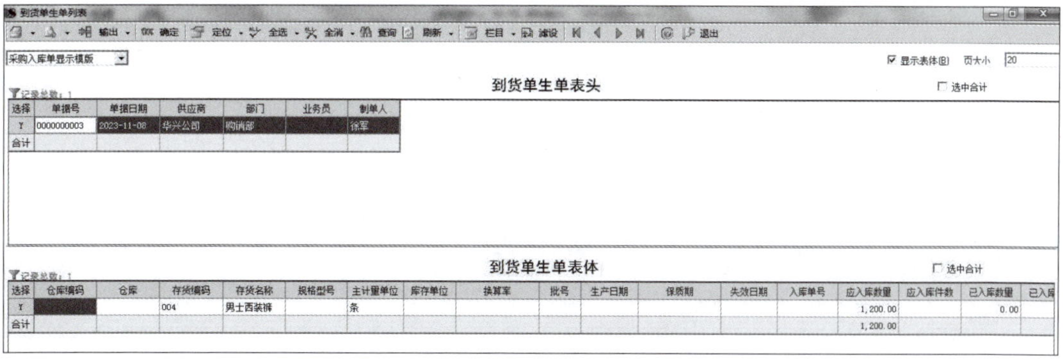

图 6-2-50 到货单生成(3)

(4)单击"审核"按钮,系统弹出"该单据审核成功!"提示信息,单击"确定"按钮返回,如图 6-2-51 所示。

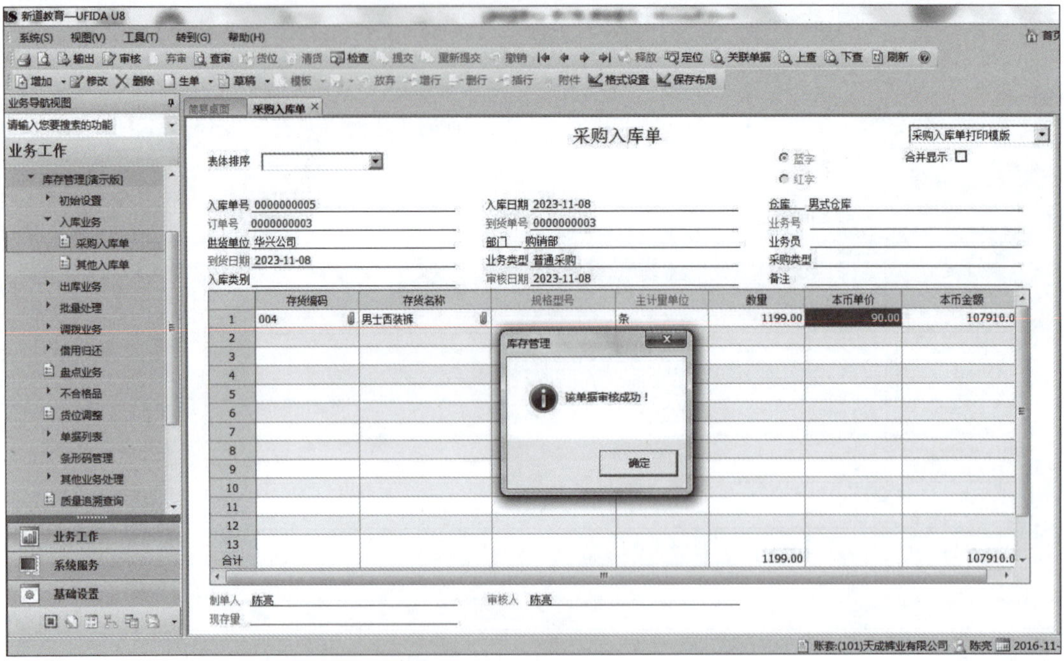

图 6-2-51　采购入库单(3)

4. 在采购管理系统中填制并审核采购发票

以 201 身份于 2023-11-08 进入企业应用平台。

(1)进入采购管理系统,执行"采购发票"→"专用采购发票"命令,进入"专用发票"窗口。

(2)单击"增加"按钮,下拉"生单"按钮,选择"采购订单",打开"查询条件选择-采购订单列表过滤"对话框,单击"确定"按钮,进入"拷贝并执行"窗口,如图 6-2-52 所示。

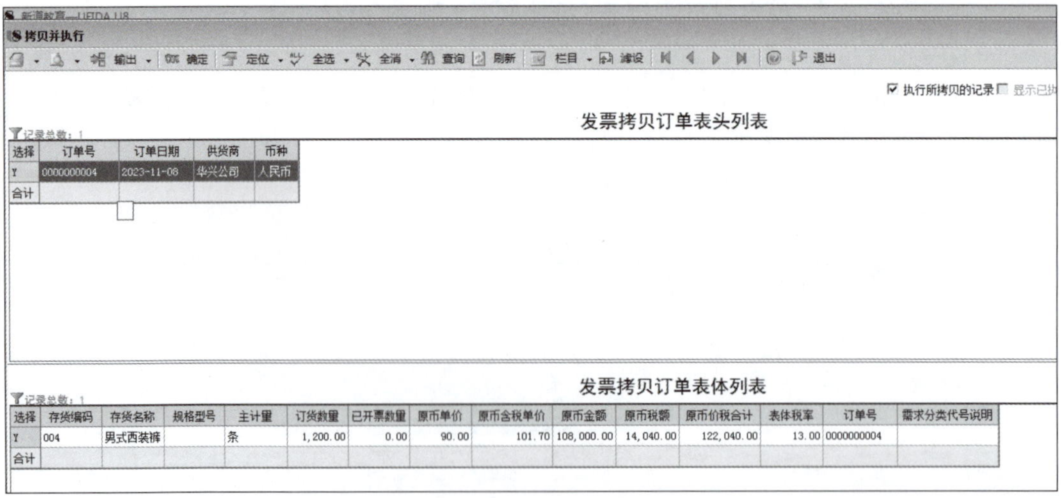

图 6-2-52　发票拷贝(3)

(3)选择需要参照的 11 月 8 日的采购订单，单击“确定”按钮，将采购订单信息带入采购专用发票，输入相应的发票号，单击“保存”按钮，如图 6-2-53 所示。

图 6-2-53 采购专用发票(3)

(4)单击专用发票上的“现付”按钮，打开“采购现付”对话框。选择结算方式为“2-支票结算”，录入结算金额及票据号等信息，如图 6-2-54 所示。单击“确定”按钮，专用发票左上角生成“现付”字样。

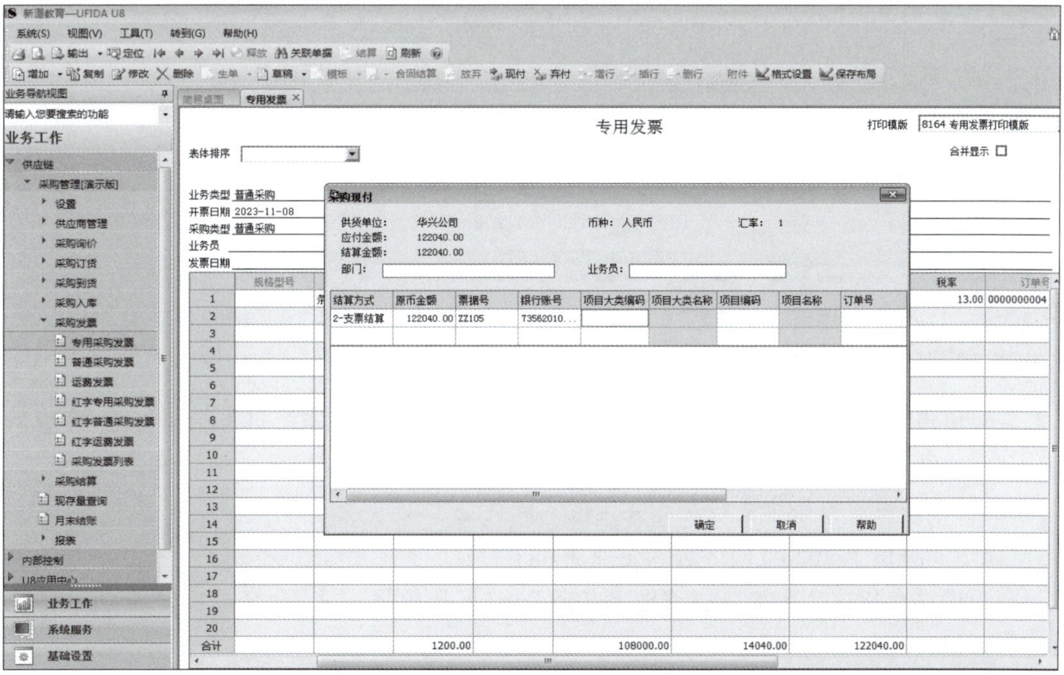

图 6-2-54 采购现付

5. 在采购管理系统中进行手工结算

(1)在采购管理系统中,执行"采购结算"→"手工结算"命令,打开"手工结算"窗口,单击"选单"按钮,进入"结算选单"窗口,单击"查询"按钮,进入"查询条件选择-采购手工结算"对话框,单击"确定"按钮。选择对应的发票与入库单,如图 6-2-55 所示,之后单击"确定"按钮,进入"手工结算"窗口。

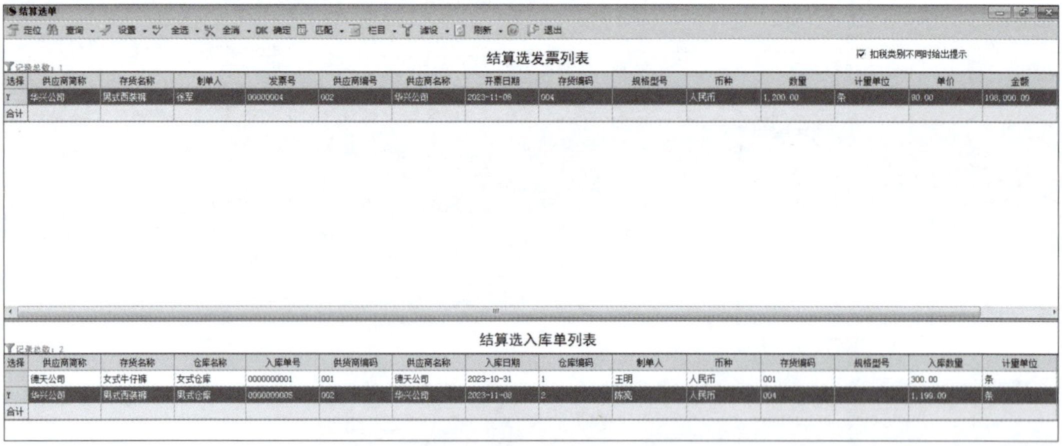

图 6-2-55 结算选单(3)

(2)在"手工结算"窗口,输入"合理损耗数量"为"1",如图 6-2-56 所示。

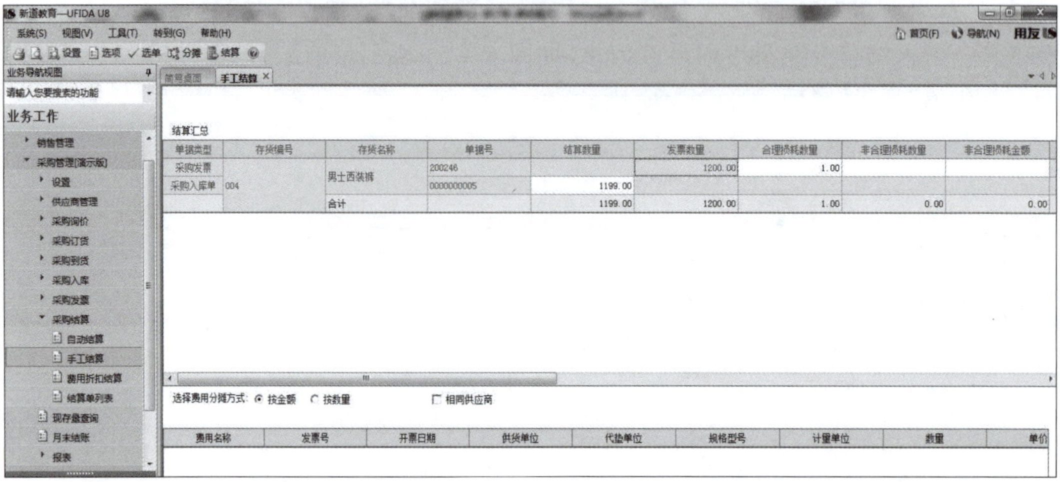

图 6-2-56 合理损耗

(3)单击"结算"按钮,系统弹出信息提示框,单击"是"按钮系统进行结算处理,完成后弹出"完成结算"信息提示框,单击"确定"按钮返回。

6. 在存货核算系统中进行记账并生成入库凭证

以 203 身份于 2023-11-08 进入企业应用平台。

(1)进入存货核算系统,执行"业务核算"→"正常单据记账"命令,打开"查询条件选择"对话框。

(2)选择查询条件,单击"确定"按钮,进入"未记账单据一览表"窗口。选择要记账的单据，单击“记账”按钮，系统弹出“记账成功。”提示信息，单击“确定”按钮退出，如图 6-2-57 所示。关闭退出“正常单据记账列表”。

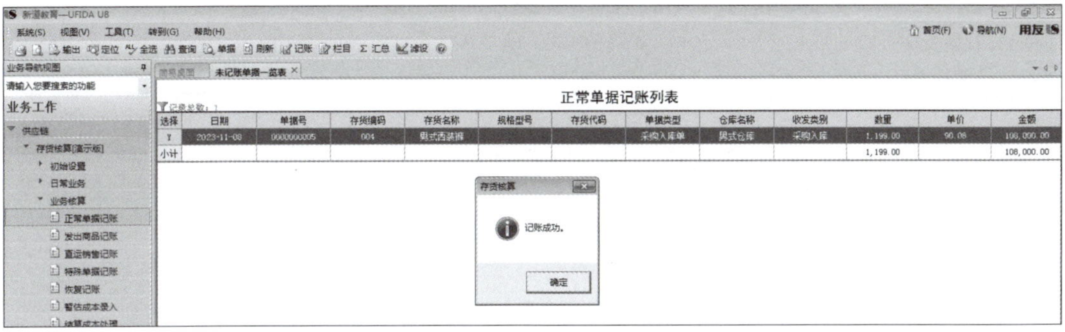

图 6-2-57　正常单据记账(3)

(3)在存货核算系统中执行“财务核算”→“生成凭证”命令，进入“生成凭证”窗口。单击工具栏上的“选择”按钮，打开“查询条件”对话框。

(4)选择“采购入库单(报销记账)”，如图 6-2-58 所示。单击“确定”按钮，进入“选择单据”窗口(未生成凭证单据一览表)。单击“全选”按钮，再单击“确定”按钮，如图 6-2-59 所示。

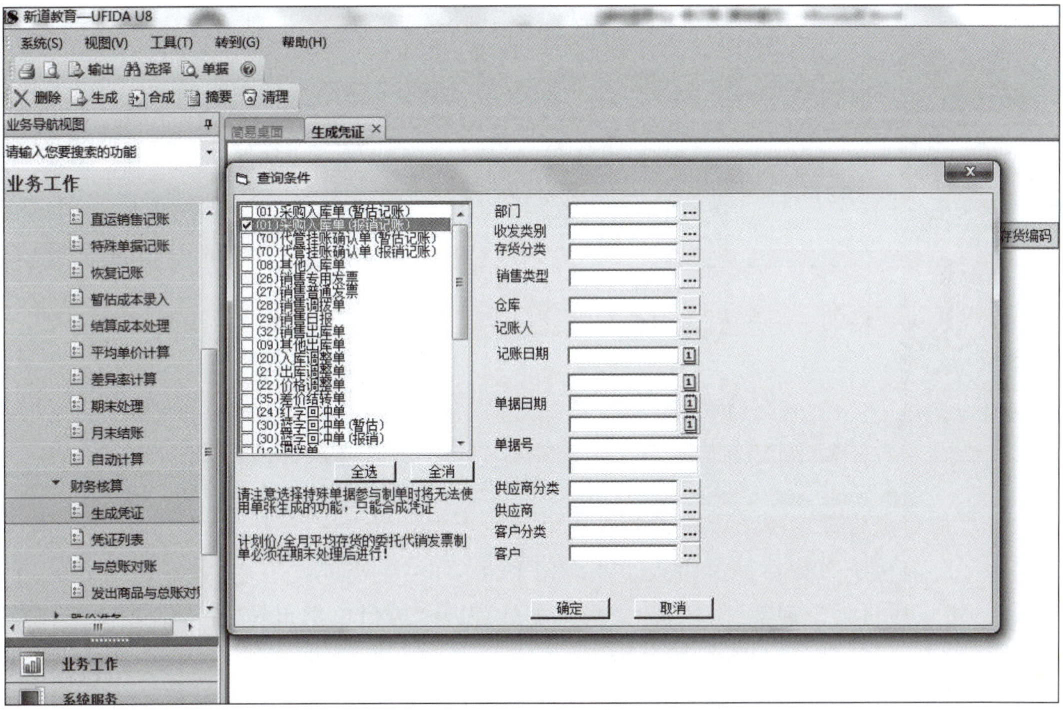

图 6-2-58　查询条件(3)

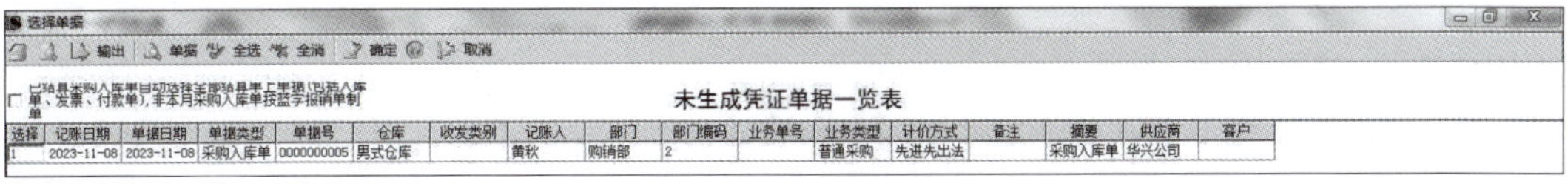

图 6-2-59　未生成凭证单据一览表(3)

(5)选择凭证类别为“转 转账凭证”，如图 6-2-60 所示，单击“生成”按钮，进入“填制凭证”窗口。

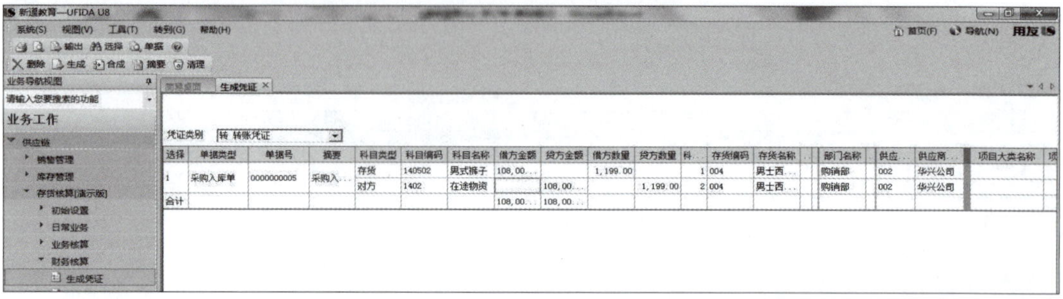

图 6-2-60 选择凭证类别(3)

(6)在“1405 库存商品”科目下调入项目核算(Ctrl+S)，选择“男式西装”，单击“确定”按钮，再单击“保存”按钮，凭证左上角出现“已生成”标志，表示凭证已传递到总账管理系统，如图 6-2-61 所示。

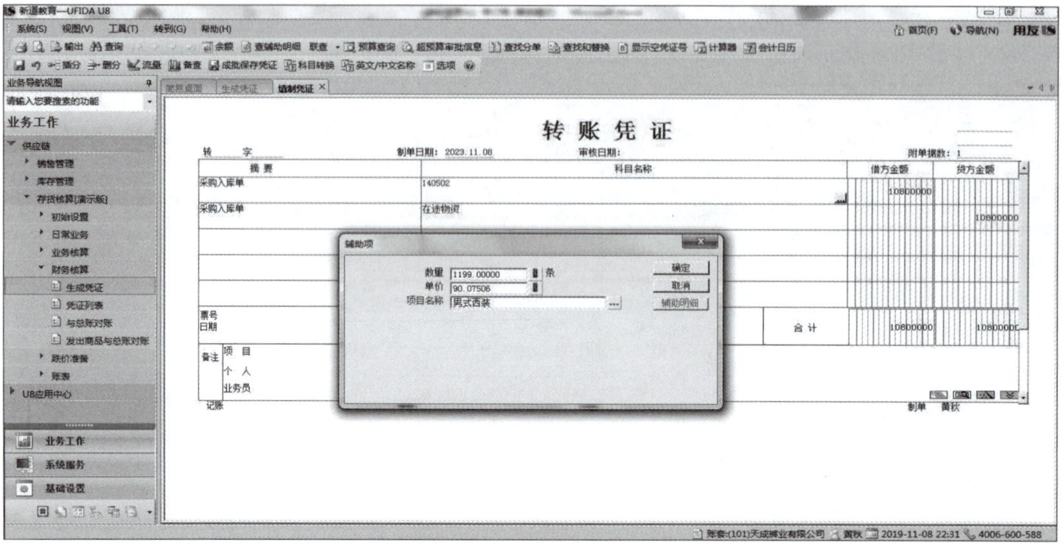

图 6-2-61 保存凭证(3)

7. 在应付款管理系统中审核采购专用发票并生成应付凭证

以 402 身份于 2023-11-08 进入企业应用平台。

(1)进入应付款管理系统，执行“应付单据处理”→“应付单据审核”命令，打开“应付单查询条件”对话框，勾选“包含已现结发票”复选框，如图 6-2-62 所示。

(2)按资料选择供应商，单击“确定”按钮，进入“单据处理”窗口。

(3)选择所需审核的单据，单击“审核”按钮，系统弹出“审核结果”信息提示框，单击“确定”按钮，之后退出，如图 6-2-63 所示。

(4)在应付款管理系统中，执行“制单处理”命令，打开“制单查询”对话框，选择“发票制单”与“现结制单”复选框，如图 6-2-64 所示，按资料选择供应商，单击“确定”按钮，进入“采购发票制单”窗口。

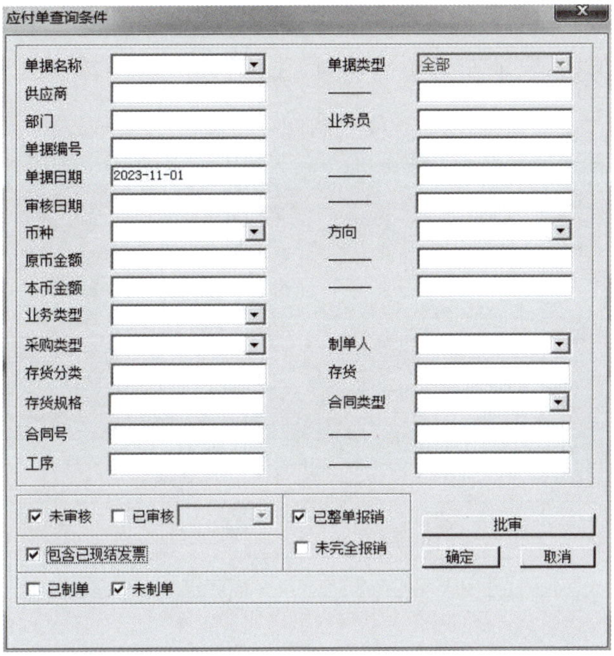

图 6-2-62 包含已现结发票

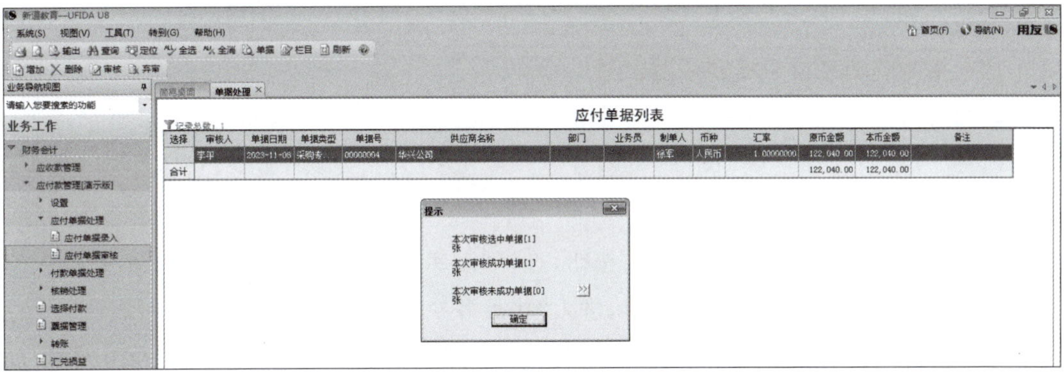

图 6-2-63 应付单据审核(3)

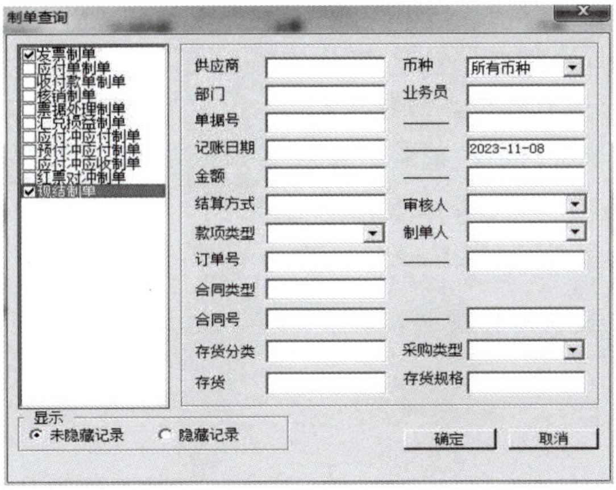

图 6-2-64 制单处理(3)

(5)单击"全选"按钮，选择凭证类别为"付账凭证"，单击"制单"按钮，进入"填制凭证"窗口。单击"保存"按钮，凭证左上角出现"已生成"标志，表示凭证已传递到总账管理系统，如图 6-2-65 所示。

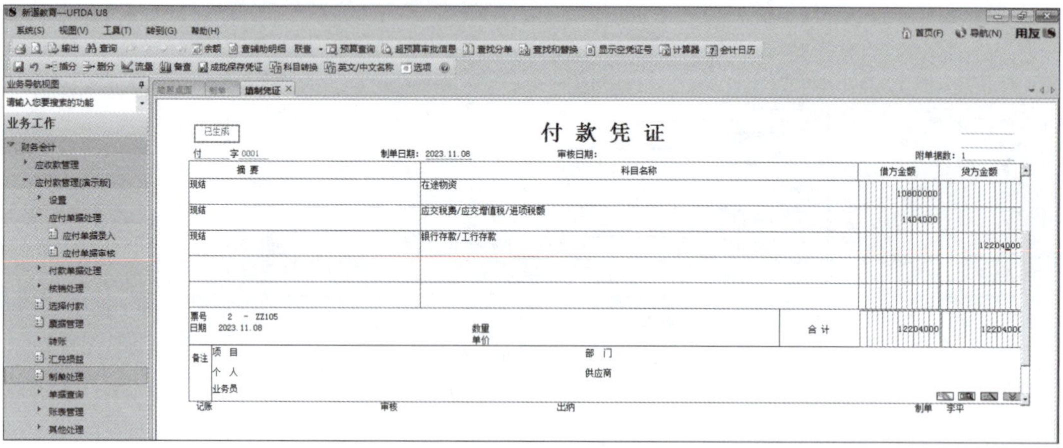

图 6-2-65　生成凭证(3)

任务五　暂估入库报销处理

暂估入库报销处理

1. 在采购管理系统中填制采购发票

以 201 身份于 2023-11-08 进入企业应用平台。

(1)进入采购管理系统，执行"采购发票"→"专用采购发票"命令，进入"专用发票"窗口。

(2)单击"增加"按钮，下拉"生单"按钮，选择"入库单"，打开"查询条件选择-采购入库单列表过滤"对话框，单击"确定"按钮，进入"拷贝并执行"窗口。

(3)选择要参照的入库单，单击"确定"按钮，将采购入库单信息带入采购专用发票，如图 6-2-66 所示。

(4)按照所给资料修改相关信息后保存。

2. 在采购管理系统中进行手工结算

(1)在采购管理系统中，执行"采购结算"→"手工结算"命令，进入"手工结算"窗口。

(2)单击"选单"按钮，进入"结算选单"窗口。

(3)单击"查询"按钮，进入"查询条件选择-采购手工结算"对话框，单击"确定"按钮。

(4)选择要结算的入库单和发票，如图 6-2-67 所示，单击"确定"按钮，返回"手工结算"窗口。

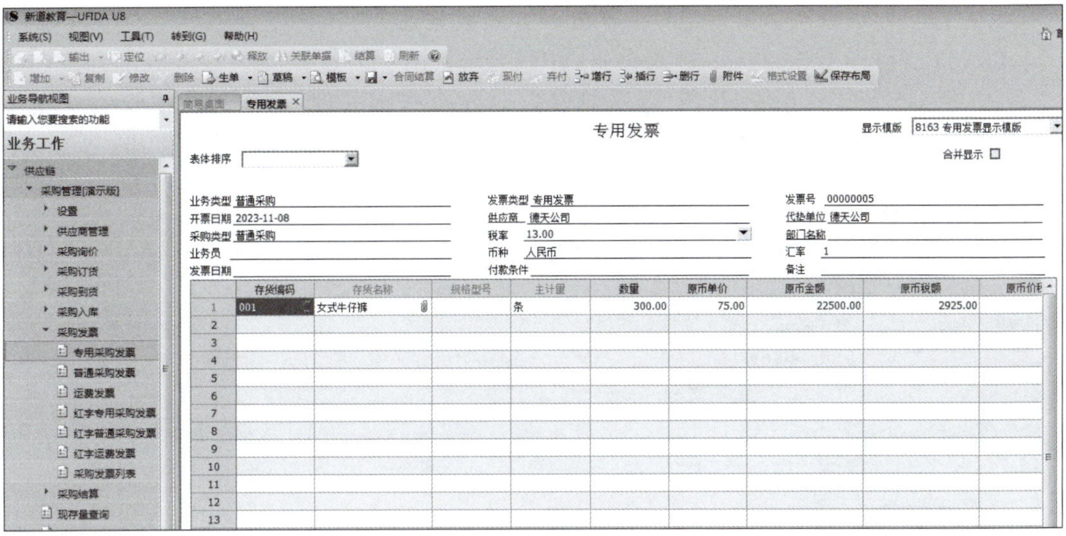

图 6-2-66　采购专用发票(4)

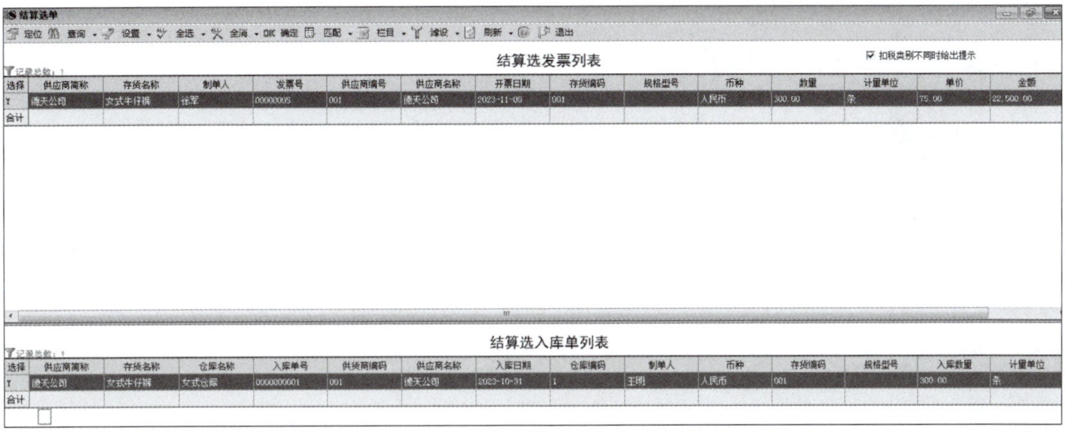

图 6-2-67　手工完成结算(2)

(5)输入资料相关信息,单击“结算”按钮,系统弹出信息提示框,单击“是”按钮,系统进行结算处理,完成后弹出“完成结算”信息提示框,单击“确定”按钮返回。

工作指导

- 由入库单生成的专用发票的单价为上月暂估单价,如果收到采购发票的单价与暂估单价不同,可将其修改后再保存。

- 采购结算并非货款结算,它是指根据采购入库单和采购发票核算采购入库成本的过程。采购结算的结果是采购结算单,它是存货最终的采购成本,是采购入库单与采购发票对应关系的结算对照表。

3. 在存货核算系统中执行结算成本处理并生成凭证

以 203 身份于 2023-11-08 进入企业应用平台。

(1)进入存货核算系统，执行“业务核算”→“结算成本处理”命令，打开“暂估处理查询”对话框，选择仓库，选中“未全部结算完的单据是否显示”复选框，如图 6-2-68 所示，单击“确定”按钮，进入“结算成本处理”窗口。

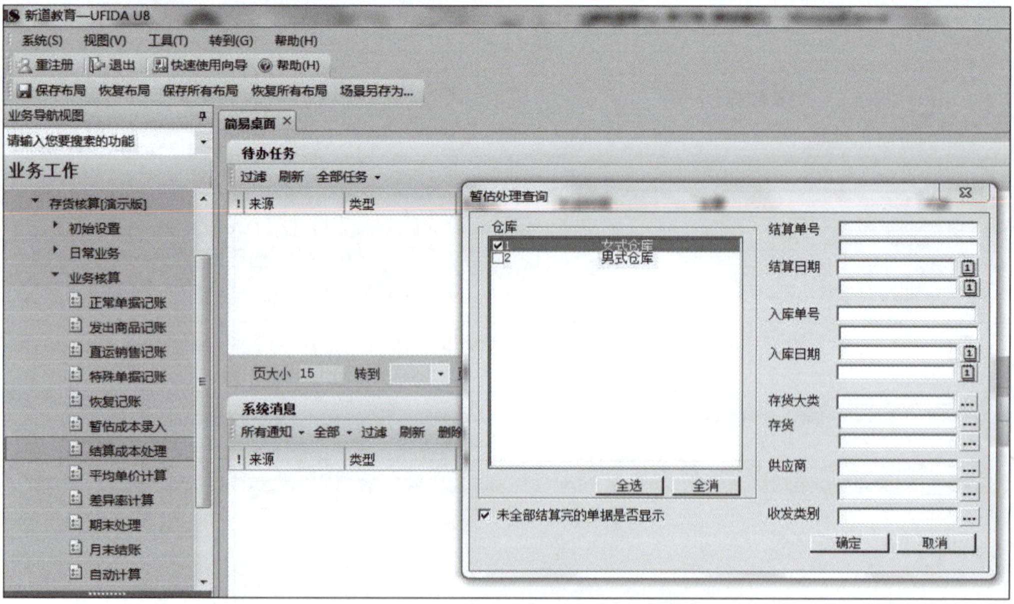

图 6-2-68 暂估处理查询

(2)选择需要进行暂估结算的单据，单击“暂估”按钮，系统弹出“暂估处理完成。”提示信息，单击“确定”按钮完成结算，然后退出，如图 6-2-69 所示。

图 6-2-69 暂估处理完成

(3)执行“财务核算”→“生成凭证”命令，进入“选择单据”窗口(未生成凭证单据一览表)。

(4)单击工具栏上的“选择”按钮，打开“查询条件”对话框，选择“红字回冲单”和“蓝字回冲单(报销)”，单击“确定”按钮返回，如图 6-2-70 所示。

(5)单击“全选”按钮，再单击“确定”按钮，进入“生成凭证”窗口。如图 6-2-71 所示，选择凭证类型“转 转账凭证”，单击“生成”按钮，进入“填制凭证”窗口。

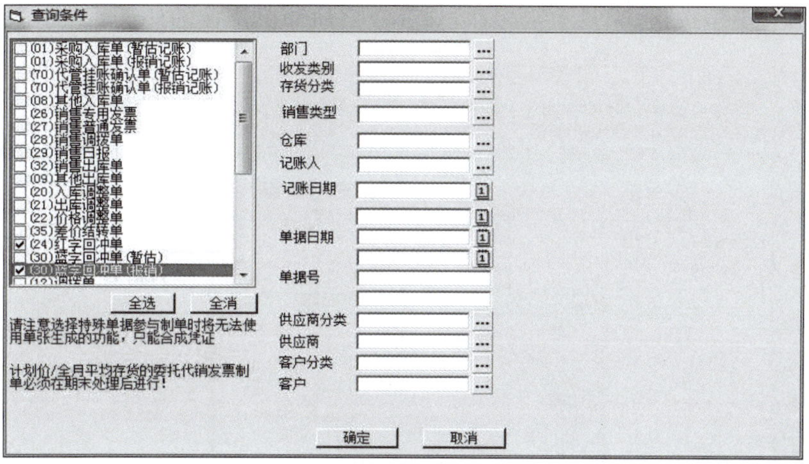

图 6-2-70 查询条件(4)

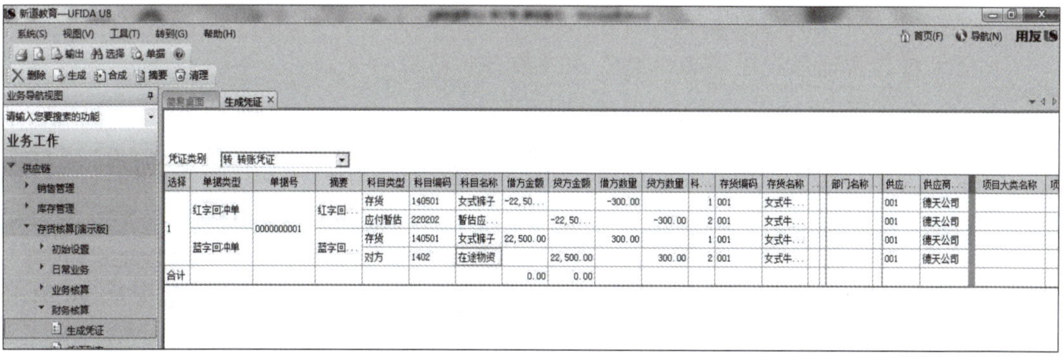

图 6-2-71 单据选择(1)

(6)制单日期为“2023.11.01”，调入项目核算(Ctrl＋S)，选择“女式牛仔”，单击“保存”按钮，保存红字回冲单生成的凭证，如图 6-2-72 所示。

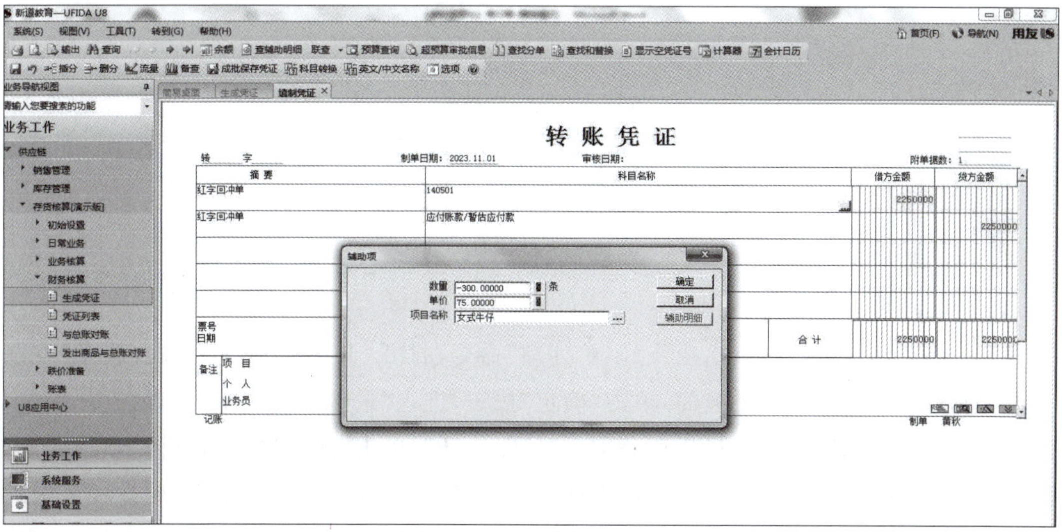

图 6-2-72 生成红字凭证

(7)单击“下张”按钮，重复上步操作，保存蓝字回冲单生成的凭证，如图 6-2-73 所示。

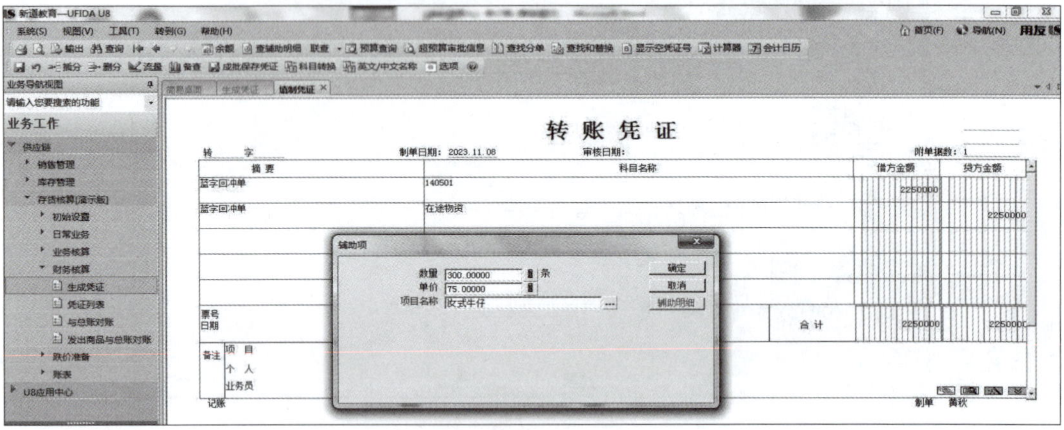

图 6-2-73　生成蓝字凭证

4. 在应付款管理系统中审核采购专用发票并生成应付凭证

以 402 身份于 2023-11-08 进入企业应用平台。

(1)进入应付款管理系统，执行“应付单据处理”→“应付单据审核”命令，打开“应付单查询条件”对话框。

(2)按资料选择供应商，单击“确定”按钮，进入“单据处理”窗口。

(3)选择所需审核的单据，单击“审核”按钮，系统弹出“审核结果”信息提示框，单击“确定”按钮，之后退出，如图 6-2-74 所示。

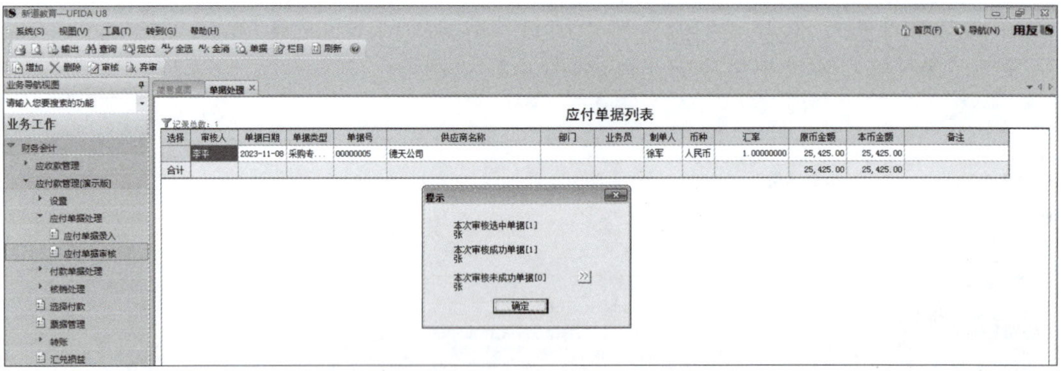

图 6-2-74　应付单据审核(4)

(4)在应付款管理系统中，执行“制单处理”命令，打开“制单查询”对话框，选择“发票制单”复选框，按资料选择供应商，单击“确定”按钮，进入“采购发票制单”窗口。

(5)单击“全选”按钮，选择凭证类别为“转账凭证”，单击“制单”按钮，进入“填制凭证”窗口。单击“保存”按钮，凭证左上角出现“已生成”标志，表示凭证已传递到总账管理系统，如图 6-2-75 所示。

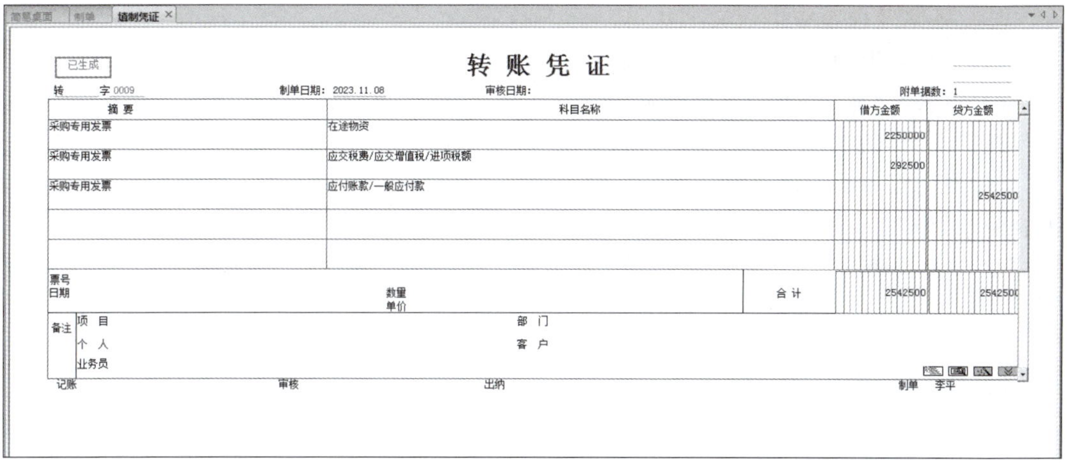

图 6-2-75　生成凭证(4)

任务六　暂估入库

暂估入库

1. 在采购管理系统中填制并审核采购订单

以 201 身份于 2023-11-10 进入企业应用平台。

(1)进入采购管理系统，执行“采购订货”→“采购订单”命令，进入“采购订单”窗口。

(2)单击“增加”按钮，填写订单信息，完成后单击“保存”按钮。

(3)单击“审核”按钮，订单底部显示审核人名字，如图 6-2-76 所示。

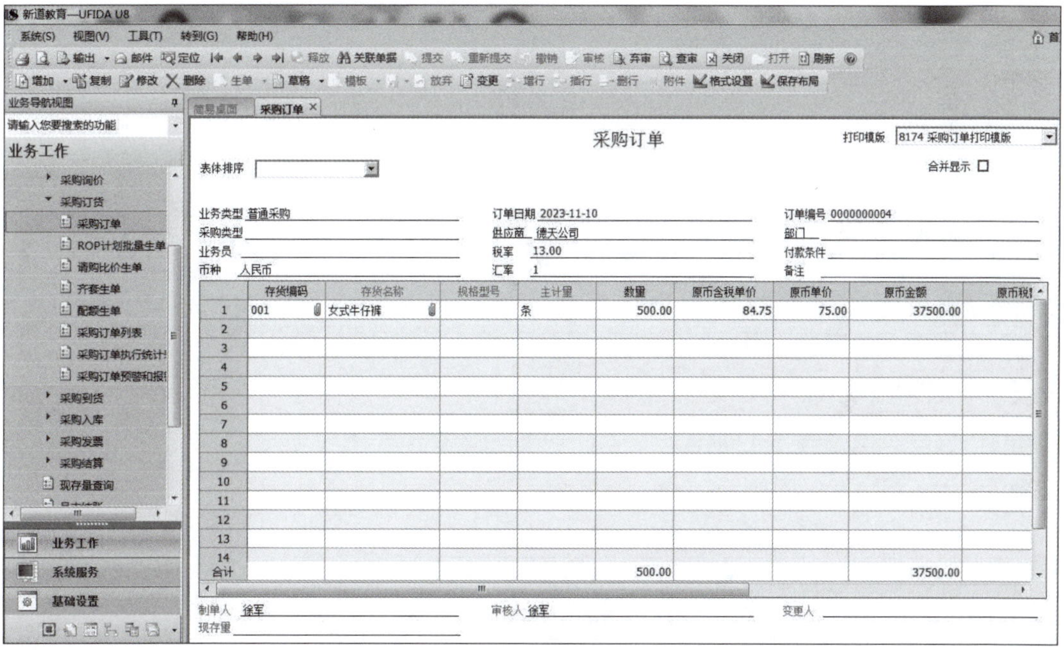

图 6-2-76　采购订单(4)

(4)单击“退出”按钮，退出“采购订单”窗口。

2. 在采购管理系统中填制到货单

(1)在采购管理系统中,执行"采购到货"→"到货单"命令,进入"到货单"窗口。

(2)单击"增加"按钮,下拉"生单"按钮,选择"采购订单",打开"查询条件选择-采购订单列表过滤"对话框,单击"确定"按钮,进入"拷贝并执行"窗口。

(3)双击需要参照的采购订单的"选择"栏,单击"确定"按钮,将采购订单相关信息带入到货单,如图 6-2-77 所示。

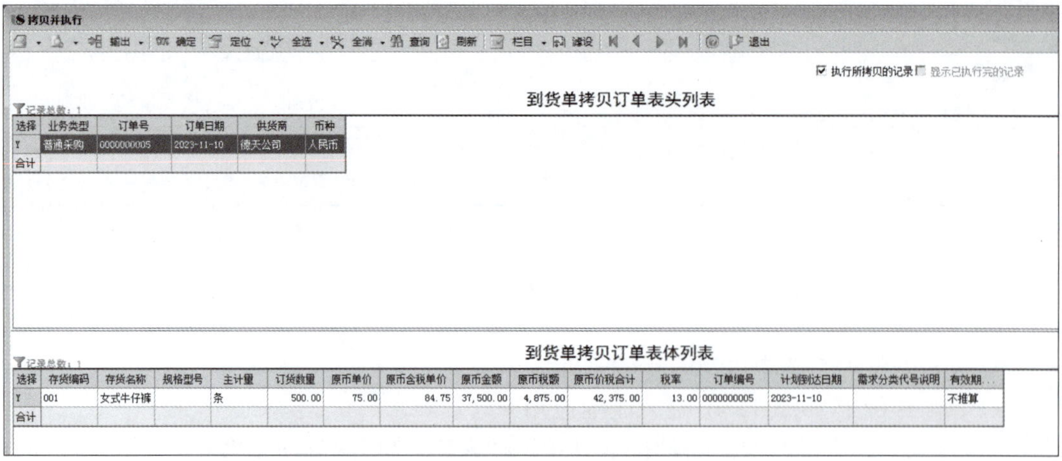

图 6-2-77　到货单拷贝订单(4)

(4)在到货单中补充部门"购销部",单击"保存"按钮。之后单击"审核"按钮,退出"到货单"窗口,如图 6-2-78 所示。

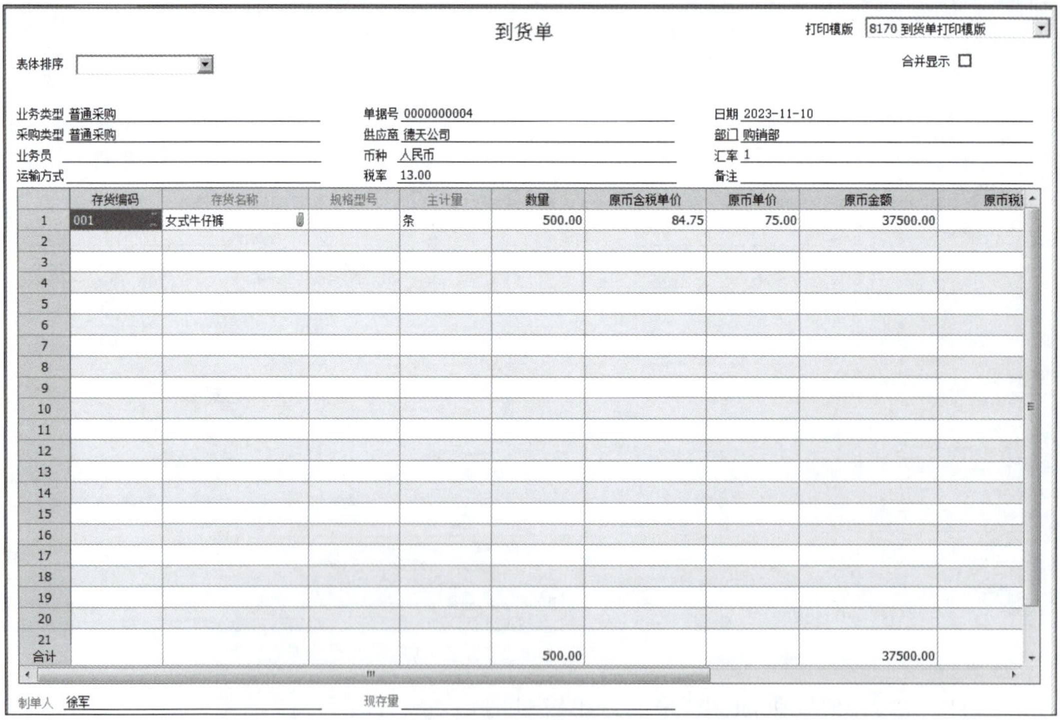

图 6-2-78　到货单(4)

3. 在库存管理系统中填制并审核采购入库单

以 301 身份于 2023-11-10 进入企业应用平台。

(1)进入库存管理系统,执行"入库业务"→"采购入库单"命令,进入"采购入库单"窗口。

(2)单击"生单"按钮,选择"采购到货单(蓝字)",打开"查询条件选择-采购到货单列表过滤"对话框,单击"确定"按钮,打开"到货单生单列表"窗口。

(3)在"到货单生单列表"窗口中,选择需要参照的到货单,生成下方"到货单生单表体",根据资料选择入库仓库,注意此处没有发票无价格,单击"确定"按钮,将到货单相关信息带入采购入库单,单击"保存"按钮。

(4)单击"审核"按钮,系统弹出"该单据审核成功!"提示信息,单击"确定"返回,如图 6-2-79 所示。

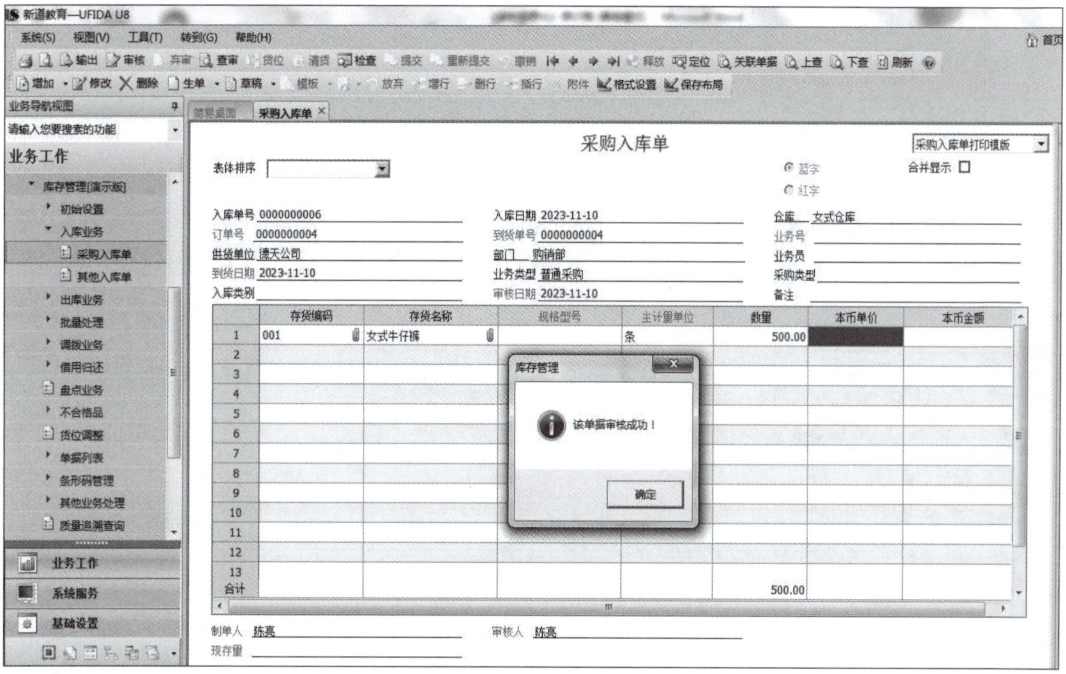

图 6-2-79 采购入库单(4)

4. 在存货核算系统录入暂估入库成本并记账

以 203 身份于 2023-11-10 进入企业应用平台。

(1)进入存货核算系统,执行"业务核算"→"暂估成本录入"命令,打开"查询条件选择"对话框,选择仓库,单击"确定"按钮,如图 6-2-80 所示,进入"暂估成本录入"窗口。

(2)输入单价,单击"保存"按钮,系统弹出"保存成功!"提示信息,单击"确定"按钮返回,如图 6-2-81 所示。

(3)在存货核算系统中,执行"业务核算"→"正常单据记账"命令,打开"查询条件选择"对话框。

(4)选择查询条件,单击"确定"按钮,进入"未记账单据一览表"窗口。如图 6-2-82 所示,选择要记账的单据,单击"记账"按钮,系统弹出"记账成功。"提示信息,单击"确定"按钮退出，关闭退出“正常单据记账列表”。

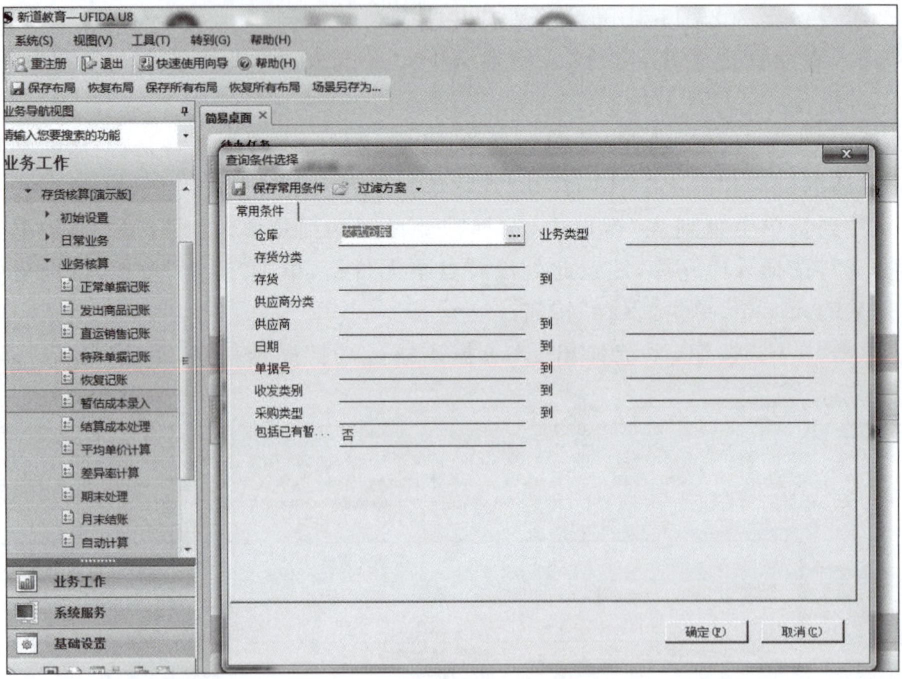

图 6-2-80 采购入库单成本成批录入查询

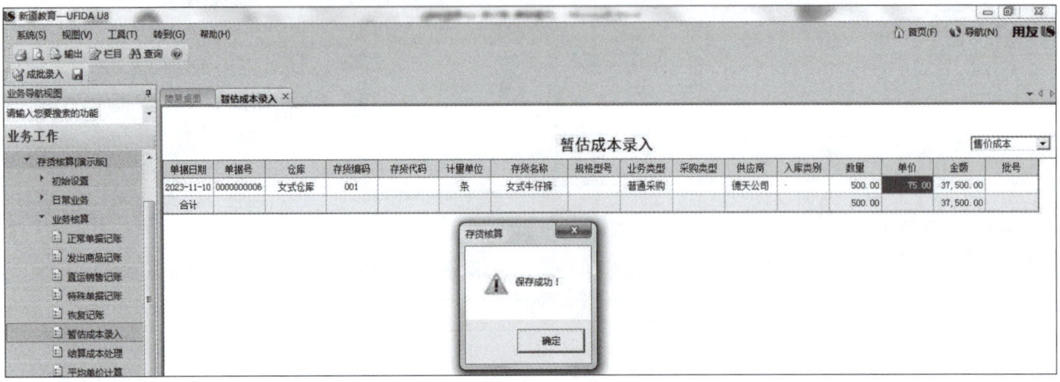

图 6-2-81 暂估录入

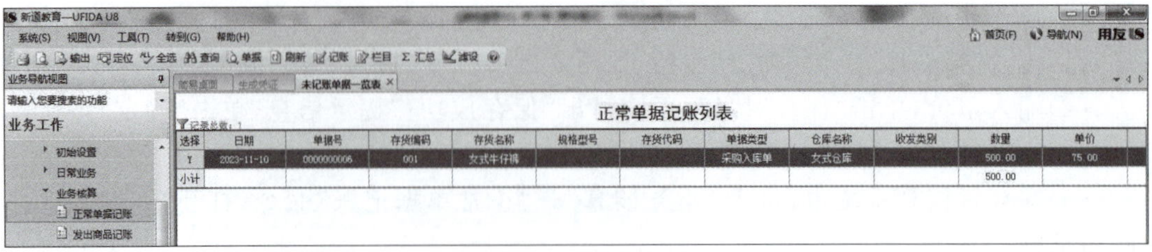

图 6-2-82 正常单据记账(4)

(5)执行“财务核算”→“生成凭证”命令，进入“生成凭证”窗口。单击工具栏上的“选择”按钮，打开“查询条件”对话框。

(6)选择“采购入库单(暂估记账)”，单击“确定”按钮，如图 6-2-83 所示。进入“选择单据”窗口(未生成凭证单据一览表)。单击“全选”按钮，再单击“确定”按钮，选择凭证类别为“转　转账凭证”，单击“生成”按钮，进入“填制凭证”窗口。

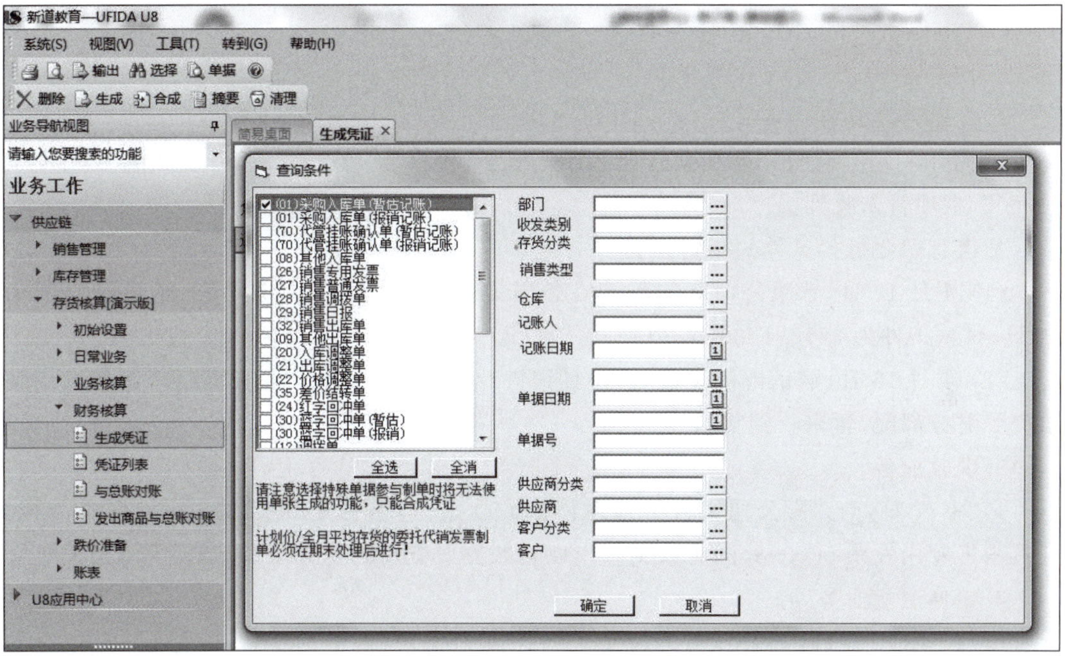

图 6-2-83　单据选择(2)

(7)在“1405 库存商品”科目下调入项目核算(Ctrl+S)，选择“女式牛仔”，单击“确定”按钮，再单击“保存”按钮，凭证左上角出现“已生成”标志，表示凭证已传递到总账管理系统，如图 6-2-84 所示。

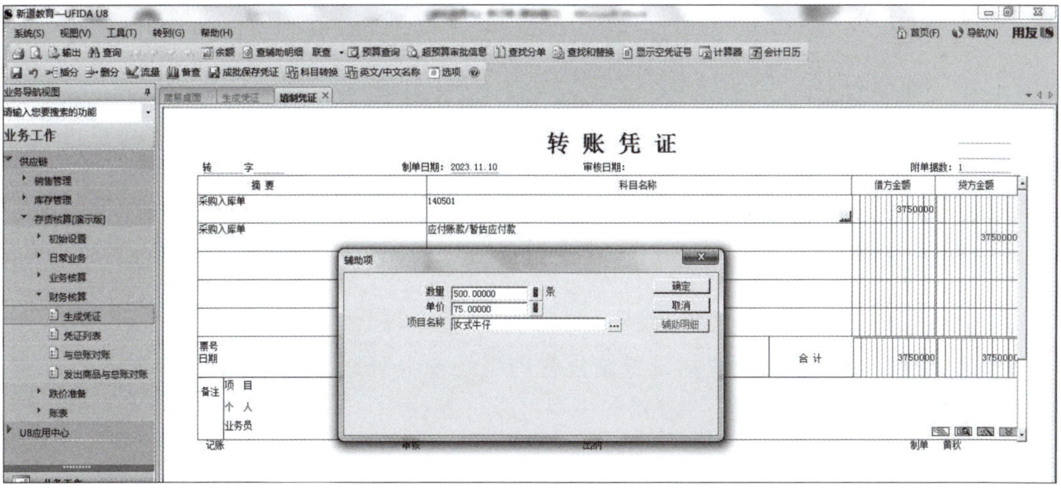

图 6-2-84　生成凭证(5)

项目三　销售管理

工作项目

1. 普通销售业务

11 月 14 日，兴隆公司购买女式西装裤 500 条，价格为 110 元/条，开具销售专用发票 560006，款项暂未收到。

2. 带有现金折扣条件的销售业务

(1)11 月 15 日，繁荣公司欲购买 300 条男式西装裤，价格为 170 元/条，发货日期为 16 日，付款条件为 2/10，1/20，n/30。

(2)11 月 16 日，购销部门发货，并开具销售专用发票 560007，业务部门将销售专用发票交予财务部门，暂未收到货款。

3. 现收业务

11 月 17 日，向兴隆公司销售男式牛仔裤 600 条，价格为 150 元/条，货物发出，同时开具销售专用发票 560008，同时收到客户以转账支票支付的全部货款，支票号 ZZ689。

4. 销售退货业务

(1)11 月 17 日，向繁荣公司销售女式牛仔裤 200 条，价格为 140 元/条，开具相应的专用发票 560009，货物发出，款项暂未收到。

(2)11 月 19 日，因质量不达标，繁荣公司退货 3 条女式牛仔裤，价格为 140 元/条，公司开具红字增值税专用发票，票号 430001。

工作要求

1. 引入账套数据。

2. 以 202 身份进入销售管理系统，以 203 身份进入存货核算系统，以 301 身份进入库存管理系统，以 402 身份进入应付款管理系统，以 401 身份进行单据审核。

任务一　销售管理系统基本内容

1. 销售管理系统初始设置

销售管理系统初始设置包括设置销售管理系统业务处理所需要的各种业务选项、基础档案信息及销售期初数据。

2. 销售业务处理

销售业务处理主要处理销售报价、销售订货、销售发货、销售开票、销售调拨、销售退回、发货折扣、委托代销、零售业务等，并根据审核后的发票或发货单自动生成销售出库单,处理随同货物销售所发生的各种代垫费用,以及在货物销售过程中发生的各种销售支出。

3. 销售账簿及销售分析

销售管理系统可以提供各种销售明细账、销售明细表及统计表。销售管理系统还提供各种销售分析及综合查询统计分析。

4. 普通销售业务处理

普通销售业务模式适用于大多数企业的日常销售业务,与其他系统一起,提供对销售报价、销售订货、销售发货、销售开票、销售出库、出库成本核算、应收账款确定及收款全过程的处理。用户也可以根据企业的实际业务应用,结合本系统对销售流程进行灵活配置。

(1)销售报价

销售报价是指企业向客户提供货品、规格、价格、结算方式等信息,双方达成协议后,销售报价单可以转为有效力的销售合同或销售订单。企业可以针对不同客户、不同存货、不同批量提出不同的报价、折扣率。在销售业务流程中,销售报价环节是可省略的。

(2)销售订货

销售订货是指企业与客户签订销售合同,在系统中体现为销售订单。若客户经常采购某产品,或客户是企业的经销商,则销售部门不必经过报价环节即可输入销售订单。如果前面已有对客户的报价,也可以参照报价单生成销售订单。在销售业务流程中,订货环节也是可选的。

(3)销售发货

销售发货是企业执行与客户签订的销售合同或销售订单,将货物发往客户的行为,是销售业务的执行阶段。除了根据销售订单发货外,销售管理系统也有直接发货的功能,即不需要事先录入销售订单,随时可以将产品发给客户。在销售业务流程中,销售发货处理是必需的。

先发货后开票模式中发货单由销售部门根据销售订单填制或手工输入,客户通过发货单取得货物所有权。发货单审核后,可以生成销售发票和销售出库单。开票直接发货模式中发货单由销售发票自动生成,发货单只可浏览,不能进行修改、删除、弃审等操作,但可以关闭、打开;销售出库单根据自动生成的发货单生成。

(4)销售开票

销售开票是在销售过程中企业给客户开具销售发票及其所附清单的过程,它是销售收入确定、销售成本计算、应交销售税金确定和应收账款确定的依据,是销售业务的必要环节。

销售发票既可以直接填制,也可以参照销售订单或销售发货单生成。参照销售发货单开票时,多张销售发货单可以汇总开票,一张销售发货单也可拆单生成多张销售发票。

(5)销售出库

销售出库是销售业务处理的必要环节,在库存管理系统主要用于存货出库数量的核算,在存货管理系统主要用于存货出库成本的核算(如果存货核算销售成本的核算选择依据销售出库单)。

根据参数设置的不同,销售出库单可在销售管理系统生成,也可在库存管理系统生成。如果由销售管理系统生成销售出库单，只能一次销售全部出库；而由库存管理系统生成销售出库单，可实现一次销售分次出库。

(6)出库成本核算

销售出库(开票)之后，要进行出库成本的确定。对于先进先出、后进先出、移动平均、个别计价这四种计价方式的存货在存货管理系统进行单据记账时，应进行出库成本核算；而全月平均法、计划价/售价法计价的存货在期末处理时进行出库成本核算。

(7)应收账款确定及收款处理

及时进行应收账款确定及收款处理是财务核算工作的基本要求，该工作由应收款管理系统完成。应收款管理系统主要完成对经营业务转入的应收款项的处理，提供各项应收款项的相关信息，以明确应收账款款项来源，有效掌握收款核销情况，提供适时的催款依据，提高资金周转率。

5. 销售退货业务处理

销售退货是指客户因质量、品种、数量不符合规定要求而将已购货物退回。

6. 现收业务处理

现收业务是指在销售货物的同时向客户收取货币资金的行为。在销售发票、销售调拨单和零售日报等销售结算单据中可以直接处理现收业务并结算。

销售业务流程如图 6-3-1 所示。

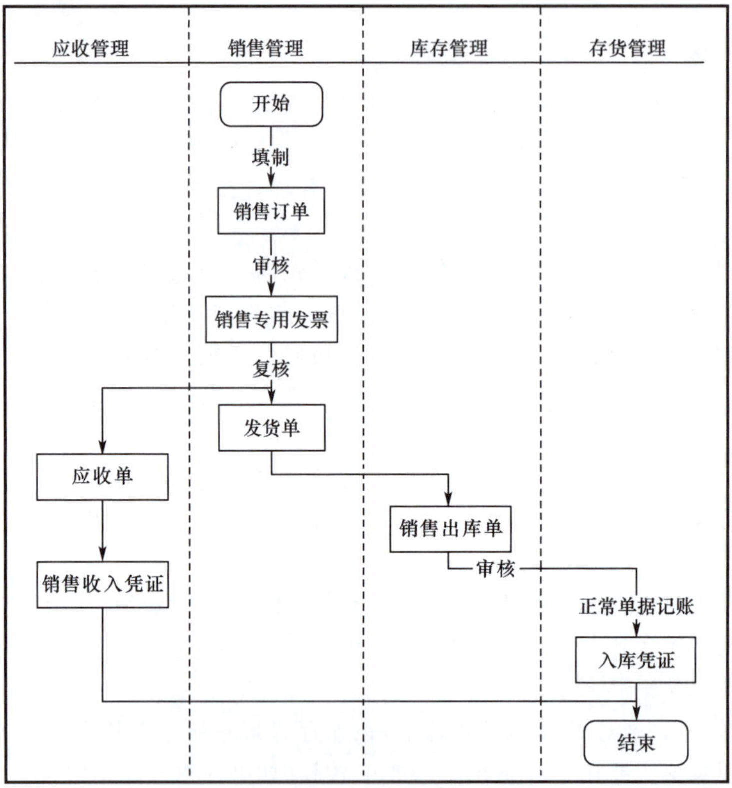

图 6-3-1 销售业务流程

任务二 销售业务

普通销售业务

一、普通销售业务

1. 在销售管理系统中填制并审核销售订单

以 202 身份于 2023-11-14 进入企业应用平台。

(1)选择“业务工作”→“供应链”→“销售管理”命令，进入销售管理系统，执行“销售订货”→“销售订单”命令，进入“销售订单”窗口。

(2)单击“增加”按钮，填制订单信息，再单击“保存”按钮。

(3)审核无误后单击“审核”按钮，订单底部出现审核人名字，如图 6-3-2 所示。

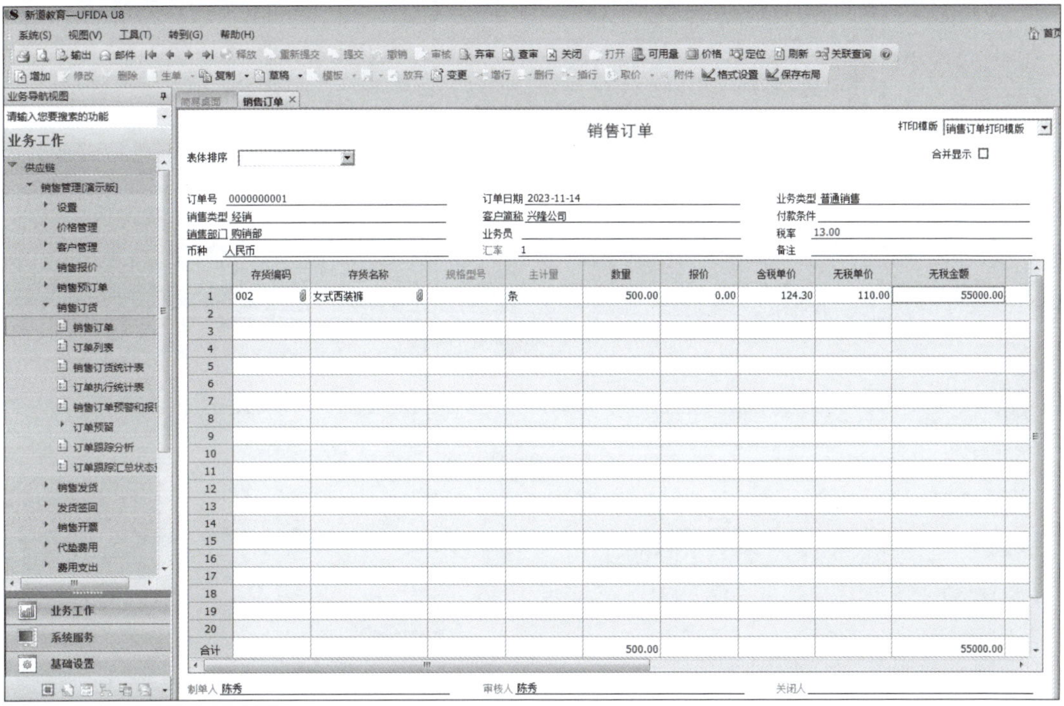

图 6-3-2 销售订单(1)

2. 在销售管理系统中生成销售专用发票

(1)在销售管理系统中，执行“销售开票”→“销售专用发票”命令，进入“销售专用发票”窗口。

(2)单击“增加”按钮，系统弹出“查询条件选择-参照订单”对话框，单击“确定”按钮，打开“参照生单”窗口，选择相应订单，如图 6-3-3 所示，单击“确定”按钮，将信息带入销售专用发票。

(3)在发票中填写发票号，选择仓库。单击“保存”按钮，再单击“复核”按钮，保存并审核销售专用发票，之后退出，如图 6-3-4 所示。

3. 生成并审核发货单

(1)在销售管理系统中，执行“销售发货”→“发货单”命令，进入“发货单”窗口。

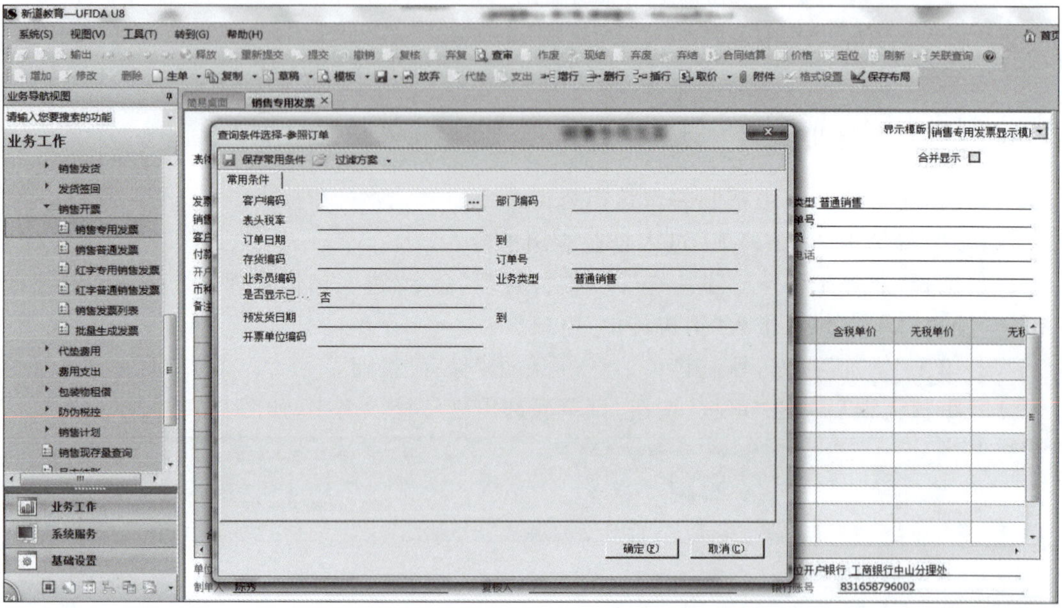

图 6-3-3 参照订单(1)

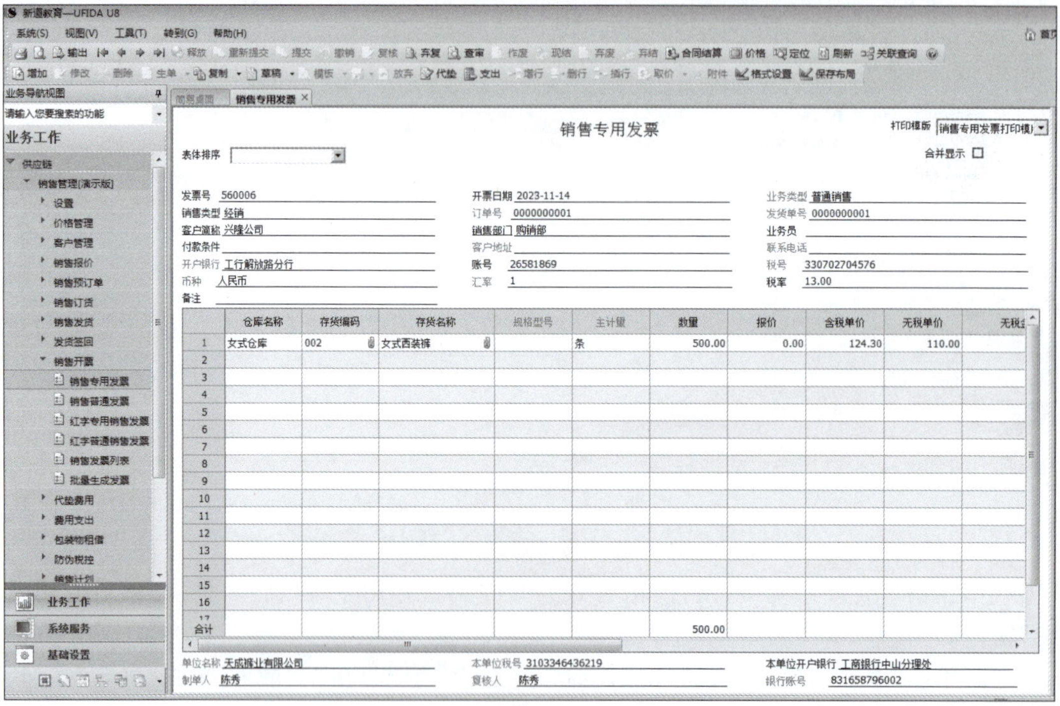

图 6-3-4 销售专用发票(1)

(2)单击“末张”按钮,可以查看系统根据销售专用发票自动生成的发货单,如图 6-3-5 所示。

4. 生成销售出库单

以 301 身份于 2023-11-14 进入企业应用平台。

(1)进入库存管理系统,执行“出库业务”→“销售出库单”命令,进入“销售出库单”窗口。

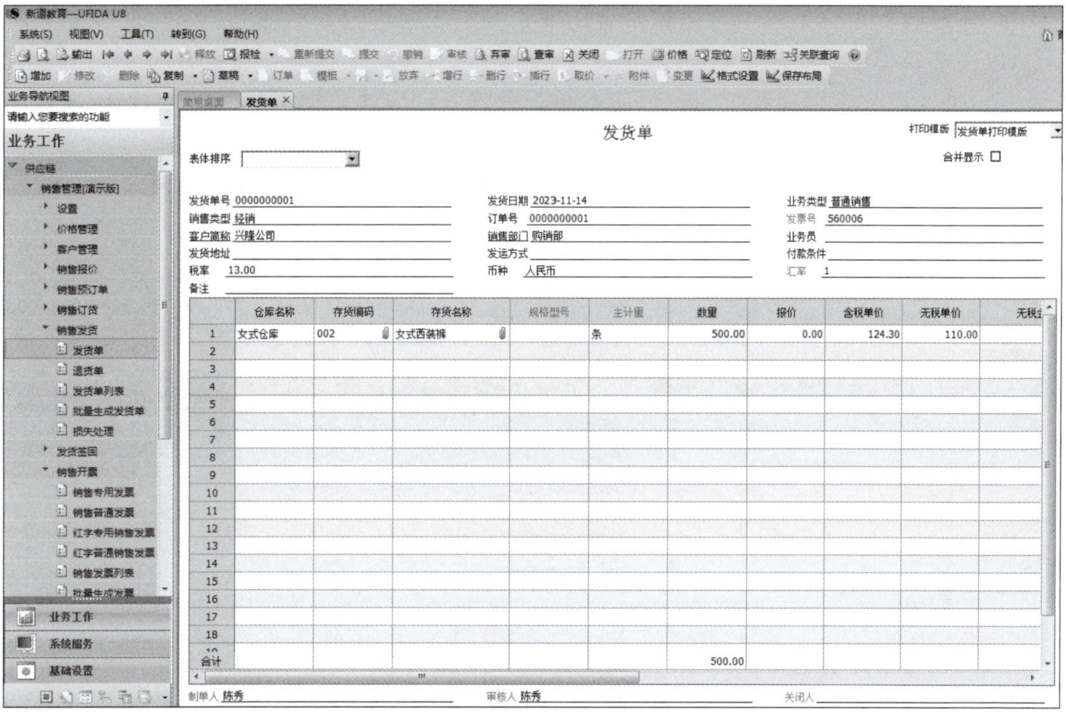

图 6-3-5 发货单(1)

(2)单击“末张”按钮,可以查看系统根据销售专用发票自动生成的销售出库单。

(3)单击“审核”按钮,系统弹出“该单据审核成功!”提示信息,单击“确定”按钮,之后退出,如图 6-3-6 所示。

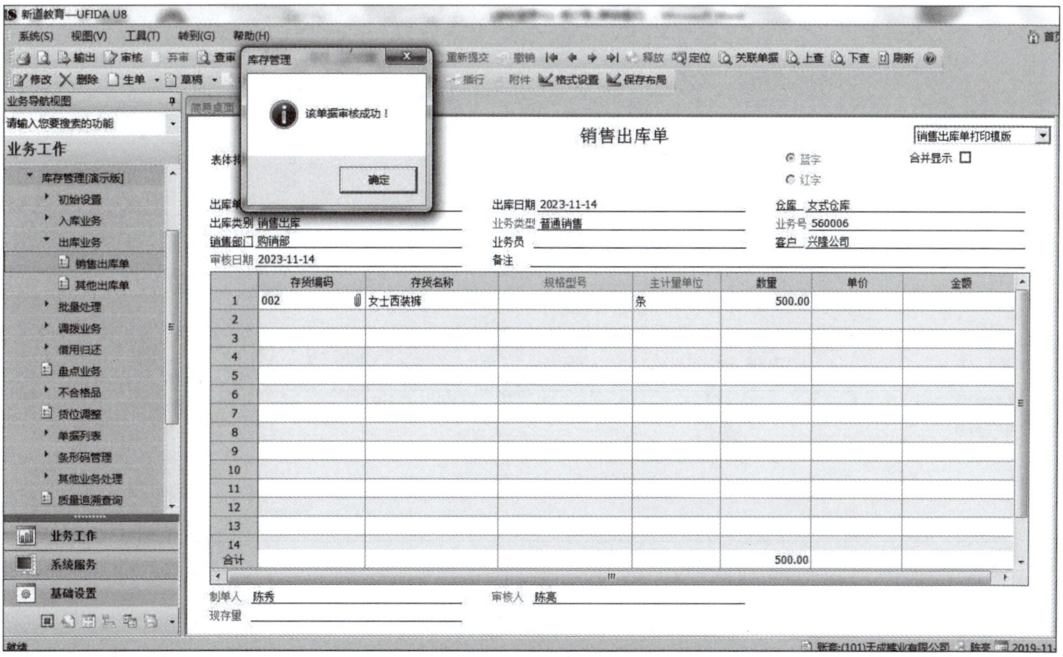

图 6-3-6 销售出库单(1)

5. 在应收款管理系统中审核销售专用发票并生成销售收入凭证

以 402 身份于 2023-11-14 进入企业应用平台。

（1）进入应收款管理系统，执行“应收单据处理”→“应收单据审核”命令，打开“应收单查询条件”对话框，单击“确定”按钮，进入“单据处理”窗口（即应收单据列表）。

（2）选择要审核的单据，单击“审核”按钮，系统弹出“审核结果”信息提示框，如图 6-3-7 所示。单击“确定”按钮返回，之后退出。

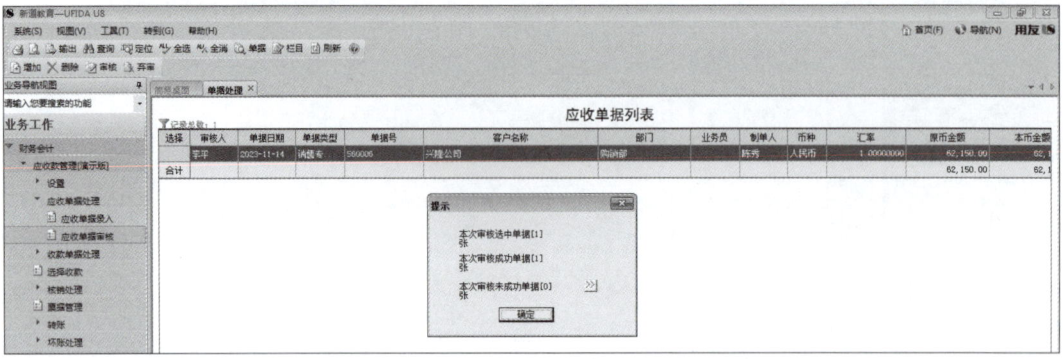

图 6-3-7　应收单据列表（1）

（3）执行“制单处理”命令，打开“制单查询”对话框。

（4）选中“发票制单”复选框，单击“确定”按钮，进入“制单”窗口。

（5）选择凭证类别为“转账凭证”，单击工具栏上的“全选”按钮，选择窗口中的单据，如图 6-3-8 所示。单击“制单”按钮，屏幕上出现根据发票生成的转账凭证。

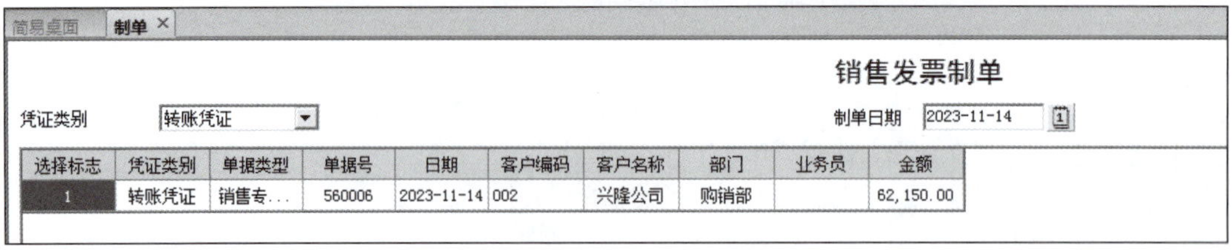

图 6-3-8　销售发票制单（1）

（6）单击“保存”按钮，凭证左上角显示“已生成”红字标记，表示已将凭证传递到总账管理系统，如图 6-3-9 所示。

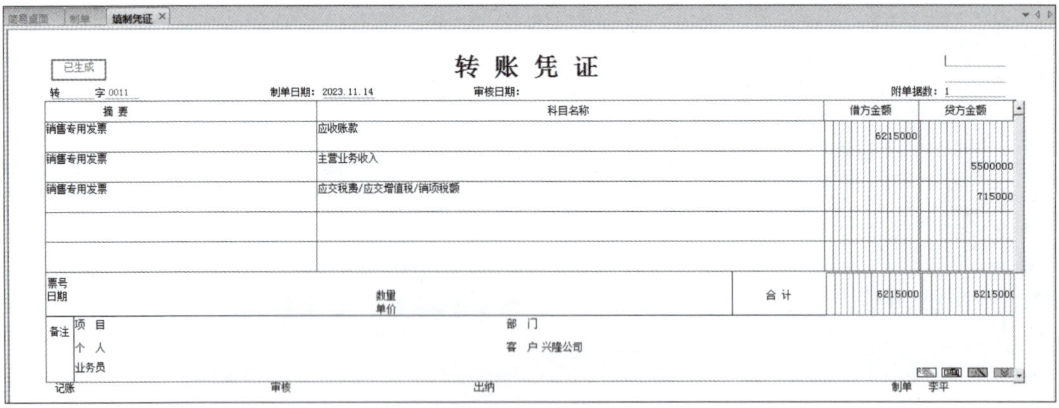

图 6-3-9　生成凭证（6）

6. 在存货核算系统中生成销售出库凭证

以 203 身份于 2023-11-14 进入企业应用平台。

(1)进入存货核算系统，执行“业务核算”→“正常单据记账”命令，打开“查询条件选择”对话框。

(2)选择查询条件，单击“确定”按钮，进入“未记账单据一览表”窗口(即正常单据记账列表)。

(3)单击需要记账的单据前的“选择”栏或单击工具栏上的“全选”按钮，选择所有单据，然后单击工具栏上的“记账”按钮，如图 6-3-10 所示。

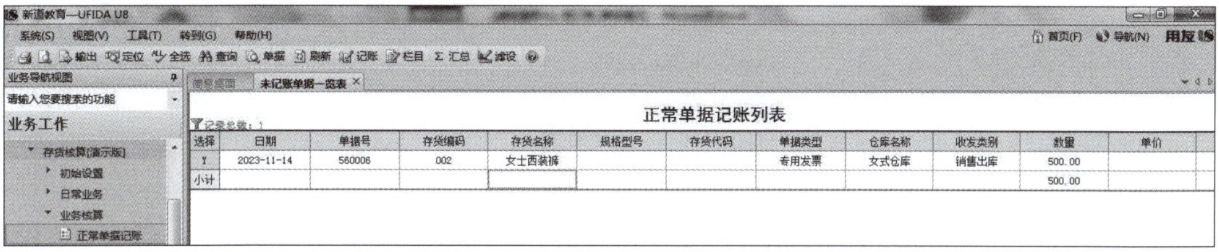

图 6-3-10 正常单据记账列表(1)

(4)系统开始进行单据记账，记账完成后，单据不在窗口中显示。

(5)执行“财务核算”→“生成凭证”命令，进入“生成凭证”窗口。

(6)单击“选择”按钮，打开“查询条件”对话框，如图 6-3-11 所示。

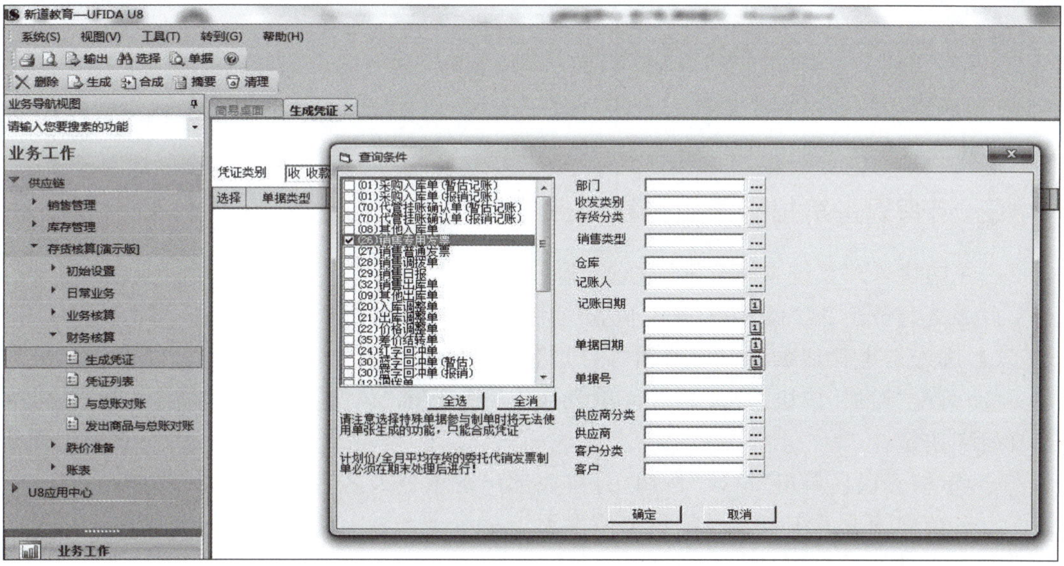

图 6-3-11 查询条件(5)

(7)单击“确定”按钮，进入“选择单据”窗口。

(8)单击需要生成凭证的单据前的“选择”栏或单击工具栏上的“全选”按钮，然后单击工具栏上的“确定”按钮，进入“生成凭证”窗口，如图 6-3-12 所示。

(9)选择凭证类别为“转 转账凭证”，此处显示有两笔出库业务，本仓库采用先进先出法核算，因此分为月初结存 100 条和 11 月 5 日购入的 1 000 条两个批次发货。可单击“合成”按钮，生成一张转账凭证，选择(Ctrl+S)项目名称，如图 6-3-13 所示。

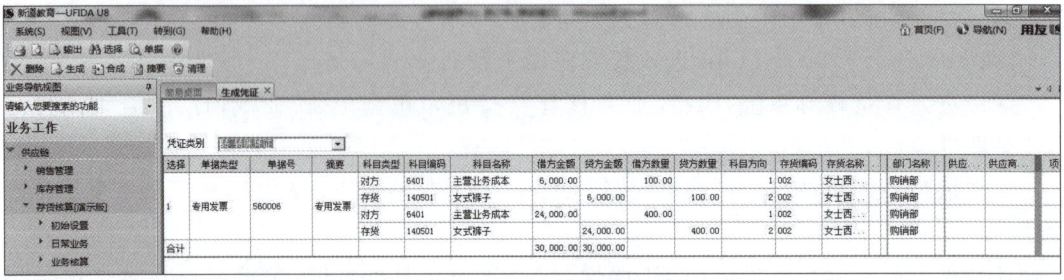

图 6-3-12　生成凭证(7)

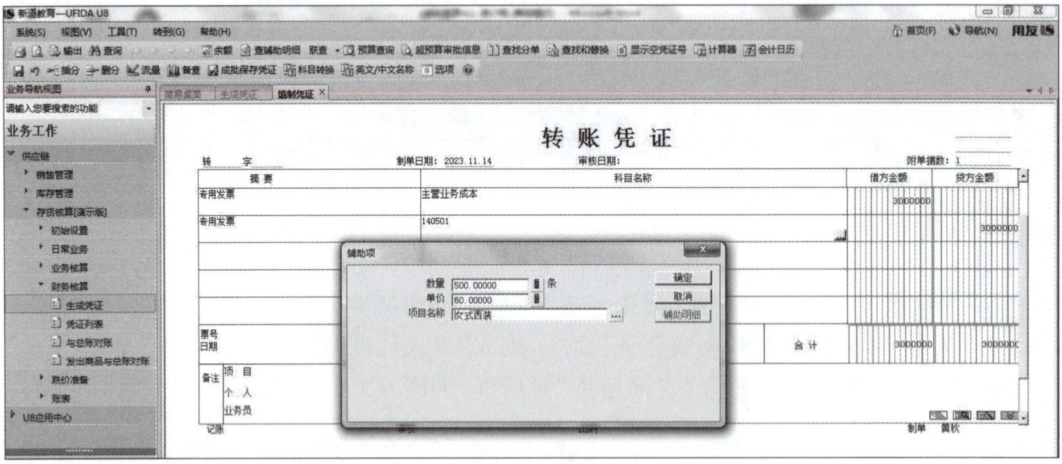

图 6-3-13　凭证生成(1)

(10)确定无误后，单击工具栏上的“保存”按钮，凭证左上角显示“已生成”红字标记，表示已将凭证传递到总账管理系统。

带有现金折扣的销售业务

二、带有现金折扣的普通销售业务

1. 在销售管理系统中填制并审核销售订单

以 202 身份于 2023-11-15 进入企业应用平台。

(1)进入销售管理系统，执行“销售订货”→“销售订单”命令，进入“销售订单”窗口。

(2)单击“增加”按钮，修改销售订单表体中第一行末“预发货日期”，填制订单信息，单击“保存”按钮。

(3)审核无误后单击“审核”按钮，订单底部出现审核人名字，如图 6-3-14 所示。

2. 在销售管理系统中生成销售专用发票

以 202 身份于 2023-11-16 进入企业应用平台。

(1)在销售管理系统中，执行“销售开票”→“销售专用发票”命令，进入“销售专用发票”窗口。

(2)单击“增加”按钮，系统弹出“查询条件选择-参照订单”对话框，如图 6-3-15 所示。单击“确定”按钮，在打开的窗口中选择相应订单，单击“确定”按钮，将信息带入销售专用发票。

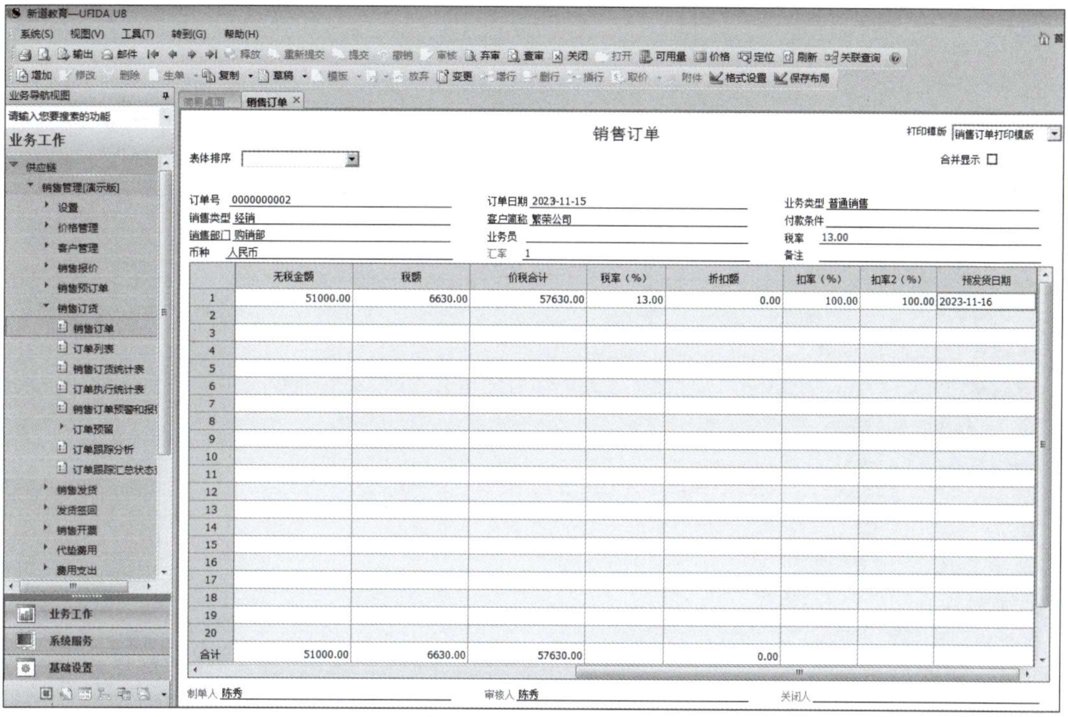

图 6-3-14　销售订单(2)

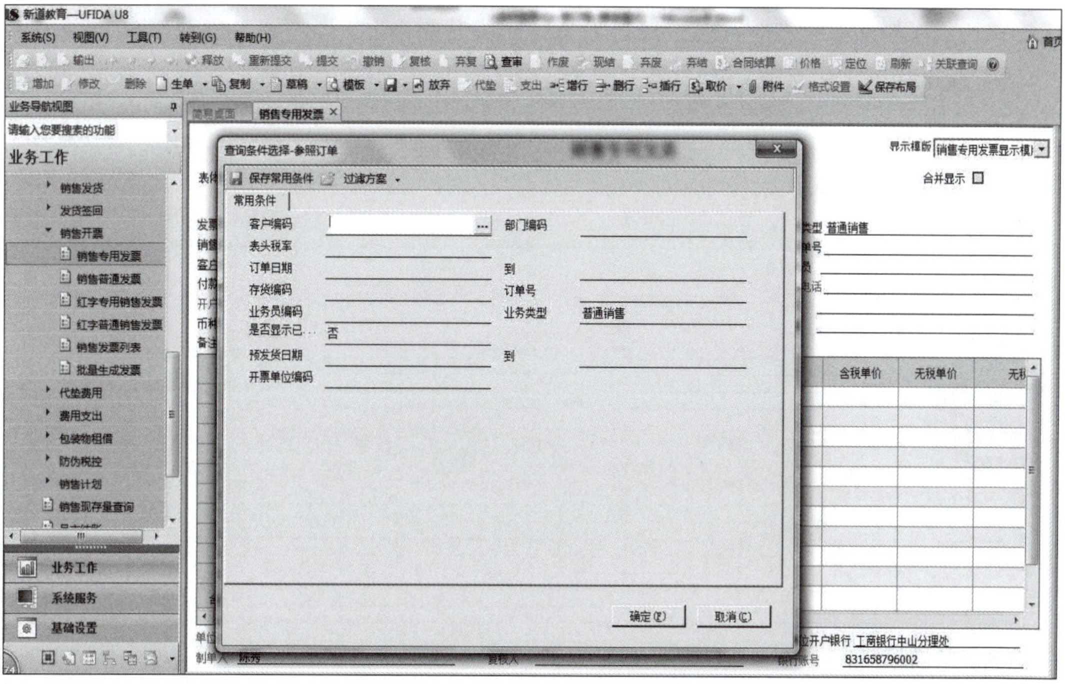

图 6-3-15　参照订单(2)

(3)在发票中填写发票号，选择仓库，输入付款条件。单击“保存”按钮，再单击“复核”按钮，保存并审核销售专用发票，之后退出，如图 6-3-16 所示。

图 6-3-16　销售专用发票(2)

3. 生成并审核发货单

(1)在销售管理系统中,执行“销售发货”→“发货单”命令,进入“发货单”窗口。

(2)单击“末张”按钮,可以查看系统根据销售专用发票自动生成的发货单,如图 6-3-17 所示。

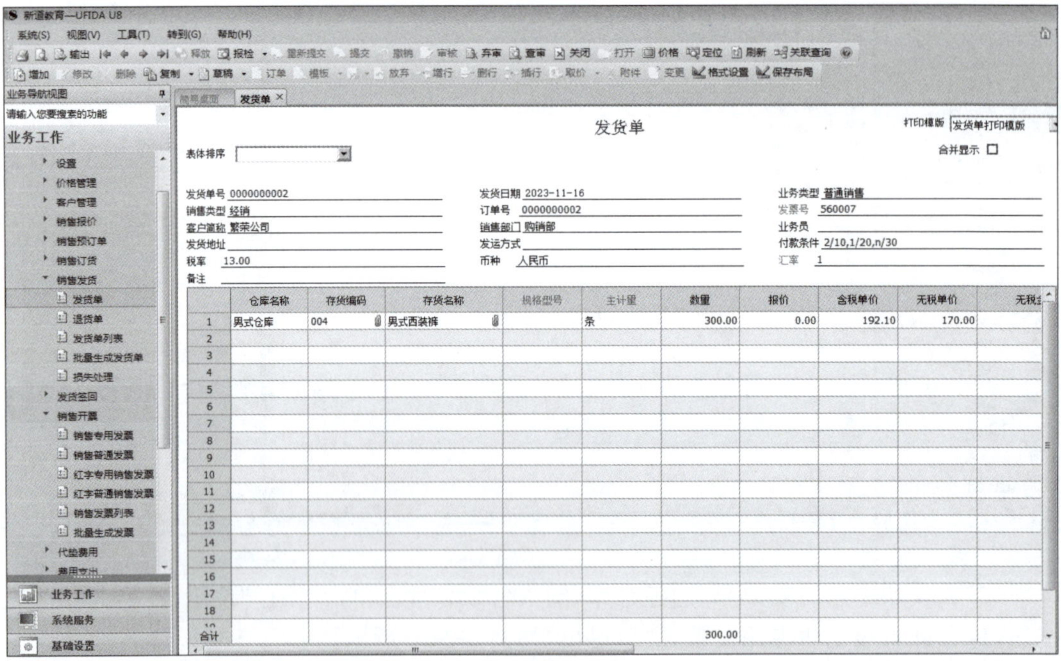

图 6-3-17　发货单(2)

4. 生成销售出库单

以 301 身份于 2023-11-16 进入企业应用平台。

(1)进入库存管理系统,执行"出库业务"→"销售出库单"命令,进入"销售出库单"窗口。

(2)单击"末张"按钮,可以查看系统根据销售专用发票自动生成的销售出库单。

(3)单击"审核"按钮,系统弹出"该单据审核成功!"提示信息,单击"确定"按钮,之后退出,如图 6-3-18 所示。

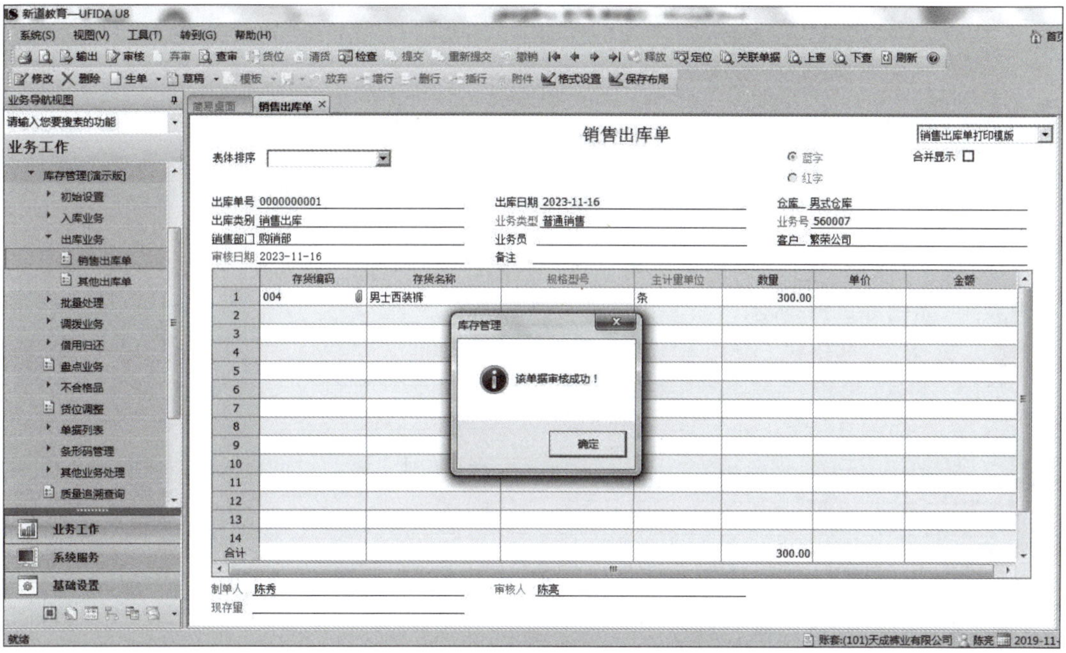

图 6-3-18 销售出库单(2)

5. 在应收款管理系统中审核销售专用发票并生成销售收入凭证

以 402 身份于 2023-11-16 进入企业应用平台。

(1)进入应收款管理系统,执行"应收单据处理"→"应收单据审核"命令,打开"应收单查询条件"对话框,单击"确定"按钮,进入"单据处理"窗口(即应收单据列表),如图 6-3-19 所示。

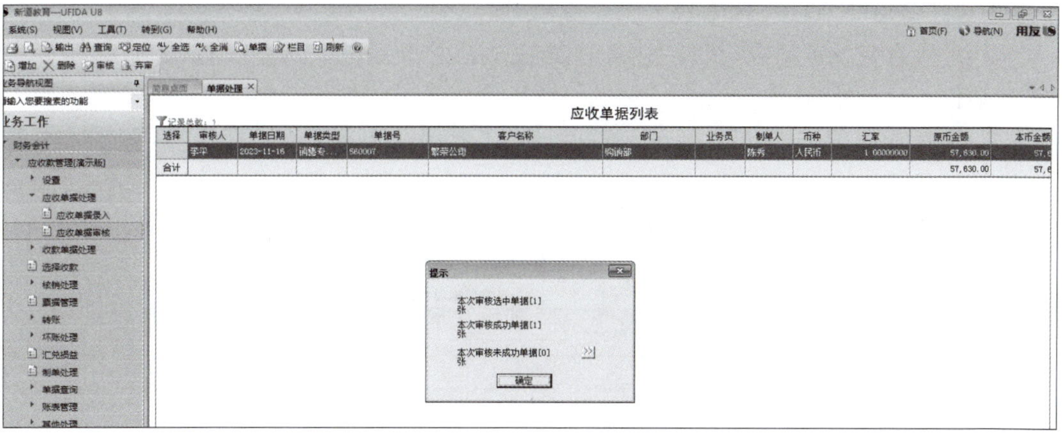

图 6-3-19 应收单据列表(2)

(2)选择要审核的单据，单击“审核”按钮，系统弹出“审核结果”信息提示框，单击“确定”按钮返回，之后退出。

(3)执行“制单处理”命令，打开“制单查询”对话框。

(4)选中“发票制单”复选框，单击“确定”按钮，进入“制单”窗口。

(5)选择凭证类别为“转账凭证”，单击工具栏上的“全选”按钮，选择窗口中的单据，如图 6-3-20 所示，单击“制单”按钮，屏幕上出现根据发票生成的转账凭证。

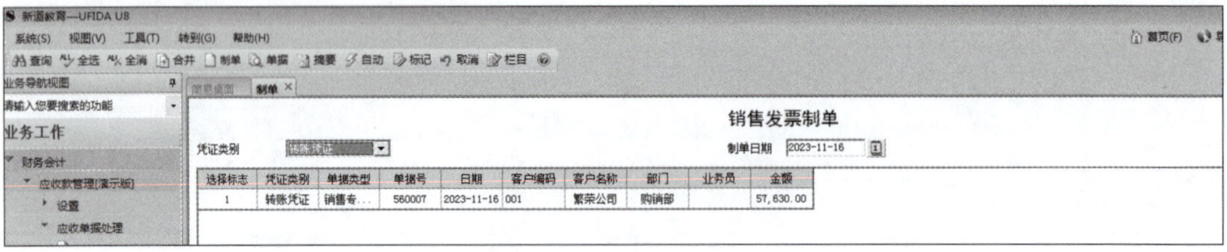

图 6-3-20 销售发票制单(2)

(6)单击“保存”按钮，凭证左上角显示“已生成”红字标记，表示已将凭证传递到总账管理系统，如图 6-3-21 所示。

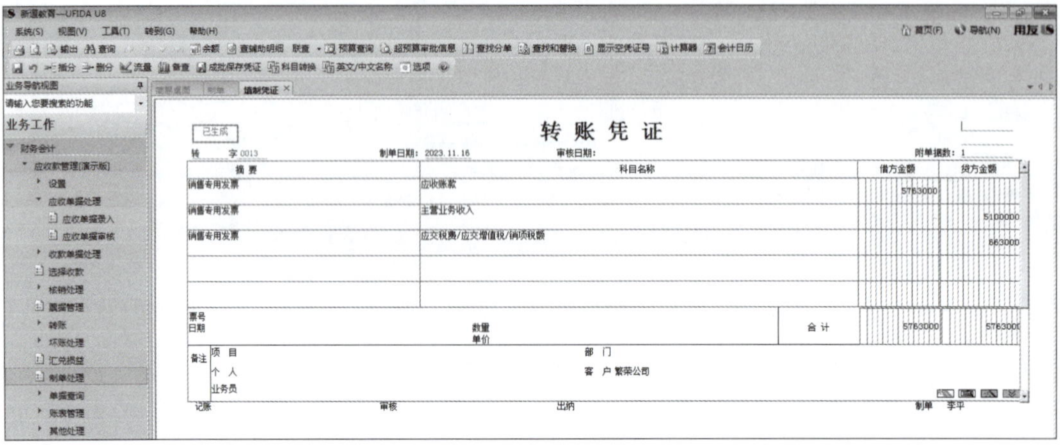

图 6-3-21 生成凭证(8)

6. 在存货核算系统中生成销售出库凭证

以 203 身份于 2023-11-16 进入企业应用平台。

(1)进入存货核算系统，执行“业务核算”→“正常单据记账”命令，打开“查询条件选择”对话框。

(2)选择查询条件，单击“确定”按钮，进入“未记账单据一览表”窗口，如图 6-3-22 所示。

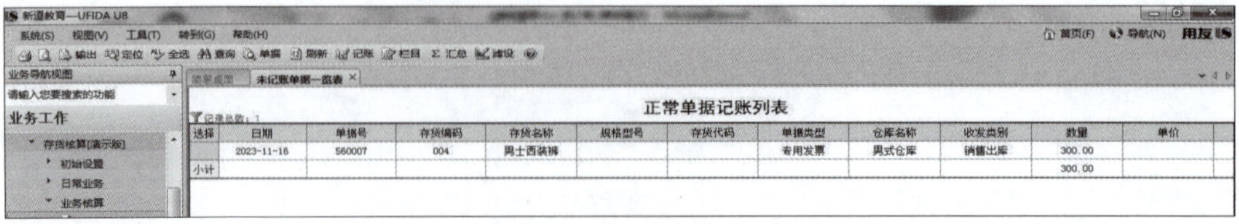

图 6-3-22 正常单据记账列表(2)

(3)单击需要记账的单据前的“选择”栏或单击工具栏上的“全选”按钮，选择所有单据，然后单击工具栏上的“记账”按钮。

(4)系统开始进行单据记账，记账完成后，单据不在窗口中显示。

(5)执行“财务核算”→“生成凭证”命令，进入“生成凭证”窗口。

(6)单击“选择”按钮，打开“查询条件”对话框，如图 6-3-23 所示。

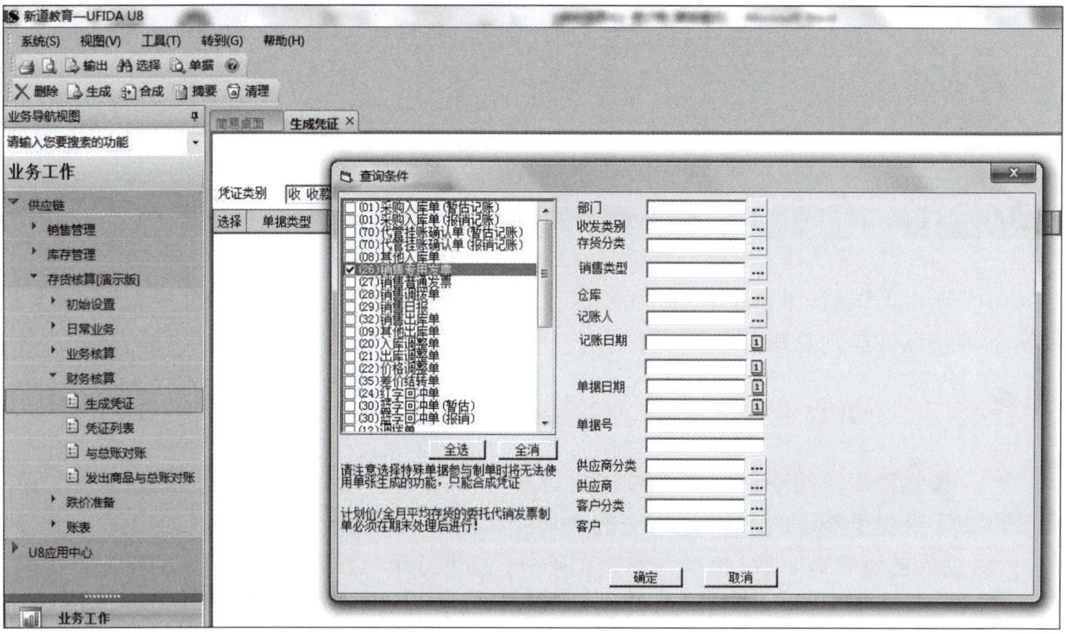

图 6-3-23 查询条件(6)

(7)单击“确定”按钮，进入“选择单据”窗口。

(8)单击需要生成凭证的单据前的“选择”栏或单击工具栏上的“全选”按钮，然后单击工具栏上的“确定”按钮，进入“生成凭证”窗口，如图 6-3-24 所示。

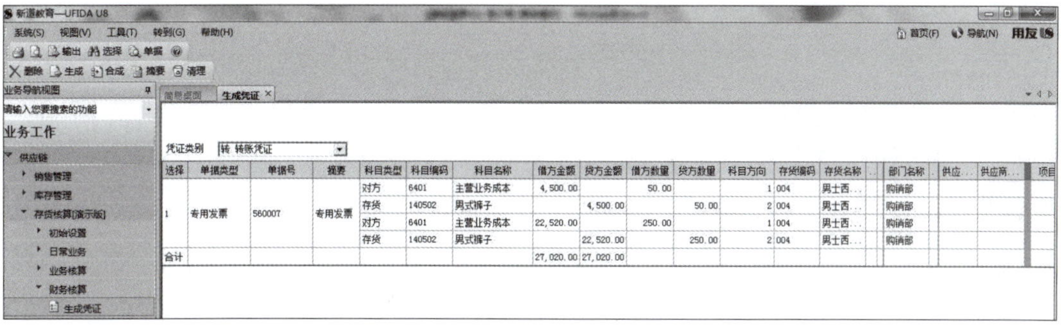

图 6-3-24 生成凭证(9)

(9)选择凭证类别为“转 转账凭证”，此处显示有两笔出库业务，本仓库采用先进先出法核算，因此分为月初结存 50 条和 11 月 8 日购入的 1200 条两个批次发货。可单击“合成”按钮，生成一张转账凭证，选择(Ctrl+S)项目名称，如图 6-3-25 所示。

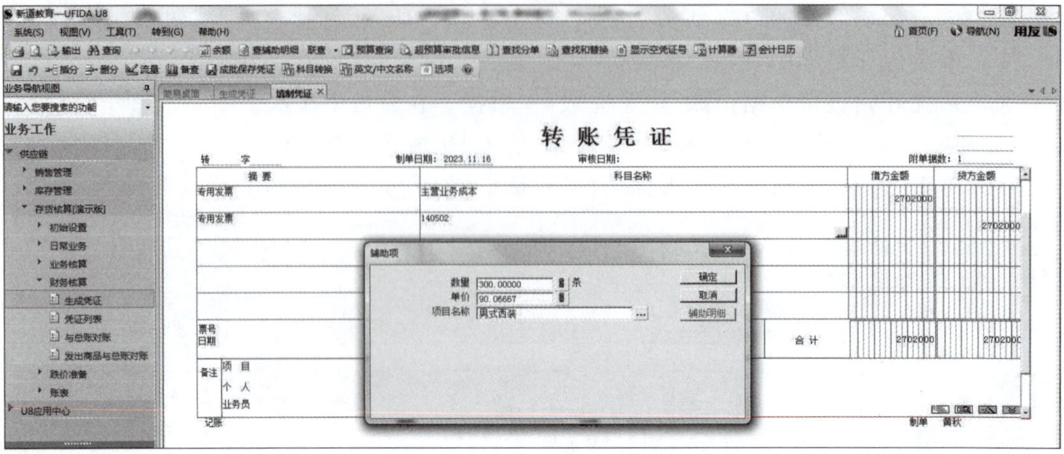

图 6-3-25 凭证生成(2)

(10)确定无误后，单击工具栏上的“保存”按钮，凭证左上角显示“已生成”红字标记，表示已将凭证传递到总账管理系统。

现收业务

任务三 现收业务

1. 在销售管理系统中填制并审核销售订单

以 202 身份于 2023-11-17 进入企业应用平台。

(1)进入销售管理系统，执行“销售订货”→“销售订单”命令，进入“销售订单”窗口。

(2)单击“增加”按钮，填制订单信息，完成后单击“保存”按钮。

(3)审核无误后单击“审核”按钮，订单底部出现审核人名字，如图 6-3-26 所示。

图 6-3-26 销售订单(3)

2. 在销售管理系统中生成销售专用发票

（1）在销售管理系统中，执行“销售开票”→“销售专用发票”命令，进入“销售专用发票”窗口。

（2）单击“增加”按钮，系统弹出“查询条件选择-参照订单”对话框，单击“确定”按钮，在打开的窗口中选择相应订单，单击“确定”按钮，将信息带入销售专用发票。在发票中填写发票号，选择仓库。单击“保存”按钮，如图 6-3-27 所示。

图 6-3-27 销售专用发票(3)

（3）单击“现结”按钮，打开“现结”对话框，按照信息录入，如图 6-3-28 所示，单击“确定”按钮。

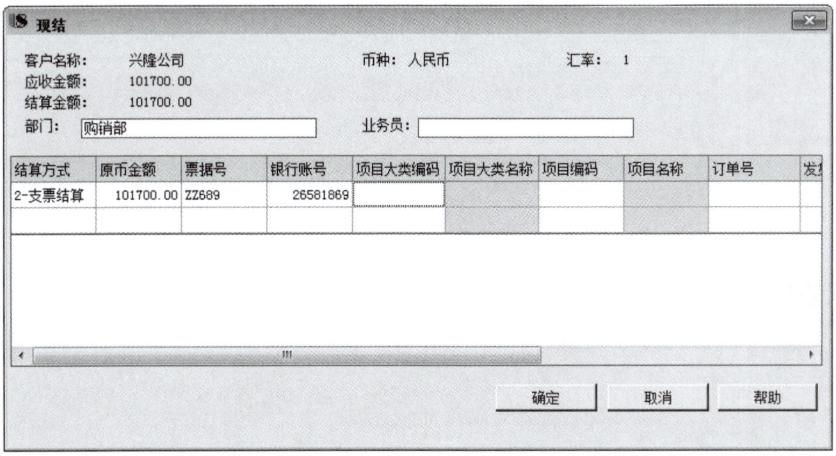

图 6-3-28 现结

(4)单击“复核”按钮，保存并审核销售专用发票，之后退出，如图 6-3-29 所示。

图 6-3-29 已现结发票

3. 生成并审核发货单

(1)在销售管理系统中，执行“销售发货”→“发货单”命令，进入“发货单”窗口。

(2)单击“末张”按钮，可以查看系统根据销售专用发票自动生成的发货单，如图 6-3-30 所示。

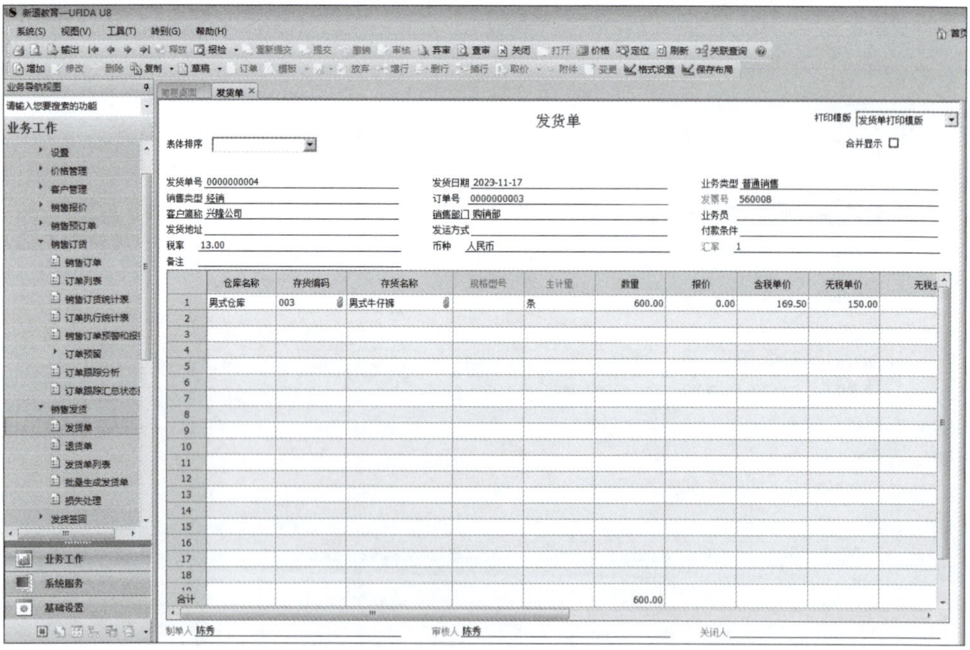

图 6-3-30 发货单(3)

4. 生成销售出库单

以 301 身份于 2023-11-17 进入企业应用平台。

(1)进入库存管理系统,执行“出库业务”→“销售出库单”命令,进入“销售出库单”窗口。

(2)单击“末张”按钮,可以查看系统根据销售专用发票自动生成的销售出库单。

(3)单击“审核”按钮,系统弹出“该单据审核成功!”提示信息,单击“确定”按钮,之后退出,如图 6-3-31 所示。

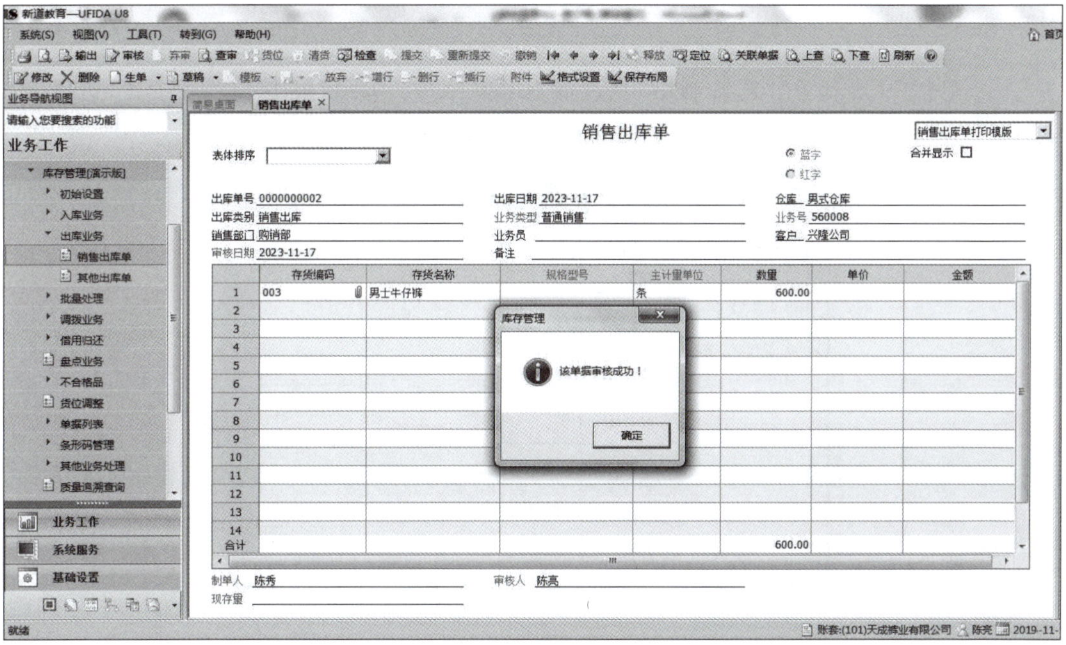

图 6-3-31 销售出库单(3)

5. 在应收款管理系统中审核销售专用发票并生成销售收入凭证

以 402 身份于 2023-11-17 进入企业应用平台。

(1)进入应收款管理系统,执行“应收单据处理”→“应收单据审核”命令,打开“应收单查询条件”对话框,勾选“包含已现结发票”复选框,如图 6-3-32 所示,单击“确定”按钮,进入“单据处理”窗口(即应收单据列表)。

(2)选择要审核的单据,如图 6-3-33 所示,单击“审核”按钮,系统弹出“审核结果”信息提示框,单击“确定”按钮返回,之后退出。

(3)执行“制单处理”命令,打开“制

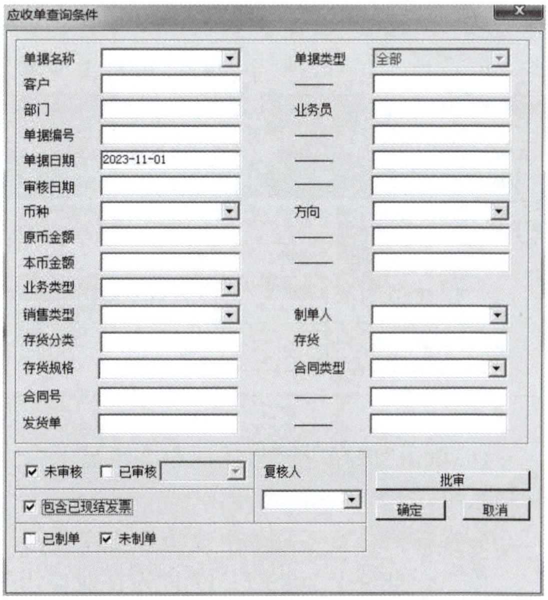

图 6-3-32 应收单查询条件

单查询”对话框。

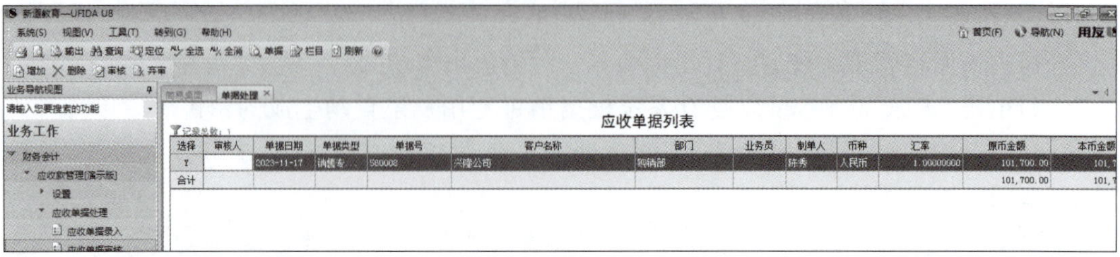

图 6-3-33　应收单据列表(3)

(4)选中“发票制单”“现结制单”复选框，如图 6-3-34 所示，单击“确定”按钮，进入“制单”窗口。

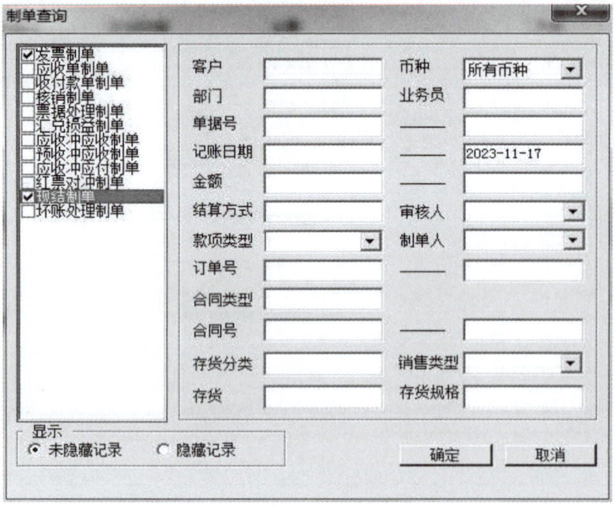

图 6-3-34　制单查询(1)

(5)选择凭证类别为“收款凭证”，单击工具栏上的“全选”按钮，选择窗口中的单据，如图 6-3-35 所示，单击“制单”按钮，屏幕上出现根据销售专用发票生成的收款凭证。

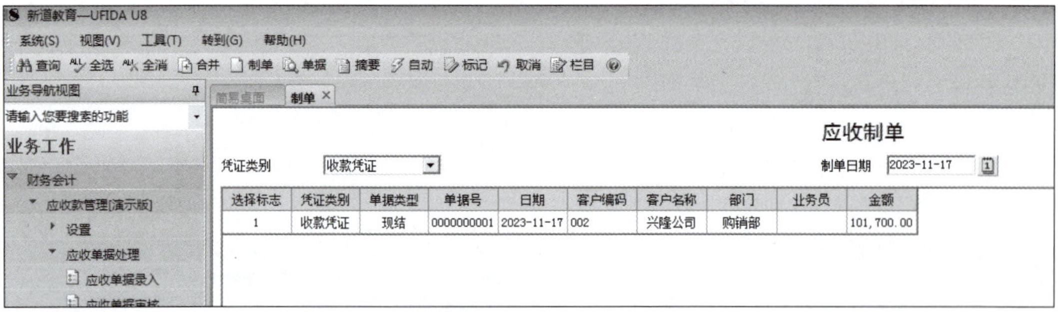

图 6-3-35　应收制单

(6)单击“保存”按钮，凭证左上角显示“已生成”红字标记，表示已将凭证传递到总账管理系统，如图 6-3-36 所示。

6. 在存货核算系统中生成销售出库凭证

以 203 身份于 2023-11-17 进入企业应用平台。

(1)进入存货核算系统，执行“业务核算”→“正常单据记账”命令，打开“查询条件选择”对话框。

(2)选择查询条件,单击“确定”按钮,进入“未记账单据一览表”窗口。

图 6-3-36 生成凭证(10)

(3)单击需要记账的单据前的“选择”栏或单击工具栏上的“全选”按钮,选择所有单据,然后单击工具栏上的“记账”按钮,如图 6-3-37 所示。

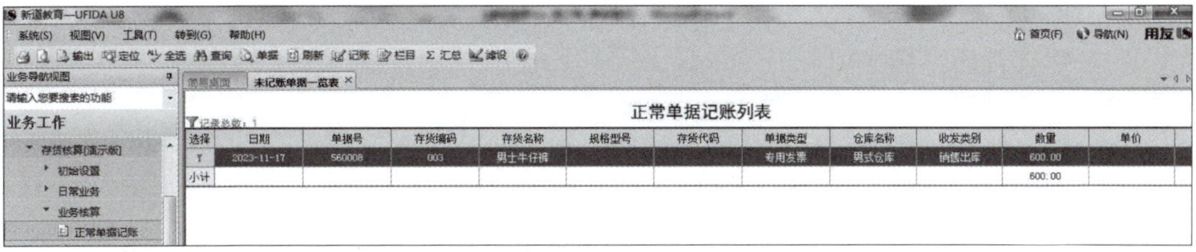

图 6-3-37 正常单据记账列表(3)

(4)系统开始进行单据记账,记账完成后,单据不在窗口中显示。

(5)执行“财务核算”→“生成凭证”命令,进入“生成凭证”窗口。

(6)单击“选择”按钮,打开“查询条件”对话框。

(7)单击“确定”按钮,进入“选择单据”窗口。

(8)单击需要生成凭证的单据前的“选择”栏或单击工具栏上的“全选”按钮,然后单击工具栏上的“确定”按钮,进入“生成凭证”窗口,如图 6-3-38 所示。

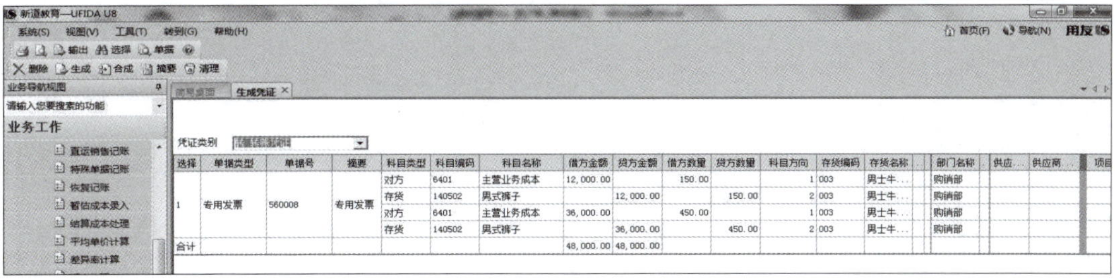

图 6-3-38 生成凭证(11)

(9)选择凭证类别为“转 转账凭证”,此处显示有两笔出库业务,本仓库采用先进先出法核算,因此分为月初结存 150 条和 11 月 6 日购入的 1500 条两个批次发货。可单击“合成”按钮,生成一张转账凭证,选择(Ctrl+S)项目名称,如图 6-3-39 所示。

(10)确定无误后,单击工具栏上的“保存”按钮,凭证左上角显示“已生成”红字标记,表示已将凭证传递到总账管理系统。

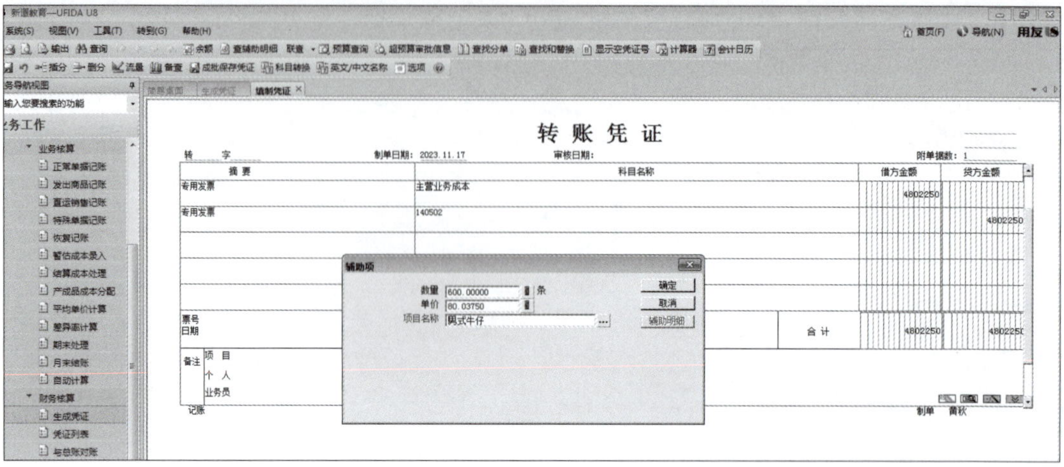

图 6-3-39　凭证生成(3)

任务四　销售退货业务

销售退货业务

1. 在销售管理系统中填制并审核销售订单

以 202 身份于 2023-11-17 进入企业应用平台。

(1)进入销售管理系统，执行“销售订货”→“销售订单”命令，进入“销售订单”窗口。

(2)单击“增加”按钮，填制订单信息，完成后单击“保存”按钮。

(3)审核无误后单击“审核”按钮，订单底部出现审核人名字，如图 6-3-40 所示。

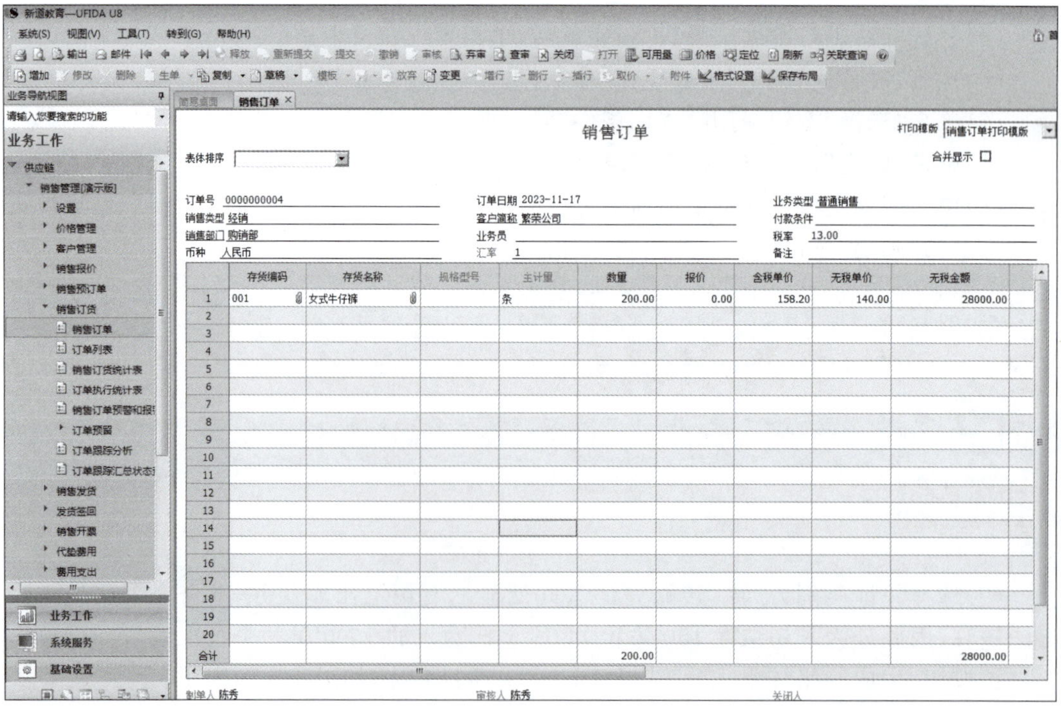

图 6-3-40　销售订单(4)

2. 在销售管理系统中生成销售专用发票

(1)在销售管理系统中，执行“销售开票”→“销售专用发票”命令，进入“销售专用发票”窗口。

(2)单击“增加”按钮，系统弹出“查询条件选择-参照订单”对话框，单击“确定”按钮，在打开的窗口中选择相应订单，单击“确定”按钮，将信息带入销售专用发票。在发票中填写发票号，选择仓库。单击“保存”按钮。

(3)单击“复核”按钮，保存并审核销售专用发票，如图 6-3-41 所示，之后退出。

销售专用发票

打印模版 销售专用发票打印模

表体排序　　合并显示 □

发票号 560009　开票日期 2023-11-17　业务类型 普通销售
销售类型 经销　订单号 0000000004　发货单号 0000000005
客户简称 繁荣公司　销售部门 购销部　业务员
付款条件　客户地址　联系电话
开户银行 工行新华街分行　账号 26581051　税号 330702704186
币种 人民币　汇率 1　税率 13.00
备注

	仓库名称	存货编码	存货名称	规格型号	主计量	数量	报价	含税单价	无税单价	无税金
1	女式仓库	001	女式牛仔裤		条	200.00	0.00	158.20	140.00	
2										
3										
4										
5										
6										
7										
8										
9										
10										
11										
12										
13										
14										
15										
16										
合计						200.00				

单位名称 天成裤业有限公司　本单位税号 3103346436219　本单位开户银行 工商银行中山分理处
制单人 陈秀　复核人 陈秀　银行账号 831658796002

图 6-3-41　销售专用发票(4)

3. 生成并审核发货单

(1)在销售管理系统中，执行“销售发货”→“发货单”命令，进入“发货单”窗口。

(2)单击“末张”按钮，可以查看系统根据销售专用发票自动生成的发货单，如图 6-3-42 所示。

4. 生成销售出库单

以 301 身份于 2023-11-17 进入企业应用平台。

(1)进入库存管理系统，执行“出库业务”→“销售出库单”命令，进入“销售出库单”窗口。

(2)单击“末张”按钮，可以查看系统根据销售专用发票自动生成的销售出库单。

(3)单击“审核”按钮，系统弹出“该单据审核成功!”提示信息，单击“确定”按钮，之后退出，如图 6-3-43 所示。

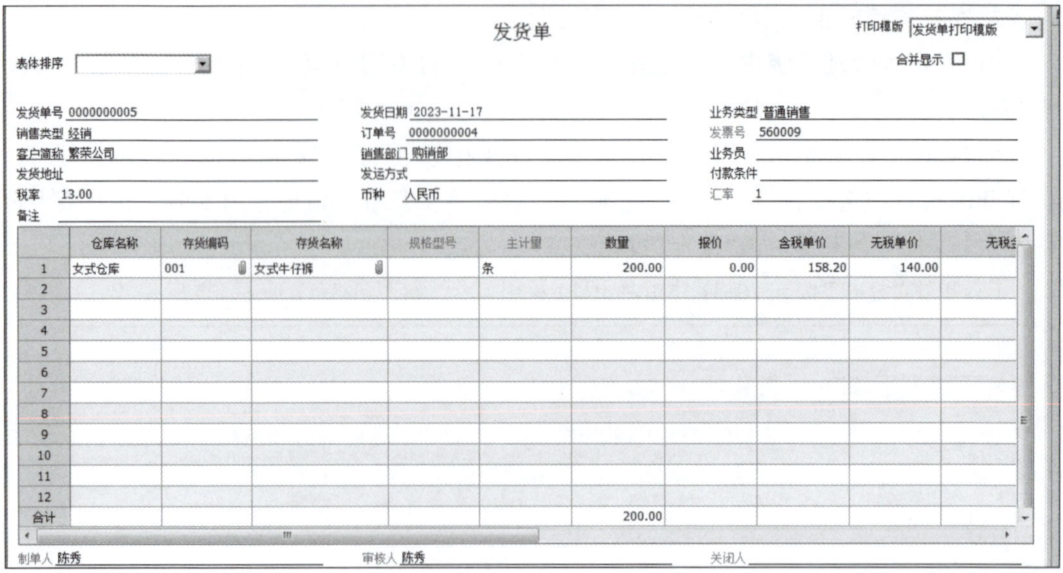

图 6-3-42　发货单(4)

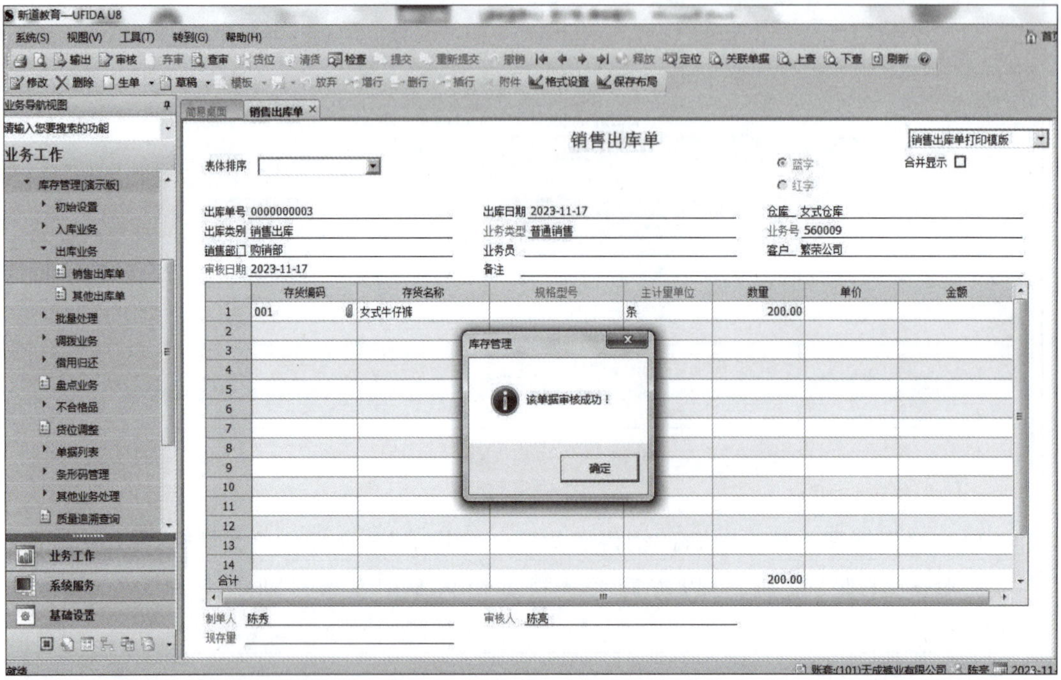

图 6-3-43　销售出库单(4)

5. 在应收款管理系统中审核销售专用发票并生成销售收入凭证

以 402 身份于 2023-11-17 进入企业应用平台。

(1)进入应收款管理系统，执行“应收单据处理”→“应收单据审核”命令，打开“应收单查询条件”对话框，单击“确定”按钮，进入“单据处理”窗口(即应收单据列表)。

(2)选择要审核的单据，如图 6-3-44 所示，单击“审核”按钮，系统弹出“审核结果”信息提示框，单击“确定”按钮返回，之后退出。

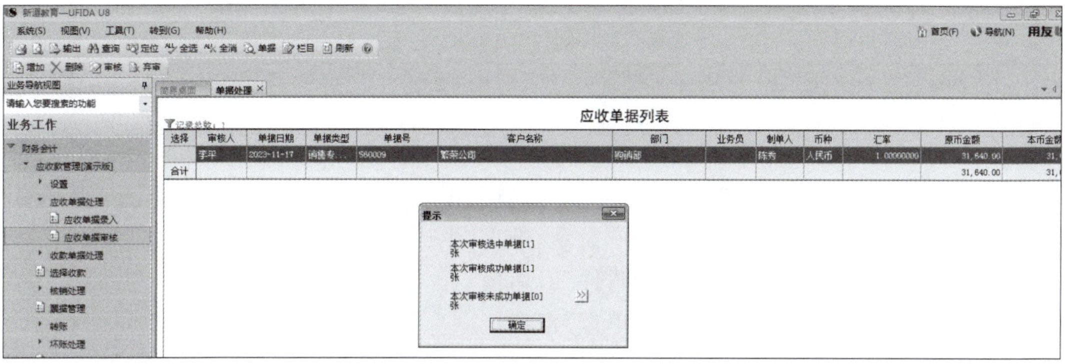

图 6-3-44 应收单据列表(4)

(3)执行“制单处理”命令,打开“制单查询”对话框。

(4)选中“发票制单”复选框,单击“确定”按钮,进入“制单”窗口。

(5)选择凭证类别为“转账凭证”,单击工具栏上的“全选”按钮,选择窗口中的单据,如图 6-3-45 所示,单击“制单”按钮,屏幕上出现根据销售专用发票生成的转账凭证。

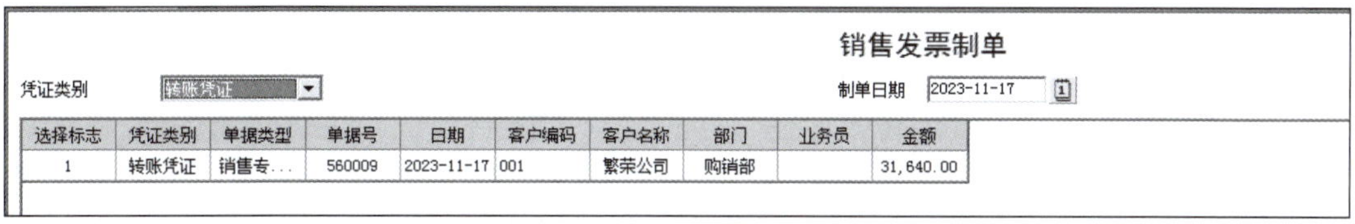

图 6-3-45 销售发票制单(3)

(6)单击“保存”按钮,凭证左上角显示“已生成”红字标记,表示已将凭证传递到总账管理系统,如图 6-3-46 所示。

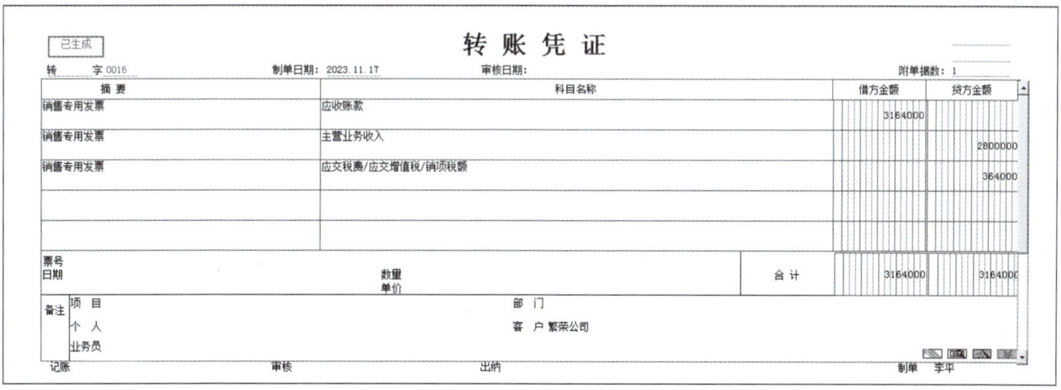

图 6-3-46 生成凭证(12)

6. 在存货核算系统中生成销售出库凭证

以 203 身份于 2023-11-17 进入企业应用平台。

(1)进入存货核算系统,执行“业务核算”→“正常单据记账”命令,打开“查询条件选择”对话框。

(2)选择查询条件,单击“确定”按钮,进入“未记账单据一览表”窗口。

(3)单击需要记账的单据前的“选择”栏或单击工具栏上的“全选”按钮,选择所有单据,然后单击工具栏上的“记账”按钮,如图 6-3-47 所示。

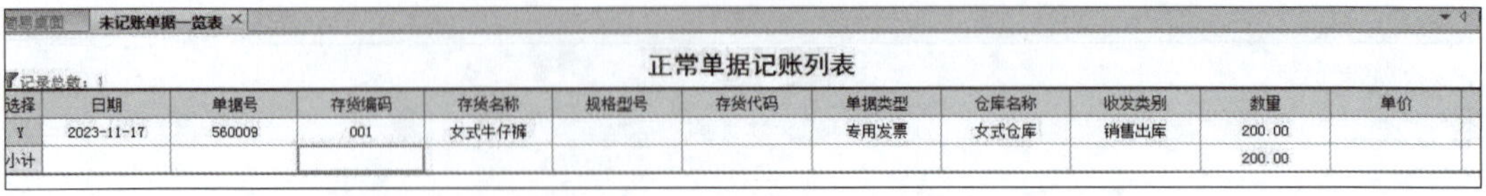

简易桌面 | 未记账单据一览表

正常单据记账列表

记录总数：1

选择	日期	单据号	存货编码	存货名称	规格型号	存货代码	单据类型	仓库名称	收发类别	数量	单价
Y	2023-11-17	560009	001	女式牛仔裤			专用发票	女式仓库	销售出库	200.00	
小计										200.00	

图 6-3-47　正常单据记账列表(4)

(4)系统开始进行单据记账，记账完成后，单据不在窗口中显示。

(5)执行“财务核算”→“生成凭证”命令，进入“生成凭证”窗口。

(6)单击“选择”按钮，打开“查询条件”对话框。

(7)单击“确定”按钮，进入“选择单据”窗口。

(8)单击需要生成凭证的单据前的“选择”栏或单击工具栏上的“全选”按钮，然后单击工具栏上的“确定”按钮，进入“生成凭证”窗口，如图 6-3-48 所示。

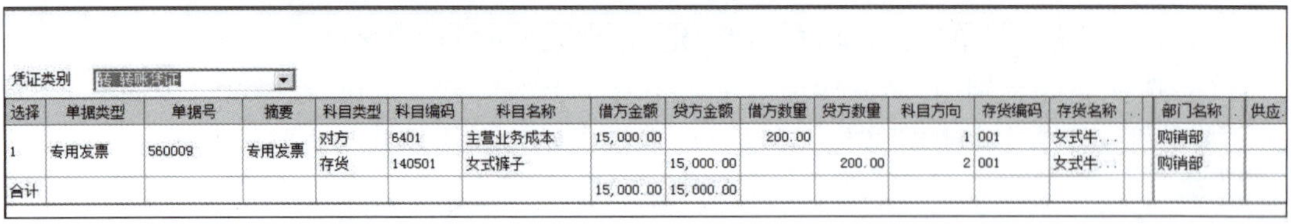

凭证类别　转 转账凭证

选择	单据类型	单据号	摘要	科目类型	科目编码	科目名称	借方金额	贷方金额	借方数量	贷方数量	科目方向	存货编码	存货名称	…	部门名称	.	供应
1	专用发票	560009	专用发票	对方	6401	主营业务成本	15,000.00		200.00		1	001	女式牛...		购销部		
				存货	140501	女式裤子		15,000.00		200.00	2	001	女式牛...		购销部		
合计							15,000.00	15,000.00									

图 6-3-48　生成凭证(13)

(9)选择凭证类别为“转　转账凭证”，单击“生成”按钮，生成一张转账凭证，选择(Ctrl＋S)项目名称。

(10)确定无误后，单击工具栏上的“保存”按钮，凭证左上角显示“已生成”红字标记，表示已将凭证传递到总账管理系统，如图 6-3-49 所示。

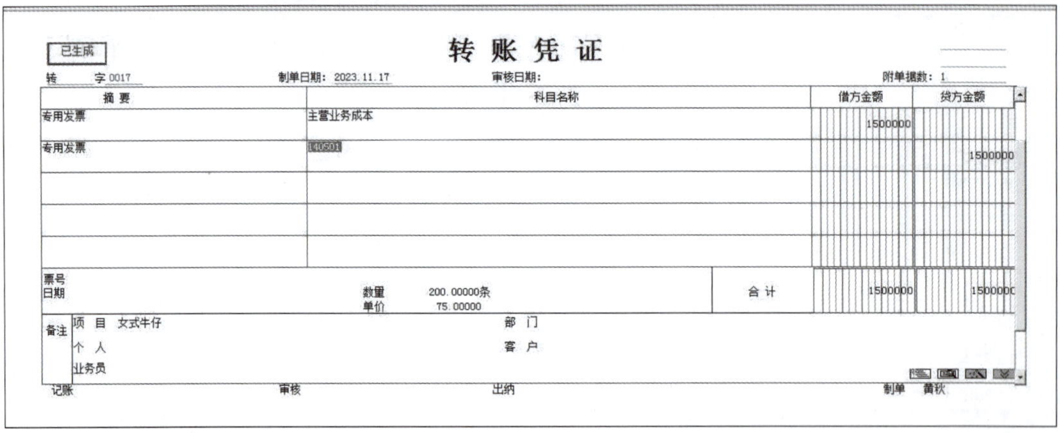

已生成

转账凭证

转　字 0017　制单日期：2023.11.17　审核日期：　附单据数：1

摘要	科目名称	借方金额	贷方金额
专用发票	主营业务成本	1500000	
专用发票	140501		1500000
票号 日期　数量 200.00000条 单价 75.00000	合计	1500000	1500000

备注　项目　女式牛仔　部门

个人　客户

业务员

记账　审核　出纳　制单　黄秋

图 6-3-49　凭证保存(1)

7. 发生退货填制红字销售专用发票

以 202 身份于 2023-11-19 进入企业应用平台。

(1)进入销售管理系统，执行“销售开票”→“红字专用销售发票”命令，打开“销售专用发票”窗口。

(2)单击“增加”按钮，参照对应 17 日繁荣公司订单，输入发票号，选择仓库，修改数量为“－3”，单击“保存”按钮，再单击“复核”按钮，结果如图 6-3-50 所示。

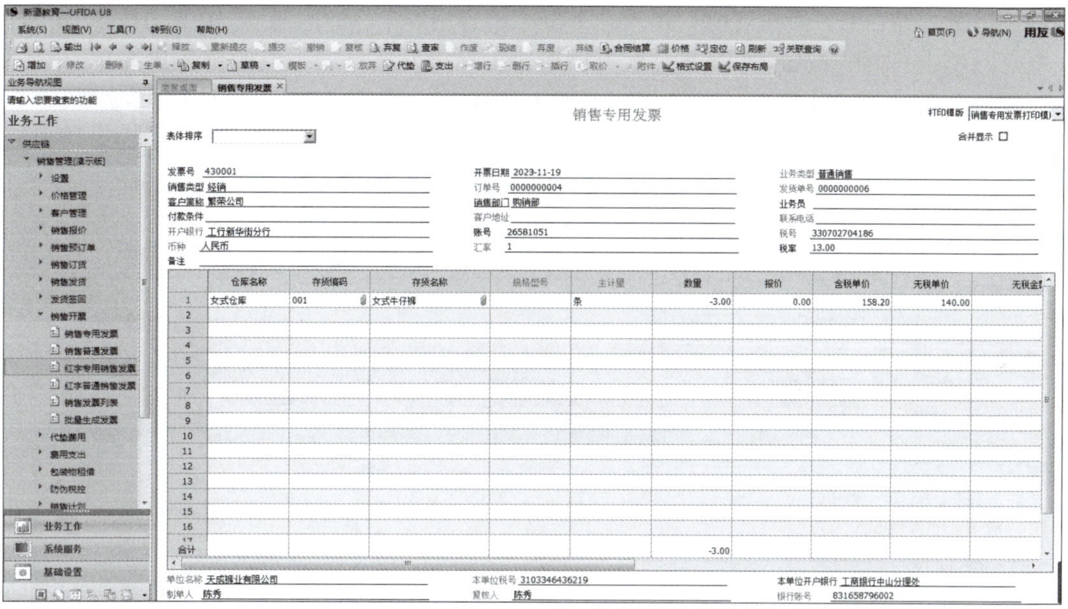

图 6-3-50 红字销售专用发票

8. 生成并审核退货单

(1)在销售管理系统中，执行“销售发货”→“退货单”命令，进入“退货单”窗口。

(2)单击“末张”按钮，可以查看系统根据销售专用发票自动生成的退货单。

(3)单击“审核”按钮，系统弹出“该单据审核成功!”提示信息，单击“确定”按钮，之后退出，如图 6-3-51 所示。

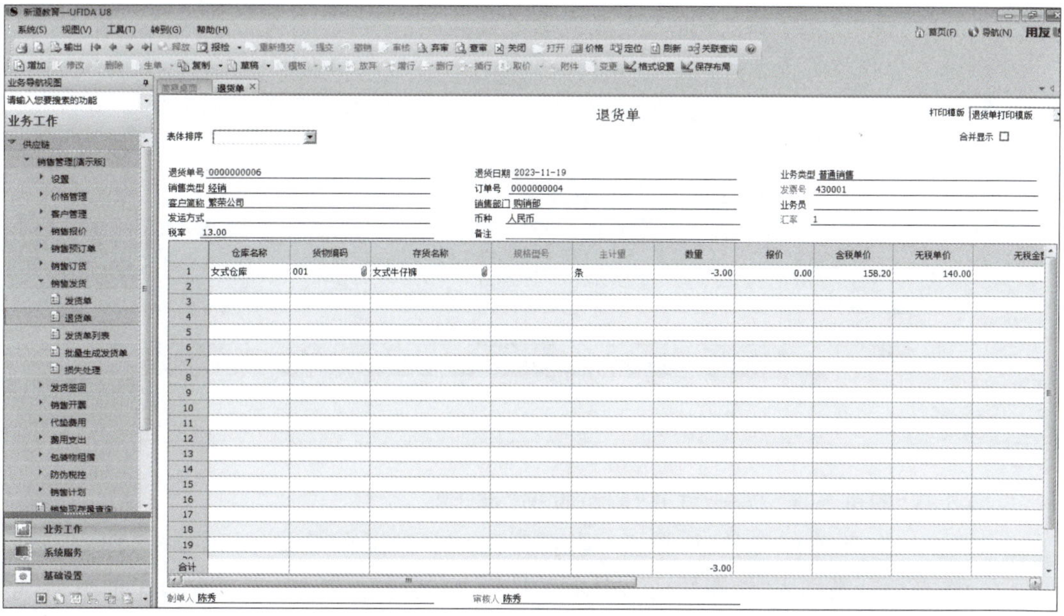

图 6-3-51 退货单

9. 生成并审核销售出库单

以 301 身份于 2023-11-19 进入企业应用平台。

(1)进入库存管理系统，执行“出库业务”→“销售出库单”命令，进入“销售出库单”窗口。

(2)单击“末张”按钮，可以查看系统根据销售专用发票自动生成的销售出库单。

(3)单击“审核”按钮，系统弹出“该单据审核成功!”提示信息，单击“确定”按钮，之后退出，如图 6-3-52 所示。

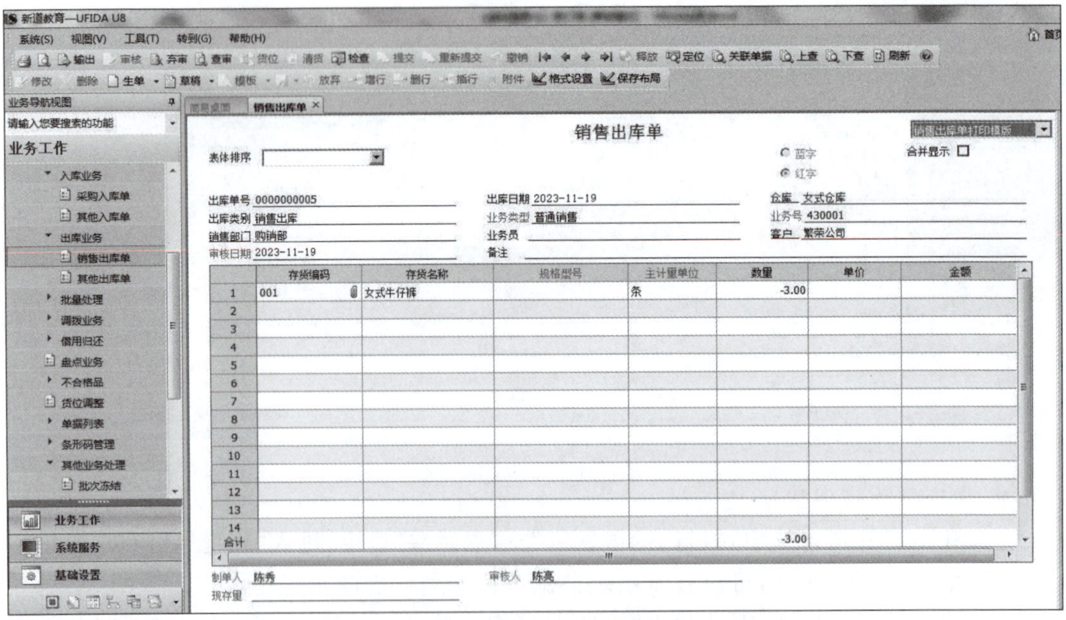

图 6-3-52　销售出库单(负数)

10. 在应收款管理系统中审核销售专用发票并生成红字销售收入凭证

以 402 身份于 2023-11-19 进入企业应用平台。

(1)进入应收款管理系统，执行“应收单据处理”→“应收单据审核”命令，打开“应收单查询条件”对话框，单击“确定”按钮，进入“单据处理”窗口(即应收单据列表)。

(2)选择要审核的单据，如图 6-3-53 所示，单击“审核”按钮，系统弹出“审核结果”信息提示框，单击“确定”按钮返回，之后退出。

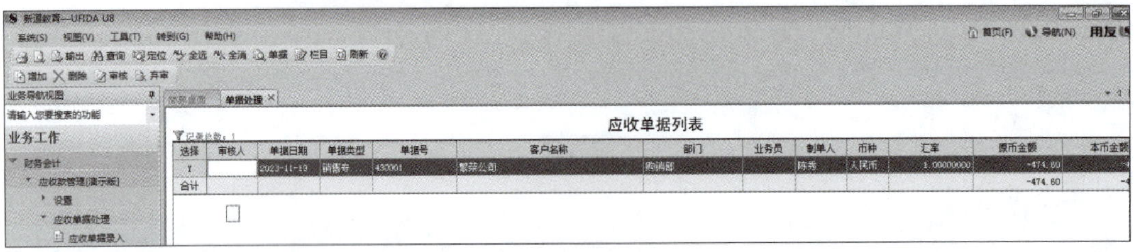

图 6-3-53　应收单据列表(5)

(3)执行“制单处理”命令，打开“制单查询”对话框。

(4)选中“发票制单”复选框，单击“确定”按钮，进入“制单”窗口，如图 6-3-54 所示。

(5)选择凭证类别为“转账凭证”，单击工具栏上的“全选”按钮，选择窗口中的单据，单击“制单”按钮，屏幕上出现根据销售专用发票生成的转账凭证。

(6)单击“保存”按钮，凭证左上角显示“已生成”红字标记，表示已将生成的红字凭证传递到总账管理系统，如图 6-3-55 所示。

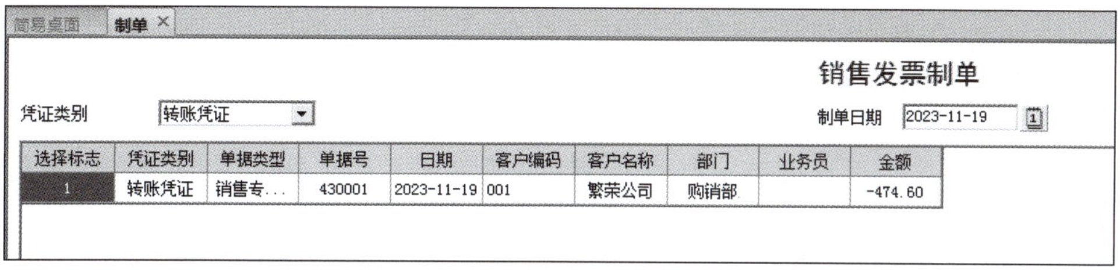

简易桌面 制单

销售发票制单

凭证类别 转账凭证　　制单日期 2023-11-19

选择标志	凭证类别	单据类型	单据号	日期	客户编码	客户名称	部门	业务员	金额
1	转账凭证	销售专...	430001	2023-11-19	001	繁荣公司	购销部		-474.60

图 6-3-54　销售发票制单(4)

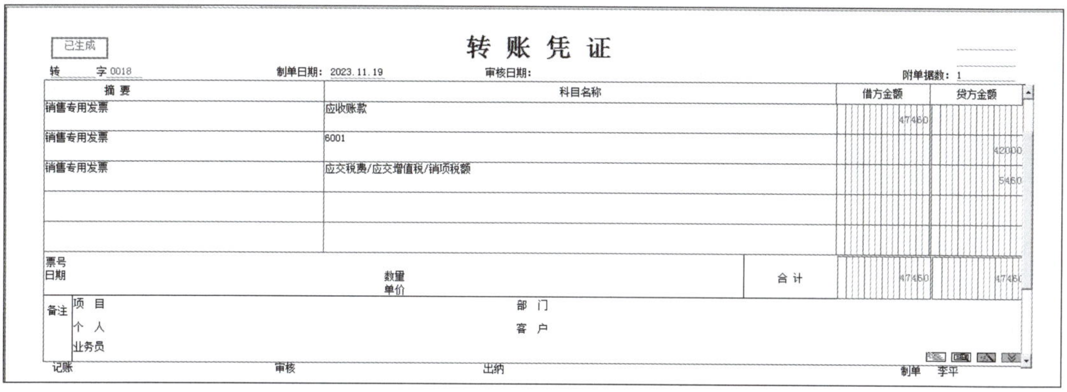

已生成

转 账 凭 证

转　字 0018　　制单日期：2023.11.19　　审核日期：　　附单据数：1

摘要	科目名称	借方金额	贷方金额
销售专用发票	应收账款	47460	
销售专用发票	6001		42000
销售专用发票	应交税费/应交增值税/销项税额		5460
票号 日期 数量 单价	合计	47460	47460

备注　项目　　部门

个人　　客户

业务员

记账　　审核　　出纳　　制单　李平

图 6-3-55　生成凭证(14)

11. 在存货核算系统中生成红字销售出库凭证

以 203 身份于 2023-11-19 进入企业应用平台。

(1)进入存货核算系统，执行“业务核算”→“正常单据记账”命令，打开“查询条件选择”对话框。

(2)选择查询条件，单击“确定”按钮，进入“未记账单据一览表”窗口。

(3)单击需要记账的单据前的“选择”栏或单击工具栏上的“全选”按钮，选择所有单据，然后单击工具栏上的“记账”按钮，如图 6-3-56 所示。

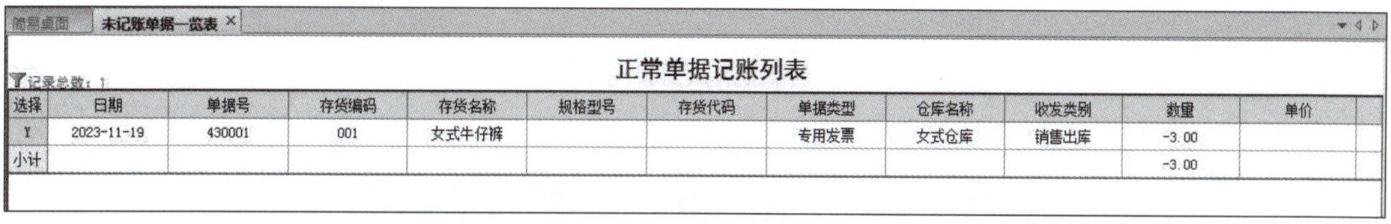

简易桌面 未记账单据一览表

正常单据记账列表

记录总数：1

选择	日期	单据号	存货编码	存货名称	规格型号	存货代码	单据类型	仓库名称	收发类别	数量	单价
Y	2023-11-19	430001	001	女式牛仔裤			专用发票	女式仓库	销售出库	-3.00	
小计										-3.00	

图 6-3-56　正常单据记账列表(5)

(4)系统开始进行单据记账，弹出“手工输入单价列表”，输入退货女士牛仔裤单价“75”，单击“确定”按钮，如图 6-3-57 所示。记账完成后，单据不在窗口中显示。

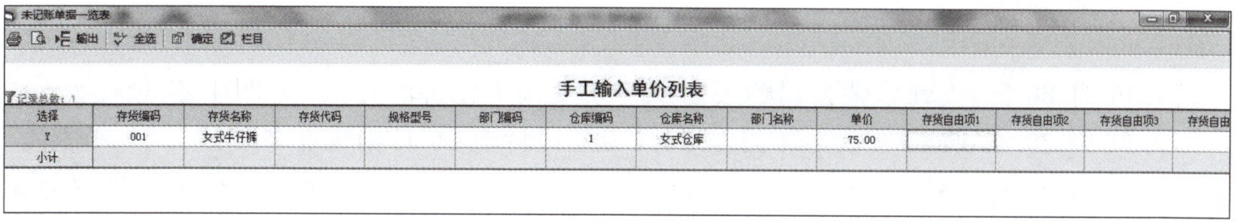

未记账单据一览表

输出　全选　确定　栏目

手工输入单价列表

记录总数：1

选择	存货编码	存货名称	存货代码	规格型号	部门编码	仓库编码	仓库名称	部门名称	单价	存货自由项1	存货自由项2	存货自由项3	存货自由
Y	001	女式牛仔裤				1	女式仓库		75.00				
小计													

图 6-3-57　手工输入单价

(5)执行“财务核算”→“生成凭证”命令，进入“生成凭证”窗口。

(6)单击“选择”按钮，打开“查询条件”对话框。

(7)单击“确定”按钮，进入“选择单据”窗口。

(8)单击需要生成凭证的单据前的“选择”栏或单击工具栏上的“全选”按钮，然后单击工具栏上的“确定”按钮，进入“生成凭证”窗口，如图 6-3-58 所示。

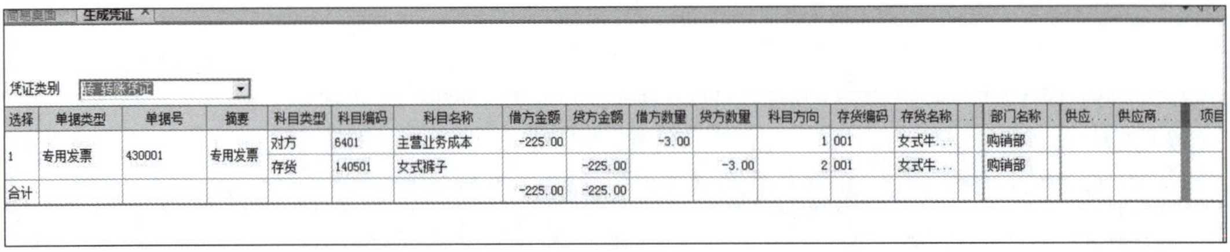

图 6-3-58　生成凭证(15)

(9)选择凭证类别为“转　转账凭证”，单击“生成”按钮，生成一张转账凭证，选择(Ctrl+S)项目名称。

(10)确定无误后，单击工具栏上的“保存”按钮，凭证左上角显示“已生成”红字标记，表示已将凭证传递到总账管理系统，如图 6-3-59 所示。

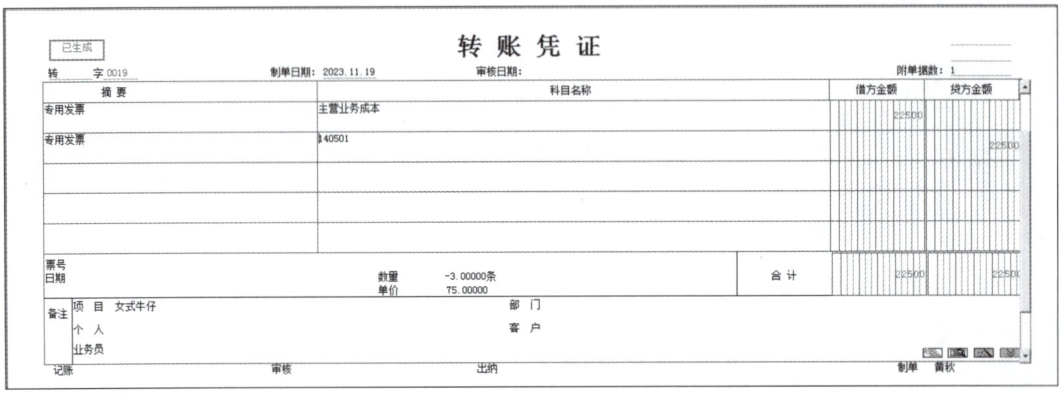

图 6-3-59　凭证保存(2)

项目四　应收应付款管理

工作项目

1. 11 月 20 日，收到繁荣公司购买的 197 条女式牛仔裤的货款，支票号 ZZ304。

2. 11 月 20 日，收到转账支票 ZZ305，繁荣公司付清 16 日销售业务货款。

3. 11 月 21 日，经三方同意，将上月应向繁荣公司收取的款项冲抵本月应付华兴公司的货款。

4. 11 月 30 日，计提本月坏账准备。

5. 11 月 30 日，向德天公司付清 1 月 5 日采购业务的款项 67 800 元，支票号 ZZ113。

工作要求

1. 引入账套数据。

2. 以 402 的身份进入应收款、应付款管理系统，进行单据填制、审核和凭证生成操作。

任务一　应收应付款管理系统基本内容

1. 应收单录入

单据录入是本系统处理的起点。在此，企业可以录入销售业务中的各类发票以及销售业务之外的应收单。根据业务模型的不同，企业可以处理的单据类型也不同：若与销售管理系统合成，则销售发票及代垫费用产生的应收单据不在应收款管理系统中录入，由销售管理系统传递。除此之外的应收单在此录入。若不与销售管理系统合成，在此，企业可以录入销售业务中的各类发票以及销售业务之外的应收单。

应收单说明：

(1)应收单实质是一张凭证，用于记录销售业务之外所发生的各种其他应收业务。

(2)应收单表头中的信息相当于凭证中的一条分录的信息，表头科目为核算该客户所欠款项的一个科目。

(3)应收单表头科目必须是应收款管理系统的受控科目。表头科目的方向即企业所选择的单据的方向。

(4)应收单表体信息可以不输入，在不输入的情况下单击“保存”按钮系统会自动形成一条方向相反、金额相等的记录，用户可修改。表体中的一条记录也相当于凭证中的一条分录。当输入了表体内容后，表头、表体中的借、贷方金额合计应相等。

(5)如果在系统选项中选择了进行信用控制，在应收单录入时系统会根据对应的客户档案中设定的信用条件进行控制。

发票说明：

(1)销售发票是企业给客户开具的增值税专用发票、普通发票及所附清单等原始销售票据。

(2)启用销售管理系统，则销售发票在销售管理系统中录入，并在销售管理系统中进行复核，在应收款管理系统中进行审核记账。在销售管理系统录入的发票在应收款管理系统不能修改、删除，只能到销售管理系统中进行修改操作。

(3)若没有启用销售管理系统，则销售发票在应收款管理系统中录入，它的修改、删除与应收单相同。

2. 收款单据处理

收款单据处理主要是对结算单据(收款单、付款单即红字收款单)进行管理，包括收款单、付款单的录入、审核。

(1)应收款管理系统的收款单用来记录企业所收到的客户款项，款项性质包括应收款、预收款、其他费用等。其中应收款、预收款性质的收款单将与发票、应收单、付款单进行核销。

(2)应收款管理系统付款单用来记录发生销售退货时，企业开具的退付给客户的款项。该付款单可与应收款、预收款性质的收款单、红字应收单、红字发票进行核销。

3. 核销处理

单据核销是指用户日常进行的收款核销应收款的工作。单据核销的作用是解决收回客商款项核销该客商应收款的处理，建立收款与应收款的核销记录，监督应收款及时核销，加强往来款项的管理。

(1)手工核销是指由用户手工确定收款单核销与它们对应的应收单据的工作。通过本功能可以根据查询条件选择需要核销的单据，然后手工核销，加强往来款项核销的灵活性。

(2)自动核销是指用户确定收款单核销与它们对应的应收单据的工作。通过本功能可以根据查询条件选择需要核销的单据，然后系统自动核销，加强往来款项核销的效率。

4. 转账处理

(1)应收冲应收：是指将一家客户的应收款转到另一家客户中。通过本功能将应收款业务在客商之间进行转入、转出，实现应收业务的调整，解决应收款业务在不同客户间入错户或合并户问题。

(2)预收冲应收：主要处理客户的预收款和该客户应收欠款的转账核销业务。

(3)应收冲应付：是指用某客户的应收账款，冲抵某供应商的应付款项。

(4)红票对冲：是指用某客户的红字发票与其蓝字发票进行冲抵。

5. 坏账处理

坏账处理是指系统提供的计提应收坏账准备处理、坏账发生后的处理、坏账收回后的处理等功能。

坏账处理的作用是系统自动计提应收款的坏账准备，当坏账发生时即可进行坏账核销，当被核销坏账又收回时，即可进行相应处理。

6. 制单处理

制单即生成凭证，并将凭证传递至总账管理系统记账。系统在各个业务处理的过程中都提供了实时制单的功能；除此之外，系统提供了一个统一制单的平台，使用户可以在此快速、成批生成凭证，并可依据规则进行合并制单等处理。

7. 应付单录入

单据录入是本系统处理的起点。在此，企业可以录入采购业务中的各类发票以及采购业务之外的应付单。根据业务类型的不同，可以处理的单据类型也不同：

(1)如果同时使用应付款管理系统和采购管理系统，则发票由采购管理系统录入，在本系统可以对这些单据进行审核、弃审、查询、核销、制单等功能。此时，在本系统需要录入的单据仅限于应付单。

(2)如果没有使用采购管理系统，则各类发票和应付单均应在本系统录入。

应付单说明：

(1)应付单用于记录采购业务之外所发生的各种其他应付业务，例如核算所欠供应商的购入固定资产款项。它实质是一张凭证。

(2)应付单表头中的信息相当于凭证中的一条分录的信息，表头科目应该为核算所欠该供应商款项的一个科目。

(3)应付单表头科目必须是应付款管理系统的受控科目。表头科目的方向即企业所选择的单据的方向。

(4)应付单表体信息可以不输入，在不输入的情况下单击“保存”按钮系统会自动形成一条方向相反、金额相等的记录，用户可修改。表体中的一条记录也相当于凭证中的一条分录。当输入了表体内容后，表头、表体中的借、贷方金额合计应相等。

发票说明：

(1)采购发票是从供货单位取得的进项发票及发票清单。

(2)启用采购管理系统，则采购发票在采购管理系统中录入，在应付款管理系统中进行审核记账。在采购管理系统录入的发票在应付款管理系统不能修改、删除，只能到采购管理系统中进行修改操作。

(3)若没有启用采购管理系统，则采购发票在应付款管理系统中录入，它的修改、删除与应付单相同。

8. 应付单审核

应付单审核主要提供用户批量审核。系统提供用户手工审核、自动批审核的功能。在“应付单审核”界面中显示的单据可包括所有已审核、未审核的应付单，包括从采购管理系统传入的单据。

9. 付款单据录入

付款单据录入将支付给供应商款项中依据供应商的要求退回的款项，录入应付款管理系统，包括付款单与收款单(红字付款单)的录入。

收款流程和付款流程分别如图 6-4-1 和图 6-4-2 所示。

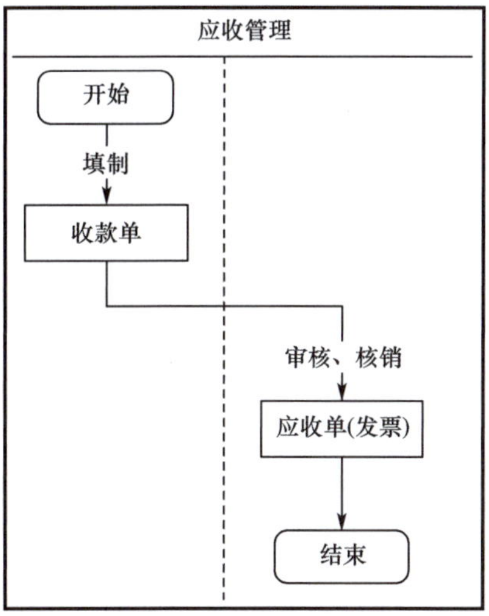

图 6-4-1 收款流程

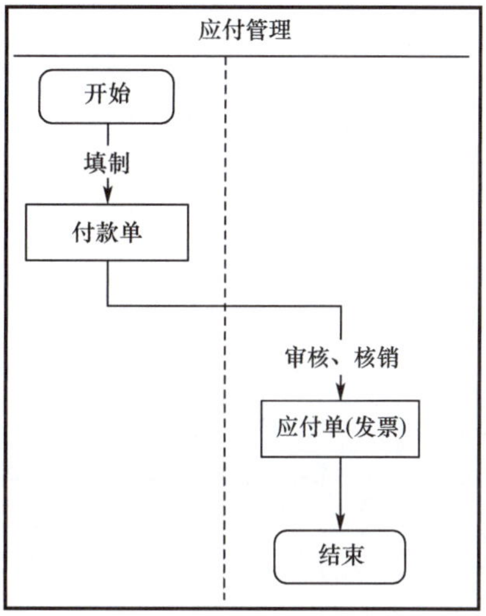

图 6-4-2 付款流程

收款单据处理

任务二　收款单据处理

一、红票对冲收款

以 402 身份于 2023-11-20 进入企业应用平台。

1. 在应收款管理系统中进行红票对冲

(1)选择“业务工作”→“财务会计”→“应收款管理”命令，进入应收款管理系统，执行“转账”→“红票对冲”→“手工对冲”命令，打开“红票对冲条件”对话框，如图 6-4-3 所示。

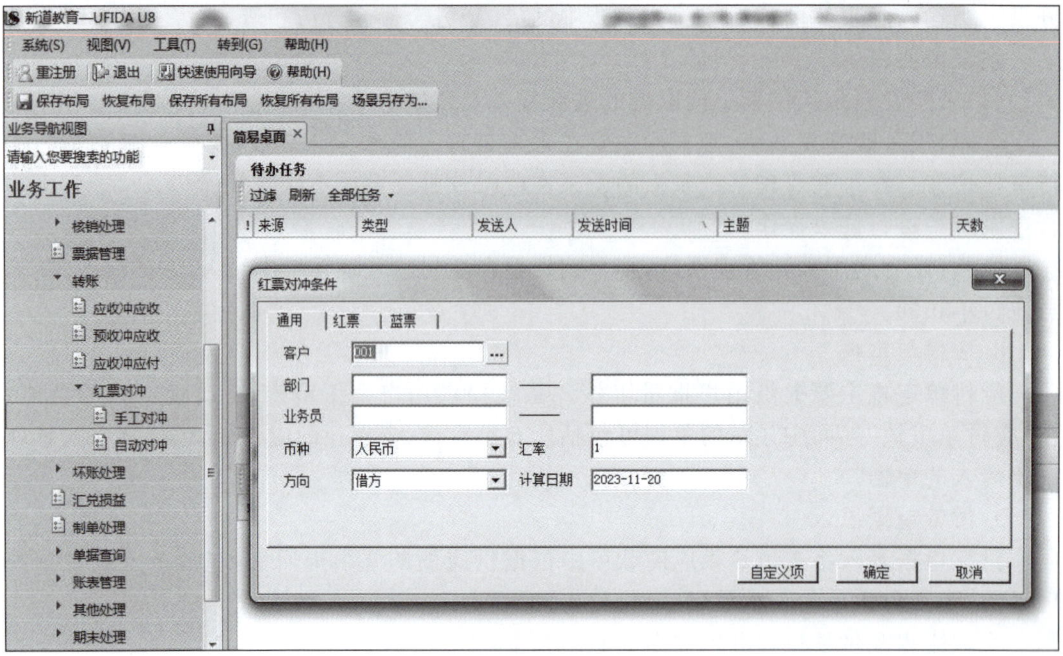

图 6-4-3　红票对冲条件

(2)选择“客户”为“繁荣公司”，单击“确定”按钮，打开“红票对冲”窗口，输入对冲金额，如图 6-4-4 所示。单击“保存”按钮。

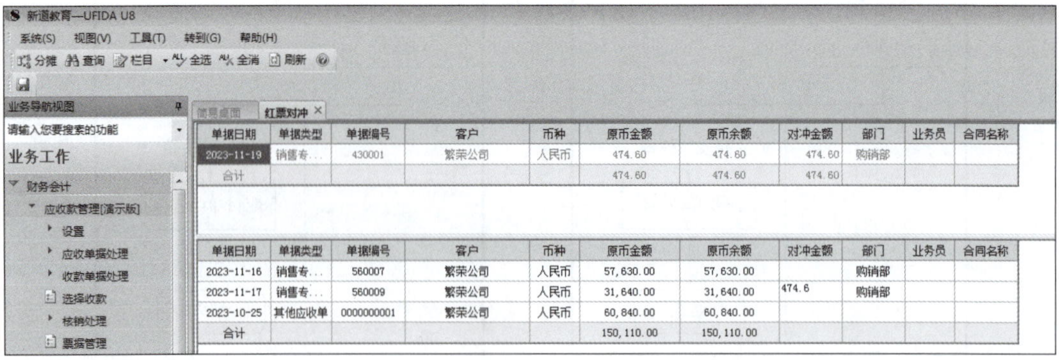

单据日期	单据类型	单据编号	客户	币种	原币金额	原币余额	对冲金额	部门	业务员	合同名称
2023-11-19	销售专...	430001	繁荣公司	人民币	474.60	474.60	474.60	购销部		
合计					474.60	474.60	474.60			

单据日期	单据类型	单据编号	客户	币种	原币金额	原币余额	对冲金额	部门	业务员	合同名称
2023-11-16	销售专...	560007	繁荣公司	人民币	57,630.00	57,630.00		购销部		
2023-11-17	销售专...	560009	繁荣公司	人民币	31,640.00	31,640.00	474.6	购销部		
2023-10-25	其他应收单	0000000001	繁荣公司	人民币	60,840.00	60,840.00				
合计					150,110.00	150,110.00				

图 6-4-4　红票对冲

工作指导

如果操作发生错误，可以执行“其他处理”→“取消操作”命令，进入“取消操作条件”对话框进行操作选择，单击“确定”按钮，如图 6-4-5 所示。其他操作类型错误也可参照此操作进行。

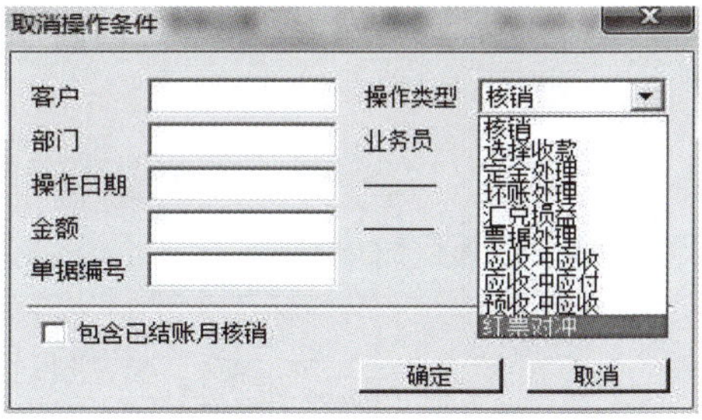

图 6-4-5 取消操作

2. 填制收款单

在应收款管理系统中，执行“收款单据处理”→“收款单据录入”命令，打开“收付款单录入”窗口，单击“增加”按钮，在表头输入日期、客户、结算方式、结算科目、金额和票据号等，在表体中选择“款项类型”为“应收款”，单击“保存”按钮，如图 6-4-6 所示。

图 6-4-6 收款单(1)

3. 收款单据审核与制单

(1)在应收款管理系统中，执行“收款单据处理”→“收款单据审核”命令，单击“确定”按钮，打开“收付款单列表”窗口，单击“全选”按钮，再单击“审核”按钮，系统弹出“审核结果”信息提示框，单击“确定”按钮，如图 6-4-7 所示。

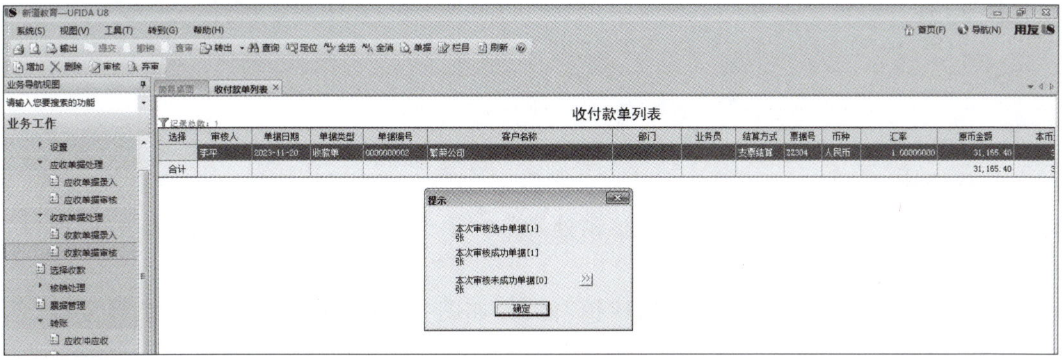

图 6-4-7 收款单据审核

(2)执行“制单处理”命令，打开“制单查询”对话框，选择“收付款单制单”复选框，单击“确定”按钮，如图 6-4-8 所示。

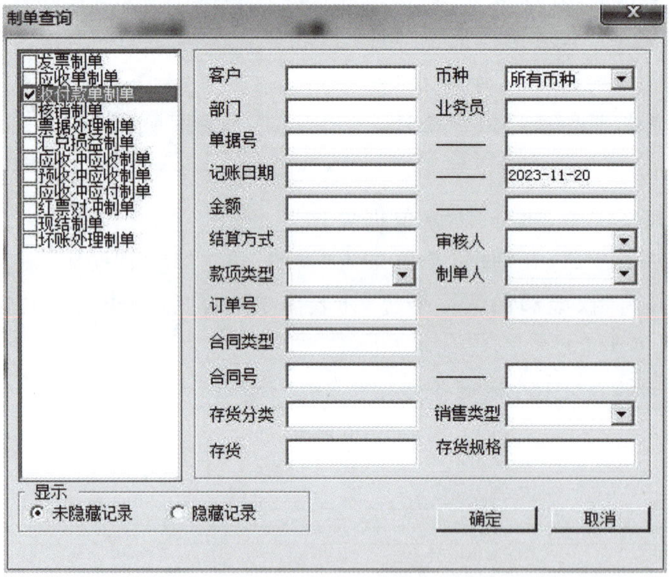

图 6-4-8　制单查询(2)

(3)打开“制单”窗口，选择需要制单的记录，选择凭证类别为“收款凭证”，单击“制单”按钮，系统生成相关凭证，单击“保存”按钮，如图 6-4-9 所示。

图 6-4-9　生成凭证(16)

4. 单据核销

(1)在应收款管理系统中，执行“核销处理”→“手工核销”命令，打开“核销条件”窗口，选择“客户”为“繁荣公司”。

(2)单击“确定”按钮，打开“单据核销”窗口，如图 6-4-10 所示，输入本次结算金额，单击“保存”按钮。

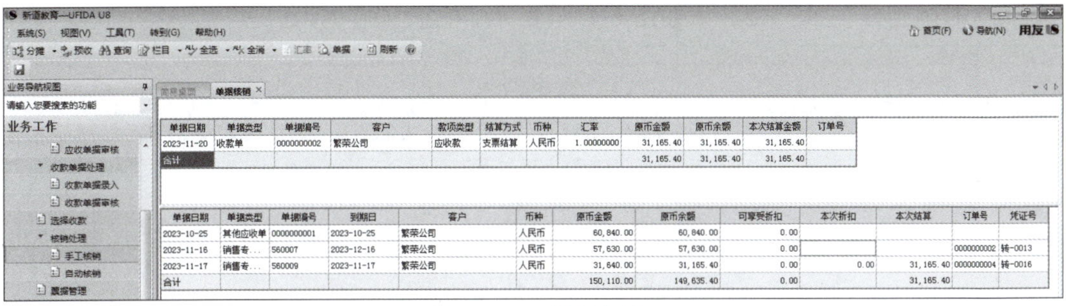

图 6-4-10 单据核销

二、享受现金折扣收款

以 402 身份于 2023-11-20 进入企业应用平台。

1. 收款单据录入

(1)进入应收款管理系统,执行"收款单据处理"→"收款单据录入"命令,进入"收付款单录入"窗口。

(2)单击"增加"按钮,输入日期、客户、结算方式、金额、票据号等,单击"保存"按钮,如图 6-4-11 所示。

图 6-4-11 收款单(2)

(3)执行"收款单据处理"→"收款单据审核"命令,单击"确定"按钮,打开"收付款单列表"窗口,单击"全选"按钮,再单击"审核"按钮,系统弹出"审核成功"信息提示框,单击"确定"按钮,如图 6-4-12 所示。

2. 单据核销

执行"核销处理"→"手工核销"命令,进入"核销条件"窗口。选择"客户"为"繁荣公司"。单击"确定"按钮,打开"单据核销"窗口。在需要核销的单据处输入本次折扣金额

“1020”(不含税价 51000×2%),如图 6-4-13 所示,单击“保存”按钮。

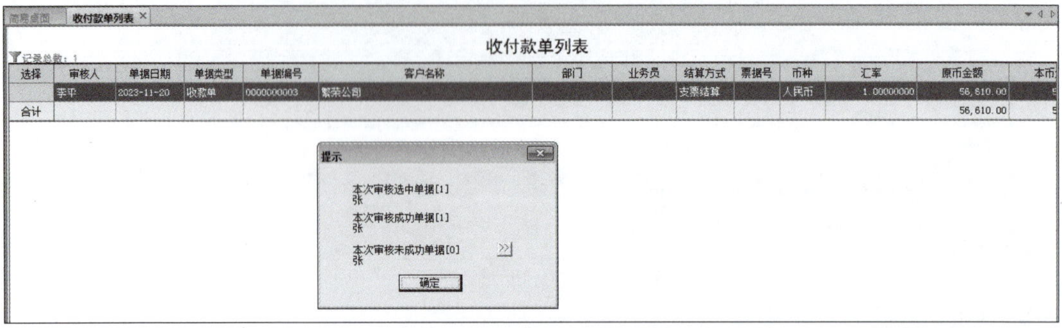

图 6-4-12　收款单审核

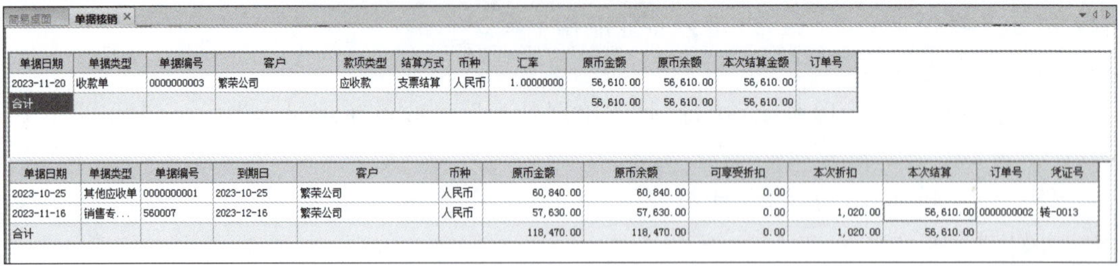

图 6-4-13　手工核销

3. 收款单、核销合并制单

(1)执行“制单处理”命令,打开“制单查询”对话框,选择“收付款单制单”“核销制单”复选框,单击“确定”按钮,如图 6-4-14 所示。

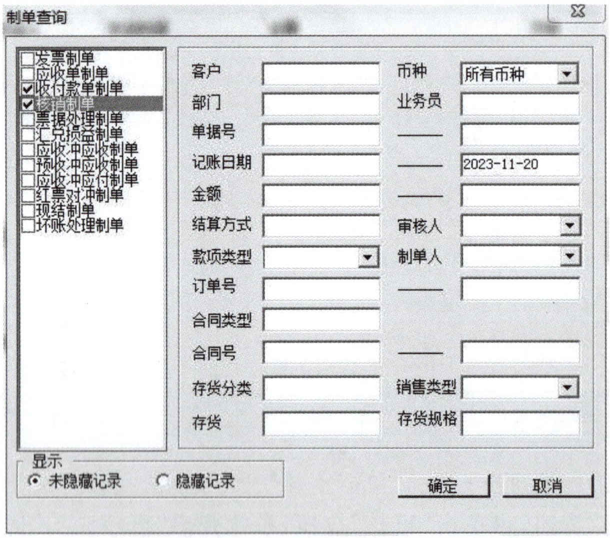

图 6-4-14　制单查询(3)

(2)在“制单”窗口中选择凭证类别为“收款凭证”,选择需要制单的记录,如图 6-4-15 所示,单击“制单”按钮,进入“填制凭证”窗口,如图 6-4-16 所示,单击“保存”按钮。

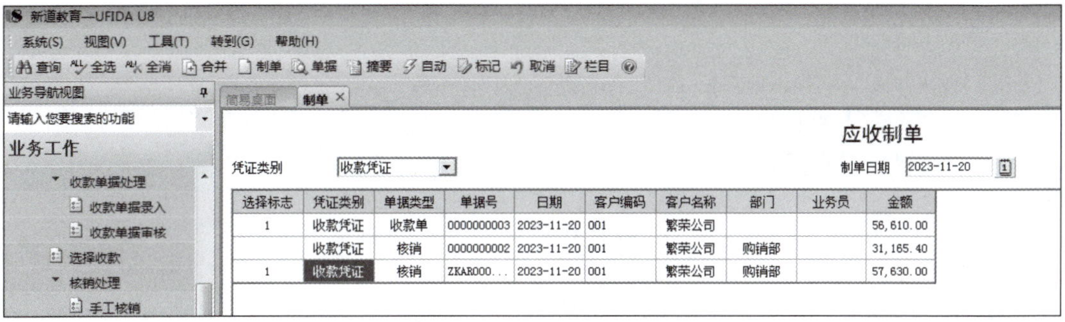

图 6-4-15 单据选择(3)

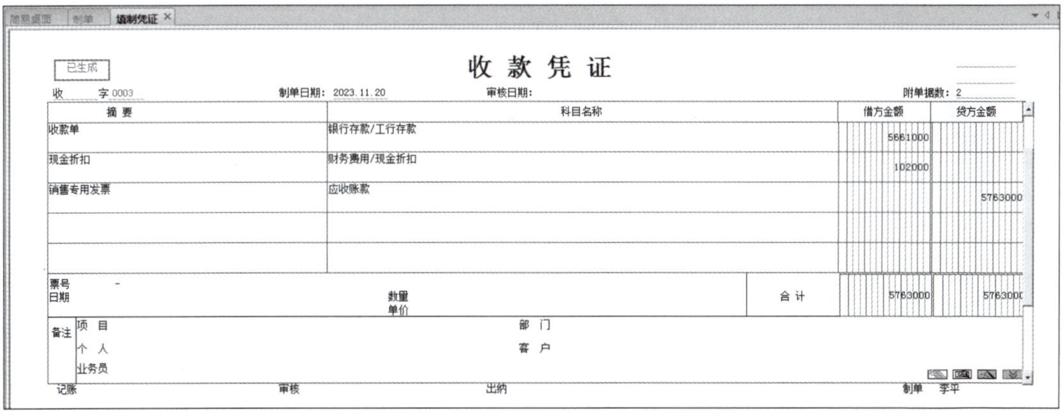

图 6-4-16 生成凭证(17)

工作指导

在此系统中作废凭证，需进入凭证查询窗口进行删除。

任务三 转账处理

应收冲应付

应收冲应付：

以 402 身份于 2023-11-21 进入企业应用平台。

(1)进入应收款管理系统，执行“日常处理”→“转账”→“应收冲应付”命令，打开“应收冲应付”对话框。

(2)输入日期，选择“应收”选项卡下客户和“应付”选项卡下供应商，单击“确定”按钮，如图 6-4-17 所示。

(3)在“应收冲应付”窗口中，显示出与两家公司的应收及应付款项。输入转账金额，如图 6-4-18 所示。

(4)单击“保存”按钮，系统弹出“是否立即制单?”提示信息，单击“是”按钮(也可以在“制单处理”下)生成凭证，修改凭证类型，单击“保存”按钮，结果如图 6-4-19 所示。

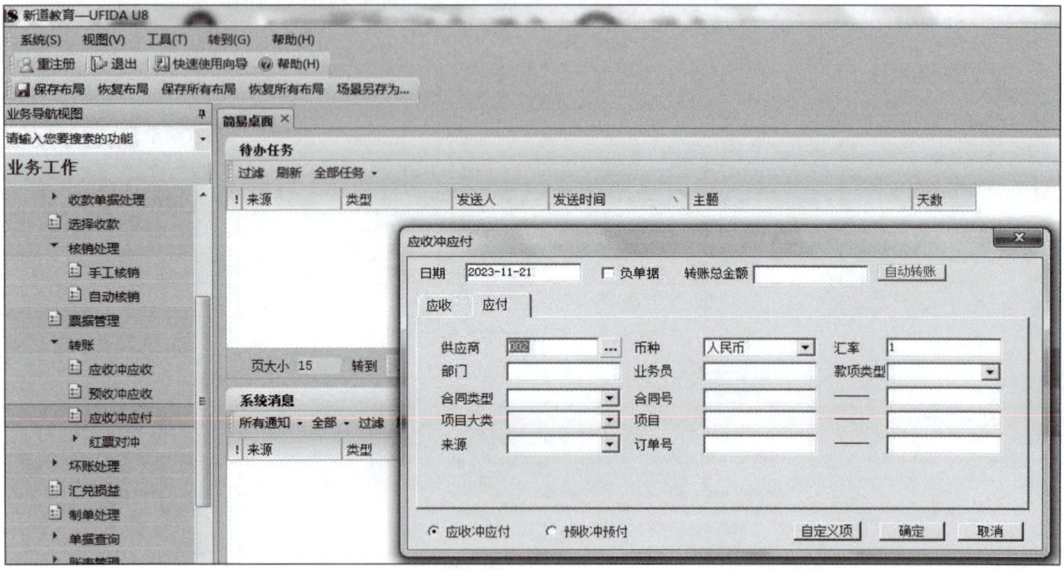

图 6-4-17 应收冲应付设置

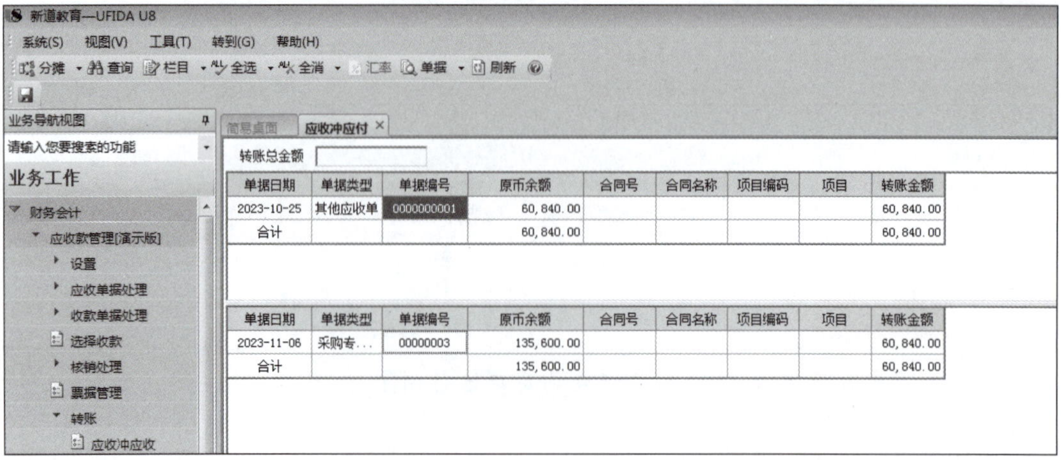

图 6-4-18 应收冲应付

图 6-4-19 生成凭证(18)

任务四　坏账处理

坏账处理

1. 计提坏账准备

以 402 身份于 2023-11-30 进入企业应用平台。

(1)进入应收款管理系统，执行“坏账准备”→“计提坏账准备”命令，进入“应收账款百分比法”窗口。

(2)系统根据应收账款余额、坏账准备余额、坏账准备初始设置情况自动计算出本次计提金额，如图 6-4-20 所示。

简易桌面　应收账款百分比法

应收账款...	计提比率	坏账准备	坏账准备余额	本次计提
62,150.00	0.500%	310.75	0.00	310.75

图 6-4-20　应收账款坏账计提

2. 生成凭证

(1)单击“确定”按钮，系统弹出“是否立即制单?”提示信息。

(2)单击“是”按钮，系统生成凭证，如图 6-4-21 所示。单击“保存”按钮。

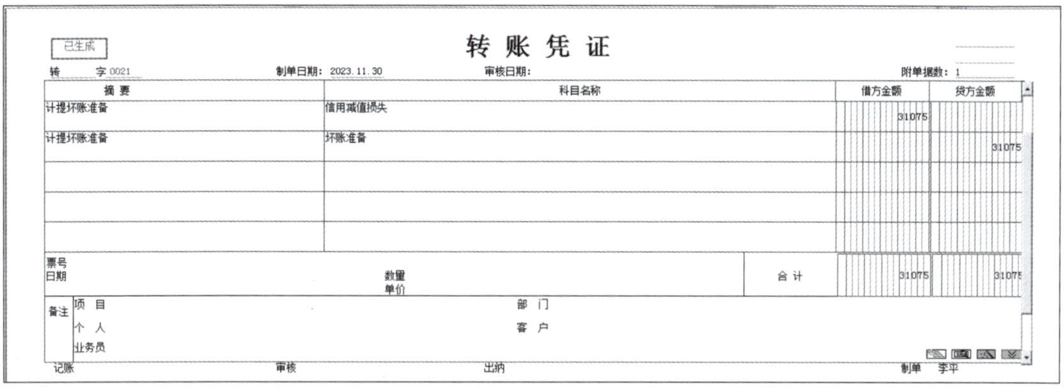

图 6-4-21　生成凭证(19)

任务五　付款单据处理

付款单据处理

1. 付款单据录入

以 402 身份于 2023-11-30 进入企业应用平台。

(1)选择“业务工作”→“财务会计”→“应付款管理”命令，进入应付款管理系统，执行“付款单据处理”→“付款单据录入”命令，进入“收付款单录入”窗口。

(2)单击“增加”按钮，在表头输入日期、供应商、结算方式、金额、票据号等，在表体中选择“款项类型”为“应付款”，如图 6-4-22 所示。单击“保存”按钮。

(3)单击“审核”按钮，系统弹出“是否立即制单?”提示信息，单击“否”按钮，暂不生成凭证。

2. 核销

执行“核销处理”→“手工核销”命令，打开“手工核销”窗口，输入“供应商”为“德天公司”,单击“确定”按钮,打开“单据核销”窗口,输入结算金额,单击“保存”按钮,结果如图 6-4-23 所示。

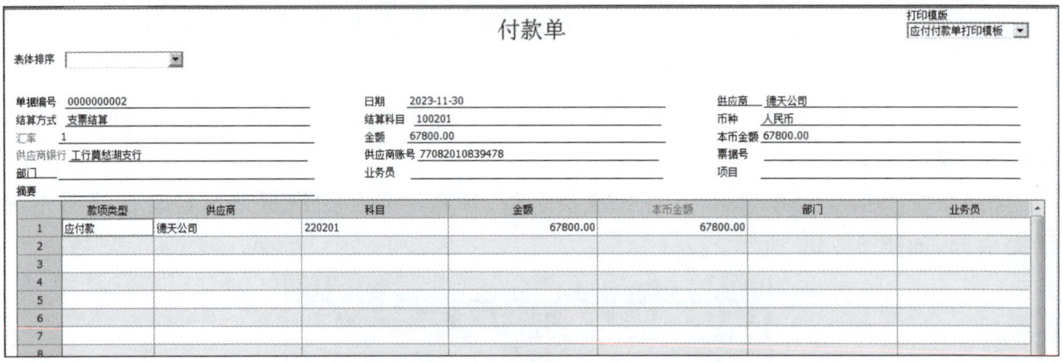

付款单

打印模版 应付付款单打印模板

表体排序

单据编号 0000000002　日期 2023-11-30　供应商 德天公司

结算方式 支票结算　结算科目 100201　币种 人民币

汇率 1　金额 67800.00　本币金额 67800.00

供应商银行 工行莫愁湖支行　供应商账号 77082010839478　票据号

部门　业务员　项目

摘要

	款项类型	供应商	科目	金额	本币金额	部门	业务员
1	应付款	德天公司	220201	67800.00	67800.00		
2							
3							
4							
5							
6							
7							
8							

图 6-4-22　付款单

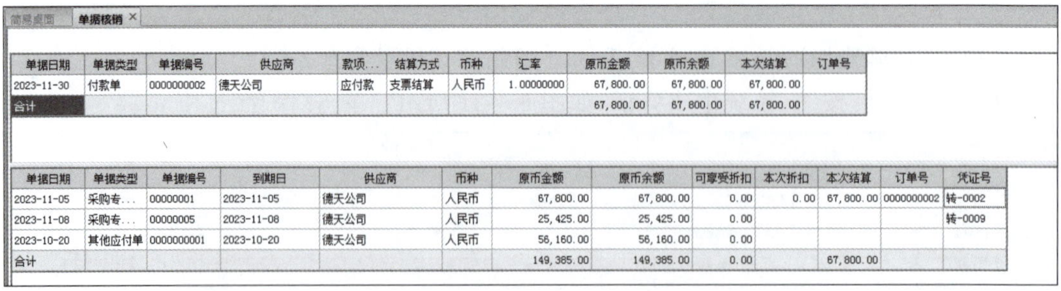

简易桌面　单据核销

单据日期	单据类型	单据编号	供应商	款项...	结算方式	币种	汇率	原币金额	原币余额	本次结算	订单号
2023-11-30	付款单	0000000002	德天公司	应付款	支票结算	人民币	1.00000000	67,800.00	67,800.00	67,800.00	
合计								67,800.00	67,800.00	67,800.00	

单据日期	单据类型	单据编号	到期日	供应商	币种	原币金额	原币余额	可享受折扣	本次折扣	本次结算	订单号	凭证号
2023-11-05	采购专...	00000001	2023-11-05	德天公司	人民币	67,800.00	67,800.00	0.00	0.00	67,800.00	0000000002	转-0002
2023-11-08	采购专...	00000005	2023-11-08	德天公司	人民币	25,425.00	25,425.00	0.00				转-0009
2023-10-20	其他应付单	0000000001	2023-10-20	德天公司	人民币	56,160.00	56,160.00	0.00				
合计						149,385.00	149,385.00	0.00		67,800.00		

图 6-4-23　核销

3. 制单处理

(1)执行“制单处理”命令,打开“制单查询”对话框,选中需要制单的类型“收付款制单”,单击“确定”按钮。

(2)选择凭证类别为“付款凭证”,单击“制单”按钮,进入“填制凭证”窗口,单击“保存”按钮,如图 6-4-24 所示。

已生成

付款凭证

付 字 0002　制单日期: 2023.11.30　审核日期:　附单据数: 1

摘要	科目名称	借方金额	贷方金额
付款单	应付账款/一般应付款	6780000	
付款单	银行存款/工行存款		6780000
票号 日期	数量 单价 合计	6780000	6780000

备注　项目　部门

个人　供应商 德天公司

业务员

记账　审核　出纳　制单 李平

图 6-4-24　生成凭证(20)

项目五　库存与存货

工作项目

2023 年 11 月 30 日，对仓库进行盘点，盘点后发现女式西装裤多出一件，该件成本为 60 元。

工作要求

1. 引入账套数据。
2. 以 301 身份进入库存管理系统，以 203 身份进入存货管理系统进行业务处理。

任务一　库存与存货管理的基本内容

为了保证企业库存资产的安全和完整，做到账实相符，企业必须对存货进行定期或不定期的清查，查明存货盘盈、盘亏、损毁的数量以及造成的原因，并据以编制存货盘点报告表，按规定程序，报有关部门审批。

经有关部门批准后，应进行相应的账务处理，调整存货账的实存数，使存货的账面记录与库存实物核对相符。

盘点时系统提供多种盘点方式，如按仓库盘点、按批次盘点、按类别盘点、对保质期临近多少天的存货进行盘点等，还可以对各仓库或批次中的全部或部分存货进行盘点，盘盈、盘亏的结果自动生成其他出入库单。

盘点还可以分为普通仓库盘点和倒冲仓库盘点。倒冲仓库盘点是指对现场仓库或委外仓库进行盘点，盘点单审核后盈亏数分摊到生产订单或委外订单中生成材料出库单；普通仓库盘点审核后盈亏数生成其他出入库单。

任务二　存货盘点业务

盘点

1. 盘点单

以 301 身份于 2023-11-30 进入企业应用平台。

（1）选择“业务工作”→“供应链”→“库存管理”→“盘点业务”命令，系统显示“盘点单”窗口，单击“增加”按钮。

（2）按操作资料在“盘点单”窗口选择“女式仓库”（或“男式仓库”），单击“盘库”按钮，系统显示“盘库将删除未保存的所有记录，是否继续？”提示信息，单击“是”按钮，系统弹出“盘点处理”对话框，选择“按仓库盘点”，单击“确认”按钮，如图 6-5-1 所示。

（3）系统将账面盘点结果带回盘点单，输入实际盘点数，如图 6-5-2、图 6-5-3 所示。输入完毕后依次单击“保存”→“审核”按钮，屏幕弹出“该单据审核成功！”提示信息，单击“确定”按钮，关闭“盘点单”窗口。

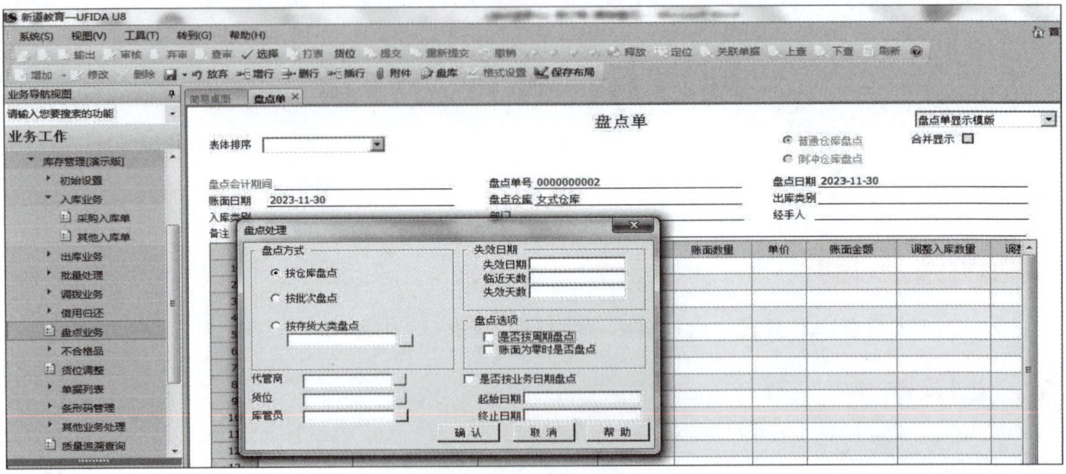

图 6-5-1 盘点处理

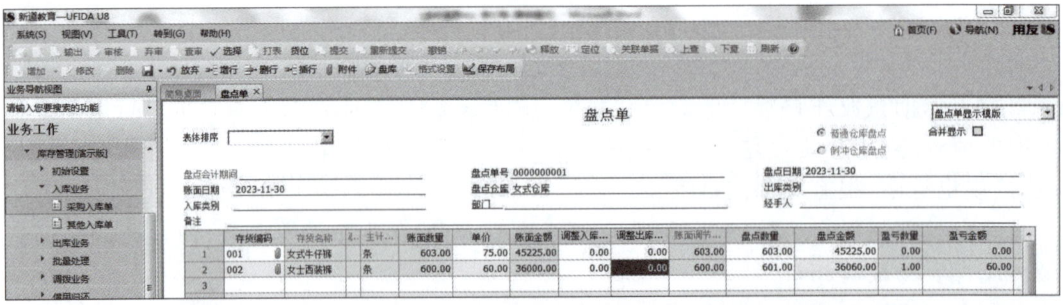

图 6-5-2 女式仓库盘点单

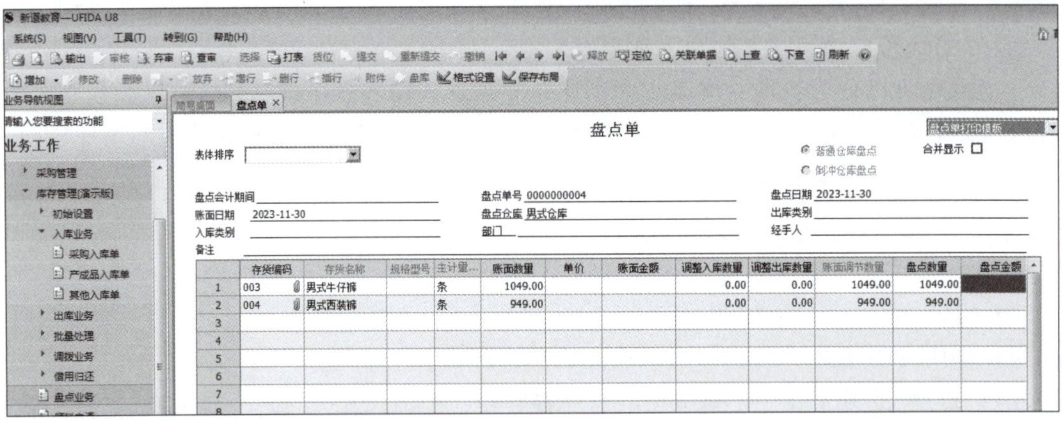

图 6-5-3 男式仓库盘点单

2. 生成其他入库单

(1)执行“库存管理”→“单据列表”→“其他入库单列表”命令,系统显示“查询条件选择”窗口,单击“确定”按钮。

(2)进入“其他入库单列表”窗口,如图 6-5-4 所示,选择要审核的入库单,单击“审核”按钮,关闭“其他入库单列表”窗口。

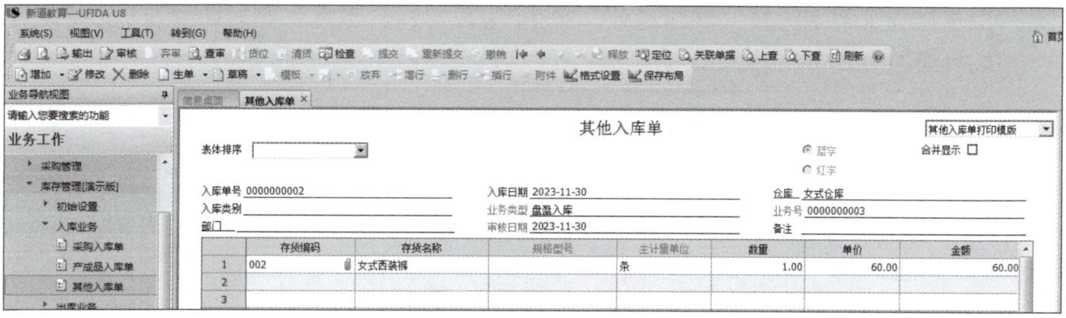

图 6-5-4 其他入库单列表

3. 生成盘点凭证

以 203 身份于 2023-11-30 进入企业应用平台。

(1)选择“业务工作”→“供应链”→“存货核算”命令，进入存货核算系统，执行“业务核算”→“正常单据记账”命令，打开“查询条件选择”对话框。

(2)选择查询条件，单击“确定”按钮，进入“未记账单据一览表”窗口，如图 6-5-5 所示。

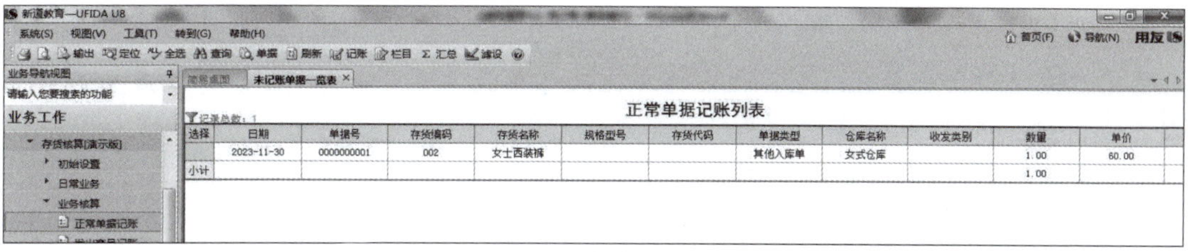

图 6-5-5 正常单据记账(5)

(3)单击需要记账的单据前的“选择”栏或单击工具栏上的“全选”按钮，选择所有单据，然后单击工具栏上的“记账”按钮，系统弹出“记账成功”信息提示框，单击“确定”按钮退出，关闭退出“正常单据记账列表”。

(4)执行“财务核算”→“生成凭证”命令，进入“生成凭证”窗口。

(5)单击工具栏上的“选择”按钮，打开“查询条件”对话框。

(6)单击“确定”按钮，进入“选择单据”窗口。

(7)单击“其他入库单”的“选择”栏或单击工具栏上的“全选”按钮，然后单击工具栏上的“确定”按钮，进入“生成凭证”窗口，如图 6-5-6 所示。

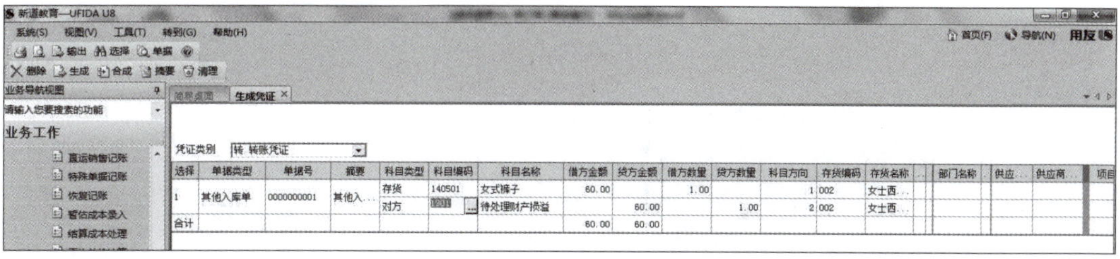

图 6-5-6 生成凭证(21)

(8)选择凭证类别为“转 转账凭证”,单击“生成”按钮,生成一张转账凭证,选择(Ctrl+S)项目名称,如图 6-5-7 所示。

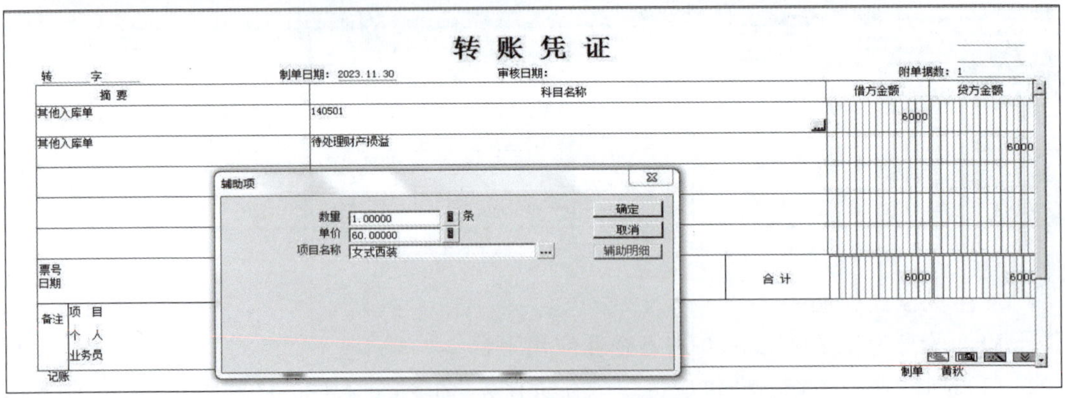

图 6-5-7 凭证保存(3)

(9)确定无误后,单击工具栏上的“保存”按钮,凭证左上角显示“已生成”红字标记,表示已将凭证传递到总账管理系统。

工作指导

- 盘点单审核后会自动生成相应的其他入库单或其他出库单,业务类型为盘盈入库或盘亏出库。
- 盘点单记账后,不能取消记账。

模块七

期末业务及 UFO 报表管理

学习目标

1. 明确期末业务处理基本知识。
2. 熟练掌握期末自定义转账设置、期间损益结转设置与转账生成操作。
3. 掌握各子系统月末结账的流程及操作。
4. 了解 UFO 报表系统基础知识、基本功能。
5. 明确 UFO 报表系统与其他子系统之间的关系。
6. 熟练掌握资产负债表、利润表格式及公式的定义。
7. 熟练生成资产负债表、利润表。
8. 成为思想政治坚定、德技并修、全面发展，适应社会主义市场经济和地方经济发展需要，具有创新精神、实践能力以及较高的综合素质的技术技能型人才。

期末会计业务是指会计人员将本月所发生的日常经济业务全部登记入账后，在每一个会计期末完成的特定的会计工作，主要包括期末转账、对账和结账等。用友 ERP-U8V10.1 管理软件中的 UFO 报表是报表事务处理的工具，它与用友账务管理软件等各系统有完善的接口，具有方便的自定义报表、数据处理功能，内置多个行业的常用会计报表。该系统也可独立运行，用于处理日常办公事务。

工作项目

1. 期末转账

以"403 张霞"的身份，登录日期 2023-11-30。

(1)自定义转账

①按短期借款期末余额的 0.3%计提短期借款利息。

②库存盘盈处理：

借：待处理流动资产损溢	FS(1901，月，贷)
贷：管理费用	JG()

(2)依次生成以上所有自定义转账凭证。

(3)对生成的转账凭证进行审核并记账(以"401 王明"的身份，登录日期 2023-11-30)。

(4)期间损益结转。将本月期间损益转入本年利润。

(5)生成期间损益结转凭证。

(6)对生成的凭证进行审核、记账(以“401 王明”的身份,登录日期 2023-11-30)。

2. 期末结账

以“401 王明”的身份,登录日期 2023-11-30。

(1)完成采购管理系统期末结账。

(2)完成销售管理系统期末结账。

(3)完成库存管理系统期末结账。

(4)完成存货核算系统期末结账。

(5)完成应收款管理系统期末结账。

(6)完成应付款管理系统期末结账。

(7)完成固定资产管理系统期末结账。

(8)完成薪资管理系统期末结账。

(9)完成总账管理系统期末结账。

工作要求

1. 以“403 张霞”的身份进行自动转账操作。
2. 以“401 王明”的身份进行审核、记账、对账、结账操作。

项目一　期末处理

期末处理主要包括银行对账、自动转账、对账、结账。

1. 银行对账

具体见前文模块二中的项目三。

2. 自动转账

自动转账包括转账定义和转账生成两部分。

(1)转账定义

转账定义主要包括自定义转账、对应结转、销售成本结转、汇兑损益结转、期间损益结转。

①自定义转账

自定义转账功能可以完成的转账业务主要有“费用分配”的结转(如工资分配等)、“费用分摊”的结转(如制造费用等)、“税金计算”的结转(如增值税等)、“提取各项费用”的结转(如提取福利费等)、各项辅助核算的结转。如果使用应收款、应付款管理系统,则在总账管理系统中,不能按客户、供应商辅助项进行结转,只能按科目总数进行结转。

②对应结转

对应结转不仅可进行两个科目的一对一结转，还提供科目的一对多结转功能。对应结转的科目可为上级科目，但其下级科目的科目结构必须一致（相同明细科目），如果有辅助核算，则两个科目的辅助账类也必须一一对应。

本功能只结转期末余额，若结转发生额，需在自定义结转中设置。

③销售成本结转

销售成本结转主要用来辅助没有启用供应链管理系统的企业完成销售成本的计算和结转。它分两种方法：全月平均法和售价（计划价）法。

④汇兑损益结转

本功能用于期末自动计算外币账户的汇兑损益，并在转账生成中自动生成汇兑损益转账凭证，汇兑损益只处理外汇存款账户，外币现金账户，外币结算的各项债权、债务，不包括所有者权益类账户、成本类账户和损益类账户。

⑤期间损益结转

本功能用于在一个会计期间终止时，将损益类科目的余额结转到本年利润科目中，从而及时反映企业利润的盈亏情况。期间损益结转主要是对于管理费用、销售费用、财务费用、销售收入、营业外收支等科目的结转。

（2）转账生成

定义完转账凭证后，每月月末只需执行本功能即可由计算机快速生成转账凭证，在此生成的转账凭证将自动追加到未记账凭证中去，通过审核、记账后才能真正完成结转工作。

3. 对账

对账是指对账簿数据进行核对，以检查记账是否正确以及账簿是否平衡。它主要通过核对总账与明细账、总账与辅助账数据来完成账账核对。为了保证账证相符、账账相符，应经常使用本功能进行对账，至少一个月一次，一般可在月末结账前进行。

4. 结账

每月月底都要进行结账处理，结账实际上就是计算和结转各账簿的本期发生额和期末余额，并终止本期的账务处理工作。在电算化方式下，结账工作与手工相比简单多了，结账是一种成批数据处理，每月只结账一次，主要是对当月日常处理限制和对下月账簿的初始化，由计算机自动完成。

结账前要进行数据备份，结账后不得再录入本月凭证，并终止各账户的记账工作；计算本月各账户发生额合计和本月账户期末余额，并将余额结转下月月初。

如果结账以后发现结账错误，可以进行“反结账”，取消结账标志，然后进行修正，再进行结账工作。

任务一　自动转账

自动转账

以“403 张霞”的身份重新注册进入企业应用平台，登录日期 2023-11-30。

1. 转账定义

自定义转账设置如下：

(1)在总账管理系统中，执行“期末”→“转账定义”→“自定义转账”命令，进入“自定义转账设置”窗口。

(2)单击“增加”按钮，打开“转账目录设置”对话框。

(3)输入转账序号“0001”和转账说明“计提短期借款利息”；选择凭证类别“转账凭证”。单击“确定”按钮，再单击“增行”按钮，继续定义转账凭证分录信息。

(4)确定分录的借方信息。选择科目编码“660301”，方向“借”；双击“金额公式”栏，单击“参照”按钮，打开“公式向导”对话框。

(5)选择“期末余额”函数，单击“下一步”按钮，继续公式定义。

(6)选择科目“2001”，其他采取系统默认，单击“完成”按钮，金额公式带回“自定义转账设置”窗口。将光标移至末尾，输入“ * 0.003”，按 Enter 键确认。

(7)单击“增行”按钮，确定分录的贷方信息。选择科目编码“2231”，方向“贷”，输入金额公式“JG()”，如图 7-1-1 所示。

(8)单击“保存”按钮。

(9)参照上述步骤，完成“工作项目”中“期末转账下的库存盘盈处理”。

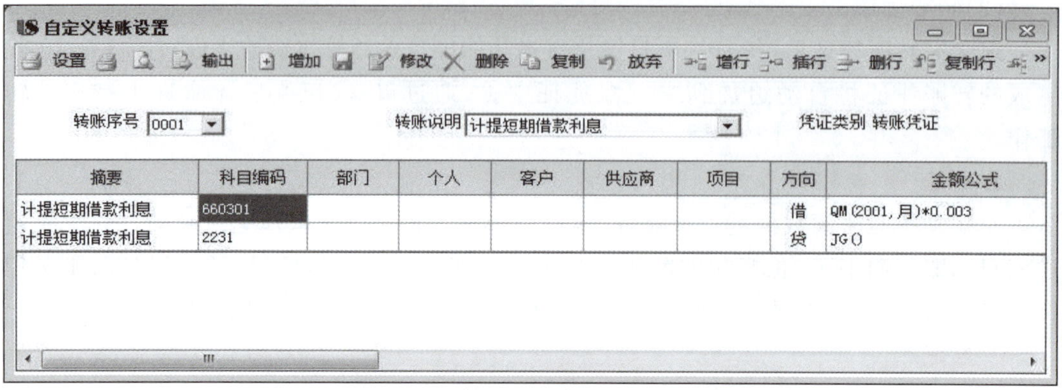

图 7-1-1　自定义转账设置

2. 转账生成自定义凭证

(1)执行“期末”→“转账生成”命令，进入“转账生成”窗口。

(2)选择“自定义转账”单选按钮，单击“全选”按钮。

(3)再单击“确定”按钮，系统弹出“2023.11 或之前月有未记账凭证，是否继续结转？”提示信息，单击“是”按钮，生成计提短期借款利息的转账凭证，如图 7-1-2 所示。

(4)单击“保存”按钮，凭证左上角显示“已生成”字样，系统自动将当前凭证追加到未记账凭证中。

(5)对生成的凭证进行审核并记账(以“401 王明”的身份，登录日期 2023-11-30)。

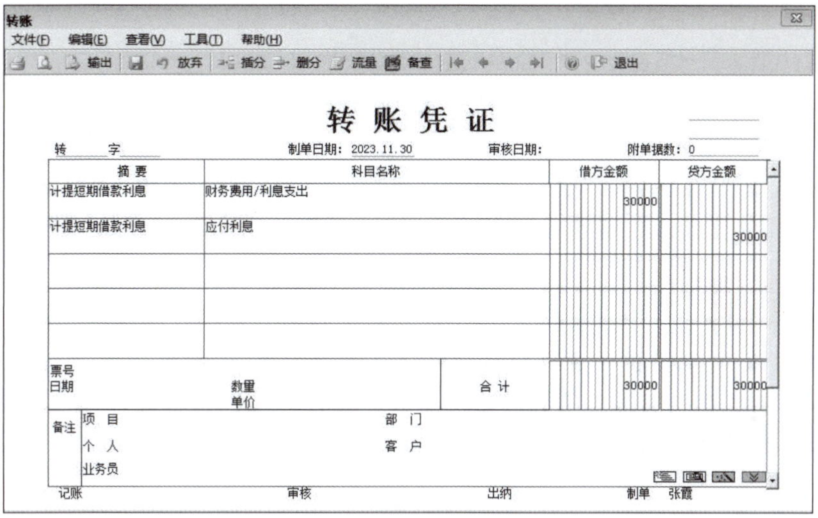

图 7-1-2　自定义结转凭证生成

工作指导

- 由于期末转账业务的数据来源为账簿，因此，为了保证数据准确，先将相关经济业务的记账凭证登记入账后再进行期末转账业务的操作。
- 转账生成之前，注意转账月份为当前会计月份。
- 转账凭证每月只生成一次。
- 生成的转账凭证，仍需审核才能记账。

3. 期间损益结转设置

（1）执行“期末”→“转账定义”→“期间损益”命令，进入“期间损益结转设置”对话框。

（2）选择“凭证类别”为“转　转账凭证”，选择“本年利润科目”为“4103”，单击“确定”按钮。

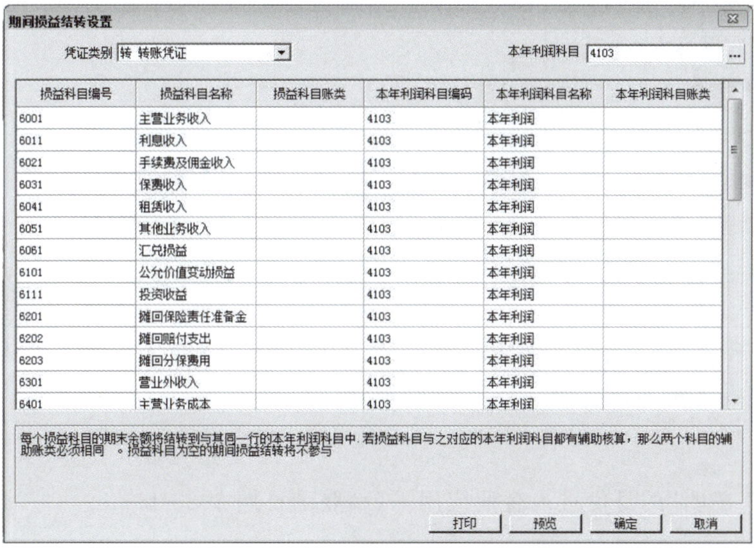

图 7-1-3　期间损益结转设置

4. 期间损益结转生成凭证

(1)执行"期末"→"转账生成"命令,进入"转账生成"窗口。

(2)勾选"期间损益结转"选项,依次单击类型中的"收入"→"全选"→"确定"按钮,屏幕显示"转账凭证"窗口,单击"保存"→"退出"按钮。单击类型中的"支出"→"全选"→"确定"按钮,屏幕显示"转账凭证"窗口,单击"保存"→"退出"按钮,再单击"取消"按钮返回。

(3)对生成的凭证进行审核并记账(以"401 王明"的身份,登录日期 2023-11-30)。

工作指导

- 以"401 王明"的身份对生成的自动转账凭证进行审核、记账。
- 期末自动转账处理工作是针对已记账业务进行的,因此,在进行月末转账工作之前应将所有未记账的凭证记账。

对账、结账

任务二 对账

以"401 王明"的身份重新注册进入企业应用平台,登录日期 2023-11-30。

(1)在总账管理系统中,执行"期末"→"对账"命令,进入"对账"窗口。

(2)将光标置于要进行对账的月份"2023.11",单击"选择"按钮。

(3)单击"对账"按钮,开始自动对账,并显示对账结果。

(4)单击"试算"按钮,可以对各科目类别余额进行试算平衡。

(5)单击"确定"按钮。

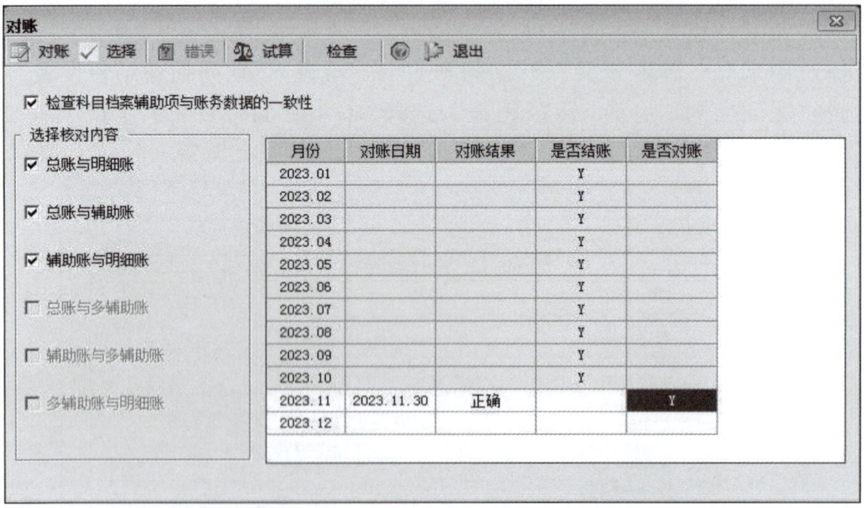

图 7-1-4 对账

任务三 结账

仍以"401 王明"的身份进入企业应用平台,登录日期 2023-11-30。

工作指导

期末结账是把本期内应记入账簿的经济业务全部登记入账并将本月余额结转至下月新的账簿。在用友 ERP-U8V10.1 软件中，月末结账需遵循以下顺序：

- 采购管理系统期末结账后，才能进行应付款管理系统期末结账。
- 销售管理系统期末结账后，才能进行应收款管理系统期末结账。
- 采购与销售管理系统均完成期末结账后，才能进行库存管理与存货核算系统期末结账。
- 库存管理系统期末结账后，才能进行存货核算系统期末结账。
- 所有子系统都完成期末结账后，才能进行总账管理系统结账。

1. 采购管理系统期末结账

在企业应用平台执行“业务工作”→“供应链”→“采购管理”→“月末结账”命令，系统弹出“结账”对话框，单击“结账”按钮，系统提示“是否关闭订单?”，因本案例无订单，单击“否”按钮，完成采购管理系统结账工作，单击“退出”按钮返回。

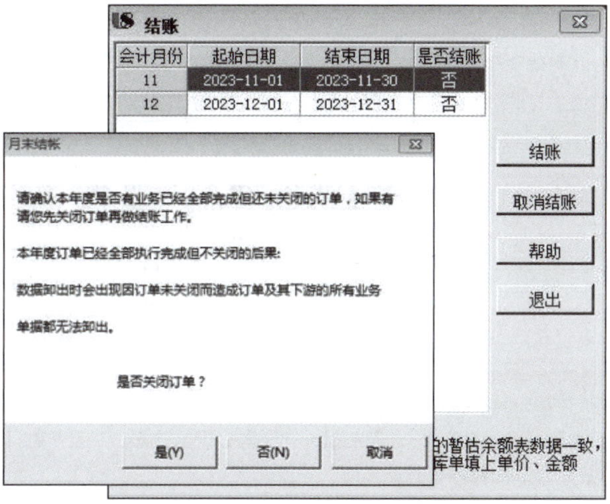

图 7-1-5　采购管理系统期末结账

2. 销售管理系统期末结账

在企业应用平台执行“业务工作”→“供应链”→“销售管理”→“月末结账”命令，系统弹出“结账”对话框，单击“结账”按钮，系统提示“是否关闭订单?”，单击“否”按钮，再单击“退出”按钮返回。

3. 库存管理系统期末结账

在企业应用平台执行“业务工作”→“供应链”→“库存管理”→“月末结账”命令，系统弹出“结账”对话框，单击“结账”按钮，系统提示“结账后将不能修改期初数据，是否继续结账?”，单击“是”按钮，再单击“退出”按钮返回。

4. 存货核算系统期末结账

(1)期末处理，在企业应用平台执行“业务工作”→“供应链”→“存货核算”→“业务核算”→“期末处理”命令，系统弹出“期末处理”对话框，选择全部仓库，单击“处理”按钮，系统提示“期末处理完毕！”，单击“确定”按钮，如图 7-1-6 所示，再单击“取消”按钮返回。

(2)在企业应用平台执行“业务工作”→“供应链”→“存货核算”→“月末结账”命令，系统弹出“结账”对话框，单击“结账”按钮，系统提示“月末结账完成！”，单击“确定”按钮返回。

5. 应收款管理系统期末结账

在企业应用平台执行“业务工作”→“财务会计”→“应收款管理”→“期末处理”→“月末结账”命令，系统弹出“月末处理”对话框，选中“11 月”，单击“下一步”按钮，系统提示单据月末处理情况，单击“完成”按钮。系统弹出“11 月份结账成功”信息提示框，单击“确定”按钮返回。

6. 应付款管理系统期末结账

在企业应用平台执行“业务工作”→“财务会计”→“应付款管理”→“期末处理”→“月末结账”命令，系统弹出“月末处理”窗口，选中“11 月”，单击“下一步”按钮，系统提示单据月末处理情况，单击“完成”按钮。系统弹出“11 月份结账成功”信息提示框，单击“确定”按钮返回。

图 7-1-6　存货核算系统期末结账

工作指导

本月的单据在结账前应全部审核。

本月单据在结账前应全部核销。

应收、应付款管理系统结账后，总账管理系统才能结账。

当月总账管理系统已结账，则应收款、应付款管理系统不能取消结账。

7. 固定资产管理系统期末结账

在企业应用平台执行“业务工作”→“财务会计”→“固定资产”→“处理”→“月末结账”命令，系统弹出“月末结账”对话框，单击“开始结账”按钮。系统显示“与账务对账结果”信息提示框，单击“确定”按钮，系统弹出“月末结账成功完成”信息提示框，如图 7-1-7 所示。单击“确定”按钮返回。

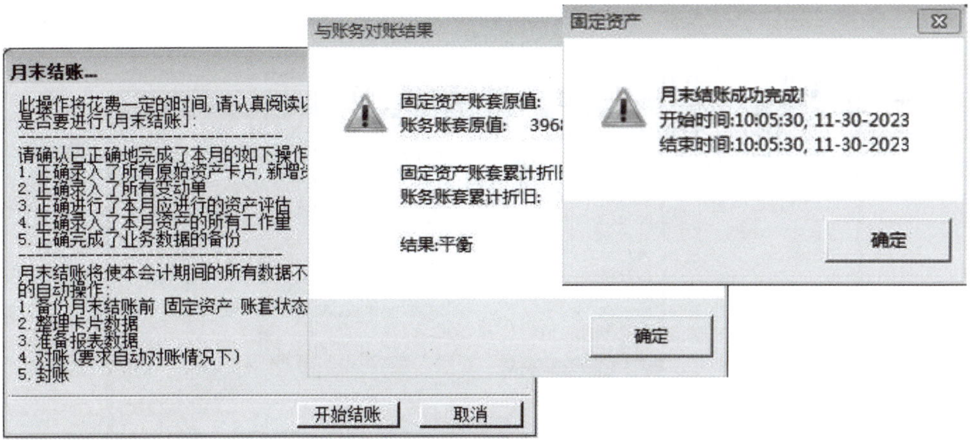

图 7-1-7　固定资产管理系统期末结账

工作指导

当总账管理系统记账完毕，固定资产管理系统才可对账。对账平衡，开始月末结账。

若在财务接口中选中“在对账不平情况下允许固定资产月末结账”复选框，则可以直接进行月末结账。

8. 薪资管理系统期末结账

在企业应用平台执行“业务工作”→“人力资源”→“薪资管理”→“业务处理”→“月末处理”命令，系统弹出“月末处理”对话框，单击“确定”按钮。系统弹出“月末处理之后，本月工资将不许变动！继续月末处理吗？”提示信息，单击“是”按钮。屏幕出现“是否选择清零项？”提示信息，单击“是”按钮，系统弹出“选择清零项目”对话框，在左侧列表框中选择“缺勤天数”，单击“＞”按钮，将所选项目移动到右侧列表框，单击“确定”按钮，系统弹出“月末处理完毕！”提示信息，如图 7-1-8 所示，单击“确定”按钮返回。

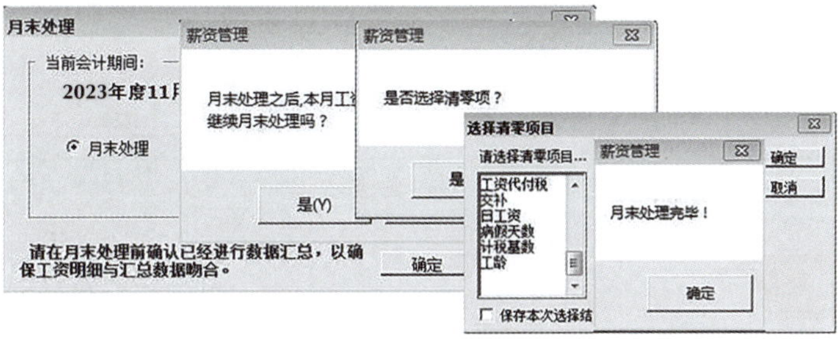

图 7-1-8　薪资管理系统期末结账

工作指导

本月工资数据未汇总，系统将不允许进行月末处理。

月末结转只有在会计年度的 1 月至 11 月进行。

如果有多个工资类别，则应打开各工资类别，分别进行结账。

9. 总账管理系统期末结账

(1)在企业应用平台执行“业务工作”→“财务会计”→“总账”→“期末”→“结账”命令，

系统弹出“结账”对话框，选择待结账的月份“2023.11”，单击“下一步”按钮，如图 7-1-9 所示。

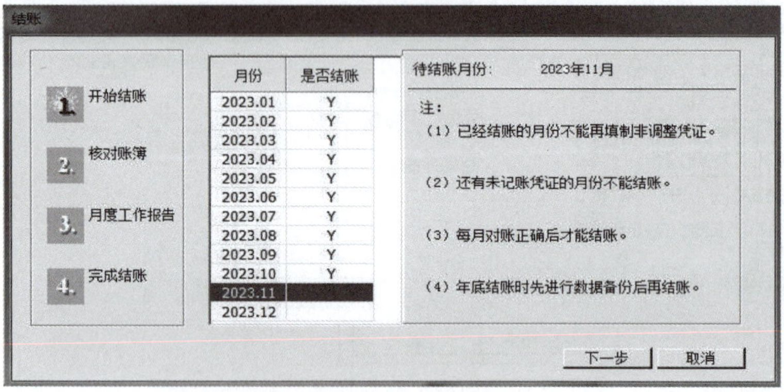

图 7-1-9　选择结账月

(2)单击“对账”按钮，系统开始核对账簿，完成后单击“下一步”按钮，屏幕显示“月度工作报告”，单击“下一步”→“下一步”按钮，若符合结账要求，“结账”对话框提示“可以结账”信息，单击“结账”按钮进行结账，如图 7-1-10 所示。否则系统将不予结账。

图 7-1-10　总账结账

工作指导

- 结账只能由有结账权限的人进行。
- 若本月还有未记账凭证，则本月不能结账。
- 结账必须按月连续进行，若上月未结账，则本月不能结账。
- 若总账与明细账对账不符，则不能结账。
- 与其他系统联合使用时，如果其他子系统未全部结账，则本月不能结账。
- 结账前，要进行数据备份。
- 结账后除查询外，不得再对本月业务进行任何操作。

10. 取消结账

(1)执行“期末”→“结账”命令,进入“结账”对话框。

(2)选择要取消结账的月份“2023.11”。

(3)按“Ctrl+Shift+F6”键,激活“取消结账”功能。

(4)输入口令,单击“确定”按钮,取消结账标志。

工作指导

● 在结完账后,非法操作或计算机病毒或其他原因可能会造成数据被破坏,这时可以在此使用“取消结账”功能。

项目二 UFO报表管理

工作项目

1. 报表格式定义

常用报表格式见表 7-2-1 和表 7-2-2。

表 7-2-1 资产负债表

会计 01 表

单位名称: 年 月 日 单位:元

资　产	期末余额	年初余额	负债和所有者权益	期末余额	年初余额
流动资产:	×	×	流动负债:	×	×
货币资金			短期借款		
交易性金融资产			交易性金融负债		
应收票据			应付票据		
应收账款			应付账款		
预付款项			预收款项		
应收利息			应付职工薪酬		
应收股利			应交税费		
其他应收款			应付利息		
存货			应付股利		
一年内到期的非流动资产			其他应付款		
其他流动资产			一年内到期的非流动负债		
流动资产合计			其他流动负债		

续表

资　产	期末余额	年初余额	负债和所有者权益	期末余额	年初余额
非流动资产：	×	×	流动负债合计		
可供出售金融资产			非流动负债：	×	×
持有至到期投资			长期借款		
长期应收款			应付债券		
长期股权投资			长期应付款		
投资性房地产			专项应付款		
固定资产			预计负债		
在建工程			递延所得税负债		
工程物资			其他非流动负债		
固定资产清理			非流动负债合计		
生产性生物资产			负债合计		
油气资产			所有者权益：	×	×
无形资产			实收资本		
开发支出			资本公积		
商誉			减：库存股		
长期待摊费用			盈余公积		
递延所得税资产			未分配利润		
其他非流动资产			所有者权益合计		
非流动资产合计					
资产总计			负债和所有者权益总计		

表 7-2-2　　利润表

会企 02 表

编制单位：　　　　年　月　日　　　　单位：元

项　目	本月数	本年累计数
一、营业收入		
减：营业成本		
税金及附加		
销售费用		
管理费用		
财务费用		
资产减值损失		
加：公允价值变动收益		
投资收益		
其中：对联营企业和合营企业的投资收益		

续表

项　目	本月数	本年累计数
二、营业利润		
加：营业外收入		
减：营业外支出		
其中：非流动资产处置损失		
三、利润总额		
减：所得税费用		
四、净利润		
五、每股收益		
（一）基本每股收益		
（二）稀释每股收益		

2. 报表公式定义

报表公式定义见表 7-2-3 和表 7-2-4。

表 7-2-3　　资产负债表

报表指标	期末余额公式	年初余额公式
货币资金	QM(1001,月)+QM(1002,月)+QM(1012,月)	QC(1001,1)+QC(1002,1)+QC(1012,1)
交易性金融资产	QM(1101,月)	QC(1101,1)
应收票据	QM(1121,月)	QC(1121,1)
应收账款	QM(1122,月,借,,,,,,,t,)+QM(2203,月,借,,,,,,,t,)−QM(1231,月)	QC(1122,1,借,,,,,,,t,)+QC(2203,1,借,,,,,,,t,)−QC(1231,1)
预付款项	QM(1123,月,借,,,,,,,t,)+QM(220201,月,借,,,,,,,t,)	QC(1123,1,借,,,,,,,t,)+QC(220201,1,借,,,,,,,t,)
应收利息	QM(1132,月)	QC(1132,1)
应收股利	QM(1131,月)	QC(1131,1)
其他应收款	QM(1221,月)	QC(1221,1)
存货	QM(1401,月)+QM(1402,月)+QM(1403,月)+QM(1404,月)+QM(1405,月)+QM(1406,月)+QM(1407,月)+QM(1411,月)−QM(1471,月)+QM(5001,月)	QC(1401,1)+QC(1402,1)+QC(1403,1)+QC(1404,1)+QC(1405,1)+QC(1406,1)+QC(1407,1)+QC(1411,1)−QC(1471,1)+QC(5001,1)
一年内到期的非流动资产		
流动资产合计	PTOTAL(B6:B16)	PTOTAL(C6:C16)
可供出售金融资产	QM(1503,月)	QC(1503,1)

续表

报表指标	期末余额公式	年初余额公式
持有至到期投资		
长期应收款	QM(1531,月)	QC(1531,1)
长期股权投资	QM(1511,月)	QC(1511,1)
投资性房地产	QM(1521,月)	QC(1521,1)
固定资产	QM(1601,月)－QM(1602,月)－QM(1603,月)	QC(1601,1)－QC(1602,1)－QC(1603,1)
在建工程	QM(1604,月)	QC(1604,1)
工程物资	QM(1605,月)	QC(1605,1)
固定资产清理	QM(1606,月)	QC(1606,1)
生产性生物资产	QM(1621,月)－QM(1622,月)	QC(1621,1)－QC(1622,1)
油气资产	QM(1631,月)	QC(1631,1)
无形资产	QM(1701,月)－QM(1702,月)－QM(1703,月)	QC(1701,1)－QC(1702,1)－QC(1703,1)
开发支出	QM(5301,月)	QC(5301,1)
商誉	QM(1711,月)	QC(1711,1)
长期待摊费用	QM(1801,月)	QC(1801,1)
递延所得税资产	QM(1811,月)	QC(1811,1)
非流动资产合计	PTOTAL(B19:B35)	PTOTAL(C19:C35)
资产总计	B17＋B36	C17＋C36
短期借款	QM(2001,月)	QC(2001,1)
交易性金融负债	QM(2101,月)	QC(2101,1)
应付票据	QM(2201,月)	QC(2201,1)
应付账款	QM(2202,月,贷,,,,,,,t,)＋QM(1123,月,贷,,,,,,,t,)	QC(2202,1,贷,,,,,,,t,)＋QC(1123,1,贷,,,,,,,t,)
预收款项	QM(2203,月,贷,,,,,,,t,)－QM(1122,月,贷,,,,,,,t,)	QC(2203,1,贷,,,,,,,t,)－QC(1122,1,贷,,,,,,,t,)
应付职工薪酬	QM(2211,月)	QC(2211,1)
应交税费	QM(2221,月)	QC(2221,1)
应付利息	QM(2231,月)	QC(2231,1)
应付股利	QM(2232,月)	QC(2232,1)
其他应付款	QM(2241,月)	QC(2241,1)
一年内到期的非流动负债	QM(250199,月)	QC(250199,1)

续表

报表指标	期末余额公式	年初余额公式
流动负债合计	PTOTAL(E6:E17)	PTOTAL(F6:F17)
长期借款		
应付债券	QM(2502,月)	QC(2502,1)
长期应付款	QM(2701,月)	QC(2701,1)
专项应付款	QM(2711,月)	QC(2711,1)
预计负债	QM(2801,月)	QC(2801,1)
递延所得税负债	QM(2901,月)	QC(2901,1)
非流动负债合计	PTOTAL(E20:E26)	PTOTAL(F20:F26)
负债合计	E18＋E27	F18＋F27
实收资本	QM(4001,月)	QC(4001,1)
资本公积	QM(4002,月)	QC(4002,1)
库存股	QM(4201,月)	QC(4201,1)
盈余公积	QM(4101,月)	QC(4101,1)
未分配利润	QM(4103,月,贷)＋QM(4104,月,贷)－QM(4103,月,借)－QM(4104,月,借)	QC(4103,1,贷)＋QC(4104,1,贷)－QC(4103,1,借)－QC(4104,1,借)
所有者权益合计	E30＋E31－E32＋E33＋E34	F30＋F31－F32＋F33＋F34
负债和所有者权益总计	E28＋E35	F28＋F35

表 7-2-4　利润表本期金额栏目取数函数

项　　目	单元公式
营业收入	DFS(6001,4103,月,借)＋DFS(6051,4103,月,借)
营业成本	DFS(6401,4103,月,贷)＋DFS(6402,4103,月,贷)
税金及附加	DFS(6403,4103,月,贷)
销售费用	DFS(6601,4103,月,贷)
管理费用	DFS(6602,4103,月,贷)
财务费用	DFS(6603,4103,月,贷)
资产减值损失	DFS(6701,4103,月,贷)
公允价值变动收益	DFS(6101,4103,月,借)
投资收益	DFS(6111,4103,月,借)
其中:对联营企业和合营企业的投资收益	DFS(6111,1511,月,贷)
营业利润	B5－B6－B7－B8－B9－B10－B11＋B12＋B13
营业外收入	DFS(6301,4103,月,借)

（续表）

项　　目	单元公式
营业外支出	DFS(6711,4103,月,贷)
非流动资产处置损失	DFS(671102,4103,月,贷)
利润总额	B15＋B16－B17
减：所得税费用	DFS(6801,4103,月,贷)
净利润	B19－B20

工作要求

1.以账套主管“401 王明”的身份进行资产负债表、利润表的格式定义，登录日期2023-11-30。

2.以账套主管“401 王明”的身份进行资产负债表、利润表的公式定义，登录日期2023-11-30。

3.以账套主管“401 王明”的身份进行资产负债表、利润表的数据生成，登录日期2023-11-30。

任务一　自定义报表基本内容

资产负债表格式定义

利润表格式定义

1.报表格式定义

报表的格式设计在格式状态下进行，格式对整个报表都有效，主要包括以下操作：

(1)设置表格尺寸。设置表格尺寸即定义报表的大小，包括设定报表的行数和列数。

(2)定义组合单元。定义组合单元即把几个单元作为一个单元使用。

(3)表格画线。

(4)输入报表项目。报表项目包括表头、表体和表位。在格式状态下定义了单元内容的自动默认为表样型，定义为表样型的单元在数据状态下不允许修改和删除。

(5)定义行高和列宽。

(6)设置单元风格。设置单元的字体、字号、颜色、图案、折行显示等。

(7)设置单元属性。把需要输入数字的单元定为数值单元；把需要输入字符的单元定为字符单元。

2.报表公式定义

公式的定义在格式状态下进行，常用的公式有：

(1)计算公式：定义了报表数据之间的运算关系，可以实现报表系统从其他系统取数。

(2)审核公式：用于审核报表内或报表之间的钩稽关系是否正确。

(3)舍位平衡公式：用于报表数据进位或小数取整时调整数据，例如，将以“元”为单位的报表数据变为以“万元”为单位的报表数据，且表中的平衡关系仍然成立。

报表的计算公式在一般情况下必须设置，审核公式和舍位平衡公式是根据需要设置的。

用友软件的计算公式一般通过函数实现。企业常用的财务报表数据一般来源于总账管理系统或报表系统本身，取自报表的数据又可以分为从本报表取数和从其他报表的表页取数两种。

(1)自总账取数的函数

自总账取数的函数又可以称为账务函数。

账务函数的基本格式如下：

函数名(“科目编码”,会计期间,[“方向”],[账套号],[会计年度],[编码 1],[编码 2])

科目编码：也可以使用科目名称，且必须用双引号括起来。

会计期间：可以是“年”“季”“月”等变量，也可以是具体表示年、季、月的数字。

方向：“借”或“贷”，可以省略。

账套号：数字，缺省时默认为 999 账套。

会计年度即数据取数的年度，可以省略。

[编码 1][编码 2]：与科目编码的核算类别有关，可以取科目的辅助账，如职员编码、项目编码等，如无辅助核算则省略。

主要的账务函数见表 7-2-5。

表 7-2-5　主要的账务函数

账务函数	金额式	数量式	外币式
期初余额函数	QC()	sQC()	wQC()
期末余额函数	QM()	sQM()	wQM()
发生额函数	FS()	sFS()	wFS()
累计发生额函数	LFS()	sLFS()	wLFS()
条件发生额函数	TFS()	sTFS()	wTFS()
对方科目发生额函数	DFS()	sDFS()	wDFS()
净额函数	JE()	sJE()	wJE()
汇率函数	HL()	sHL()	wHL()

(2)自本表表页取数的函数

自本表表页取数的函数主要有以下几项：

数据合计　PTOTAL()

平均值　PAVG()

最大值　PMAX()

最小值　PMIN()

(3)自本表其他表页取数的函数

对于取自本表其他表页的数据，可以利用某个关键字作为表页定位的依据，或者直接以页标号作为定位依据，指定取某张表页的数据。可以使用 SELECT()函数从本表其他表页取数。从其他表页取数主要用于利润表中的上期金额栏目。例如：定义利润表中“营业收入”项目的上期金额，假设“营业收入”上期金额栏目单元格位置为 B4，则公式为：IFF

(月=1,SELECT(?B4,年@=年+1 and 月@="12"),SELECT(?B4,年@=年 and 月@=月+1))。用 SELECT()函数进行利润表"上期金额"栏取数时,必须保证上期的利润表表页已经存在并已经计算,否则取不到相应数据或数据出错。

(4)报表模板

通过报表格式定义和公式定义可以设置一个个性化的自定义报表。用友 UFO 还为用户提供了 33 个行业的各种标准财务报表格式。

利用报表模板可以迅速建立一张符合需要的财务报表。另外,对于一些本企业常用的报表模板中没有提供的报表,在自定义完这些报表的格式和公式后,可以将其定义为报表模板,以后可以直接调用。

任务二 报表格式定义

1. 启用 UFO 报表管理系统

(1)以"401 王明"的身份进入企业应用平台,登录日期 2023-11-30。执行"业务工作"→"财务会计"→"UFO 报表"命令,进入报表管理系统。

(2)打开"文件"菜单,执行"新建"命令,建立一张空白报表,报表名默认为"report1",将其改名为"资产负债表"。

2. 自定义一张资产负债表

(1)设置表尺寸,选择"格式"菜单中的"表尺寸"选项,在弹出的对话框中将行数调整为 33 行,列数调整为 6 列,如图 7-2-1 所示。

(2)调整列宽,列 A 和列 E 为报表指标名称栏,列宽可加大一倍,设为 65,选中"格式"菜单下"列宽"选项,其值设为"65"。

(3)在 A1 单元格输入报表名称"资产负债表",字体设置为楷体,字号设为 26 号,并加粗,加下划线。

(4)用鼠标点选第一行行标,选定 A1:F1 区域,单击鼠标右键或选择"格式"菜单中的"组合单元"选项,在弹出的对话框中单击"按行组合"或"整体组合"按钮,如图 7-2-2 所示,将第一行的六个单元格合并,并将报表名称水平居中。

图 7-2-1 设置表尺寸

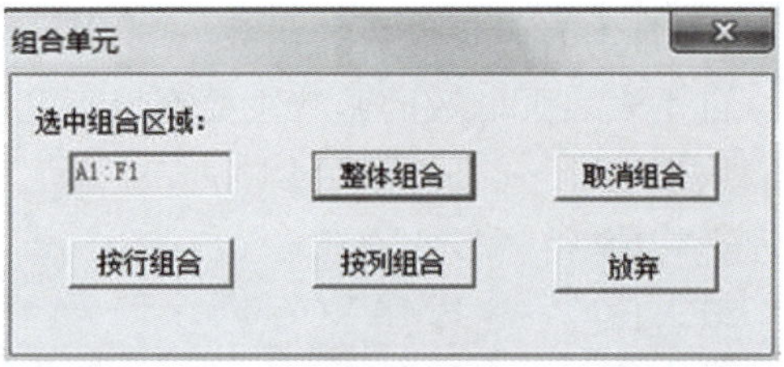

图 7-2-2 组合单元

(5)在 F2 单元格输入"会企 01 表",在 F3 单元格输入"单位:元",水平居中。字体设为宋体,字号设为 12 号,下同。

(6)选取 A3 单元格,选择"数据"菜单中"关键字"项目下的"设置"选项,在弹出的对话框中选择"单位名称"并确定,如图 7-2-3 所示。

(7)选取 C3 单元格,选择“数据”菜单中“关键字”项目下的“设置”选项,在弹出的对话框中选择“年”并确定。重复前面操作,将关键字“月”和“日”设置在 C3 单元格。这时,关键字“年”“月”“日”在 C3 单元格中重叠在一起。

(8)在“数据”菜单中选择“关键字”项目下的“偏移”选项,弹出“定义关键字偏移”对话框,在对话框中输入适当的关键字偏移量。设置偏移量后,可以改变关键字在单元中的位置。关键字偏移量的范围是[－300,300],负数表示向左偏移,正数表示向右偏移。本例中年偏移－50,月偏移 0,日偏移 50,如图 7-2-4 所示。

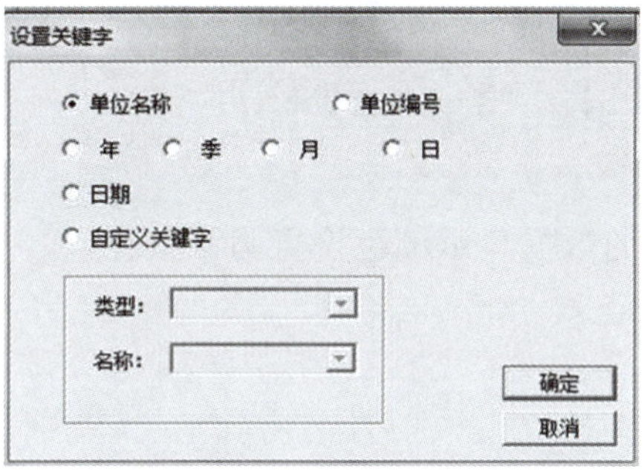

图 7-2-3　设置关键字

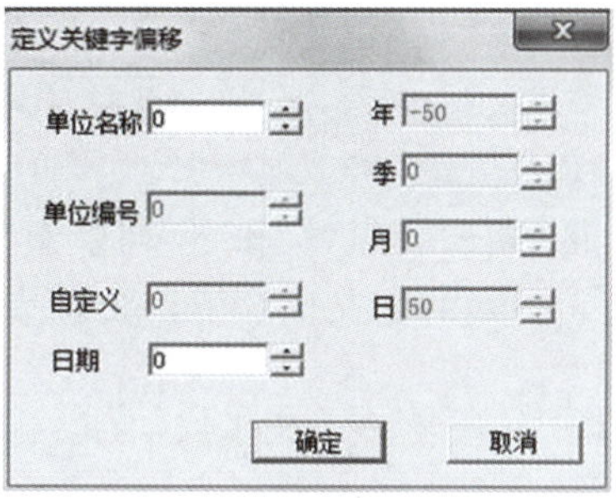

图 7-2-4　关键字偏移

(9)输入表体内容,为表体配置表格线,若配置外粗内细表格线,可选定 A4:F33 区域,选择“格式”菜单中的“区域画线”选项,在弹出的“区域画线”对话框中选择画线类型为“网线”,样式为细线,如图 7-2-5 所示。确认后再次打开“区域画线”对话框,画线类型选择“框线”,样式选择粗线,之后确认。

(10)隐藏网格线。报表自身的表格线配置完成后,原来的灰色网格线就显得多余了。在“工具”菜单中选择“显示风格”选项或按 F5 键,系统弹出“显示风格”对话框,如图 7-2-6 所示。将网格颜色调整为背景色即可达到隐藏网格线的目的。

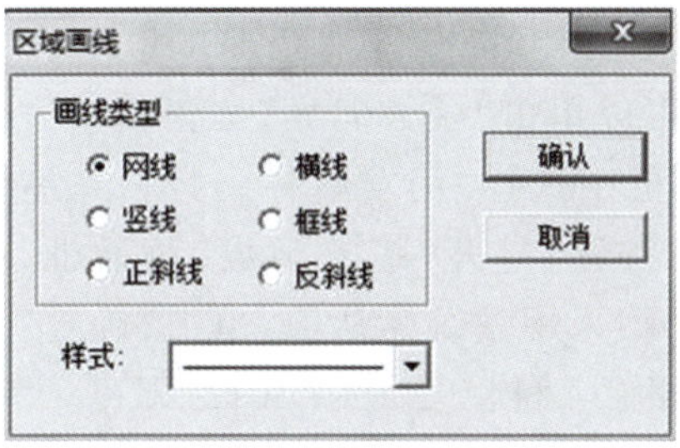

图 7-2-5　区域画线

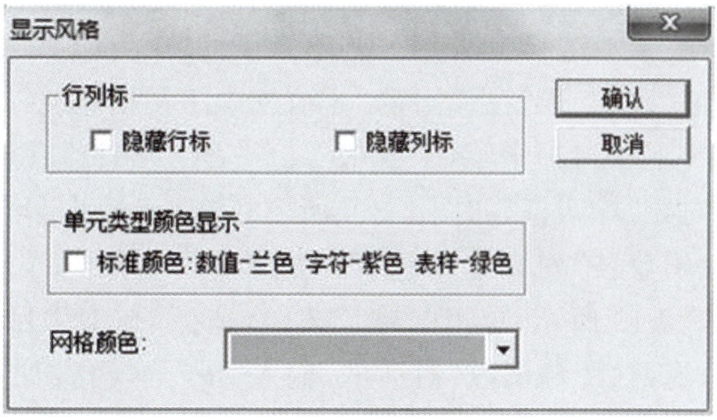

图 7-2-6　显示风格

(11)将各大类名称所在单元格的背景色设置为灰色。选中 A5 单元格,单击鼠标右键,在弹出的菜单中选择“单元格属性”选项,系统弹出“单元格属性”对话框,在“字体图案”选项卡中选择背景颜色,如图 7-2-7 所示。

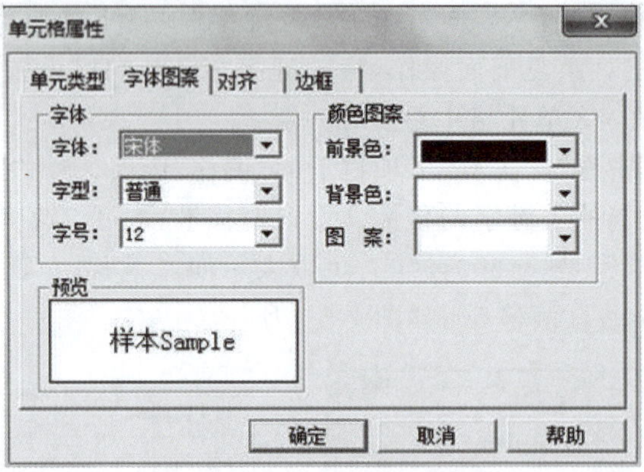

图 7-2-7 设置单元格属性

（12）将“期末余额”栏和“年初余额”栏中的数据显示颜色设置为深蓝色。

利润表格式的定义比照资产负债表格式定义。

资产负债表公式定义

任务三　报表公式定义

1. 资产负债表公式的定义

（1）定义期初余额

函数格式：QC(＜科目编码＞,＜会计期间＞,[＜方向＞],[＜账套号＞],[＜会计年度＞],[＜编码1＞],[＜编码2＞],[＜截止日期＞],[＜是否包含未记账凭证＞],[＜编码1汇总＞],[＜编码2汇总＞])。

格式说明：“[]”中的参数可以缺失，在期初函数中，除科目编码和会计期间外，其余参数均可缺省。

例：定义“货币资金”年初余额，第一步，选择需要定义公式的单元格C6，即货币资金年初数填列的单元格。第二步，调出“定义公式”对话框（图7-2-8）。方法有三：①在“数据”菜单中选择“编辑公式”项目下的“单元公式”选项；②单击工具栏上的“fx”按钮；③按＝键。第三步，在弹出的“定义公式”对话框中直接输入货币资金年初余额的取数公式QC("1001",1)+ QC("1002",1)+QC("1012",1)。也可以单击“函数向导”按钮，打开“函数向导”对话框，如图7-2-9所示。在“函数向导”对话框中选择“用友财务函数”，在右侧的“函数名”列表框中选择“期初QC”，单击“下一步”按钮，打开“账务函数”对话框，如图7-2-10所示，单击“参照”按钮，选择1001科目，其余均采用系统默认值，单击“确定”按钮，返回“账务函数”对话框，输入“+”号，再按如上步骤输入科目“1002”“1012”即可。

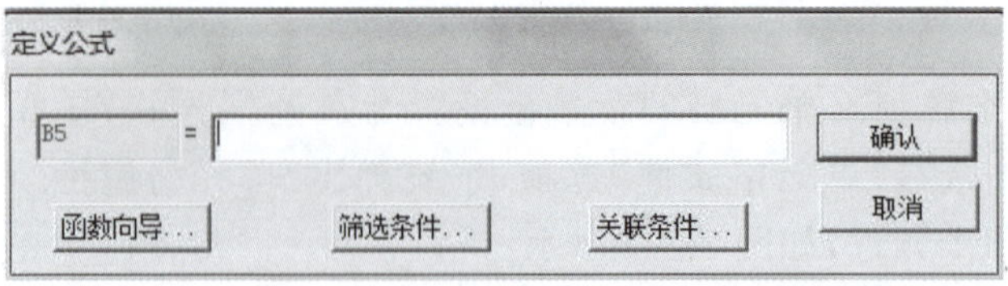

图 7-2-8 “定义公式”对话框

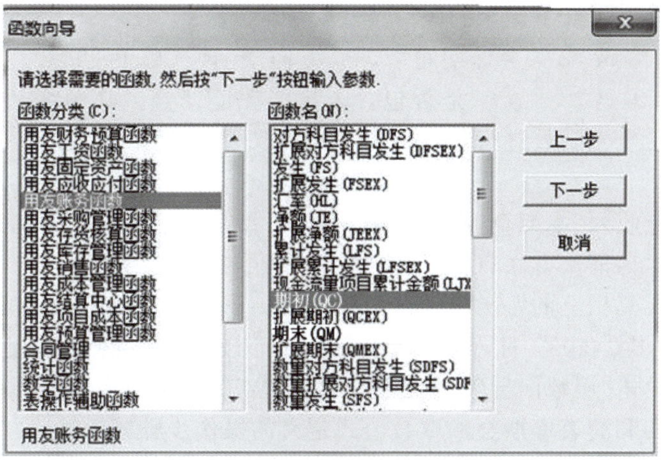

图 7-2-9　"函数向导"对话框

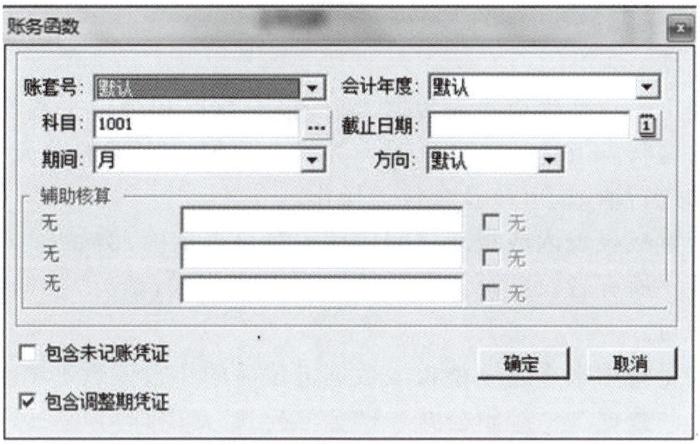

图 7-2-10　"账务函数"对话框

(2)定义期末余额

函数格式：QM(＜科目编码＞,＜会计期间＞,[＜方向＞],[＜账套号＞],[＜会计年度＞],[＜编码 1＞],[＜编码 2＞],[＜截止日期＞],[＜是否包含未记账凭证＞],[＜编码 1 汇总＞],[＜编码 2 汇总＞])。

格式说明：同期初余额。

例：定义"应收账款"期末余额，第一步，选择需要定义公式的单元格 C6，即货币资金年初数填列的单元格。第二步，调出"定义公式"对话框，按＝键。第三步，在弹出的"定义公式"对话框中输入应收账款期末余额的取数公式 QM(1122,月)即可，也可以单击"函数向导"按钮来完成公式定义。

工作项目中的资产负债表公式定义的操作步骤同上。

2. 利润表本期金额公式定义

利润表公式定义

定义本期金额，用到发生额函数。

FS(＜科目编码＞,＜会计期间＞,[＜方向＞],[＜账套号＞],[＜会计年度＞],[＜编码 1＞],[＜编码 2＞],[＜是否包含未记账凭证＞])。若用发生额函数进行利润表收支项目取数，在日常收支业务处理时，收入项目的减少应当在贷方用红字记录，支出项目的冲减应当在借方用红字记录。

DFS（＜科目编码＞，＜会计期间＞，[＜方向＞]，[＜账套号＞]，[＜会计年度＞]，[＜编码 1＞]，[＜编码 2＞]，[＜是否包含未记账凭证＞]）。其中“[]”中的参数可以缺失。若使用对方发生额函数进行利润表收支项目取数，在期末收支结转时，收入和支出类应分别结转利润。

例：定义“营业收入”本期金额栏目，第一步，选择需要定义公式的单元格 C4，第二步，调出“定义公式”对话框。方法有三：①在“数据”菜单中选择“编辑公式”项目下的“单元公式”选项；②单击工具栏上的“fx”按钮；③按＝键。第三步，在弹出的“定义公式”对话框中输入：DFS("6001","4103",月,借)＋DFS("6051","4103",月,借)。营业收入本月金额的取数公式也可以单击“函数向导”按钮，用“函数向导”对话框输入，步骤同“货币资金”。

工作项目中的利润表本期金额取数公式定义的操作步骤同上。

任务四　报表数据处理基本内容

1. 报表数据处理

报表数据处理主要包括生成报表数据、审核报表数据和舍位平衡操作等工作。数据处理工作必须在数据状态下进行。处理时计算机会根据已定义的单元公式、审核公式和舍位平衡公式自动进行取数、审核及舍位等操作。

审核公式用于审核报表内或报表之间钩稽关系是否正确，例如“资产负债表”中的“资产合计＝负债合计＋所有者权益合计”，若要定义审核公式，执行“数据”→“编辑公式”→“审核公式”命令即可。

舍位平衡公式是指用来重新调整报表数据进位后的小数位数平衡关系的公式。若要定义舍位公式，执行“数据”→“编辑公式”→“舍位公式”命令即可。

报表数据处理一般是针对某一特征表页进行的，因此在数据处理时还涉及表页的操作，如增加、删除、插入、追加表页等。

表页的数据包括报表单元的数据和字符以及游离于单元之外的关键字。数值单元只能生成数字，而字符单元既能生成数字，又能生成字符。数值单元和字符单元可以由公式生成，也可以由键盘输入。关键字则必须由键盘输入。

2. 报表输出

报表的输出包括报表的屏幕输出和打印输出，输出时可以针对报表格式输出，也可以针对某一特定表页输出。输出报表格式必须在格式状态下操作，而输出表页必须在数据状态下操作，输出表页时，格式和报表数据一起输出。

输出表页数据时会涉及报表的相关操作，例如，表页排序、查找、透视等。屏幕输出时可以对报表的显示风格、显示比例加以设置。打印报表之前可以在预览窗口预览，打印时还可以进行页面设置和打印设置等操作。

任务五　报表数据处理

报表数据处理

1. 打开报表

(1)以“王明”的身份进入企业应用平台，执行“财务会计”→“UFO 报表”命令，进入报表管理系统。

(2)通过“文件”菜单打开“利润表”。

2. 增加表页

(1)在数据状态下执行“编辑”→“追加”→“表页”命令，打开“追加表页”对话框。

(2)输入需要增加的表页数，单击“确定”按钮。

3. 输入关键字

(1)在数据状态下执行“编辑”→“关键字”→“录入”命令，打开“录入关键字”对话框。

(2)输入年“2023”、月“11”、日“30”。单击“确认”按钮，系统弹出“是否重算第1页?”提示信息。单击“是”按钮，系统根据单元公式计算11月数据，单击“否”按钮，系统不计算11月数据，以后可利用“表页重算”功能生成11月数据。

4. 生成报表

(1)在数据状态下执行“数据”→“表页重算”命令，系统弹出“是否重算第1页?”提示信息。

(2)单击“是”按钮，系统会自动在初始的账套和会计年度范围内根据单位公式计算生成数据。

任务六　报表数据管理

执行“文件”→“另存为”命令，在屏幕弹出的“另存为”对话框中输入文件保存路径和文件名，选择文件类型，单击“另存为”按钮。

附录

附录一　会计信息化岗位综合职业能力训练(财务链)

一、核算体系的建立

(一)增设操作员

新增以下操作员:001:王明;002:李平;003:张霞。

(二)建立账套信息

1. 账套信息如下:
账套号:100,账套名称:江苏财苑公司;启用日期:2024 年 1 月。
2. 单位信息如下:
单位名称:江苏财苑公司,单位简称:财苑;税号:3103346436219
3. 核算类型如下:
企业类型:工业;行业性质:2007 年新会计制度科目;可选择"按行业性质预置科目"。
4. 基础信息如下:
存货、客户及供应商均分类,并有外币核算。
5. 编码方案如下:
科目编码方案为"42222";客户分类和供应商分类的编码方案为"2";部门编码的方案为"1-2";存货分类的编码方案为"2-2-3-3";收发类别的编码级次为"1-1";结算方式的编码方案为"2";其他编码项目保持默认设置。
6. 数据精度:保持系统默认设置。

(三)各系统的启用

启用总账管理、应收款管理、应付款管理、薪资管理、固定资产管理等系统,启用日期为 2024-01-01。

(四)分配操作员权限

1. 操作员李平:拥有公用目录设置、总账管理、应收款管理、应付款管理中的所有权限。

2. 操作员张霞:拥有公用目录设置、总账管理、薪资管理、固定资产管理中的所有权限。

（五）定义基础档案

1. 定义部门档案，见附表 1-1。

附表 1-1　　部门档案

部门编码	部门名称	部门编码	部门名称
1	生产部	4	业务部
101	生产一部	401	业务一部
102	生产二部	402	业务二部
2	工程部	5	财务部
3	采购部	6	仓储部
301	采购一部	7	计划部
302	采购二部	8	质量管理部

2. 定义人员档案，见附表 1-2。

附表 1-2　　人员档案

部门编码	部门名称	人员		人员类别	性别	业务或费用部门	银行	银行账号
3	采购部	30001	陈雪	在职人员	女	采购一部	工商银行	11111111111
301	采购一部	30002	方向	在职人员	男	采购一部	工商银行	11111111112
101	生产一部	10001	刘大力	在职人员	男	生产一部	工商银行	11111111113
101	生产一部	10002	余成明	在职人员	男	生产一部	工商银行	11111111110
102	生产二部	10003	张玲	在职人员	女	生产二部	工商银行	11111111121
4	业务部	40001	李飞	在职人员	男	业务一部	工商银行	11111111114
401	业务一部	40101	郑敏根	在职人员	男	业务一部	工商银行	11111111115
402	业务二部	40201	何成	在职人员	男	业务二部	工商银行	11111111116
5	财务部	50001	王明	在职人员	男	财务部	工商银行	11111111117
5	财务部	50101	李平	在职人员	男	财务部	工商银行	11111111118
5	财务部	50102	张霞	在职人员	女	财务部	工商银行	11111111119

3. 定义客户分类，见附表 1-3。

附表 1-3　　客户分类

分类编码	分类名称	分类编码	分类名称
01	批发	03	代销
02	零售	04	专柜

4. 定义客户档案，见附表 1-4。

附表 1-4　　客户档案

客户编码	客户简称	所属分类
0001	华城公司	批发
0002	新月贸易公司	批发
0003	宏达公司	专柜
0004	利益公司	代销

5. 定义供应商分类，见附表 1-5。

附表 1-5 供应商分类

分类编码	分类名称	分类编码	分类名称
01	原料供应商	03	委外供应商
02	成品供应商	04	其他

6. 定义供应商档案，见附表 1-6。

附表 1-6 供应商档案

供应商编码	供应商简称	所属分类
0001	益达公司	原料供应商
0002	新华公司	成品供应商
0003	建昌公司	成品供应商
0004	泛美商行	委外供应商
0005	爱英公司	其他

7. 设置会计科目。

(1)“应收账款”“预收账款”科目的辅助核算设置为“客户往来”。

(2)“应付账款”“预付账款”科目的辅助核算设置为“供应商往来”。

8. 定义凭证类别：本账套设置一种凭证类别，定义为“记账凭证”。

9. 定义结算方式，见附表 1-7。

附表 1-7 结算方式

编码	名称	编码	名称
01	现金结算	03	汇票结算
02	支票结算		

10. 定义存货分类：(1)库存商品；(2)应税劳务。

11. 定义计量单位：无换算关系，计量单位名称：个，台，千米。

(六)基础档案设置

1. 设置外币。外币名称：“美元”；初始汇率：“6.55”。

2. 设置会计科目。企业的会计科目见附表 1-8。

附表 1-8 会计科目表

科目编码	科目名称	外币单位	辅助账类型	方向	科目编码	科目名称	外币单位	辅助账类型	方向
1001	库存现金		指定科目	借	222105	应交资源税			贷
1002	银行存款		指定科目	借	222106	应交所得税			贷
100201	工行存款			借	222107	应交土地增值税			贷
100202	中行存款	美元		借	222108	城市维护建设税			贷

续表

科目编码	科目名称	外币单位	辅助账类型	方向	科目编码	科目名称	外币单位	辅助账类型	方向
1012	其他货币资金			借	222109	应交房产税			贷
101201	外埠存款			借	222110	应交土地使用税			贷
101202	银行本票			借	222111	应交车船使用税			贷
101203	银行汇票			借	222112	应交个人所得税			贷
101204	信用卡			借	2231	应付股利			贷
101205	信用证保证金			借	2241	其他应付款			贷
101206	存出投资款			借	2501	长期借款			贷
1101	交易性金融资产			借	2502	应付债券			贷
110101	股票			借	250201	债券面值			贷
110102	债券			借	250202	应计利息			贷
110103	基金			借	2701	长期应付款			贷
110110	其他			借	2711	专项应付款			贷
1121	应收票据			借	2801	预计负债			贷
1122	应收账款		客户往来	借	4001	实收资本(或股本)			贷
1123	预付账款		供应商往来	借	4002	资本公积			贷
1131	应收股利			借	400201	资本(或股本)溢价			贷
1132	应收利息			借	400202	其他资本公积			贷
1221	其他应收款		个人往来	借	4101	盈余公积			贷
1231	坏账准备			贷	410101	法定盈余公积			贷
1401	材料采购			借	410102	任意盈余公积			贷
1403	原材料			借	410103	法定公益金			贷
1411	周转材料			借	4103	本年利润			贷
1404	材料成本差异			借	4104	利润分配			贷
1405	库存商品			借	410401	提取法定盈余公积			贷
140501	硬盘	个		借	410402	提取任意盈余公积			贷
140502	电脑(D1)	台		借	410403	应付现金股利			贷
140503	电脑(D2)	台		借	410404	转作股本的股利			贷
1406	发出商品			借	410405	盈余公积补亏			贷

续表

科目编码	科目名称	外币单位	辅助账类型	方向	科目编码	科目名称	外币单位	辅助账类型	方向
1471	存货跌价准备			贷	410406	未分配利润			贷
1501	持有至到期投资			借	5001	生产成本			借
150101	债券投资			借	500101	直接材料	项目核算		借
150102	其他债权投资			借	500102	直接人工	项目核算		借
1511	长期股权投资			借	500103	制造费用	项目核算		借
151101	股票投资			借	5101	制造费用	部门核算		借
151102	其他股权投资			借	510101	工资	部门核算		借
1502	持有至到期投资减值准备			贷	510102	福利费	部门核算		借
1601	固定资产			借	510103	加班费	部门核算		借
1602	累计折旧			贷	510104	折旧费	部门核算		借
1603	固定资产减值准备			贷	510199	其他	部门核算		借
1605	工程物资			借	6001	主营业务收入			贷
160501	专用材料			借	600101	硬盘	个		贷
160502	专用设备			借	600102	电脑(D1)	台		贷
160503	预付大型设备款			借	600103	电脑(D2)	台		贷
160504	工具及器具			借	6051	其他业务收入			贷
1604	在建工程			借	6111	投资收益			贷
1606	固定资产清理			借	6301	营业外收入			贷
1701	无形资产			借	6401	主营业务成本			借
1702	累计摊销			贷	640101	硬盘	个		
1703	无形资产减值准备			贷	640102	电脑(D1)	台		借
1801	长期待摊费用			借	640103	电脑(D2)	台		借
1901	待处理财产损溢			借	6402	其他业务成本			借
190101	待处理流动资产损溢			借	6403	税金及附加			借
190102	待处理固定资产损溢			借	6601	销售费用			借
2001	短期借款			贷	6602	管理费用	部门核算		借

续表

科目编码	科目名称	外币单位	辅助账类型	方向	科目编码	科目名称	外币单位	辅助账类型	方向
2201	应付票据			贷	660201	工资	部门核算	借	
2202	应付账款		供应商往来	贷	660202	福利费	部门核算	借	
2203	预收账款		客户往来	贷	660203	电话费	部门核算	借	
2211	应付职工薪酬			贷	660204	折旧费	部门核算	借	
2221	应交税费			贷	660205	办公费	部门核算	借	
222101	应交增值税			贷	660299	其他	部门核算	借	
22210101	进项税额			贷	6603	财务费用		借	
22210102	已交税金			贷	660301	手续费		借	
22210103	转出未交增值税			贷	660302	利息收入		借	
22210104	减免税款			贷	660303	利息支出		借	
22210105	销项税额			贷	6711	营业外支出		借	
22210106	出口退税			贷	6801	所得税费用		借	
22210107	进项税额转出			贷	6901	以前年度损益调整		借	
222102	未交增值税			贷					
222104	应交消费税			贷					

3. 设置项目目录。

（1）增加项目大类：大类名称为“生产成本”，选择“普通项目”，项目级次为“1-2”，项目结构取默认值。

（2）选择核算科目：“500101”“500102”“500103”，并单击“确认”按钮。

（3）项目分类：编码“1”，类别为自行开发项目；编码“2”，类别为委托开发产品。

（4）项目目录，见附表 1-9。

附表 1-9　　项目目录

编　码	名　称	类　别
101	D1 电脑产品	自行开发项目
102	D2 电脑产品	自行开发项目
201	T1 电脑产品	委托开发项目

二、总账和应收、应付款管理系统期初数据

录入总账各会计科目(包括辅助核算)的期初余额。

1. 录入基本会计科目余额。基本会计科目余额见附表 1-10。

附表 1-10 基本会计科目余额

科目编码	科目名称	外币/数量	方向	期初余额(元)
1001	库存现金		借	7 775.70
1002	银行存款		借	259 488.89
100201	工行存款		借	259 488.89
100202	中行存款	美元	借	
1132	应收利息		借	642.00
1122	应收账款		借	167 600.00
1221	其他应收款		借	3 800.00
1231	坏账准备		贷	788.00
1403	原材料		借	186 894.97
1411	周转材料		借	
1404	材料成本差异		借	
1405	库存商品		借	199 975.98
140501	硬盘	482	借	63 975.98
140502	电脑(D1)	50	借	136 000.00
140503	电脑(D2)		借	
1601	固定资产		借	1 289 680.00
1602	累计折旧		贷	197 584.84
1701	无形资产		借	58 500.00
2001	短期借款		贷	100 000.00
2202	应付账款		贷	286 850.00
2211	应付职工薪酬		贷	10 222.77
2221	应交税费		贷	−13 000.00
222101	应交增值税		贷	
222102	未交增值税		贷	−13 000.00
222104	应交消费税		贷	
4001	实收资本		贷	1 730 000.00
4104	利润分配		贷	−120 922.33
410406	未分配利润		贷	−120 922.33

续表

科目编码	科目名称	外币/数量	方向	期初余额(元)
5001	生产成本		借	17 165.74
500101	直接材料		借	155.00
500102	直接人工		借	15 000.00
500103	制造费用		借	2 010.74

2. 录入 1122(应收账款)科目的明细余额。明细余额见附表 1-11。

附表 1-11　　应收账款明细余额

日期	凭证号	客户单位名称	摘要	方向	金额(元)
2023-02-13		华城公司	销售商品	借	109 600.00
2023-01-06		新月贸易公司	销售商品	借	58 000.00

3. 录入 1221(其他应收款——个人往来)明细余额。明细余额见附表 1-12。

附表 1-12　　其他应收款(个人往来)明细余额

日期	凭证号	部门	职员	摘要	方向	金额(元)
2023-05-27		采购部	陈雪	出差借款	借	3 800.00

4. 录入 2202(应付账款)明细余额。明细余额见附表 1-13。

附表 1-13　　应付账款明细余额

日期	凭证号	供应商单位名称	摘要	方向	金额(元)
2023-11-07		新华公司	购买商品	贷	186 850.00
2023-07-29		泛美商行	购买商品	贷	100 000.00

说明:项目期初数据都是各科目项目中 101 项目的余额。

三、薪资管理初始设置

(一)启用薪资管理系统

系统参数:选择多工资类别,代扣税。其余按默认设置。

(二)工资类别

1. 建立两个工资类别。

(1)管理人员类别,所属部门为除生产部以外的所有部门,启用日期为 2024 年 1 月 1 日。

(2)生产人员类别,所属部门为生产一部、生产二部,启用日期为 2024 年 1 月 1 日。

2. 进入“银行名称设置”界面,修改代发银行名称为“工商银行”。

3. 录入工资项目,见附表 1-14。

附表 1-14　　工资项目

工资项目	类型	长度	小数点	增减及其他
基本工资	数字	10	2	增项
岗位工资	数字	10	2	增项
计量工资	数字	10	2	增项
津贴	数字	10	2	增项
住房补贴	数字	8	2	增项
交补	数字	8	2	增项
加班工资	数字	8	2	增项
应发合计	数字	10	2	增项
病假天数	数字	3	1	其他
病假扣款	数字	8	2	减项
事假天数	数字	3	1	其他
事假扣款	数字	8	2	减项
扣四金	数字	8	2	减项
扣款合计	数字	8	2	减项
扣税基础	数字	8	2	其他
实发合计	数字	10	2	增项

4.工资项目计算公式。

(1)“管理人员”工资类别的工资项目计算公式如下：

工资项目：选择所有工资项目

公式定义：扣税基础＝基本工资＋岗位工资＋津贴＋住房补贴＋加班工资

病假扣款＝病假天数×5

事假扣款＝事假天数×15

(2)“生产人员”工资类别的工资项目公式如下：

工资项目：选择所有工资项目

公式定义：扣税基础＝基本工资＋岗位工资＋津贴＋住房补贴＋加班工资＋计量工资

病假扣款＝病假天数×5

事假扣款＝事假天数×15

四、固定资产初始设置

(一)启用固定资产管理系统，并设置相关参数

主要折旧方法：平均年限法(一)；折旧分配周期：1 个月；资产类别编码长度：2-1-1-2；自动编码(类别编号＋序号，序号长度为 3 位)；与总账管理系统进行对账科目：1601 固定

资产，1602 累计折旧；对账不符不能结账。

（二）固定资产基础设置

1. 选项修改。修改选项值如下：

在“选项”对话框中选中“业务发生后立即制单”、“月末结账前一定要完成制单登账业务”；并录入固定资产缺省入账科目“1601”，累计折旧缺省入账科目“1602”。

2. 类别设置。固定资产类别如下：

编码：01，名称：房屋建筑物；编码：02，名称：专用设备；编码：03，名称：交通设备；编码：04，名称：办公设备。

3. 使用状况与增减类别等，按系统默认设置。

4. 部门档案及对应折旧科目：生产部对应科目为“510104”；其他部门对应科目为“660204”。

（三）录入原始卡片

通过“系统菜单”→“设置”→“卡片”→“录入原始卡片”菜单命令，录入附表 1-15 所示的初始卡片资料。

附表 1-15　　固定资产初始卡片资料

名称	类别	规格	部门	存放地点	使用年限	开始使用日期	原值（元）	累计折旧（元）	残值率
办公楼	01	2000m²	多部门	办公室	30 年	2018-10-01	740 000	71 276.39	5%
小型机	02	8-S5Y	生产一部	生产一部	5 年	2023-01-01	120 000	17 783.33	3%
程控交换机	02	IBM	生产二部	生产二部	4 年	2023-06-01	20 000	2 425.00	3%
奥迪车	03	ST2000	财务部	财务部	10 年	2019-07-01	250 000	69 270.83	5%
电脑	04	联想天禧	采购一部	采购一部	4 年	2023-05-01	8 000	1 273.13	3%
电脑	04	联想天鹤	财务部	财务部	4 年	2019-02-01	13 000	4 728.75	3%
电脑	04	联想天鹤	业务一部	业务一部	4 年	2019-10-01	13 000	2 889.79	3%
电脑	04	HP(6 台)	生产二部	生产二部	4 年	2019-10-01	75 408	16 762.57	3%
电脑	04	HP(4 台)	生产一部	生产一部	4 年	2019-10-01	50 272	11 175.05	3%
合计							1 289 680	197 584.84	

注意：(1)原始卡片增加方式均为“直接购入”的方式，使用状况均为“在用”，各卡片折旧方法均为“平均年限法(一)”。

(2)办公楼各使用部门的费用分摊比例为:财务部 10%,业务一部 10%,业务二部 10%,生产一部 40%,生产二部 30%。

五、各模块日常业务

要求:与应收、应付款相关的业务,在应收、应付款管理系统(模块)填制单据并生成凭证;与薪资、固定资产相关的业务,在相应系统(模块)操作后生成凭证。

(一)人员工资数据录入(进入具体工资类别)

1. 选择“管理人员”工资类别,在“工资变动”中录入管理人员工资,见附表 1-16。

附表 1-16　管理人员工资表　金额单位:元

姓名	基本工资	岗位工资	津贴	住房补贴	交补	病假天数	病假扣款	事假天数	事假扣款	扣公积金
陈雪	3 500	295	320	195	30	4 天	20			139
方向	1 800	290	320	195	30	4 天	20	2 天	30.00	139
李飞	900				30			2 天	30.00	139
郑敏根	4 300	295	320	195	30					168
何成	810				30					118
王明	4 300	295	320	195	30					196
李平	3 700	295	320	195	30					169
张霞	1 500	280	320	158	30	4 天	20	2 天	30.00	136

2. 选择“生产人员”工资类别,在“工资变动”中录入生产人员工资,见附表 1-17。

附表 1-17　生产人员工资表　金额单位:元

姓名	基本工资	岗位工资	计量工资	津贴	住房补贴	交补	病假天数	病假扣款	事假天数	事假扣款	扣公积金
刘大力	2 300	200	200	100	50	30	1 天	5			68
余成明	1 200	100	200	100	50	30			2 天	30	50
张玲	1 500	200	150	100	50	30			1 天	15	68

注:个人所得税税前扣除基数可设置为 5 000 元。

(二)企业发生的具体经济业务

1. 1 月 4 日,从工行提取现金 9 000 元。

2. 1 月 5 日,采购部陈雪报销差旅费 3 600 元,交还剩余现金 200 元。

3. 1 月 7 日,业务一部支付业务招待费 1 200 元。(工行,转账支票号:205)

4. 1 月 13 日,收到华城公司转账支票 2 张,面值分别为 40 000 元和 59 600 元,用以归还前欠货款。(工行,转账支票号:298,299)

5. 1 月 14 日,归还前欠泛美商行部分货款 100 000 元。(工行,转账支票号:201)

6.1 月 16 日，向利益公司售出电脑(D1)25 台，含税单价 4 220 元/台，货税款尚未收到(适用税率 13%)。(银行账号：工行，2359033228955960；补存货档案，属性外购，销售)

7.1 月 19 日，从爱英公司购入硬盘 100 个，含税单价 133 元/台，货税款暂欠，商品已验收入库(适用税率 13%)。

8.1 月 20 日，收到鲲鹏集团投资 10 000 美元，转账存入中行美元账户。(中行，转账支票号：287)

9.1 月 28 日，购买惠普传真机一台，价格 2 852 元，转账支票付讫(工行，票号：278)。财务部使用，预计使用年限 5 年，折旧方法为平均年限法(一)，预计净残值率 10%。

10.月底，报销各部门电话费用。其中财务部：500 元；采购一部：400 元；采购二部：500 元；计划部：700 元；业务一部：500 元；业务二部：400 元。均以库存现金付款。(注：企业统一报销的电话费均为管理费用。要求：以辅助项快速录入方式填制该凭证。)

11.月底，利用固定资产管理系统的相应功能，计提本月固定资产折旧，并生成折旧分配凭证传递到总账管理系统。

12.1 月 29 日，出售在用的奥迪轿车，收回款项 178 654.17 元，支票结算(工行，票号：226)，同时结清本固定资产项目的账面值。

13.月底，根据前述工资业务数据，利用系统相应功能，生成计提工资凭证，并传递到总账管理系统中。其中生产人员工资记入“生产成本”→“直接人工”→“电脑(D1)”项目。

14.月底，结转本期制造费用。

(三)自动转账

1.自定义转账。计提利息，1 月 31 日，按短期借款期末余额的 0.2%计提当月借款利息。

2.结转销售成本。1 月 31 日，使用自动结转方式，生成本月结转销售成本的记账凭证。

3.结转期间损益。1 月 31 日，生成结转本期损益的记账凭证。

六、会计报表的编制

编制资产报表，并输出报表数据。

附录二　会计信息化岗位综合职业能力训练(供应链)

一、建立账套

请根据以下账套资料,以 M 公司建立账套(未给信息保持系统默认)。

1. 账套信息

账套号:801;账套名称:M 公司账套;启用会计日期:2024 年 1 月。

2. 单位信息

单位名称:M 公司;单位简称:M 公司。

3. 核算类型

企业类型:商业;行业性质:2007 年新会计制度科目;可选择“按行业性质预置科目”。

4. 基础信息

存货、客户及供应商均分类,无外币核算。

5. 分类编码方案

科目编码级次:4222,其他默认。

6. 数据精度

保持系统默认设置。

7. 系统的启用

启用总账管理、应收款管理、应付款管理、采购管理、销售管理、库存管理和存货核算系统,启用日期为 2024-01-01。

二、增设操作员

1. 新增以下操作员:001,张主管;002,王会计;003,赵会计。

2. 分配操作员权限。

(1)张主管:账套主管。

(2)王会计:拥有总账管理、采购管理、应付款管理、库存管理和存货核算所有权限。

(3)赵会计:拥有总账管理、销售管理、应收款管理、库存管理和存货核算所有权限。

三、总账管理系统初始化

1. 会计科目(附表 2-1)

附表 2-1　　会计科目表

科目编码	科目名称	核算要求
1001	库存现金	现金总账科目(指定科目)
1002	银行存款	银行总账科目(指定科目)
100201	工行存款	

续表

科目编码	科目名称	核算要求
100202	建行存款	
1122	应收账款	客户往来
2202	应付账款	供应商往来
222101	应交增值税	
22210101	进项税额	
22210102	销项税额	
410401	未分配利润	

2. 凭证类别(附表 2-2)

附表 2-2　　凭证类别

类别字	类别名称	限制类型	限制科目
收	收款凭证	借方必有	1001、100201、100202
付	付款凭证	贷方必有	1001、100201、100202
转	转款凭证	凭证必无	1001、100201、100202

3. 结算方式(附表 2-3)

附表 2-3　　结算方式

编码	名称	编码	名称
1	支票结算	2	汇票结算

4. 供应商档案(附表 2-4)

附表 2-4　　供应商档案

编码	客户名称	客户简称	银行	账号	默认值
001	大海有限责任公司	大海公司	中国银行	456777712123	是

5. 客户档案(附表 2-5)

附表 2-5　　客户档案

编码	客户名称	客户简称	银行	账号	默认值
001	大华有限责任公司	大华公司	中国银行	123456777777	是
002	天河有限责任公司	天河公司	中国建设银行	67890111111	是

6. 期初余额(附表 2-6)

附表 2-6　　期初余额

科目名称	方　向	期初余额(元)
库存现金	借	10 000
工行存款	借	500 000
应收账款	借	80 000

续表

科目名称	方　向	期初余额(元)
库存商品	借	200 000
累计折旧	贷	100 000
固定资产	借	600 000
实收资本	贷	1 000 000
未分配利润	贷	290 000

应收账款辅助期初余额(应收款管理系统期初也需填写)见附表 2-7。

附表 2-7　　应收账款辅助期初余额

日期	摘要	客户	方向	金额(元)
2023-12-31	销售商品	大华公司	借	80 000

7. 部门档案(附表 2-8)

附表 2-8　　部门档案

编码	名称	编码	名称
1	管理部门	3	销售部门
2	采购部门		

四、供应链管理系统基础设置

1. 存货计量单位组与计量单位

(1)计量单位组见附表 2-9。

附表 2-9　　计量单位组

计量单位组编码	计量单位组名称	计量单位组类别
01	无换算关系	无换算率

(2)计量单位见附表 2-10。

附表 2-10　　计量单位

计量单位编码	计量单位名称	所属计量单位组名称
01	台	无换算关系

2. 存货档案(附表 2-11)

附表 2-11　　存货档案

存货编码	存货名称	主计量单位	税率	存货属性
001	商品	台	13%	外购、内销、外销

3. 仓库档案(附表 2-12)

附表 2-12　　仓库档案

仓库编码	仓库名称	计价方式
1	成品仓库	先进先出法

4.收发类别(附表 2-13)

附表 2-13　收发类别

收发类别编码	收发类别名称	收发标志	收发类别编码	收发类别名称	收发标志
1	正常入库	收	2	正常出库	发
11	采购入库	收	21	销售出库	发
12	盘盈入库	收	22	盘亏出库	发

5.采购类型(附表 2-14)

附表 2-14　采购类型

采购类型编码	采购类型名称	入库类别	是否默认值
1	普通采购	采购入库	是

6.销售类型(附表 2-15)

附表 2-15　销售类型

销售类型编码	销售类型名称	出库类别	是否默认值
1	经销	销售出库	是

7.开户银行

编码:01;名称:工商银行中山分理处;账号:837777796002。

8.存货核算系统

(1)存货科目设置见附表 2-16。

附表 2-16　存货科目设置

仓库	存货科目
成品仓库	1405

(2)对方科目设置见附表 2-17。

附表 2-17　对方科目设置

收发类别	对方科目
采购入库	在途物资 1402
销售出库	主营业务成本 6401
盘盈、盘亏	待处理财产损溢 1901

9.应收款管理系统

应收款管理:选项、权限与预警,取消控制操作员权限。

应收款核算方式:按单据;坏账处理方式:应收余额百分比;其他参数为系统默认。

基本科目设置:应收科目 1122,销售收入科目 6001,税金科目 22210102,其他可暂时不设置。

结算方式科目设置:支票结算对应科目 100201,汇票结算对应科目 100201。

坏账准备设置:提取比例 0.5%,期初余额 0,科目 1231,对方科目 6701。

10. 应付款管理系统

应付款管理：选项，取消控制操作员权限。

应付款核销方式：按单据，其他参数为系统默认。

基本科目设置：应付科目 2202，采购科目 1402，税金科目 22210101，其他可暂时不设置。

结算方式科目设置：支票结算对应科目 100201，汇票结算对应科目 100201。

11. 应收期初余额(见总账期初)

12. 采购期初记账，存货记账

五、经济业务处理

1. 1 月 8 日，从大海公司购买商品 500 台，取得增值税专用发票，不含税单价 200 元/台，价款 100 000 元，增值税 13 000 元。该款项已通过工行转账支票支付，支票号 ZP001，商品已验收入库。(采购、应付、库存、存货)

借：在途物资

　应交税费——应交增值税——进项税额

　贷：银行存款——工行存款

借：库存商品

　贷：在途物资

2. 1 月 10 日，向天河公司销售商品 100 台，开具增值税专用发票，不含税单价 400 元/台，货款 40 000 元，增值税 5 200 元，客户以转账支票支付，已送交工行，支票号 ZP002。(销售、应收、库存、存货)

借：银行存款

　贷：主营业务收入

　　应交税费——应交增值税——销项税额

借：主营业务成本

　贷：库存商品

3. 1 月 15 日，企业以工行存款支付广告费 5 000 元，支票号 ZP003。

借：销售费用

　贷：银行存款——工行存款

4. 1 月 20 日，向天河公司销售商品 200 台，开具增值税专用发票，不含税单价 500 元/台，货款 100 000 元，增值税 13 000 元，货款尚未收到。(销售、应收、库存、存货)

借：应收账款

　贷：主营业务收入

　　应交税费——应交增值税——销项税额

借：主营业务成本

　贷：库存商品

5.1 月 25 日，收到大华公司转账支票 ZP004 一张，用于偿还前欠货款 80 000 元。（核销）

借：银行存款

贷：应收账款

6.1 月 31 日，结转本月期间损益至本年利润。（期间损益结转生成凭证）

六、编制财务报表

以“张主管”的身份利用财务报表模块制作以下报表。

要求：1. 各项目的内容和单元格位置一定要与下表相同。

2. 通过自定义公式取得各项数据。

3. “年”“月”要定义为关键字。

4. 生成 2024 年 1 月报表数据（附图 2-1）。

	A	B	C	D	E
1	应收账款明细表				
2		xxxx 年	xx 月		
3	应收账款	期初数	本期增加	本期减少	期末数
4	大华公司				
5	天河公司				

附图 2-1　应收账款明细表

5. 将该表保存。

附录三　软件快捷方式汇总

1. 单据卡片快捷键(附表 3-1)

附表 3-1　　单据卡片快捷键

快捷键	功能	说　明
F5	新增	
F8	修改	
Delete	删除	删除当前单据
F6	保存	
Ctrl+S	保存新增	保存后直接进入下一张新增
Ctrl+Z	放弃	取消当前编辑模式
Ctrl+W	预览	
Ctrl+P	打印	
Alt+E	输出	
Ctrl+F5	复制	打开"增加"按钮的下拉列表,用户可以通过上、下箭头键选择复制表头、复制单据或回冲单据,然后按 Enter 键确认
Ctrl+J	提交	提交审批流
Ctrl+U	审核	
Alt+U	弃审	
Ctrl+K	查审	查询审批流
Ctrl+G	生单	打开"生单"按钮的下拉列表,用户可以通过上、下箭头键选择相应的按钮,按 Enter 键确认
TAB	字段间移动	
Shift+TAB	字段间逆向移动	
Alt+J	撤销	审批流撤销
Alt+C	关闭	
Alt+O	打开	
Ctrl+R	刷新	
Ctrl+F4	退出	退出当前单据卡片界面
Ctrl+F3	定位	弹出单据列表过滤条件,用于定位单据
Alt+PageUp	首页	

续表

快捷键	功能	说 明
PageUp	上一页	
PageDown	下一页	
Alt+PageDown	末页	

2. 表体操作快捷键(附表 3-2)

附表 3-2 表体操作快捷键

快捷键	功能	说 明
Ctrl+N	新增行	
Ctrl+D	删除行	
Ctrl+K	复制当前行	在表尾复制当前行信息
Ctrl+F	定位	表体记录定位
Enter	行表格间正向移动	
Shift+Enter	行表格间逆向移动	
Ctrl+PageUp	向上翻页	表体向上翻页
Ctrl+PageDown	向下翻页	表体向下翻页
↑、↓	表格的上、下行跳动	
Ctrl+Enter	表头跳到表体	

3. “参照生单”窗口快捷键(附表 3-3)

附表 3-3 “参照生单”窗口快捷键

快捷键	功能	说 明
Ctrl+A	全选	对焦点所在区域起作用
Alt+A	全消	对焦点所在区域起作用
Space	行选中/取消	
Shift+↑、↓	范围选中	
Home	行开始	
End	行结尾	
Ctrl+F3	查询	重新调出过滤界面
Ctrl+F	定位	
Ctrl+R	刷新	
Ctrl+W	预览	
Ctrl+P	打印	
Alt+PageUp	首页	

续表

快捷键	功能	说　明
PageUp	上一页	
PageDown	下一页	
Alt+PageDown	末页	
Ctrl+F8	确认	确认后返回到单据界面
Ctrl+F4	退出	
Ctrl+Tab	表体与表头切换	光标放在不可编辑项处按快捷键可以进行表头和表体切换
Ctrl+F6	栏目	
Ctrl+F7	滤设	

附录四　全国会计大赛信息化部分的赛题

会计信息化竞赛环节赛题